Roland Kaufhold
Bettelheim, Ekstein, Federn:
Impulse für die psychoanalytisch-pädagogische Bewegung

Reihe »Psychoanalytische Pädagogik« Band 12
Herausgegeben von Christian Büttner, Wilfried Datler und Ute Finger-Trescher

Roland Kaufhold

Bettelheim, Ekstein, Federn: Impulse für die psychoanalytisch-pädagogische Bewegung

Psychosozial-Verlag

Die Deutsche Bibliothek - CIP-Einheitsaufnahme

Bettelheim, Ekstein, Federn : Impulse für die psychoanalytisch-pädagogische Bewegung / Roland Kaufhold. Mit einem Vorw. von Ernst Federn. - Gießen : Psychosozial-Verl., 2001
(Psychoanalytische Pädagogik)
ISBN 978-3-89806-069-1

© 2001 Psychosozial-Verlag
E-Mail: info@psychosozial-verlag.de
www.psychosozial-verlag.de
Alle Rechte, insbesondere das des auszugsweisen Abdrucks
und das der photomechanischen Wiedergabe, vorbehalten.
Umschlagabbildung: Federn, Bettelheim, Ekstein
aus dem Privatarchiv von Roland Kaufhold
Umschlaggestaltung: Till Wirth nach Entwürfen des Atelier Warminski, Büdingen
Satz: sos-buch, Mainz
ISBN 978-3-89806-069-1

Inhaltsverzeichnis

		Geleitwort (Ernst Federn)	9
		Vorwort (Michael Löffelholz, Peter Rödler)	11
		Einleitung	13
1		**Zur Geschichte der Psychoanalyse und Psychoanalytischen Pädagogik**	21
	1.1	Der Widerstand gegen Freud – historische Rekonstruktion	21
	1.2	Die pädagogische Dimension bei Freud	22
	1.3	Frühe Impulse und Aufbruchbewegungen der Psychoanalytischen Pädagogik	27
	1.4	Die freiwillige Selbstbegrenzung der Psychoanalyse	44
2		**Biographie Ernst Federns**	51
	2.1	Einleitung	51
	2.1.1	Hinführende Überlegungen	53
	2.2	Kindheit und Jugend	54
	2.3	Politischer Widerstand und Verfolgung	60
	2.4	Hilde Federn – unbekannte Pionierin der psychoanalytisch orientierten Kleinkindpädagogik	65
	2.5	Inhaftierung in den Konzentrationslagern Dachau und Buchenwald (1938–1945)	67
	2.6	Hilde Federn in Wien (1938–1946). Existenzkampf und Unterstützung	76
	2.7	Über Brüssel nach Amerika	77
	2.8	Neuanfang in Amerika (1948–1961)	79
	2.9	Cleveland (1961–1972)	82
	2.10	Rückkehr nach Wien (1972)	83
3		**Zu Ernst Federns wissenschaftlichen Studien**	85
	3.1	Zur Psychologie der Extremsituation	85

	3.2	Drogensucht und Delinquenz	87
	3.3	Zur Geschichte der Psychoanalyse und der Psychoanalytischen Pädagogik	87
	3.4	Die Strafrechtsreform: Psychoanalyse im Strafvollzug	88
	3.5	Marxismus und Psychoanalyse. Oder: Engagement als Lebensprinzip	90
	3.6	Die Psychose – Appell an eine humane Gesellschaft	92
4	**Biographie Rudolf Eksteins**		**97**
	4.1	Kindheit und Jugend	97
	4.2	Jugendbewegung und politischer Widerstand	99
	4.3	Das erwachende Interesse an der Psychoanalytischen Pädagogik und der Jugendbewegung	103
	4.4	Emigration und Neuanfang	105
5	**Berufliche Stationen Eksteins**		**110**
	5.1	Menninger Foundation: Praxis, Ausbildung und Forschung (1947–1958)	110
	5.2	Reiss-Davis Klinik: Psychotherapie mit autistisch-psychotischen Kindern (1958–1978)	111
	5.3	Biographische und fachliche Kontinuitäten psychoanalytischer Pädagogik: Von Wien über Topeka und Los Angeles zurück nach Wien	114
	5.4	Ekstein und Siegfried Bernfeld. Psychoanalyse, Pädagogik und Gesellschaftskritik	120
	5.5	Dialog über Sex: Distanz gegen Intimität	125
	5.6	Begegnungen mit Bruno Bettelheim. Oder: Die psychoanalytisch-pädagogische Arbeit mit autistisch-psychotischen und Grenzfallkindern	127
	5.7	Ekstein in Amerika und Österreich: Die Arbeit mit Lehrern	134
	5.8	Die Wiederannäherung an Österreich (1970)	135
	5.9	Das Alter als ungebrochene Kontinuität und Vitalität	137
6	**Biographie Bruno Bettelheims**		**140**
	6.1	Engagement als Lebensprinzip: Biographische Facetten	140
	6.2	Kindheit und Jugend	140

6.3	Szenen aus Bettelheims Leben: Die Angst der Eltern ist die Angst des Kindes	143
6.4	Über unbewußte Motive	145

7 Berufliche Entwicklung Bettelheims 149

7.1	Die Anfänge von Bettelheims akademischer Entwicklung in den USA	149
7.2	Frühe sozialpsychologische Forschungen	150
7.3	Frühe pädagogische und milieutherapeutische Studien	152
7.4	Ein dunkleres Kapitel – Bettelheims Veröffentlichungen zu den Anti-Vietnamkriegs-Demonstranten	153

8 Sinnstifter des Sinnlosen – Werkübersicht zu Bruno Bettelheim 155

8.1	»Liebe allein genügt nicht« und »So können sie nicht leben. Die Rehabilitierung emotional gestörter Kinder«	155
8.2	Die symbolischen Wunden – ethnpsychoanalytische Beiträge	157
8.3	Sozialpsychologische Studien: Aufstand gegen die Masse	158
8.4	Gespräche mit Müttern	165
8.5	The empty fortress – die Geburt des Selbst	167
8.5.1	Die leere Festung – Auslöschung der Gefühle oder Dialektik der Hoffnung?	172
8.6	The children of the dream – die Kinder der Zukunft	185
8.7	Der Weg aus dem Labyrinth. Leben lernen als Therapie	192
8.8	Liebe als Therapie. Gespräche über das Seelenleben des Kindes (mit Daniel Karlin)	196
8.9	Kinder brauchen Märchen	197
8.10	Erziehung zum Überleben. Zur Psychologie der Extremsituation	199
8.11	Kinder brauchen Bücher: Lesen lernen durch Faszination (mit Karen Zelan)	201
8.12	Zurück zu Freud: Freud und die Seele des Menschen	202
8.13	Ein Leben für Kinder: Erziehung in unserer Zeit. Das Spiel als Tor zum bewußten und unbewußten Seelenleben des Kindes	205
8.14	Themen meines Lebens. Essays über Psychoanalyse und Kindererziehung. Die Lebensbilanz des jüdischen Psychoanalytikers Bruno Bettelheim	213

8.15	Kinder brauchen Liebe. Gespräche über Psychotherapie (mit A. A. Rosenfeld)	222
8.16	Die Aktualität von Bettelheims Werk in der heutigen Pädagogik	224
8.16.1	Lesenlernen im 1. und 2. Schuljahr nach Mauthe-Schonig beziehungsweise Bruno Bettelheim	224
8.16.2	Geschichten von der »Kleinen weißen Ente«. Aufbruchversuche: Freunde finden und Gefahren bewältigen	225
8.16.3	Gulli aus dem Gully: Ein mythisches Geschöpf befreit von der (Schul-) Angst	227

9 Abschied von Bruno Bettelheim — 229
 9.1 Der Freitod eines Überlebenden — 227
 9.2 Bewältigungsversuche eines Überwältigten. Eros und Thanatos in der Biographie und im Werk von Bruno Bettelheim — 233

10 Zur Psychologie der Extremsituation: Das Trauma der Verfolgten — 253
 10.1 Bruno Bettelheims Beitrag zur Psychologie der Extremsituation bzw. des »Terrors« (Ernst Federn): Die Ohnmacht der Sprache — 253
 10.2 Bettelheims und Federns Begriff der Extremsituation — 257

Anmerkungen — 263

Literaturhinweise — 291

Geleitwort

Dieses Buch widmet sich, wie schon frühere Arbeiten Roland Kaufholds (1993, 1994, 1999), der Geschichte der Psychoanalytischen Pädagogik, insbesondere einiger ihrer Pioniere.

Historisch war die Psychoanalytische Pädagogik das erste Anwendungsgebiet der Psychoanalyse. 1908 hielt Sandor Ferenczi darüber einen Vortrag auf dem ersten Kongreß der Internationalen Psychoanalytischen Vereinigung in Salzburg. Die Anwendung Freudscher Entdeckungen auf die Behandlung und Erziehung von Kindern wurde im Laufe der Zeit ausgedehnt auf die Heimerziehung, zuerst durch Siegfried Bernfeld und Willi Hoffer, 1925 auch auf die Betreuung und Behandlung von verwahrlosten Jugendlichen durch August Aichhorn. 1926 brachten Heinrich Meng und Ernst Schneider, ein Arzt und ein Pädagoge, die ersten Nummern der »Zeitschrift für Psychoanalytische Pädagogik« heraus. In seinem Geleitwort zu August Aichhorns »Verwahrloste Jugend« (1926) betont Sigmund Freud die Notwendigkeit, in der psychoanalytisch orientierten Erziehung andere Methoden zu verwenden als bei der Behandlung von Neurosen in der Analyse, besonders wenn es um ausagierende Jugendliche geht. Im Laufe der Zeit entwickelte sich aus der ersten Anwendung der Psychoanalyse, zwischen den beiden Weltkriegen, die weitere Fruchtbarmachung psychoanalytischer Erkenntnisse für die Analyse der Probleme der Gesellschaft.

In Kaufholds Buch wird Bernfelds Bedeutung vor allem aus historischer Perspektive betrachtet. Der Autor arbeitet sehr sorgfältig und verständnistief Bernfelds Einfluß auf Rudolf Eksteins sowie auf mein eigenes Denken heraus.

Im zweiten Kapitel werden Geschichte und Praxis der psychoanalytischen Pädagogik analysiert, von den Anfängen zu Beginn diesen Jahrhunderts bis hin zur Gegenwart. Es folgt eine Darstellung der Biographie und des Werkes von Ernst Federn, die vor allem auf dem Inhalt seiner letzten vier publizierten Studien beruht.

Biographie und Analyse des Werkes von Rudolf Ekstein gehen auf die Beiträge dieses Psychoanalytikers zur Behandlung schwerst gestörter Jugendlicher ein und seiner Versuche, die Ideen der psychoanalytischen Pädagogik in den Vereinigten Staaten wirksam werden zu lassen. Ein Versuch, der bisher nur wenig Erfolg hatte. Ekstein beruft sich, wie der Autor herausarbeitet, auf die Arbeiten Siegfried Bernfelds sowie Paul Federns, dessen »Psychologie der Revolution« (1919) er ins Englische übersetzt und in den USA publiziert hat.[1]

Die Aufarbeitung von Eksteins umfangreichem Gesamtwerk führt direkt zu dem Werk von Bruno Bettelheim, einem Pionier der Milieutherapie als einzig möglicher Behandlungsform geisteskranker Kinder und Jugendlicher. Die Milieutherapie, so wie sie Bettelheim bereits ab den 40er Jahren in der *Sonia Shankman Orthogenic School* in Chicago schrittweise entwickelte, ist eine direkte Anwendung der Psychoanalyse auf gesellschaftliche Verhältnisse. Ihre grundlegende Bedeutung zum Verständnis von gesellschaftlichen Entwicklungen und Schwierigkeiten hat Freud stets betont und die Modifikation ihrer Methode für neurotische Patienten immer verlangt. Die vollständige Abwendung eines Kindes von seiner Umwelt beziehungsweise von der Gesellschaft, die man Autismus nennt, ist im Grunde auch ein gesellschaftliches Problem. Die Ermöglichung einer Beschulung dieser seelisch gestörten Kinder – so wie sie Bettelheim und Ekstein in den USA in je eigener Weise ermöglicht haben – ist ein wichtiger Weg zu ihrer partiellen Sozialisation. Auch wenn diese Krankheit möglicherweise genetische Anteile haben mag, die man nicht heilen kann, so kann man doch helfen, mit ihr zu leben.

Roland Kaufhold schreibt einen Stil, den jeder gerne liest. Der Anwendung der Psychoanalyse auf die Gesellschaft, wie der Autor sie im Blick hat, kommt am Ende dieses Jahrhunderts eine immer größere Bedeutung zu. Die neue Produktionsweise, in der die elektronische Techniken eine entscheidende Rolle spielen, verändert die sozialen Verhältnisse der Menschen. Wenn auch Europa und die Vereinigten Staaten vorerst an der Spitze dieser Entwicklung stehen, wird sie doch unaufhaltsam die ganze Welt erfassen. Die neuen Arbeits- und Lebensstrukturen überfordern bei weitem die Fähigkeit des durchschnittlichen Bürgers. Eine neue Spaltung der Gesellschaft in die Intellektuellen und Erfolgreichen auf der einen Seite und die durchschnittlich Begabten, die nicht mehr mitkommen und arbeitslos werden, auf der anderen Seite, in Gewinner und Verlierer, bedroht unser soziales System.

Psychoanalytisch gesehen versetzt die Vergesellschaftung des sozialen Lebens in dem Sinne, daß aller Erfolg in Geld ausgedrückt wird, die Menschheit auf die Stufe des zweijährigen Kindes; das aber ist zugleich die Stufe der Aggression. Glücklicherweise entwickeln Menschen immer wieder Gegenkräfte gegen Mechanismen der Herrschaft und ihrer Vertreter. Im Dienst dieser Gegenkräfte können Psychoanalyse sowie Psychoanalytische Pädagogik eine wesentliche Rolle spielen. Die vorliegende Studie von Roland Kaufhold wird eine bedeutende Hilfe sein, sich in diesem Sinne zu orientieren, zu engagieren.

Ernst Federn, Wien
Oktober 2000

Vorwort

»Der Holocaust war kein Bild an der Wand, sondern ein Fenster, durch das Dinge sichtbar wurden, die normalerweise unentdeckt bleiben. Und was zum Vorschein kam, geht nicht nur die Urheber, die Opfer und die Zeugen des Verbrechens etwas an, sondern ist von größter Bedeutung für alle, die heute leben und auch in Zukunft leben wollen. Der Blick durch dieses Fenster verstörte mich zutiefst, aber je bedrückter ich wurde, desto mehr wuchs in mir die Überzeugung, daß es äußerst gefährlich ist, ihn nicht zu tun.«
Zygmunt Bauman

Als die Psychoanalytische Pädagogik in Deutschland vor etwa eineinhalb Jahrzehnten wieder zu erstarken begann, war sie zunächst überwiegend damit beschäftigt, neue Konzepte zu entwickeln, die dem mittlerweile erreichten Forschungsstand in Sozialwissenschaften, Psychoanalyse und Erziehungswissenschaft entsprachen. Blicke zurück auf die eigene Geschichte wurden eher selten geworfen: im abgesteckten Rahmen spezifischer theoretischer oder praktischer Erkenntnisinteressen. Da die öffentliche und die wissenschaftliche Auseinandersetzung mit der Nazi-Vergangenheit und auch die Biographieforschung jedoch mittlerweile mit größerem Nachdruck betrieben wurden, konnte die Aufarbeitung der eigenen Geschichte innerhalb der Psychoanalytischen Pädagogik nicht lange weiter aufgeschoben werden. So kam es in den 90er Jahren im deutschsprachigen Raum zu einem Aufschwung historischer psychoanalytisch-pädagogischer Forschung mit einem umfassenderen Interesse. Dabei spielten die Arbeiten und Aktivitäten von Roland Kaufhold eine wesentliche anregende Rolle.

Seit gut einem Jahrzehnt arbeitet er unermüdlich daran, die Erinnerung an die schmerzliche Geschichte, an Vernichtung und Vertreibung der Psychoanalytischen Pädagogik wieder zu beleben, durch Gespräche mit den letzten noch lebenden Vertretern von deren zweiter Generation die abgerissenen Fäden wiederaufzunehmen und die ihr durch den Nazi-Terror geschlagenen Wunden zu heilen.

Kaufhold wurde zu einem der wichtigen Dokumentaristen der Geschichte der Psychoanalytischen Pädagogik in jüngster Zeit. Seinen Bemühungen liegt die Prämisse zugrunde, daß diese sich seit den 80er Jahren wieder etablierende Disziplin ohne eine Erinnerung ihres tragischen Werdegangs ihre Ressourcen nicht werde voll ausschöpfen können, denn es lasse sich zeigen, daß sie mehr als andere

Wissenschaftszweige von der Zivilisationskatastrophe des 20. Jahrhunderts betroffen gewesen sei und dabei ihr historisch-gesellschaftliches Gedächtnis verloren habe.

Den Weg einer empathischen Geschichtsschreibung geht Kaufhold in dem nun vorliegenden Buch exemplarisch: am Beispiel des Lebens und Wirkens dreier Vertreter der zweiten Generation Psychoanalytischer Pädagogen. Bettelheim, Ekstein und Federn repräsentieren in wohl einmaliger Weise die geschichtliche Kontinuität dieses Forschungs- und Praxisfeldes. Ihre Lebensspanne reicht über den Bruch der Auslöschung hinweg. Ihre geistige Wirksamkeit hob an mit der Teilnahme an der kulturkritischen Reformbewegung zu Beginn des Jahrhunderts in Wien, erfuhr die katastrophische Vernichtung und Vertreibung der Initiativen, arbeitete an der Bewältigung der Erfahrung durch das eigene Werk und an der Fortsetzung der frühen Aktivitäten unter Bedingungen einer demokratischen offenen, doch zugleich fremden pragmatischen Kultur in den USA und beteiligte sich schließlich an der Unterstützung neuer psychoanalytisch-pädagogischer Projekte im deutschsprachigen Raum nach Jahrzehnten der Stagnation.

Es galt daran zu erinnern, daß die Psychoanalytische Pädagogik in ihrem Ausgangspunkt Produkt des Leidens an der Zivilisation war, als soziale Bewegung der Kritik an ihr zustande kam und daß die Zivilisation auf ihren kritischen Einspruch mit Vernichtung reagierte.

Kaufhold weist auf diese historische Erfahrung doppelten Leidens in einer Situation, in der sich die Psychoanalytische Pädagogik wieder zu stabilisieren begonnen hat, als produktive Kraft hin und sucht damit die Tradition einer gesellschaftlich und politisch reflektierten und engagierten psychoanalytischen Pädagogik weiterzuführen. Als solche hatte sie nämlich, wie Kaufhold nachweist, nicht bloß am Rande der Entwicklung der Psychoanalyse in ihren prägenden Gründerjahren gestanden, sondern eine treibende Kraft in deren Zentrum gebildet und Freuds Wertschätzung erhalten.

Kaufhold macht ernst mit Adornos Forderung an die Pädagogik, vor allem anderen daran zu arbeiten, daß Auschwitz sich nicht wiederhole, und zeigt, daß die Lebenswerke von Bettelheim, Federn und Ekstein in ihren zentralen Motiven von Beginn an darauf gerichtet sind, diese Forderung zu erfüllen.

Michael Löffelholz (Hamburg), Peter Rödler (Frankfurt am Main)
November 2000

Einleitung

Mit diesem Buch möchte ich Lücken im Gedächtnis der Psychoanalytischen Pädagogik schließen. Drei Jahre vor seinem Tod, am 31. Mai 1936, schrieb Sigmund Freud an Arnold Zweig, der einiges Biographisches zu Freud publiziert hatte:

»(...) erst heute, am 1. Tag des lieblichen Festes, komme ich dazu, Ihnen einen Brief zu schreiben, geschreckt durch die Drohung, daß Sie mein Biograph werden sollen. (...) Nein, ich liebe Sie viel zu sehr, um solches zu gestatten. Wer Biograph wird, verpflichtet sich zur Lüge, zur Verheimlichung, Heuchelei, Schönfarberei und selbst zur Verhehlung seines Unverständnisses, denn die biographische Wahrheit ist nicht zu haben, und wenn man sie hätte, wäre sie nicht zu brauchen.« (Freud/Zweig 1984, S. 137)

Bruno Bettelheim sagte diese Einschätzung so sehr zu, daß er sie in der Einleitung seines letzten, autobiographisch getönten Werkes »Themen meines Lebens« aufgriff. Freuds Skepsis gegenüber Biographien treffe noch mehr auf Autobiographien zu. Dementsprechend hat sich Bettelheim immer dagegen gewehrt, »irgend jemandem die Zustimmung zu einer Biographie zu erteilen« (Sutton 1996, S. 594) und hat wohl auch einen Teil seines privaten Materials zerstört.

In einem Brief vom 20. Januar 1974 an Geneviève Jurgensen, die mehrere Jahre an seiner *Orthogenic School* gearbeitet hatte (Jurgensen 1979), führte er weitere Argumente gegenüber biographischen Studien an, die über das von Freud Gesagte hinausgehen, indem er nun den Schutz des Privatbereichs betont und für sich in Anspruch nimmt:

»In Wahrheit bin ich ein sehr privater Mensch. Die Welt hat nur ein Anrecht darauf, meine Arbeit kennenzulernen, meine Gedanken zu Themen, über die ich mir zutraue, etwas zu sagen. Meine eigenen Kinder und der Rest meiner Familie haben schon genug unter meiner Bekanntschaft gelitten. (...) ich will nicht zum Eigentum der Öffentlichkeit werden. Es gibt verschiedene Seiten meiner Persönlichkeit – nichts wofür ich mich schäme oder schämen müßte – die Menschen, die nicht die gleiche Erfahrung gemacht haben, nicht verstehen würden, könnten, sollten. (...) Als Mensch – nicht in meiner Arbeit – gehöre ich einer anderen Epoche, einer anderen Welt an. In meinem Leben gibt es Faktoren sehr privater Natur, die mich zu meiner Arbeit gebracht haben und auch dazu, daß ich sie gut machte. Ich möchte sie nicht veröffentlichen. Ein paar Sachen müssen privat bleiben (...)«. (Sutton 1996, S. 594)[1]

Bettelheim gibt seiner eigenen autobiographischen Bemühung eine Form, die Freuds und die eigene Skepsis berücksichtigen: er legt mit »Themen meines Lebens« eine Auswahl von Essays aus verschiedenen Lebensphasen vor, in denen prägende Einflüsse aus der jeweiligen gesellschaftlichen und kulturellen Umgebung Thema sind und überläßt es dem Leser, sich daraus ein Bild zu machen.

Dieser Umgang Bettelheims mit Biographischem trifft sich mit der Vorstellung seines analytischen Kollegen Paul Parin, welche ich dieser Studie leitmotivisch vorangestellt habe: Um »biographische Objektivität« und wissenschaftliche Distanz bemühte Biographen »töten mit diesem Anspruch den zu porträtierenden Menschen«. Nur ein verstehender Zugang, der die Wechselwirkung zwischen individueller Entwicklung und sie prägenden gesellschaftlichen Einflüssen, zwischen »innere(r) und äußere(r) Lebensgeschichte« intendiert, ermögliche »Wahrhaftigkeit und Authentizität« (Parin).

Hiermit ist der wissenschaftliche Ansatz Rahmen meiner vorliegenden biographisch-werkgeschichtlichen Studie über drei Pioniere der Psychoanalytischen Pädagogik – Ernst Federn, Rudolf Ekstein und Bruno Bettelheim – umrissen. Ich arbeite in drei biographisch-werktheoretischen Beiträgen das enge Wechselgeflecht zwischen Biographie, theoretischem Werk und pädagogisch-therapeutischem Engagement[2] vor dem Hintergrund der gesellschaftlichen und kulturellen Gegebenheiten ihrer Jugendzeit, vor allem des lebenszerstörenden Nationalsozialismus, auf.

Gemeinsam ist Federn, Ekstein und Bettelheim vieles: Ihre Jugend im »Wien Sigmund Freuds« (Bettelheim; Bd. VI, S.15), ihre Erfahrungen als begeisterte Anhänger der damaligen, von reformerisch-utopischen Entwürfen angetriebenen psychoanalytisch-pädagogischen Bewegung. Weiterhin: Ihr Erleben und Erleiden der politischen Verfolgung und Vertreibung als Antifaschisten, Juden und Psychoanalytiker, ihre erzwungene Emigration nach Amerika sowie ihr persönlicher und beruflicher Neuanfang im amerikanischen Exil. Ernst Federn, Rudolf Ekstein und Bruno Bettelheim waren miteinander befreundet, Federn und Bettelheim waren gemeinsam in Buchenwald als politische Häftlinge inhaftiert und überlebten mit Glück, und sie standen später in den USA sowohl in einem persönlichen als auch in einem kontinuierlichen fachlichen Gedankenaustausch. Selbst in den USA, wo sie sich als Emigranten auf eine völlig neue Kultur und soziale Realität einstellen, sich hieran weitgehend anpassen, wo sie das Trauma des Exils verarbeiten mußten, erinnerten sie sich der Psychoanalytischen Pädagogik als einer kraftvollen gesellschaftskritischen Reformbewegung, die ein kollektives Engagement »Gleichgesinnter« nahelegte. Das bedeutet: ihr pädagogisch-therapeutischer Erkenntnisprozeß war immer auch ein sozialer, durch Freundschaften, gemeinsame Erfahrungen und verbindende Interessen Inspirierter.

Bettelheim, Ekstein und Federn repräsentieren als Angehörige der gleichen Generation gewissermaßen die zweite beziehungsweise dritte Generation der Psychoanalytischen Pädagogik. Sie versuchten, ihr kulturelles Erbe nach ihrer Vertreibung auch im amerikanischen Exil zu bewahren, zu kultivieren – soweit die gesellschaftlichen Zustände dies zuließen. Hiermit ist eine weitere Thematik verbunden, die bereits in Wien einen konstitutiven Rahmen für die Entstehung der Psychoanalytischen Pädagogik sowie die Ausformung und das Selbstverständnis der Psychoanalyse insgesamt bildete und der in den vom »Medicozentrismus« (Paul Parin) geprägten USA eine noch nachdrücklichere Bedeutung zukam: Sie waren alle drei *Laienanalytiker*, also Nicht-Ärzte.

Sigmund Freud hatte sich immer entschieden für die Laienanalyse eingesetzt und deshalb sogar erwogen, die amerikanische Psychoanalytische Vereinigung aus der Internationalen Psychoanalytischen Vereinigung auszuschließen. Entsprechend schrieb er am 27. März 1926 in einem Brief an Ernst Federns Vater, Paul Federn, daß »der Kampf um die Laienanalyse (...) irgendeinmal ausgefochten« werden müsse.[3] Die historischen Ereignisse drängten diese Auseinandersetzung von der Tagesordnung und ließen sie – zum Schaden der Psychoanalytischen Pädagogik – unbeantwortet.

Das führt zu einer weiteren Gemeinsamkeit zwischen diesen drei Personen, die mich veranlaßt hat, ihr Wirken in einen Erkenntniszusammenhang zu stellen: Sowohl ihre theoretischen Studien als auch ihr praktisches Handeln mit psychotischen beziehungsweise psychisch sehr traumatisierten Kindern und Jugendlichen ist durchgängig durch ein leidenschaftliches Engagement, das Gefühl einer inneren Verpflichtung motiviert. Man könnte auch sagen: Sie verfügen über innere Kraftquellen, mächtige biographische Motive, die vielen anderen Pädagogen nicht zur Verfügung stehen. Um den folgenden biographischen Skizzen vorzugreifen: Ihre traumatischen Lebenserfahrungen als politisch bzw. rassistisch Verfolgte inspirierten ihr pädagogisch-therapeutisches Handeln, und dieses professionelle Engagement stellte zugleich einen – bewußten oder unbewußten – *Reparationsversuch* gegenüber den entwurzelnden Erfahrungen der Vertreibung dar. Diese lebensgeschichtlichen Spuren versuche ich in den drei Skizzen zu erforschen.

Federn, Ekstein und Bettelheim hatten aus einem zerstörerischen Gesellschaftssystem fliehen müssen und bauten, auch als Antwort hierauf, für psychisch stark traumatisierte Kinder und Jugendliche eine positive »Gegenwelt« auf – einen Ort, in dem ein freies Leben und Sprechen möglich war (Maud Mannoni). Bettelheims *Sonia Shankman Orthogenic School* in Chicago ist das eindrückliche Symbol hierfür. Dem entspricht das zweite, dieser Studie leitmotivisch vorangestellte Zitat Bettelheims: »Dem, was man selbst erlitten hat und andere ebenfalls, kann nur abgeholfen werden, indem man lebt und handelt« (Bd. VI, S. 258).

Innerhalb der Literatur zur Geschichte der Psychoanalytischen Pädagogik[4] gilt es als unstrittig, daß die Psychoanalytische Pädagogik, die in den 20er und 30er Jahren dieses Jahrhunderts ihre theoretische und praktische Blütezeit erlebte, durch den Nationalsozialismus im deutschsprachigen Raum ausgelöscht worden ist.[5]

Versuche, diese Schädigung, von der sich die Psychoanalytische Pädagogik hierzulande – dank der nachdrücklichen Unterstützung einiger emigrierter Psychoanalytiker – erst in den 70er und 80er Jahren etwas »erholen« sollte, historisch und biographisch aufzuarbeiten, wurden jedoch befremdlicherweise nur in geringem Maße von den »offiziellen« Psychoanalytischen Pädagogen selbst unternommen. Dem entspricht, daß bis Anfang der 90er Jahre – als ich die ersten Studien über Bettelheim, Federn und Ekstein publizierte[6] – nahezu keine einzige umfassende Publikation über deren Biographie und Werk vorgelegt worden war. Diese Diskrepanz zwischen der Bekanntheit der drei, insbesondere Bruno Bettelheims, dem Reichtum ihrer deutsch- und englischsprachigen Publikationen zur Psychoanalytischen Pädagogik und dem Fehlen fundierter, engagierter wissenschaftlicher Forschungen zu ihrem Wirken war so offensichtlich wie irritierend.

Man wird wohl von einer befremdlichen Distanz der »offiziellen« Psychoanalytischen Pädagogik zu ihren eigenen Wurzeln – denen sie ihre Existenz und heutige Ausformung verdankt –, von einem Schweigen des Faches sprechen dürfen. Das gilt es aufzuklären.

Die in den letzten zehn Jahren vorgelegten biographisch-historischen Forschungen zur Geschichte der Psychoanalyse und der Psychoanalytischen Pädagogik sowie einzelner ihrer Pioniere[7] wurden vorrangig von sich selbst als fortschrittlich verstehenden, meist jüngeren psychoanalytisch orientierten Forschern[8] betrieben. Sie wurden durch einige wenige »etablierte« Psychoanalytiker – zu nennen sind vor allem Paul Parin, Horst-Eberhard Richter[9], Aloys Leber, Rudolf Ekstein und Ernst Federn[10] – unterstützt.

Ihre historisch angelegten Forschungen – »Spurensuche« (Reichmayr 1990) zur Geschichte der Psychoanalytischen Pädagogik – wird von mir im zweiten Kapitel dieses Buches aufgegriffen und vertieft, und in den folgenden biographisch-werktheoretischen Skizzen fortgeführt. Sie bildet die biographische und fachwissenschaftliche Matrix, um Eksteins, Federns und Bettelheims Prägung durch die gesellschaftliche Aufbruchbewegung zu Beginn des Jahrhunderts systematischer, angemessener verstehen und einordnen zu können. Es ist mir daran gelegen, das dichte Wirkungsnetz im Werk dieser Wiener Psychoanalytischen Pädagogen zu entfalten. Zugleich wird hiermit ein Forschungsbeitrag zum Verständnis der Entstehung, aber auch der Vertreibung und Entwurzelung der Psychoanalytischen Pädagogik vorgestellt – ohne deren Kenntnis die heutige Psychoanalytische Pädagogik in ihrer Tiefenstruktur nach meinem Dafürhalten nicht hinreichend verstanden werden kann.[11]

Mit dieser Studie wird auch eine Korrektur in der Geschichtsschreibung der Psychoanalytischen Pädagogik angezeigt: In der Literatur zur Psychoanalytischen Pädagogik der Nachkriegszeit wird die »Wiedergeburt« der Psychoanalytischen Pädagogik nach dem Faschismus i.d.R. mit dem Erscheinen der ersten Sammelbände von Mitte der 60er bis Mitte der 70er Jahre gekennzeichnet. In diesen wurden Beiträge aus der von 1926–1937 existierenden *Zeitschrift für psychoanalytische Pädagogik* sowie weitere Beiträge emigrierter Psychoanalytischer Pädagogen nachgedruckt. Der häufig zitierte Aufsatz von Hans Füchtner »Psychoanalytische Pädagogik. Über das Verschwinden einer Wissenschaft und die Folgen« – in welchem er diese als den »*fortschrittlichste(n) Zweig der Psychoanalytischen Bewegung*« (Füchtner 1978, S.16) bezeichnete – sowie die Replik von Bittner/Ertle (1979) wirkten als Initialzündung zur auch institutionellen Wiederbelebung der Psychoanalytischen Pädagogik als Wissenschaft und pädagogische Praxis.

In den drei Werkstudien dieses Buches wird gezeigt, daß Ekstein, Bettelheim und Federn bereits in den 40er, 50er und frühen 60er Jahren zahlreiche deutsch- und englischsprachige Beiträge zu psychoanalytisch-pädagogischen Themen veröffentlicht haben, welche aus ihrer klinischen Arbeit mit Kindern und Jugendlichen erwachsen sind. Diese scheinen jedoch öffentlich nicht wahrgenommen oder aber nicht der Tradition der Psychoanalytischen Pädagogik zugeordnet worden zu sein.

Füchtner scheint diesen Sachverhalt, dieses wissenschaftliche Derivat bereits 1978 erkannt zu haben. Er schrieb:

»Ein nach den USA emigrierter Psychoanalytiker, der sie noch in Europa kennengelernt hatte, beschreibt, wie merkwürdig er diesen Sachverhalt empfand. Als er 1968 mit einer Arbeit über die Anwendung der Psychoanalyse auf die Erziehung nach Europa zurückreiste, mußte er feststellen, daß die Thematik einigen Europäern neu und fremd vorkam, obwohl sie doch hier ihren Ursprung hatte (Ekstein und Motto 1963).« (Füchtner 1978, S. 193)

In der daraufhin anwachsenden Literatur zur Psychoanalytischen Pädagogik findet sich – wenn man von Aloys Lebers Publikationen absieht – keinerlei Hinweis mehr auf diesen Sachverhalt. Es liegt nahe, diese Amnesie als dem Thema der Vertreibung und des Exils – welches individuell und gesellschaftlich verleugnet werden muß – zugehörig zu betrachten. Insofern könnte uns, Horst-Eberhard Richter (1995), Paul Parin (1990a, 1991, 1993a, 1998) und Hans-Jürgen Wirth (1997a, 1998) haben hierauf nachdrücklich hingewiesen, die Erinnerung an unsere Geschichte, vermittelt etwa über eine Erforschung relevanter Biographien, dabei behilflich sein, diese Amnesie sowie die damit einhergehenden Verleugnungen, Denktabus und historischen Entwirklichungen aufzulösen.

Schließlich zeichne ich sowohl in dem zweiten, historisch angelegten Kapitel als auch in den nachfolgenden biographisch-werktheoretischen Einzelfallstudien über Ekstein, Federn und Bettelheim die vielfältigen pädagogisch-psychoanalytischen Spuren nach, die sie in ihrer neuen Heimat, den USA, hinterlassen haben – und die hierzulande nahezu unbekannt geblieben sind. Bettelheim prägte 1987 auf dem österreichischen Kongreß »Vertriebene Vernunft« – an dem er unter anderem gemeinsam mit Ekstein, Federn, Fallend und Reichmayr teilgenommen hatte – den Begriff des »Kulturtransfer(s) von Österreich nach Amerika, illustriert am Beispiel der Psychoanalyse« (Bettelheim 1988).

Seine auf diesem Kongreß vorgetragene, von innerer Ambivalenz getönte Einschätzung stellt einen Ausgangspunkt meiner vorliegenden Studie dar. Bettelheim führte 1987 aus:

»Es besteht für mich kein Zweifel, daß die österreichische Emigration in die Vereinigten Staaten viel zum Wachstum der Psychoanalyse beigetragen hat. Und nicht nur zum Wachstum der Psychoanalyse in den Vereinigten Staaten, sondern zum Wachstum und zur Entwicklung der Psychoanalyse überhaupt. Es ist natürlich sehr schwer zu entscheiden, inwiefern die Psychoanalyse dieses Wachstum der Emigration österreichischer Psychoanalytiker nach den Vereinigten Staaten verdankt und was diese Analytiker auf jeden Fall geschaffen hätten, wenn sie in Wien geblieben wären. (...) Ich wage daher nicht, zu sagen, ob das schreckliche politische und soziale Unglück der Hitlerzeit, das für die österreichischen Psychoanalytiker so fürchterliche Folgen hatte, der psychoanalytischen Bewegung weltweit großen Schaden brachte, oder ob die Emigration der Entwicklung der Psychoanalyse vielleicht mehr geholfen als geschadet hat. Man kann aber wohl mit Sicherheit behaupten, daß die Psychoanalyse heute anders aussehen würde, hätte sie nicht durch die Ereignisse der Hitlerzeit ihre Wurzeln in Wien verloren.« (Bettelheim 1988, S. 216)

Und der 84jährige Bettelheim fügte, sein eigenes Werk im Rückblick betrachtend, für sich selbst hinzu:

»Mit Sicherheit kann ich nur über mich selbst sprechen und sagen, daß ohne diese Emigration und ohne den mit ihr Hand in Hand gehenden Kulturtransfer keiner meiner Beiträge zur Psychoanalyse das Licht der Welt gesehen hätte. Ob dies einen Vorteil oder einen Nachteil für die Psychoanalyse beinhaltet – diese Entscheidung muß ich anderen überlassen. Da aber meine bescheidenen Beiträge zur Psychoanalyse so offensichtlich mit meiner Emigration in die Vereinigten Staaten zu tun haben, möchte ich ein wenig über mich selbst berichten. (...) So schrecklich die Ereignisse waren, die mich zur Emigration gezwungen hatten, habe ich keinerlei Zweifel, daß, wäre ich in Österreich geblieben, es fraglich ist, ob ich überhaupt etwas zur Entwicklung der Psychoanalyse beigetragen hätte, und wenn, dann wären diese Beiträge ganz anderer Art gewesen. In meinem Fall hat sich also dieser Kulturtransfer von Österreich nach den Vereinigten Staaten günstig ausgewirkt.« (ebd., S. 216)

Im letzten Abschnitt meiner Arbeit setze ich die traumatisierenden Erfahrungen – denen die vorgestellten Pioniere der Psychoanalytischen Pädagogik ausgesetzt waren und die die Psychoanalytische Pädagogik in ihrer Gesamtheit historisch durch ihre fast vollständige Auslöschung erfahren hat – in Verbindung mit David Beckers (1992) Studien zur Psychologie der Extremsituation. Sie wurden maßgeblich durch Bettelheims und Federns Beiträge zur Psychologie des Terrors geprägt. Meine abschließende Studie enthält weitere und die Forschung vertiefende Aufschlüsse, die generell die soziale, die gesellschaftliche Dimension der Psychoanalytischen Pädagogik im Geiste eines Siegfried Bernfeld oder Otto Fenichel verdeutlichen.

Die vorliegende Studie über das Lebenswerk von Ekstein, Federn und Bettelheim versteht sich als ein historisierender Beitrag zur Wiederbelebung der *psychoanalytisch-pädagogischen Bewegung* (Ernst Federn). Es existiert heute zwar eine Psychoanalytische Pädagogik als akademische Disziplin, eine psychoanalytisch-pädagogische Bewegung jedoch ist nicht erkennbar. Ob sie heute noch bestehen würde, wenn der Nationalsozialismus die Tradition der Psychoanalytische Pädagogik nicht ausgelöscht, ins Exil vertrieben hätte, ist – wie Bettelheim aufgezeigt hat – nicht zu entscheiden. Die nachfolgend vorgestellten Werke dieser drei Emigranten stehen zumindest für diese Möglichkeit. Zugleich stehen sie für die gesellschaftspolitische Tradition einer »psychoanalytischen Volksaufklärung« (Paul Federn), wie sie in den Anfängen der psychoanalytischen Bewegung zum Selbstverständnis vieler Psychoanalytiker gehörte (vgl. Wirth 1998, S.549).

Ich möchte abschließend an eine Äußerung von Sigmund Freud erinnern, die Rudolf Ekstein in seinen zahlreichen Texten immer wieder aufgreift: »Die Stimme des Intellekts ist leise, aber unaufhörlich, bis sie sich ein Gehör verschafft hat.«[12]

1 Zur Geschichte der Psychoanalyse und der Psychoanalytischen Pädagogik

Die Psychoanalyse ist eine mehr oder weniger anerkannte Heilmethode. Dies war nicht immer so. Der Widerstand gegen eine wissenschaftliche Theorie, die die grundlegende Bedeutung der Sexualität für die menschliche Entwicklung erstmals nachhaltig in den öffentlichen Diskurs brachte, war massiv. Lange hatte sie zu kämpfen, bis sie von der bürgerlichen Gesellschaft zumindest geduldet wurde.

Sigmund Freud hielt nicht viel davon, die Psychoanalyse vorrangig als eine medizinische Heilmethode zu betrachten. Vielleicht, so sagte er 1926 im Vorwort zu Aichhorns »Verwahrloste Jugend«, werde die Zukunft zeigen, daß ihre therapeutische Anwendung nicht ihre wichtigste Nutzbarmachung sei. Die Pädagogik könne beispielsweise an ihre Stelle treten.[1] Auch solle die Analyse ihrer gesellschaftlichen Verantwortung bewußt werden und »das individuelle Elend in gemeines Unglück (...) verwandeln« Gegen das Letztere könne man sich dann mit einem gestärkten Ich besser zur Wehr setzen. Vor allem aber sei eine kulturkritische Diskussion überfällig. Die Nachteile der herrschenden repressiven Kultur seien offensichtlich und nur schwer erträglich.

Diese Überlegungen Freuds scheinen in Vergessenheit geraten zu sein, wodurch das ehemals gesellschaftskritische und (selbst-) aufklärerische Potential dieser »anstößigen Erkenntnismethode« (Alfred Lorenzer) verloren zu gehen droht. Diesem Themenkreis versuche ich mich in meiner Abhandlung zu nähern.

1.1 Der Widerstand gegen Freud – historische Rekonstruktion

»Dies ist kein Diskussionsthema für eine wissenschaftliche Versammlung, dies ist Sache der Polizei«, rief im Jahre 1910 voller Empörung der Medizinalrat Weygandt auf einem neurologischen und psychiatrischem Kongreß über die Psychoanalyse.

Dieser Ausbruch war keineswegs eine historische Ausnahme – er kann als repräsentativ für die Abwehrhaltung der zu 98 Prozent katholischen Wiener Gesellschaft gegen die neue Wissenschaft Psychoanalyse Anfang dieses Jahrhunderts betrachtet werden.

Der Freud-Biograph Ernest Jones (1984) hat einige Beispiele für diese nicht konsequenzlosen Ächtungsversuche zusammengefaßt, von denen ich hier zur Veranschaulichung einige Beispiele anführen möchte.

So schrieb der Psychiater Rieger bereits 1896 – also unmittelbar nach dem Erscheinen von Freuds erster größerer psychoanalytischer Schrift, den »Studien zur Hysterie« (1895), Freuds Ansichten seien derart abwegig, daß »kein Irrenarzt sie lesen könne, ohne ein wahres Gefühl des Entsetzens zu spüren« (Jones 1984, Bd. 2, S. 139). Solche Überlegungen würden »zu nichts als einer Alterweiberpsychiatrie führen« (Jones 1984, Bd. 1, S. 328).

Zu besonders entschieden vorgetragenen Ablehnungen kam es auf einigen medizinischen und psychiatrischen Kongressen. So hieß es 1911 nach einem Vortrag des Analytikers Ferenczi, Freuds Werk sei ausschließlich Pornographie, und der richtige Ort für Analytiker sei das Gefängnis.

1.2 Die pädagogische Dimension bei Freud

»Verstünden es die Menschen, aus der direkten Beobachtung des Kindes zu lernen, so hätten diese ›Drei Abhandlungen‹ überhaupt ungeschrieben bleiben können«, bemerkte Sigmund Freud (GW V, S. 32) 1905 im Vorwort seiner »Drei Abhandlungen zur Sexualtheorie«, die man als einen »Vorläufer« der Psychoanalytischen Pädagogik lesen kann.

Dieses frühe Werk hat insofern eine eminent pädagogische Dimension, als Freud in ihm nachweist, wie sehr die Wahrnehmung der psychischen Realität von Kindern von den eigenen Widerständen, den eigenen verdrängten frühkindlichen Impulsen im Erwachsenen beeinträchtigt und geprägt wird. Die bürgerliche Gesellschaft seiner Zeit mußte Freuds Erkenntnisse bezüglich der grundlegenden Bedeutung der Sexualität aus dem gleichen Grunde bekämpfen, aus dem sie auch die offensichtlichen sexuellen Betätigungen von Kindern verleugnen mußte – der eigenen »infantilen Amnesie« (Freud) sowie der triebfeindlichen »kulturellen« Sexualmoral entsprang die Kraft dieses hartnäckigen affektiven Widerstandes.

Freud hat sich nie im engen Sinne als Pädagoge verstanden. Dennoch finden sich in seinem umfangreichen Gesamtwerk immer wieder Verweise auf die Notwendigkeit der Nutzbarmachung seiner psychoanalytischen Erkenntnisse für die Pädagogik. In seinem Essay »Die ›kulturelle‹ Sexualmoral und die moderne Nervosität« (1908, GW VII, S. 143–167) hat Freud in einer ungewohnt kämpferischen

Weise aufgezeigt, wie sehr die Entstehung von psychischen Störungen von nachteiligen, nur schwer reformierbaren gesellschaftlichen Machtverhältnissen und den sie stützenden Moralvorstellungen bedingt ist. Die Erziehung, die unzweifelbar »einen mächtigen Einfluß geltend machen kann zu der Entstehung beziehungsweise Vermeidung von Störungen« (GW VII, S. 376), erschien ihm als bedenklich defizitär. So konstatierte er 1909 in der »Analyse der Phobie eines fünfjährigen Knaben« (GW VII, S. 241–376): Die Erziehung »hat sich bisher immer nur die Beherrschung, oft richtiger Unterdrückung der Triebe zur Aufgabe gestellt; der Erfolg war kein befriedigender. (...) Man fragte auch nicht danach, auf welchem Wege und mit welchen Opfern die Unterdrückung der unbequemen Triebe erreicht wurde.« (GW VII, S. 376)

1930 weitet er in seinem kulturkritischen Essay »Das Unbehagen in der Kultur« (GW XIV, S. 421–506) seinen Vorwurf gegenüber der Erziehung noch aus:

»Daß sie dem jugendlichen Menschen verheimlicht, welche Rolle die Sexualität in seinem Leben spielen wird, ist nicht der einzige Vorwurf, den man gegen die heutige Erziehung erheben muß. Sie sündigt außerdem darin, daß sie ihn nicht auf die Aggression (nach Freud der Abkömmling des Todestriebs, R. K.) vorbereitet, deren Opfer zu werden er bestimmt ist. Indem sie die Jugend mit so unrichtiger psychologischer Orientierung ins Leben entläßt, benimmt sich die Erziehung nicht anders, als wenn man Leute, die auf eine Polarexpedition gehen, mit Sommerkleidung und Karte der oberitalienischen Seen ausrüsten würde.« (GW XIV, S. 494)

Wenn sich nun die Frage aufdrängt, was für positive Möglichkeiten die Erziehung denn anzubieten habe, um dem Kind den Erwerb von Liebes- und Arbeitsfähigkeit – dies sind nach Freud die zwei entscheidenden Kriterien für psychische Gesundheit – zu ermöglichen, so sollte als erster Schritt – quasi wie in einem analytischen Prozeß – zuerst noch einmal der Widerstand der Erwachsenen gegen vom Kind ausgehende Entwicklungs- und Autonomieprozesse mit gleichschwebender Aufmerksamkeit betrachtet werden.

In seinem 1913 verfaßten Text »Das Interesse an der Psychoanalyse« (GW VIII, S. 389–420) stellt Freud programmatisch fest: »Ein Erzieher kann nur sein, wer sich in das kindliche Seelenleben einfühlen kann, und wir Erwachsenen verstehen die Kinder nicht, weil wir unsere eigene Kindheit nicht verstehen« (S. 419). Und er fügt – wie bereits in seinen »Drei Abhandlungen...« – hinzu: »Unsere Kindheitsamnesie ist ein Beweis dafür, wie sehr wir ihr entfremdet sind.« (ebd.) Das »ungläubige Erstaunen«, das seine Entdeckungen bezüglich der Sexualität des Kindes bei Erwachsenen ausgelöst hatte, messe hierbei die Distanz, »welche unser Seelenleben, unsere Wertungen, ja unsere Gedankenprozesse von denen auch des normalen Kindes trennt« (ebd.).

Vordringlichste Forderung einer psychoanalytisch aufgeklärten Pädagogik müsse deshalb sein, daß die Erzieher zuerst einmal selbst über die von der Psychoanalyse klinisch beobachteten kindlichen »Tatbestände« aufgeklärt werden, bevor sie auf das Kind in einer wie auch immer gearteten Weise einwirken. Deshalb äußert Freud die Hoffnung:

»Wenn sich die Erzieher mit den Resultaten der Psychoanalyse vertraut gemacht haben, werden sie es leichter finden, sich mit gewissen Phasen der kindlichen Entwicklung zu versöhnen, und werden unter anderem nicht in Gefahr sein, beim Kind auftretende sozial unbrauchbare oder perverse Triebregungen zu überschätzen. Sie werden sich aber von dem Versuch einer gewaltsamen Unterdrückung dieser Regungen zurückhalten, wenn sie erfahren, daß solche Beeinflussungen oft nicht minder unerwünschte Erfolge liefern, als das von der Erziehung gefürchtete Gewährenlassen kindlicher Schlechtigkeiten.« (GW VIII, S. 419f.)

Die besten Tugenden des Menschen seien – so fügte Freud erklärend bildhaft hinzu – als Sublimierungen auf dem Boden der bösesten Anlagen erwachsen. Deshalb solle sich die Erziehung »vorsorglich hüten, diese kostbaren Kraftquellen (also die »asozialen« und »perversen« Triebe des Kindes, R. K.) zu verschütten und sich darauf beschränken, die Prozesse zu befördern, durch welche diese Energien auf gute Wege geleitet werden.« (S. 420)

Freud, der die Analyse eines psychisch Erkrankten gelegentlich als eine »Art von Nacherziehung« (GW X, S. 449, GW XII, S. 33 und S. 139, GW XIV, S. 566) bezeichnet hat, hatte anfangs – wie auch andere Vertreter der Psychoanalytischen Pädagogik besonders in den »stürmischen« 20er Jahren – große Hoffnung, daß die bloße Vermittlung der analytischen Erkenntnisse über die Entstehung von psychischen Erkrankungen prophylaktisch wirken könne. So schrieb er 1913 im Vorwort eines Buches des Pfarrers und engagierten Psychoanalytischen Pädagogen Oskar Pfister[2] noch geradezu euphorisch: »Möge die Verwendung der Psychoanalyse im Dienste der Erziehung bald die Hoffnung erfüllen, die Erzieher und Ärzte an sie knüpfen dürfen!« (GW X, S. 450). Andere Autoren – wie etwa der Psychoanalytische Pädagoge und Marxist Siegfried Bernfeld – äußerten sich hierzu bereits früh sehr viel skeptischer: in seinem 1925 erschienenem Buch »Sisyphos oder die Grenzen der Erziehung« zeichnet Bernfeld eindrucksvoll die Grenzen einer progressiven Erziehungen unter den herrschenden gesellschaftlichen Bedingungen nach.

Gegen Ende seines Lebens, als Freud auf eine jahrzehntelange klinische Anwendung seiner Psychoanalyse zurückblicken konnte, war er gegenüber der prophylaktischen Wirkung einer solchen psychoanalytisch aufgeklärten Erziehung sehr viel skeptischer – der Widerstand im Kind wie auch der der Gesellschaft erwies sich als sehr viel stärker und hartnäckiger als erwartet, der repressive gesellschaftliche Einfluß, die triebfeindlichen Kulturanforderungen erschienen als übermächtig. So stellte Freud 1937, zwei Jahre vor seinem Tod, skeptisch geworden, in »Die endliche und die unendliche Analyse« (GW XVI, S. 59–99) zur kindlichen Sexualaufklärung fest: »Ich bin weit entfernt zu behaupten, es sei ein schädliches oder überflüssiges Vorgehen, aber man hat offenbar die vorbeugende Wirkung dieser liberalen Maßregel weit überschätzt« (GW XVI, S. 78).

Anna Freud, eine der Begründerinnen der analytischen Kindertherapie, sollte sich in ihren späten Schriften diesem Standpunkt anschließen. So bemerkte sie 1965 in »Wege und Irrwege in der Kinderentwicklung« (A. Freud 1971):

»Im großen und ganzen blieb also die psychoanalytische Pädagogik hinter dem Ziel zurück, das sie sich eingangs gesteckt hat. Die unter dem neuen Regime aufgewachsenen Kinder mögen in mancher Hinsicht anders sein als die Kinder früherer Generationen. Sie sind aber nicht freier von Angst und von Konflikten und darum neurotischen und anderen psychischen Störungen nicht weniger ausgesetzt. Der Fehler liegt hier nicht in einem Versagen des erzieherischen Handelns, sondern in unseren unberechtigten Erwartungen. Streng analytisches Denken sollte uns darauf vorbereiten, daß die Suche nach einer eindeutigen ›Wurzel der Neurose‹ so unrealistisch ist wie die Hoffnung auf eine auf Erziehung gegründete Neurosenprophylaxe. Psychoanalytische Erfahrung zeigt, daß die Neurosen der Preis sind, den die Menschheit für die Kulturentwicklung zahlt. (...) Konfliktfreiheit und Einheitlichkeit der Person sind also unerfüllbare Ideale für den Kulturmenschen. Das meiste, was eine verständnisvolle Erziehung hier leisten kann, ist, dem einzelnen Kind zur Konfliktlösungen zu verhelfen, die mit einem Modikum von psychischer Gesundheit verträglich sind.« (A. Freud 1971, S. 17f.)

Wenn bloße verbale bzw. intellektuelle Aufklärung – sowohl des Erziehers als auch des Kindes – keine befriedigende pädagogische Perspektive darstellt, so drängt sich die Frage auf, wie Pädagogen denn angemessen auf ihre Tätigkeit vorbereitet werden können. In seinem Vorwort zu »Verwahrloste Jugend« (Freud GW XIV, S. 565 bis 567) des engagierten psychoanalytischen Pädagogen August Aichhorn – der durch seine Arbeit mit verwahrlosten bzw. verhaltensauffälligen Jugendlichen bekannt geworden ist – versucht Freud hierauf eine Antwort zu geben: Er verkenne nicht »den hohen sozialen Wert« (GW XIV, S. 565), den die Arbeit seiner pädagogischen Freunde beanspruchen dürfe. Deshalb preist Freud im folgenden die psychoanalytisch fundierte Arbeit Aichhorns als vorbildlich für jeden Pädagogen: »Sein Verhalten gegen die Pflegebefohlenen entsprang aus der Quelle einer warmen Anteilnahme an dem Schicksal dieser Unglücklichen und wurde durch eine intuitive Einfühlung in deren seelische Bedürfnisse richtig geleitet« (S. 566).

Was aber ist nun aus pädagogischer Sicht zu tun, da ja nicht jeder Pädagoge über ein solches – biographisch angeeignetes – persönlichkeitsspezifisches Einfühlungsvermögen gegenüber Kindern verfügt? Freud leitet hieraus zwei Forderungen ab: Zuerst einmal solle der Pädagoge psychoanalytisch geschult werden, da ihm ansonsten das Kind ein »unzugängliches Rätsel« (S. 566) bleibe. Am geeignetsten werde dies durch eine eigene Analyse des Erziehers erreicht, so daß dieser diese Schulung »am eigenen Leibe« (ebd.) erlebe; theoretischer Unterricht allein dringe nicht tief genug und schaffe keine dauerhafte Überzeugung und Einsicht. Um das Kind jedoch nicht der Gefahr einer verfehlten Analyse, unangemessener Deutungen auszusetzen beziehungsweise um den spezifisch analytischen Rahmen nicht mit der pädagogischen Alltagssituation zu verwechseln, fügt Freud eine zweite Forderung hinzu:

»Die zweite Mahnung klingt eher konservativ, sie besagt, daß die Erziehungsarbeit etwas sui generis ist, das nicht mit psychoanalytischer Beeinflussung verwechselt und nicht durch sie ersetzt werden kann. *Die Psychoanalyse des Kindes kann von der Erziehung als Hilfsmittel herangezogen werden. Aber sie ist nicht geeignet, an ihre Stelle zu treten.*« (GW XIV, S. 566, Hervorhebung R. K.)

1.3 Frühe Impulse und Aufbruchbewegungen der Psychoanalytischen Pädagogik

Die Entstehung der Psychoanalytischen Pädagogik sollte im Kontext dieser pädagogischen Überlegungen Freuds gelesen werden – wie natürlich auch im Kontext der damaligen pädagogischen und gesellschaftlichen Aufbruchstimmung. Sigmund Freud selbst beteiligte sich, bis auf die geschilderten Aspekte, zwar nicht selbst aktiv an dieser, unterstützte ihr »Erblühen« jedoch nachdrücklich.

Rudolf Ekstein, Ernst Federn und Bruno Bettelheim engagierten sich bereits als Jugendliche und junge Studenten aktiv an der damaligen pädagogisch-gesellschaftlichen Reformbewegung; sie verstanden sich gewissermaßen als die zweite Generation dieser fortschrittlichen Bewegung, als Schüler von Anna Freud, Bernfeld, Aichhorn und Fenichel, um nur die Bekanntesten zu nennen. Nach ihrer Verfolgung und Vertreibung durch den Nationalsozialismus, nach der Auslöschung der Psychoanalytischen Pädagogik im deutschsprachigen Raum, führten sie diese Tradition bewußt im amerikanischen Exil fort. Deutlich wird dies durch den Umstand, daß sie sich bereits in ihren ersten Publikationen – wie auch bei ihren beruflichen Etablierungsversuchen – in den USA unmittelbar auf diese psychoanalytisch-pädagogische Tradition bezogen – soweit die gesellschaftlichen Rahmenbedingungen in den USA dies zuließen. Auch in den folgenden Jahrzehnten versuchten sie kontinuierlich, diese europäische Tradition in den USA in zumindest modifizierter Form lebendig zu halten; dementsprechend publizierten sie bis Anfang der 70er eine nahezu unüberschaubare Fülle von Studien, in denen Bezug auf das Erbe der Psychoanalytischen Pädagogik genommen wurde. Seit Anfang der 70er Jahre ließen es ihre biographischen sowie die gesellschaftlichen Entwicklungen zu, daß sie ihre im Exil weiterentwickelten psychoanalytisch-pädagogischen Konzepte wieder zurück nach Europa, nach Österreich und Deutschland brachten.

In diesem Sinne möchte ich im Folgenden einige Facetten dieser außergewöhnlich produktiven »Gründerzeit« der Psychoanalytischen Pädagogik nachzeichnen, wie auch das Wirken der bekanntesten Vertreter der Psychoanalytischen Pädagogik der 20er und 30er Jahre in Wien sowie Berlin. Im Interesse einer leichten Lesbarkeit des Textes habe ich die jeweilige Quelle nur an einigen Stellen mittels Zitation gekennzeichnet; ansonsten orientiere ich mich an der gängigen Literatur, die ich meiner Studie zugrunde gelegt habe.[3] Ein unverzichtbares Nachschlagewerk war für mich das »Biographische Lexikon der Psychoanalyse«, welches Elke Mühlleitner (1992) unter Mitarbeit von Johannes Reichmayr herausgegeben hat.

Bereits 1908 referierte der ungarische Psychoanalytiker Sandor Ferenczi in Salzburg über »Psychoanalyse und Pädagogik«. Hierin setzte sich der enge Freud-Weggefährte – Freuds Aufsatz »Die ›kulturelle‹ Sexualmoral und die moderne Sexualität« aufgreifend –, für »die konsequente Anwendung psychoanalytischer Erkenntnisse zu einer Reform der Erziehungspraxis und ihrer Institutionen« ein (Perner 1991). Insofern die Neurosen Resultate einer »fehlerhaften Erziehung« seien, die durch eine übersteigerte Unterdrückung »die verschiedensten Neurosen förmlich hochzüchtet«, könnte eine psychoanalytische »Massenaufklärung« einen »radikalen Umsturz in der Pädagogik« herbeiführen und somit der »Wiederkehr ähnlicher Zustände für immer vorbeugen« (nach: Perner 1991). 1912 folgte eine Schrift des Schweizer Pfarrers Oskar Pfister[4], sowie verschiedene weitere Aufsätze und Vorträge.

Im Grunde war es so, daß Freuds Entdeckung von der zentralen Bedeutung des Ichs in »Das Ich und das Es« einen Zugang der Psychoanalyse zur Pädagogik ermöglichte, ist doch die Ich-Stärkung ein originär pädagogisches Feld. Auch fanden immer mehr Pädagogen Zugang zur Psychoanalyse.

Nachhaltig vorangetrieben wurde dieser Prozeß der Öffnung der Psychoanalyse für die Pädagogik vor allem durch Siegfried Bernfeld (1892–1953), der nach Federn (1993, S. 71) »zu den Pionieren der Psychoanalytischen Pädagogik« gehört. Bernfeld hatte sich bereits als Schüler in der Wiener Jugendkulturbewegung sowie auch in der linken zionistischen Bewegung engagiert und wurde einer ihrer produktivsten und charismatischsten Sprecher. Er setzte sich für die Einrichtung von Schülervereinen und die Schüler-Selbstverwaltung ein und plädierte für eine radikale Veränderung der Erziehungsinstitutionen. Er promovierte 1915 mit seiner Arbeit »Über den Begriff der Jugend« und referierte 1918 vor der Wiener Psychoanalytischen Vereinigung (WPV) über »Die Dichtung der Jugendlichen«, wodurch er die Psychoanalytische Pädagogik auf die Lebensperiode der Pubertät ausweitete. 1919 gründete er das nur kurzlebige *Kinderheim Baumgarten*, in dem verwahrloste jüdische Waisenkinder betreut wurden. Dieses pädagogische Experiment bezeichnete Bernfeld als einen »ersten ernsthaften Versuch mit neuer Erziehung«. 1922 eröffnete er eine psychoanalytische Praxis. 1925 erschien seine »Psychologie des Säuglings«, im gleichen Jahr seine legendäre Streitschrift »Sisyphos oder die

Grenzen der Erziehung« – ein, wie Ekstein/Fallend/Reichmayr (1988, S. 231) formuliert haben »erster Beitrag zum Verhältnis von Psychoanalyse und Marxismus und gleichzeitig eine fundamentale, im Freistil formulierte Kritik der Theorie und Praxis der Erziehung.« Bernfeld unterrichtete in dem 1924 gegründeten Lehrinstitut der Psychoanalytischen Vereinigung, siedelte 1925 nach Berlin um und führte seine intensive Forschungs- und Lehrtätigkeit fort. Er leitete gemeinsam mit Carl Müller-Braunschweig im Rahmen des Psychoanalytischen Instituts eine psychoanalytisch-pädagogische Arbeitsgemeinschaft, die vor allem Probleme der Pubertät und Verwahrlosung behandelt. Erich (1993, S. 96) bemerkt hierzu:

»Ferner wurden spezielle pädagogische Schwierigkeiten analysiert. Die theoretische Frage nach dem sozialen Ort eines psychischen Geschehens begleitete jede Auseinandersetzung. Die Themen im Einzelnen waren: Die Erzieherpersönlichkeit, Eßstörungen, Verwahrlosung, Kasperlegebaren einer Schulklasse, Cliquentum, weibliche Sexualität, Jugendasozialität, Rorschach-Test sowie wiederholt über Pubertätsliebe. Die Arbeitsgemeinschaft zeichnete sich durch die interdisziplinäre Zusammensetzung aus berufstätigen Pädagogen, HeilpädagogInnen, FürsorgerInnen, SozialarbeiterInnen, KindergärtnerInnen aus und bildete ein geeignetes Forum für offene Debatten zwischen Angehörigen unterschiedlichster Berufsschichten.«

Insofern wurde dort bereits vor 70 Jahren etwas praktiziert, was – um meiner Studie vorzugreifen – im Sinne von Ekstein, Bettelheim und Federn ein Spezifikum der Psychoanalytischen Pädagogik darstellen sollte und doch bis heute kaum praktiziert wird.

1926 bemerkte Bernfeld in einem Aufsatz programmatisch zum Nutzen der Psychoanalyse für die Pädagogik: »Die Psychologie des Erziehers ist jenes Kapitel der Erziehungswissenschaft, das bisher vielleicht noch die geringste Aufmerksamkeit gefunden hat. (...) Bei aller Vorsicht in der Einschätzung der Psychoanalyse für die Erziehungswissenschaften darf man sagen: Das psychologische Studium des Erziehers erhält durch die Psychoanalyse den entscheidenden Antrieb, die ausreichenden Fragestellungen, die zulänglichen Methoden.« (nach Erich 1993, S. 98)

1932 kehrte Bernfeld nach Wien zurück, floh 1934 nach Frankreich und folgte 1937 einem Vorschlag von Simmel und Fenichel, in die »sicheren« USA zu emigrieren. Die amerikanische Analytikerin Frances Deri stellte ihm ein Affidavit zur Verfügung.[5]

Weitere Stationen der Ausbreitung der Psychoanalytischen Pädagogik: 1918 übernahm August Aichhorn die Leitung des Erziehungsheimes in Oberhollabrunn (bei Wien), das 1000 verwahrlosten Kindern und Jugendlichen Platz bieten sollte und bis 1923 bestand. 1921 besuchte ihn Anna Freud dort, und bereits im Juni 1922 hielt Aichhorn bei der WPV seinen ersten Vortrag »Über Erziehung in Besserungsanstalten«. Im gleichen Jahr wurde er Mitglied der WPV, eröffnete eine Praxis als Therapeut und leitete von 1923 bis 1930 die »Erziehungsberatung« in den 14 Bezirksjugendämtern der Stadt Wien. Gemeinsam mit Anna Freud und Wilhelm Hoffer leitete er Kurse für Pädagogen. Seine Fähigkeit, die inneren Motive von verhaltensauffälligen Jugendlichen intuitiv zu erfassen und dieses nicht so sehr durch analytische Deutungen als vielmehr durch einen handelnden Umgang zu bearbeiten, gilt als legendär. Für Ernst Federn beispielsweise bildete Aichhorns Ansatz sowie seine Persönlichkeit auch nach seiner Emigration die wichtigste Orientierung bei seinem Versuch, diesen Ansatz auch in den USA umzusetzen.

1921 fand eine Vortragsreihe über »Psychoanalyse und Erziehung« am Volksbildungshaus Wiener Urania statt, auf der E. Hitschmann[6], S. Bernfeld, J. K. Friedjung[7] sowie H. Hug-Hellmuth referierten. In Moskau gründete Wera Schmidt ein Kinderheim, welches auf psychoanalytischer Grundlage arbeitete.[8]

Am 19. April 1923 wurde die erste Erziehungsberatungsstelle im Ambulatorium der Wiener Psychoanalytischen Vereinigung gegründet, welche zuerst von der Kinderanalytikerin Hermine Hug-Hellmuth[9], ab 1924 von Flora Kraus und ab 1928 von Editha Sterba[10] geleitet wurde. In der »Internationalen Zeitschrift für ärztliche Psychoanalyse« (IZP) wurde hierzu im Jahre 1932 vermeldet:

»Während eines Beratungsjahres kommen ungefähr 40 bis 70 Fälle in die Erziehungsberatung. Die beratenen Kinder und Jugendlichen rekrutieren sich aus allen mittellosen Bevölkerungsschichten. Sie werden der Erziehungsberatung von Schulen, Vereinen, einzelnen Lehr- und Privatpersonen, Schul- und Kinderärzten zugewiesen oder von den Angehörigen in die Beratung gebracht.« (nach Mühlleitner 1992, S. 386)

1926 wurde im Rahmen des Lehrinstitutes der WPV ein Kurszyklus für Pädagogen eingerichtet, der von Anna Freud, Hedwig Schaxel, August Aichhorn sowie Wilhelm Hoffer geleitet wurde und sich einer regen Nachfrage erfreute.

Im gleichen Jahr erschien ein Werk, welches für meine vorliegende Studie von besonderer Bedeutsamkeit ist: das von Paul Federn – Ernst Federns Vater – sowie

Heinrich Meng herausgegebene zweibändige »Psychoanalytische Volksbuch«. Im Vorwort auf S. 13 sowie auf S. 554 dieses »Volksbuches« wurde das Erscheinen der *Zeitschrift für psychoanalytische Pädagogik* (1926–1937) mit den apodiktischen Worten angekündigt: »Die Psychoanalyse findet ihren letzten Sinn und ihren reinsten Erfolg als Erziehungswissenschaft.«

Das »Psychoanalytische Volksbuch« erscheint mir als ein bedeutsames Dokument für die pädagogische und soziale Dimension sowie Produktivität der Psychoanalyse. Es erschien in zwei Bänden in mehreren Auflagen, die fünfte wurde 1957 aufgelegt, und es wurde in mehrere Sprachen übersetzt. Die erste Auflage des 2. Bandes umfaßt 550 Seiten; 37 Beiträge von 14 Autoren. Hierunter sind neun Beiträge von Paul Federn sowie sechs Aufsätze von Meng, weiterhin Aufsätze von den Psychoanalytischen Pädagogen Ernst Schneider und August Aichhorn.

Ausdrücklich zum Gebiet der Psychoanalytischen Pädagogik gehören folgende Aufsätze: Meng: Zwang und Freiheit in der Schulerziehung; Schneider: Kinderfehler, Entstehung und Behandlung; Meng: Hygiene des Kindes; Meng: Schutz durch sexuelle Aufklärung; Aichhorn: Psychoanalytisches Verständnis und Erziehung Dissozialer; Federn: Körperliche Hygiene des Geschlechtslebens; Federn: Märchen – Mythos – Urgeschichte.

Im Vorwort heben Federn/Meng die pädagogische Bedeutung ihres Werkes hervor: »(...) Besonders wichtig ist die Lösung dieser Aufgabe bei Kindern. Wer hat nicht schon mit verträumten, trotzigen, lügenden Kindern zu tun gehabt? Und wie wenige haben solche Kinder richtig zu behandeln, zu bessern verstanden? Herrscht nicht allgemein im Volk die falsche Auffassung, daß Erziehung wenig helfe, daß der Charakter mitgeboren, endgültig sei? Das Psychoanalytische Volksbuch legt dar, daß die meisten Kinder, die an Charakterfehlern leiden, nicht ›bös‹ sind, nicht eine falsche Veranlagung haben, sondern durch Ereignisse und Einflüsse bestimmte Störungen, zum Beispiel Zwangsvorstellungen, erworben haben, die sie an normalem, naturgemäßem Tun und Lassen hindern. Es lehrt also die gestörte, gehemmte Kinderseele verstehen, lenken und heilen.« (S. 12 f.)

Nahezu zum gleichen Zeitpunkt, 1925, war bereits August Aichhorns Hauptwerk »Verwahrloste Jugend. Die Psychoanalyse in der Fürsorgeerziehung« erschienen, einschließlich eines von mir bereits dargebotenen Vorwortes von Freud, in dem dieser sich entschieden für die Psychoanalytische Pädagogik einsetzte.

1927 gründete die Amerikanerin Dorothy Burlingham im 13. Wiener Gemeindebezirk die *Burlingham-Rosenfeldschule*, die sich als eine psychoanalytisch-pädagogische Versuchsschule verstand und an der vor allem Kinder amerikanischer Analysanden unterrichtet wurden. An ihr unterrichteten neben Burlingham die Psychoanalytischen Pädagogen A. Freud, P. Blos.[11] E. H. Erikson, A. Aichhorn und S. Bernfeld. Sie wurde 1932 geschlossen.[12] Burlingham gehört ebenfalls zu den Begründern der Psychoanalytischen Pädagogik. Sie hatte in den USA von Anna Freuds Arbeit mit Kindern gehört, wollte ihren Sohn bei Anna Freud wegen einer Asthmaerkrankung behandeln lassen und kam deshalb 1925 nach Wien. Sie machte bei Sigmund Freud ihre Lehranalyse, wurde eine enge Kollegin und Weggefährtin Anna Freuds und finanzierte 1936 mit der amerikanischen Ärztin und Analytikerin Edith Jackson[13] die *Jackson-Nursery*-Kinderkrippe; diese befand sich auf dem Gebäude der Montessori-Schule am Rudolfsplatz im 1. Wiener Bezirk.

1933 wurde von der WPV ein zweijähriger Ausbildungsgang für Pädagogen eingerichtet. Die Aufnahmebedingungen waren eine pädagogische Berufsvorbereitung sowie eine längere pädagogische Tätigkeit. Bestandteil der Ausbildung war eine sog. »Pädagogenanalyse«. Mühlleitner (1992, S. 395) bemerkt hierzu: »Von 1933 bis März 1938 besuchten etwa 180 Pädagogen die Lehrgänge und Arbeitsgemeinschaften des Ausbildungsganges. Bei der Auflösung des Institutes wurden mehr als 40 analysierte berufstätige Pädagogen gezählt, ein Drittel davon waren Ausländer.« Reichmayr (1990, S. 154–158) hat eine Übersichtsliste zur Emigration der Mitglieder der Wiener Psychoanalytischen Vereinigung sowie auch emigrierter inländischer Kandidaten und Teilnehmer an den Lehrgängen für Pädagogen am Wiener Psychoanalytischen Lehrinstitut 1937/38 zusammengestellt. Die letztere Gruppe der psychoanalytischen Pädagogen umfaßt 50 Personen, von denen 49 emigrieren mußten. Neben Rudolf Ekstein und Bruno Bettelheim[14] führt Reichmayr u. a. an: Peter Blos, Kurt R. Eissler, Edmund Heilpern, Marie Kramer[15], Esther Menaker[16], Else Pappenheim, Gerhard und Maria Piers, Heinrich Racker, Friedrich Redlich, Friedrich (Fritz) Redl, Lili (Peller) Roubiczek, Judith Silberpfennig-Kestenberg[17], Melitta Sperling, Emmy Sylvester, Marie Wilhelm-Manowil (Langer).

Um die Vitalität der damaligen Bewegung der Psychoanalytischen Pädagogik zu erhellen – durch die Bettelheim, Ekstein und Federn in ihrer Wiener Jugendzeit maßgeblich beeinflußt, geprägt wurden –, möchte ich nun einige ihrer Mitglieder porträtieren, insbesondere soweit sie in Wien lebten.

Die Schwestern Berta Bornstein (1896–1971) sowie Stefanie Bornstein-Windholzova (1891–1939) waren im Bereich der Psychoanalytischen Pädagogik sehr aktiv. Berta Bornstein wurde in Krakau geboren, war jüdischer Herkunft und siedelte früh nach Berlin, wo sie auch aufwuchs. Sie ist eine wichtige Vertreterin der Kindertherapie in Österreich sowie in den USA. Ursprünglich war sie Lehrerin an einer Schule für schwererziehbare Kinder in Berlin. Durch ihre Freundschaft mit Otto und Klara Fenichel kam sie zu den Zusammenkünften der »linken« Gruppe, die sich in Fenichels Haus traf, und gehörte später zu den – sich selbst als politisch fortschrittlich begreifenden – Empfängern der »geheimen Rundbriefe« von Otto Fenichel (vgl. Reichmayr/Mühlleitner 1998). Sie nahm am »Kinderseminar« teil, arbeitete eng mit Edith Jacobson und Anni Reich zusammen und spezialisierte sich zunehmend auf die Kinderanalyse. 1929 ging sie nach Wien und arbeitete u. a. mit Anna Freud zusammen. 1930 publizierte sie in der *Zeitschrift für psychoanalytische Pädagogik* (4/1930, S. 446–454) die Beiträge »Beziehungen zwischen Sexual- und Intellektentwicklung« und »Ein Beispiel für die Leugnung durch die Phantasie« (10/1936, S. 269–275) sowie in der *Internationalen Zeitschrift für ärztliche Psychoanalyse* (IZP, 16/1930, S. 378–399) den Beitrag »Zur Psychogenese der Pseudodebilität« – ein Thema, welches innerhalb der Sonderpädagogik bis heute von ungeminderter Aktualität ist. Bereits vor 70 Jahren wurde von ihr also ein Versuch unternommen, ein psychodynamisches Verständnis von »Lernbehinderungen« zu entwerfen. Eine ihrer Bekannten war Hilde Paar, die damalige Freundin und heutige Ehefrau von Ernst Federn. Nach ihrer Emigration im Jahre 1938 lehrte Berta Bornstein ab 1951 Kinderpsychoanalyse und war von 1952 bis 1955 Vorsitzende der Kinderpsychoanalytischen Abteilung des New York Psychoanalytic Institute. Sie publizierte u. a. in dem »Nachfolger« der *Zeitschrift für psychoanalytische Pädagogik*, *The Psychoanalytic Study of the Child*. Nach ihrem Tod wurde 1974 ihr zu Ehren ein Themenschwerpunktheft von *The Psychoanalytic Study of the Child* gestaltet (vgl. Mühlleitner 1992, S. 49 f. sowie Peters 1979, S. 112 f.).

Stefanie Bornstein-Windholzova war Lehrerin und Fürsorgerin, machte eine Lehranalyse und nahm in Berlin regelmäßig an den von Siegfried Bernfeld geleiteten Diskussionen der Pädagogischen Arbeitsgemeinschaft teil. Sie hielt das Einführungsreferat zu »Die Psychologie des Erziehers« und spezialisierte sich zunehmend auf die Kinderanalyse. Sie publizierte in der *Zeitschrift für psychoanalytische Pädagogik* vier Beiträge: »Ein Beitrag zur Psychoanalyse des Pädagogen« (1933, 7, S. 314–321), »Eine Kinderanalyse« (1933, 7, S. 253–281), »Unbewußtes der

Eltern in der Erziehung der Kinder« (1934, 8, S. 353–362) sowie »Mißverständnisse in der psychoanalytischen Pädagogik« (1937, 11, S. 81–90). Horst-Eberhard Richter – den ich für einen der wichtigsten »Neubegründer« der Psychoanalytischen Pädagogik nach dem Krieg halte – weist in »Patient Familie« (1972, S. 123) darauf hin, daß Bornstein-Windholzovas Studie »Unbewußtes der Eltern in der Erziehung der Kinder« zu den ersten Beiträgen gehört, welche die Wirkung unbewußter Einflüsse von Müttern auf ihre Kinder thematisierten. S. Bornstein emigrierte gemeinsam mit F. Deri[18] und A. Reich 1933 nach Prag und organisierte dort psychoanalytisch-pädagogische Seminare mit Ärzten sowie Kindergärtnerinnen. 1937 referiert sie in Budapest auf der zweiten Vierländertagung, an der neben den 118 »offiziellen« Teilnehmern 26 Pädagogen als Gäste teilnahmen (vgl. Mühlleitner 1992, S. 51 f., S. 394), über die »Revision der psychoanalytischen Pädagogik« (s. u.).

Otto Fenichel (1897–1946) gehört insofern zu den bedeutendsten Vertretern der psychoanalytischen Pädagogik, als er mittels seiner Redebegabung, seiner Arbeitsfähigkeit und seines Wissens viele Freunde und Interessierte zur Psychoanalyse »verführte«. Er engagierte sich bereits als Jugendlicher in der Jugendbewegung um Bernfeld sowie für die sexuelle Aufklärung der Jugend. Bereits im Gymnasium erstellte er eine Statistik über sexuelle Aufklärung, was ihm beinahe einen Ausschluß aus der Schule eingebracht hatte. 20jährig gründete er eine Bibliothek der Jugendbewegungsliteratur, besuchte 1915/16 Freuds Vorlesungen an der Wiener Universität und hielt 1920 seinen ersten Vortrag vor der WPV: »Über Sexualfragen in der Jugendbewegung«. Er organisierte 1924 das »Kinderseminar«, in dem sich jüngere, fortschrittlich orientierte Analytiker zusammenfanden. Er rezensierte regelmäßig Wilhelm Reichs Studien, von dem er sich in den 30er Jahren etwas distanzierte. Ab 1934 verfaßte er seine an einen kleinen Kreis von Gleichgesinnten gerichteten »Geheimen Rundbriefe«; innerhalb von elfeinhalb Jahren verfaßte er 119 Rundbriefe, die 1998 als monumentales, zweibändiges, 1800 Seiten umfassendes Dokument erschienen (Reichmayr/Mühlleitner 1998, vgl. auch Jacoby 1985, Reichmayr 1990).

1935 flüchtete er nach Prag und bildete gemeinsam mit A. Reich, S. Bornstein und F. Deri eine psychoanalytische Arbeitsgemeinschaft. Gemeinsam war ihnen ihr politisches Engagement. Reichmayr (1990, S. 124) stellt diesbezüglich die Hypothese auf: »Vielleicht vertrat diese Gruppe auch das ›politische Gewissen‹ der

Wiener Vereinigung.« Dementsprechend bildeten gesellschaftspolitische Themen einen Schwerpunkt der Vorträge. So referierte Heinrich Löwenfeld 1936 »Zur Massenpsychologie des Faschismus«, Fenichel 1936/37 bei einer öffentlichen Veranstaltung über »Psychoanalyse des Antisemitismus«. In seinem Abschiedsvortrag vor der Prager Gruppe, nach der Okkupation Österreichs, skizzierte Fenichel die damalige Lage der Psychoanalyse angesichts der sehr konkreten Bedrohung durch den Faschismus:

»Das Schicksal der Psychoanalyse hängt jetzt nicht mehr davon ab, ob sie sich erfolgreich mit dieser oder jener ›Abweichung‹ auseinandersetzt. (...) Das Schicksal der Psychoanalyse wird vom Schicksal der Welt und der Wissenschaft überhaupt abhängen. (...) Nicht darum geht es, daß dieser oder jener Neurotiker gesund gemacht werde, sondern darum, daß das Denken überhaupt auf die Erscheinungen des Seelenlebens angewendet werde. Nicht das grüblerische zwangsneurotische Denken, das die Wirklichkeit durch Begriffe ersetzt, sondern das lebendige Denken, das an der Fülle der Wirklichkeit orientiert ist. Und um dieses Denken steht es heute schlecht. Der Ratio ist der Krieg angesagt.« (Jacoby 1985 nach Reichmayr 1990, S. 125)

Lili Roubiczek (1898–1966), die ihren Name nach der Heirat mit einem sozialistischen Sozialmediziner 1933 in Lili Peller änderte, stellte in Wien eine Verbindung der Psychoanalytischen Pädagogik mit einer weiteren Reformbewegung her: der Montessori-Pädagogik. 1922 eröffnete sie das »Haus der Kinder«, das erste Montessori-Heim für Arbeiterkinder in Wien. Sie richtete einen zweijährigen Ausbildungskurs für Kindergärtnerinnen ein, an dem u. a. der Psychoanalytische Pädagoge Erik H. Erikson teilnahm. Roubiczek nahm am kinderanalytischen Seminar Anna Freuds teil, und es entstand ein reger Austausch zwischen beiden Reformbewegungen. 1927/28 publizierte sie in der *Zeitschrift für psychoanalytische Pädagogik* (2, S. 316–322) den Aufsatz »Die Grundsätze der Montessori-Erziehung«, 1931 hielt sie vor der WPV einen Vortrag über »Montessoripädagogik und psychoanalytische Pädagogik« und publizierte in der *Zeitschrift für psychoanalytische Pädagogik* die Aufsätze »Die wichtigsten Theorien des Spiels« (1932, 6, S. 248–252) sowie »Gruppenerziehung des Kleinkindes vom Standpunkt der Montessori-Pädagogik und der Psychoanalyse« (1933, 7, S. 93–121). 1936 konnte die *Jackson Nursery* der Wiener Psychoanalytikerinnen im Gebäude einer neugegründeten Montessori-Schule im 1. Bezirk untergebracht werden (Mühlleitner

1992, S. 277 f.). 1934 emigrierte Lili Peller mit ihrem Ehemann nach Palästina, setzte dort ihr Engagement fort und siedelte 1938 in die USA über. In New York arbeitete sie als Lehr- und Kinderanalytikerin, kooperierte mit Rudolf Ekstein sowie Ernst Federn und wirkte an einem Ausbildungsprogramm für Lehrer mit.[19]

Eine weitere bedeutende Vertreterin der psychoanalytischen Pädagogik ist Edith Buxbaum (1902–1982). Sie war eine Cousine von Bruno Bettelheim und zugleich dessen engste Kindheitsfreundin. Wie auch Ekstein, Federn und Bettelheim engagierte sie sich bereits früh in der österreichischen Jugendbewegung. Sie promovierte im Fach Geschichte und besuchte schon während ihres Studiums Kurse der WPV. Von 1926 bis zu ihrem politisch bedingten Ausschluß vom Schulbetrieb im Jahre 1936 arbeitete sie als Gymnasiallehrerin; in ihrem 6ersten Referat vor der WPV im April 1931 zum Thema »Reaktion auf Fragestunden in der Klasse« behandelte sie ihre schulischen Erfahrungen. Buxbaum, zugleich eng mit Annie Reich – der damaligen Ehefrau Wilhelm Reichs – befreundet, war politisch sehr fortschrittlich engagiert und arbeitete in der von Wilhelm Reich sowie Marie Frischauf 1928 in Wien gegründeten »Sozialistischen Gesellschaft für Sexualberatung und Sexualforschung« sowie ab 1930 in den »Proletarischen Sexualberatungsstellen« mit. Zugleich bildete sie Pädagogen in der Psychoanalyse aus, spezialisierte sich auf die Kinderanalyse und leitete eine Arbeitsgemeinschaft zur Anwendung der Psychoanalyse auf praktische Pädagogik. Sie veröffentlichte mehrere Aufsätze in der *Zeitschrift für psychoanalytische Pädagogik*: »Analytische Bemerkungen zur Montessori-Methode« (1932, 6, S. 324–333); »Angstäußerungen von Schulmädchen im Pubertätsalter« (1933, 7, S. 401–409); »Detektivgeschichten in ihrer Rolle in einer Kinderanalyse« (1936, 10, S. 113–121). 1936 erschien ihr psychoanalytisch-pädagogischer Beitrag »Massenpsychologische Probleme in der Schulklasse«, welcher 1973 von H. Meng in seinem Buch »Psychoanalytische Pädagogik des Schulkindes« nachgedruckt. wurde. Über ihr antifaschistisches Engagement – welches Bettelheim in den 80er Jahren in Interviews mehrfach hervorgehoben hat – schreibt Mühlleitner (1992, S. 59): »1935 wurde Buxbaum auf Grund ihrer politischen Aktivitäten als Sozialistin für kurze Zeit inhaftiert und von der Schule entlassen; der Vorfall rief in der Wiener Vereinigung Aufsehen hervor.«[20] 1937 emigrierte sie in die USA und setzte sich dort nachdrücklich für zahlreiche Wiener Kollegen – u. a. auch für Bettelheim – ein, indem sie Affidavits organisierte. In den USA arbeitete sie als Psychoanalytikerin sowie als Dozentin an verschiedenen analytischen Instituten.[21]

Das Ehepaar Hedwig Hoffer-Schaxel und Wilhelm Hoffer gehört ebenfalls zu den führenden Vertretern der damaligen psychoanalytischen Pädagogik. Insbesondere Ekstein bezieht sich in seinen Schriften öfter auf W. Hoffer und hat ihn einmal wörtlich als seinen ersten Lehrer im Feld der psychoanalytischen Pädagogik bezeichnet.

Wilhelm Hoffer (1897–1967), Sohn eines jüdischen Kaufmanns, in der zionistischen Bewegung engagiert, promovierte 1922 in Wien zum Thema »Über die wissenschaftlichen Grundlagen der Pädagogik«. 1919 war er Bernfelds Mitarbeiter im *Kinderheim Baumgarten* sowie von 1921 bis 1924 dessen Mitarbeiter im Jüdischen Institut für Jugendforschung und Erziehung. 1921/22 machte er – von Bernfeld finanziell unterstützt – bei H. Nunberg seine Analyse und wurde 1923 ordentliches Mitglied der Wiener Psychoanalytischen Vereinigung. 1925 sprach er bei den Kursen für Pädagogen am Lehrinstitut der Wiener Vereinigung und edierte von 1934–1938 die *Zeitschrift für psychoanalytische Pädagogik*. 1938 emigrierte er gemeinsam mit seiner Frau Hedwig nach England, arbeitete an der von Anna Freud geleiteten Hampstead-Klinik und wurde ab 1945 *Mitherausgeber der Psychoanalytic Study of the Child*, die man nach Ekstein und Federn als die Nachfolgerin der *Zeitschrift für psychoanalytische Pädagogik* betrachten kann.

Hedwig Hoffer-Schaxel (1888–1961) stammte aus einem kultivierten jüdischen Elternhaus und machte eine Lehrerausbildung. Sie war mit Bernfeld bekannt und beschrieb in der Zeitschrift »Sozialistische Kultur« Bernfelds Kinderheim Baumgarten. Sie machte bei Anna Freud eine Lehranalyse und referierte mit ihr sowie Aichhorn an den Kursen für Pädagogen. 1927 veröffentlichte sie in der *Zeitschrift für psychoanalytische Pädagogik* im Rahmen der Reihe »Beobachtungen an Kindern« den Text »Drei Beobachtungen« (1927/28, 2, S. 185–187). Sie beabsichtigte – wie ihre Kollegin Lili Peller – Seminare über Montessoris Lernmethoden zu veranstalten. 1955 publizierte sie einen in der Literatur häufig zitierten Nachruf auf Bernfeld.

Die bereits mehrfach erwähnte Annie Reich (1902–1971), Tochter eines jüdischen Geschäftsmannes sowie einer Lehrerin, wurde ebenfalls von Otto Fenichel auf die Psychoanalyse aufmerksam gemacht. 1921 machte sie eine Analyse bei Wilhelm Reich – den sie 1922 heiratete – sowie bei Nunberg und Anna Freud. Sie promovierte in Medizin, wurde 1928 Mitglied der WPV und arbeitete ebenfalls bei den von W. Reich und M. Frischauf gegründeten sozialistischen Sexualberatungsstellen in Wien mit. Hierüber veröffentlichte sie mehrere Studien, so 1929 in der

Zeitschrift für psychoanalytische Pädagogik (3, S. 98–100) den Aufsatz »Zur Frage der Sexualaufklärung« sowie die sexualpädagogischen Schriften »Ist Abtreibung schädlich?« (1930), »Wenn dein Kind dich fragt. Gespräche, Beispiele und Ratschläge zur Sexualerziehung« (1932) sowie »Das Kreidedreieck« (1932). Wegen ihrer antifaschistischen Aktivitäten wurde sie in Berlin für kurze Zeit inhaftiert, emigrierte 1933 nach Prag – wo sie sich von Wilhelm Reich trennte – und ging schließlich nach New York, wo sie als Psychoanalytikerin arbeitete.

Neben Buxbaum, Fenichel, den Bornsteins, den Sterbas sowie Bettelheim gehörte noch Anny Angel-Katan (geb. 1898) zum politisch fortschrittlich engagierten Freundeskreis von Annie Reich. Sie war eine Analysandin von Eitington, Reik, W. Reich und A. Freud und referierte 1928 vor der WPV zum Thema »Einige Beobachtungen an einem Kind«. Sie war Mitglied der Kommunistischen Partei sowie auch der illegalen »Revolutionären Sozialisten« – bei denen auch Ernst Federn engagiert war – und arbeitete bei der »Sozialistischen Gesellschaft für Sexualberatung und Sexualforschung« mit. Sie spezialisierte sich auf die Kinderanalyse und übernahm 1936 gemeinsam mit A. Freud, E. Sterba, B. Bornstein, D. Burlingham und E. Buxbaum die Leitung von drei Lehrveranstaltungen, u. a. über Kinderanalyse (vgl. auch Peters 1979, S. 224). Sie emigrierte 1936 nach Holland und war im antifaschistischen Kampf sehr engagiert. Zeitweise mußte sie sich mit ihrer Familie auf einem Dachboden versteckt halten. 1945–1946 war sie Direktorin der *Child Guidance Clinic* in Den Haag, ging dann in die USA und war ab 1955 Professorin für Kinderpsychoanalyse an der Universitätsklinik in Ohio sowie auch Ausbilderin für Kinderanalytiker. Ihre Arbeit mit schwererziehbaren Kindern wurde vom Weißen Haus geehrt (Mühlleitner 1992, S. 27 f.).

Jenny Wälder (1898–1989) machte noch während des Medizinstudiums eine Analyse und bewarb sich 1926 bei der WPV mit dem Wunsch, Kinderanalytikerin zu werden. Sie hielt 1930 den Vortrag »Aus der Analyse eines Falles von Pavor Nocturnus« der 1935 in der *Zeitschrift für psychoanalytische Pädagogik* (5, S. 5–70) publiziert wurde. Sie nahm an Anna Freuds Kinderseminar teil und leitete gemeinsam mit Berta Bornstein eine Arbeitsgruppe für Kinderpsychoanalyse, die für amerikanische Analytikerinnen eingerichtet worden war. An dieser nahmen vermutlich Julia Deming, Mary O'Neil Hawkins und Edith Jackson, Elizabeth Bryant, George und Esther Mohr, Helen Ross, Hildegard Thun sowie Esther und William Menaker teil. Julia Deming (1891–1968) hatte bereits in Boston an der dortigen psychoanalytischen Gemeinschaft mitgearbeitet und kam 1934 zu Ausbildungszwecken nach Wien. Sie machte ihre Analyse bei den Psychoanalytischen Pädagogen A. Freud, H. Deutsch und Aichhorn, spezialisierte sich auf die Kinderanalyse und übersetzte Studien von S. Bornstein und A. Freud ins Englische. Weiterhin arbeitete sie an der Jackson-Nursery. 1938 kehrte sie nach Boston zurück. Mary O'Neil Hawkins (1897–1983) hatte in den USA Psychologie sowie Medizin studiert, bei dem aus Wien stammenden Psychoanalytiker Fritz Wittels eine Analyse begonnen und war 1933 zu Ausbildungszwecken nach Wien gegangen. Sie nahm von 1936 bis 1938 am kinderanalytischen Seminar Anna Freuds teil und beteiligte sich an der Übersetzung und Herausgabe von Aichhorns »Verwahrloste Jugend« ins Englische. Sie engagierte sich, zusammen mit Muriel Gardiner[22], in einem außerordentlichen Maße für die Emigration ihrer jüdischen KollegInnen, was ihr durch ihren amerikanischen Reisepaß erleichtert wurde. Auch versteckte sie Kollegen und Freunde in ihrer Wiener Wohnung (u. a. Anna Mänchen-Helfen). 1940 übersiedelte sie in die USA, war an der Menninger-Klinik sowie als Leiterin an der Southard School in Topeka tätig (an der ab 1947 auch Rudolf Ekstein arbeiten sollte) und arbeitete als Kinder- und Erwachsenenanalytikerin.

Weitere biographische Stichworte sind: Philipp Friedmann (1873–1920), Lehrer, Schriftsteller und Bankier, von 1906–1908 Mitglied der WPV; 1908 publizierte er den Aufsatz »Zur Klärung der sexuellen Frage in der Schule«. Carl Furtmüller (1880–1951), ein promovierter Lehrer, der über Adler zur WPV kam und dort 1909 über »Erziehung oder Fatalismus« referierte. Der sozialdemokratische Bildungspolitiker Otto Glöckel verlieh ihm ab 1919 verschiedene pädagogische Aufgaben in der Schulaufsicht. Nach seiner Amtsenthebung im Jahre 1934 konnte er nur mit viel Glück emigrieren. Nach seiner Rückkehr wurde er 1948 Direktor des Pädagogischen Instituts der Stadt Wien. Else Heilpern (geb. 1896) war Heilpädagogin, veröffentlichte zwei berufsbezogene Aufsätze in der *Zeitschrift für psychoanalytische Pädagogik*: »Verweigerte Nahrungsaufnahme« (1930, 4, S. 128–133) sowie »Neid und Freßgier« (1933, 7, S. 128–133). 1933 referierte sie vor der Deutschen Psychoanalytischen Gesellschaft über das Stottern, womit sie die Beziehung zwischen der Heilpädagogik sowie der Psychoanalyse herausarbeitete.[23] 1938 emigrierte sie in die USA und arbeitete an der Menninger-Klinik sowie in einer psychoanalytischen Praxis. Marianne Kris (1900–1980) arbeitete eng mit Anna Freud zusammen, nahm an ihrem kinderanalytischen Seminar teil und veröffentlichte 1932 in der *Zeitschrift für psychoanalytische Pädagogik* den Aufsatz »Ein

Märchenstoff in einer Kinderanalyse« (1932, 6, S. 437–441). Ihre innovativen Fähigkeiten werden von Mühlleitner (1992, S. 190 f.) hervorgehoben:

»Zusammen mit Berta Bornstein wurde sie eine der wenigen Lehranalytiker für Kinderanalyse am New York Psychoanalytic Institute. Sie initiierte ein fortlaufendes Seminar, das sie nicht nur Ärzten, sondern auch Interessenten anderer Berufsgruppen zugänglich machte. In ihrer Arbeit mit Erziehern und Sozialarbeitern an der ›Jewish Board of Guardians‹ und mit ihrer Teilnahme an den Studien über Kibbutzkinder (gemeinsam mit Peter Neubauer) gelang es ihr, die psychoanalytische Theorie außerhalb der klassischen Behandlungsform anzuwenden.«

Anna Mänchen-Helfen (1902–1991) studierte in Wien Psychologie und Geschichte, hörte während dieser Zeit öffentliche Vorträge Bernfelds und wurde über ihn mit Anna Freud bekannt. 1927 heiratete sie den Historiker Otto Mänchen-Helfen, dem eine leitende Stelle am Marx-Engels-Institut in Moskau angeboten wurde, und reiste mit ihm nach Moskau. Dort besuchte sie das von Wera Schmidt 1921 errichtete *Kinder-Laboratorium*, das sich an A. Freuds und Aichhorns Arbeiten orientierte. Sie arbeitete in Berlin und Wien, machte bei Anna Freud eine Lehranalyse, arbeitete als Kinderanalytikerin und veröffentlichte 1936 in der *Zeitschrift für psychoanalytische Pädagogik* einen Beitrag über ein psychodynamisches Verständnis von Lernstörungen: »Denkhemmung und Aggression aus Kastrationsangst« (1936, 10, S. 276–299). 1938 mußte sie nach Amerika fliehen, ihre Kollegin Mary O'Neil Hawkins versteckte sie für kurze Zeit in Wien. In San Francisco war sie maßgeblich beim Aufbau der Kinderanalyse beteiligt und war 1973/74 Präsidentin der Association of Child Analysis.

Beate Rank (1896–1967), von 1918 bis 1934 mit dem Psychoanalytiker Otto Rank verheiratet, arbeitete mit ihrem Mann im Internationalen Psychoanalytischen Verlag. Sie besuchte Anna Freuds kinderpsychoanalytisches Seminar und arbeitete in Paris, wohin sie 1926 übersiedelt waren, als Kinderanalytikerin. Sie verkehrte im Kreis um Anais Nin und Henry Miller. 1936 emigrierte sie nach Boston und wurde dort eine angesehene Kinderanalytikerin. Sie spezialisierte sich auf die Arbeit mit verhaltensgestörten und psychotischen Kindern und publizierte die Studien »Where child analysis stands today« (American Imago 1942, 3, S. 41–60) sowie »Aggression« (The Psychoanalytic Study of the Child 1949, 3&4, S. 43–48).

Felix Schottländer (1892–1958) studierte Philosophie und Psychologie und wurde durch das von Federn/Meng 1926 herausgegebene »Psychoanalytische

Volksbuch« auf die Psychoanalyse aufmerksam. Er machte eine Analyse bei Meng, wurde von Aichhorn in die Erziehungsberatung eingeführt und besuchte Kurse bei Anna Freud. 1931 veröffentlichte er in der *Zeitschrift für psychoanalytische Pädagogik* (5, S. 121–124) den Beitrag »Zerstört die Psychoanalyse die Naivität?«. Schottländer bildete den psychoanalytischen (Heil-) Pädagogen Aloys Leber in der Psychoanalyse aus. Otto Sperling (geb. 1899) war Arzt, besuchte zehn Jahre lang Anna Freuds Seminare für Kinderpsychoanalyse und arbeitete mit Aichhorn in den Kinderberatungsstellen der WPV.

Alfhild Tamm (1874–1959) schließlich stammte aus Schweden, machte Kurzanalysen bei Paul Federn und August Aichhorn und referierte 1927 vor der WPV über »Mitteilung über einen Fall von Stottern«. 1939 veröffentlichte sie einen Beitrag über ihre sprachtherapeutischen Studien im »Psychoanalytischen Volksbuch« (S. 533–539). Kurzzeitig arbeitete sie mit Ernst Federn sprachtherapeutisch. 1930 publizierte sie in Stockholm ein Buch über Sexualprobleme und trat darin für eine tolerante Haltung gegenüber der Masturbation ein. Ihr Buch soll in Schweden »einen Sturm der Entrüstung« ausgelöst haben (Mühlleitner 1992, S. 341). Sie veröffentlichte in der *Zeitschrift für psychoanalytische Pädagogik* zumindest vier Beiträge: »Die angeborene Wortblindheit und verwandte Störungen bei Kindern« (1926/27, 1, S. 329–343); »Drei Fälle von Stehlen bei Kindern« (1927/28, 2, S. 6–12); »Zwei Fälle von Stottern« (1927/28, 2, S. 341–358); »Prophylaxe und Behandlung der Onanie« (1930, 4, S. 273–287).

Noch einmal zur Verdeutlichung: Bettelheim, Ekstein und Federn wurden in Wien durch diese progressive psychoanalytisch-pädagogische Reformbewegung nachhaltig geprägt. Immer wieder – gerade im Alter – bezeichneten sie die damalige Aufbruchstimmung, ihre euphorischen Hoffnungen, als ihre »emotionale Grundmatrix«. In diesem Sinne ist auch das dieser Studie vorangestellte Einleitungszitat aus dem letzten Gespräch zwischen Bettelheim und Ekstein zu lesen, in dem sie nachdrücklich hervorheben, wie sehr sie sich damals als eine kleine Gruppe von Pionieren gefühlt haben. Ganz in diesem Sinne erinnerte sich die Kinderärztin und Psychoanalytikerin Dora Hartmann an diese »Wiener Zeit«:

»Wenn man in dieser Zeit zur psychoanalytischen Bewegung gehörte, war man Teil einer Gruppe enthusiastischer junger Rebellen. Schon auf Grund dieser Tatsache waren alle diese Leute eng miteinander verbunden. Sie alle glaubten an etwas, das ziemlich anders, ziemlich revolutionär war, wofür man von den akademischen Kreisen ausgegrenzt wurde, und man wußte, daß man damit kein Prestige und Geld bekommen konnte.« (in: Reichmayr 1990, S. 121)

Auch Helene Deutsch, Leiterin des Wiener Psychoanalytischen Lehrinstituts, hob 1932 hervor, daß gerade die Psychoanalytischen Pädagogen den wirkungsvollsten Anteil am »Aufblühen« der psychoanalytischen Bewegung hatten:

»Besondere Anziehungskraft scheint das Wiener Lehrinstitut auf die pädagogisch interessierten Kreise auszuüben, was sich aus den zahlreichen Anmeldungen zu den Kursen und Seminaren ergibt. Dieses Interesse betrifft vor allem Kindergärtnerinnen, aber auch Mittelschullehrer. Der Wunsch vieler am Kleinkinde interessierter Personen, sich zu Kinderanalytikern auszubilden, kann leider auch aus oben erwähnten Gründen nur in geringem Ausmaße befriedigt werden. Die oben erwähnte Anziehungskraft des Wiener Lehrinstituts ergibt sich aus der besonders erfolgreichen Tätigkeit von Anna Freud und A. Aichhorn. Die von dem letzteren für Fürsorger und Pädagogen gehaltenen Kurse erfreuen sich in den interessierten Kreisen einer außerordentlichen Popularität und haben bereits den Charakter einer konsequent durchgeführten Ausbildung angenommen. Eine gute Unterstützung dieser Leistung bringen die Kurse von W. Hoffer und die Arbeit von Editha Sterba in den Elternberatungsstellen sowie Schülerberatungen in den Mittelschulen.« (in: Reichmayr 1990, S. 120)

Diese Entwicklung ist jedoch nicht ohne Gegenbewegung geblieben. Die »Laienanalyse«, für die sich Freud entschieden eingesetzt hatte, wurde insbesondere von medizinisch ausgebildeten Analytikern entschieden bekämpft. Das wirkungsvollste Motiv für diese Gegenbewegung – die für die Ausformung der heutigen Psychoanalytischen Pädagogik von entscheidender Bedeutung war und ist – dürfte darin liegen, daß durch diese Entwicklung sehr konkrete materielle Interessen beziehungsweise Standesinteressen berührt wurden – die Macht der Ärzte, ihr Alleinanspruch auf jegliche Form von »Heilung« wurde hierdurch in Frage gestellt.

Zum auch öffentlich wahrgenommenen Thema wurde dieser Interessenkonflikt durch die »Affäre Reik«: Der Psychoanalytiker Theodor Reik (1888–1969) wurde 1924 das Opfer einer Anklage wegen »Kurpfuscherei«, weil er als Nicht-Arzt psychotherapeutische Behandlungen durchführte. Die Wiener Ärztekammer schloß sich dieser Anzeige an. Wenn das Verfahren auch eingestellt war, so war die Diskussion hierüber keineswegs abgeschlossen.

So berichtete der Analytiker Max Eitington 1925 auf einem psychoanalytischen Kongreß leicht beunruhigt: »Auffallend ist die steigende Zahl von Pädagogen unter den Kandidaten. Die Meldungen von Ärzten sind etwas geringer, aber stetig« (nach Perner 1991). Und Eitington fügte hinzu: »Unser Bestreben geht zumeist dahin, sie, durch psychoanalytische Schulung bereichert, ihrem eigenen, dem Lehrerberuf, wiederzugeben« (ebd.). Und auf dem gleichen Kongreß wurde von dem amerikanischen Analytiker Oberndorf die Erklärung abgegeben: »Das strenge amerikanische Gesetz gegen Kurpfuscherei sowie gewisse unliebsame Wahrnehmungen an amerikanischen Mitgliedskandidaten, die dadurch zu illegitimer Praxis gelangen wollen, machen den Ausschluß der Nichtärzte erforderlich. Sie dürfen jedoch als Gäste den wissenschaftlichen Sitzungen beiwohnen.« (ebd.)

Sigmund Freud veranlaßten diese Auseinandersetzungen zu einer eindeutigen Klärung seiner Position, die er in seiner Schrift »Zur Frage der Laienanalyse« vornahm: Vehement setzte er sich hierin für die Laienanalyse ein und riskierte hiermit bewußt den Bruch mit seinen amerikanischen Kollegen. Und ganz in diesem Sinne schrieb Freud am 27. März 1926 einen Brief an Ernst Federns Vater, Paul Federn, in dem er hierzu unmißverständlich klarstellte:

»Lieber Herr Doktor!
    Ich danke für Ihren ausführlichen Bericht über die Diskussion der Laienfrage in der Vereinigung. An meiner Stellungnahme wird dadurch nichts geändert. Ich verlange nicht, daß die Mitglieder sich meinen Anschauungen anschließen, aber ich werde dieselben privatim, öffentlich und vor dem Gericht ungeändert vertreten, auch wenn ich allein bleiben sollte. Vorläufig sind ja immer einige unter ihnen, die auf meiner Seite stehen. Aus der Differenz mit den anderen werde ich keine Affaire machen, solange sich dies vermeiden läßt. Gewinnt die Angelegenheit an Bedeutung, so werde ich allerdings die Gelegenheit dazu benützen, ohne Störung unserer sonstigen Beziehungen, den derzeit nur nominellen Vorsitz der Gesellschaft aufzugeben. Der Kampf um die Laienanalyse muß irgendeinmal ausgefochten werden. Besser jetzt, als später. Solange ich lebe, werde ich mich dagegen sträuben, daß die Psychoanalyse von der Medizin verschluckt wird. Es ist natürlich kein Grund, diese meine Äußerungen vor den Mitgliedern der Vereinigung geheim zu halten.«[24]

Otto Fenichel hat diesen Sachverhalt bereits vor 65 Jahren präzise und desillusioniert beschrieben. Am 3. April 1934 führte er in seinem Osloer Vortrag »Über die gegenwärtigen Richtungen innerhalb der Psychoanalyse« geradezu visionär aus:
»Ein Wort noch über die analytische Pädagogik. Daß die Analyse auf diesem Gebiet viel geleistet hat, kann und soll nicht bestritten werden; sie ist ja die erste, die richtige und brauchbare Kinderpsychologie liefert, ohne deren Beachtung keine Pädagogik mehr wissenschaftlich genannt werden kann. Ist es aber nicht trotzdem merkwürdig, daß diese sogenannte analytische Pädagogik noch kaum sich selbst und die Pädagogik überhaupt problematisch gesehen hat, noch kaum daran gedacht hat, die Psa. dazu zu benutzen, die gesellschaftliche Institution Pädagogik als solche, unter die Lupe zu nehmen? Einmal hat sie einen Beginn dazu unternommen: Bernfelds ›Sisyphos‹, er ist vereinzelt geblieben.« (Reichmayr/ Mühlleitner 1998, S. 809)

1.4 Die freiwillige Selbstbegrenzung der Psychoanalyse

»Wir halten es nämlich gar nicht für wünschenswert, daß die Psychoanalyse von der Medizin verschluckt werde und dann ihre endgültige Ablagerung im Lehrbuch der Psychiatrie finde (...) Sie verdient ein besseres Schicksal und wird es hoffentlich haben. (...) Als ›Tiefenpsychologie‹, Lehre vom seelischen Unbewußten, kann sie all den Wissenschaften unentbehrlich werden, die sich mit der Entstehungsgeschichte der menschlichen Kultur und ihrer großen Institutionen wie Kunst, Religion und Gesellschaftsordnung beschäftigen. (...) Der Gebrauch der Analyse zur Therapie der Neurosen ist nur eine ihrer Anwendungen; vielleicht wird die Zukunft zeigen, daß sie nicht die wichtigste ist«, (GW XIV, S. 283) bemerkte Freud in »Die Frage der Laienanalyse« (1926).

Als ein solches Anwendungsgebiet empfahl Freud insbesondere die Pädagogik (GW XIV, S. 284). Und ein Jahr später fügte Freud erklärend hinzu: »*Ich will verhütet wissen, daß die Therapie die Wissenschaft erschlägt*« (GW XIV, S. 219, Hervorhebung R. K.).

Freud, der von der Medizin herkam und früher über Anatomie und Neurophysiologie wissenschaftlich gearbeitet hatte, versuchte immer wieder, seine Psychoanalyse vor dem übermäßigen Einfluß eines verengten medizinischen Denkens, vor der Macht medizinischer Standesverbände zu schützen. Er betonte, daß in der Psychoanalyse von Anfang an »ein Junktim zwischen Heilen und Forschen« (GW XIV, S. 293) bestand:

»(...) die Erkenntnis brachte den Erfolg, man konnte nicht behandeln, ohne etwas Neues zu erfahren, man gewann keine Aufklärung, ohne ihre wohltätige Wirkung zu erleben. Unser analytisches Verfahren ist das einzige, bei dem dies kostbare Zusammentreffen gewahrt bleibt.« (GW XIV, S. 293)

Wer die Psychoanalyse vor dem Hintergrund medizinischen Denkens auf eine bloße therapeutische Technik reduziert – wie dies nach Becker/Nedelmann (1983) auch unter Psychoanalytikern verbreitet ist – der verleugnet dementsprechend Freuds kulturkritische Intention, sein soziales und zumindest partiell gesellschaftskritisches Engagement (vgl. Dahmer 1989).

Wenn man diese bedenkliche Tendenz hin zur »Selbstbeschränkung« hinreichend begreifen will, so erscheint es als sinnvoll, sich des historischen Hintergrundes dieses Disputs zu erinnern: Nachdem durch den Nationalsozialismus der größte Teil der – mehrheitlich jüdischen – Psychoanalytiker und Psychoanalytischen Pädagogen emigrieren mußte[25] – zum Teil auch ermordet wurde[26] – und die Psychoanalyse sowohl als Therapie als auch als Denktradition nahezu ausgelöscht worden war, waren die Nachkriegsanalytiker nach Becker/Nedelmann (1983, S. 44) »durch die Ausbildungsaufgaben so in Anspruch genommen, daß die Durchdringung anderer Wissenschaftsgebiete praktisch kaum stattgefunden hat.« Einen zusätzlich selbsteinschränkenden Faktor bildete der Aufbau von analytischen Berufsorganisationen zur bürokratischen Sicherung der therapeutischen Möglichkeiten: 1967 wurden psychotherapeutische Therapiemaßnahmen als Heilmaßnahmen in die kassenärztliche Versorgung aufgenommen. Die Psychotherapie wurde zum medizinischen Facharzttitel. Diese mit Kompromissen an andere medizinische Richtungen verbundene Entwicklung brachte nach Becker/Nedelmann (1983, S. 35–66) mehrere entscheidende Nachteile mit sich. Der folgenreichste und nachteiligste Schritt war der bereits von Freud bekämpfte Verzicht auf die Laienanalyse. Pädagogen und Sozialarbeitern wurde hierdurch der Zugang zur analytischen Tätigkeit nahezu verschlossen, die Psychoanalyse wurde auf eine ärztliche Disziplin reduziert, und die für die Psychoanalyse kennzeichnende Einheit von Theorie und Praxis, Therapie und kritischer analytischer Reflexion, wurde eingeschränkt, wenn nicht gar in ihrer Substanz zerstört.

Eine weitere Selbsteinschränkung, die mit der Anerkennung der Psychoanalyse als Heilmethode bewußt in Kauf genommen wurde, bildete die Einengung des

Krankheitsbegriffs auf sogenannte aktuelle neurotische Störungen, also auf Symptome. Die Finanzierung der Analyse wurde so auf die Beseitigung des störenden Symptoms eingeschränkt – womit ein Gegensatz zu einer psychodynamischen, biographischen Betrachtungsweise entstand. Diese einschneidenden Konzessionen von analytischer Seite aus stehen im diametralen Gegensatz zum dynamischen und konflikthaften – und eben nicht symptomorientierten – psychoanalytischen Krankheitsmodell. Psychische Störungen wurden von Freud nicht primär von ihren manifesten Symptomen her verstanden, sondern kausal, lebensgeschichtlich, als ein analytisch schrittweise aufzuklärender, biographisch zu lesender konflikthafter Prozeß. Mit diesen Konzessionen jedoch näherte sich die analytische Praxis – ganz im Widerspruch zu Freuds Intention – letztlich manipulierenden und entmündigenden verhaltenstherapeutischen »Dressurtechniken«.[27] Die Analyse ist demzufolge heute zunehmend davon bedroht, das Subjekt aus den Augen zu verlieren und Symptome statt Menschen zu behandeln.

Noch bedenklicher erscheint eine weitere Einschränkung bezüglich der therapeutischen Praxis: Die Finanzierung der Behandlung von psychotischen Störungen wurde abgelehnt und diese wurden – als »Kompromiß« einer jahrzehntelangen Auseinandersetzung zwischen Psychiatern und einigen wenigen Psychoanalytikern – dem »Machtbereich« ihrer psychiatrischen Kollegen zugesprochen. Diese weitere Konzession aber bedrohte endgültig die progressiven psychoanalytischen Gesundheitsvorstellungen – demzufolge »Gesundheit« und »Krankheit« nicht klar zu trennen sind, sondern gewissermaßen sich ergänzende Elemente von biographischen Entwicklungs- und Autonomieprozessen darstellen – und erschwerte ein tieferes Verständnis der spezifischen, eben nicht-manipulierenden Beziehung zwischen Analytiker und Patient (oder, um diese Überlegungen auf den Bereich der Psychoanalytischen Pädagogik zu übertragen: zwischen psychoanalytisch orientiertem Pädagogen und dem psychogen Lernbehinderten oder dem psychotischem Kind und Jugendlichen) im therapeutischen Setting. Diese Diskussion ist für meine vorliegende Arbeit von besonderer Bedeutung, da insbesondere Rudolf Ekstein und Bruno Bettelheim ihre vielfältigen Studien vor allem vor dem Hintergrund ihrer täglichen Arbeit mit autistisch-psychotischen oder verhaltensauffälligen Kindern und Jugendlichen angefertigt haben.

Meinen folgenden Ausführungen vorgreifend kann man hierzu festhalten: Sofern man psychotische beziehungsweise autistisch-psychotische Störungen vor allem als besonders tiefe und biographisch frühe Störungen der Objektbeziehungsfähigkeit versteht, erscheint deren Behandlung als ein besonders instruktiver Versuch, sich nicht auf die scheinbare Krankheit oder Gesundheit des Patienten, sondern auf das leidende Subjekt zu beziehen.

Die Grundzüge dieser insbesondere aus der klinischen Arbeit mit psychotischen Kindern gewonnenen ungewohnten Betrachtungsweise lassen sich bereits bei Freud selbst nachlesen. So entsprach es seiner Intention, »Normalität« und »Pathologie« nicht als etwas grundsätzlich Gegensätzliches, Unvereinbares zu verstehen und zu beschreiben, sondern als gemeinsame Elemente einer Entwicklungskette zu begreifen; genauso, wie er die Psychosen – sehr im Widerspruch zu den damals vorherrschenden psychiatrischen Interpretationen – nicht als konstitutionell vorgegebene, unheilbare, nicht einfühlbare Krankheit begriff. So bezeichnete Freud in seiner »Neuen Folge zur Einführung in die Psychoanalyse« (1932/33) den Traum als »harmlose Traumpsychose« und bezeugte den Wahnsinnigen eine »ehrfürchtige Scheu« (GW XVI, S. 64). Er konstatierte den Psychotikern: »*Sie haben sich von der äußeren Realität abgewendet, aber eben darum wissen sie mehr von der inneren, psychischen Realität und können uns manches verraten, was uns sonst unzugänglich wäre.*« (ebd., Hervorhebung R. K.) Und wenig später fügte er ergänzend hinzu: »Die Pathologie hat uns ja immer den Dienst geleistet, durch Isolierung und Übertreibung Verhältnisse kenntlich gemacht zu haben, die in der Normalität verdeckt geblieben wären« (GW XVI, S. 129).

Diese Freudschen Erkenntnisse wieder aufzugreifen und auch die Psychosen als analytisch zu behandelnde Störungen zu begreifen, dies stellt aus heutiger Sicht gewiß eine legitime Forderung an die Psychoanalyse dar (vgl. Becker/Leber 1989, Becker/Nedelmann 1987, S. Becker 1994).

In ihr spiegelt sich auch die radikal subjektzentrierte Grundhaltung wider, die der Analytiker nach Freud gegenüber jedem Patienten einnehmen sollte und die Freud in den Worten zusammenfaßte:

»Wir haben es entschieden abgelehnt, den Patienten, der sich hilfesuchend in unsere Hand begibt, zu unserem Leutgut zu machen, sein Schicksal für ihn zu formen, ihm unsere Ideale aufzudrängen und ihm im Hochmut des Schöpfers zu unserem Ebenbild, an dem wir Wohlgefallen haben sollen, zu gestalten. (...) Ich möchte sagen, dies ist doch nur Gewaltsamkeit, wenn auch durch die edelsten Absichten gedeckt.« (GW XII, S. 190)

Man wird bereits an dieser Stelle festhalten dürfen, daß sich Bettelheim, Ekstein und Federn dieses »Ideal« vorbehaltlos zu eigen gemacht und immer wieder in ihrer »Lebenspraxis« umzusetzen bemüht haben.

Wenn man den Ausschluß der Schwerstgestörten – nämlich autistischer und psychotischer Patienten – aus der psychoanalytisch-pädagogischen Behandlung und Betreuung als ein weiteres Indiz für eine zunehmende Selbstbegrenzung der Psychoanalyse interpretiert, könnte man dies auch als eine Ablehnung gesellschaftlicher Verantwortung von analytischer Seite aus lesen. Es zahlt sich finanziell nicht aus, seine Zeit dem psychisch Schwerstgestörten zu widmen, wie sich auch kulturkritische Reflexion – Freuds Hauptinteresse – nicht bezahlt macht. Produktive Anstöße zur theoretischen Weiterentwicklung der Psychoanalyse sind heute kaum noch beobachtbar, finden höchstens noch im »Züricher Seminar«, in der Salzburger »Werkstatt für Gesellschafts- und Psychoanalyse«[28] oder in Frankfurt statt.

Man darf wohl begründet vermuten, daß diese Tendenzen nicht Freuds – so er heute noch lebte – Wohlgefallen finden würde. Es sei daran erinnert, daß Freud bereits 1895 in seinen »Studien zur Hysterie« die gesellschaftliche Bedeutung der analytischen Arbeit hervorgehoben hat. So formulierte er gegenüber einem Patienten, »dass viel damit gewonnen ist, wenn es uns gelingt, Ihr hysterisches Elend in gemeines Unglück zu verwandeln. Gegen das letztere werden Sie sich mit einem wiedergenesenen Seelenleben besser zur Wehr setzen können« (GW I, S. 312).

1918 beschreibt er in einem Vortrag auf dem Budapester Psychoanalytischen Kongreß die engen sozialen Grenzen für die Wirksamkeit der Analyse besonders eindrücklich. Er führte geradezu visionär aus:

»Und nun möchte ich zum Schlusse eine Situation ins Auge fassen, die der Zukunft angehört, die vielen von ihnen phantastisch erscheinen wird, die aber doch verdient, sollte ich meinen, dass man sich auf sie in Gedanken vorbereitet. Sie wissen, dass unsere therapeutische Wirksamkeit keine sehr intensive ist. Wir sind nur eine Handvoll Leute, und jeder von uns kann auch bei angestrengter Arbeit sich in einem Jahr nur einer kleinen Anzahl von Kranken widmen. Gegen das Übermaß an neurotischem Elend, das es in der Welt gibt und vielleicht nicht zu geben braucht, kommt das, was wir davon wegschaffen können, quantitativ kaum in Betracht. (...) Für die breiten Volksschichten, die ungeheuer schwer unter den Neurosen leiden, können wir derzeit nichts tun.« (GW XII, S. 192f.)

Besonders vehement tritt Freud in diesem Vortrag dafür ein, daß die Gesellschaft auch den sozial Benachteiligten, den »Randständigen« die »heilende« Psychoanalyse zur Verfügung stellen müsse:

»Irgend einmal wird das Gewissen der Gesellschaft erwachen und sie mahnen, dass der Arme ein ebensolches Anrecht auf seelische Hilfeleistung hat wie bereits auf lebensrettende chirurgische. (...) Dann werden also Anstalten oder Ordinationsinstitute errichtet werden, an denen psychoanalytisch ausgebildete Ärzte angestellt sind, um die Männer, die sich sonst dem Trunk ergeben würden, die Frauen, die unter der Last der Entsagung zusammenzubrechen drohen, die Kinder denen nur die Wahl zwischen Verwilderung und Neurose bevorsteht, durch Analyse widerstands- und leistungsfähig zu erhalten. Diese Behandlungen werden unentgeltlich sein. Es mag lange dauern, bis der Staat diese Pflichten als dringende empfindet. Die gegenwärtigen Verhältnisse mögen den Termin noch länger hinausschieben (...) aber irgend einmal wird er kommen müssen.

Dann wird sich für uns die Aufgabe ergeben, unsere Technik den neuen Bedingungen anzupassen. Ich zweifle nicht daran, dass die Triftigkeit unserer psychologischen Annahmen auch auf den Ungebildeten Eindruck machen wird. (...) Möglicherweise werden wir oft nur dann etwas leisten können, wenn wir die seelische Hilfeleistung mit materieller Unterstützung nach Art des Kaiser Josef vereinigen können.« (ebd.)

Ganz in diesem Sinne entwirft Freud 1927 die Vision einer humanitären Medizin und gibt der Hoffnung Ausdruck: »Vielleicht kommt noch einmal ein Amerikaner auf den Einfall, es sich ein Stück Geld kosten zu lassen, und die social-workers seines Landes analytisch zu schulen und eine Hilfstruppe zur Bekämpfung der kulturellen Neurosen aus ihnen zu machen« (GW XIV, S. 285).

Die Psychoanalytische Pädagogik ist im deutschsprachigen Raum in Folge der 68er-Bewegung wiederentdeckt worden. Raubdrucke und Neuauflagen der Werke von Siegfried Bernfeld, Wera Schmidt, Otto Fenichel, Wilhelm Reich und Nelly Wolffheim stehen hierfür. Im Kontext der seinerzeitigen Reformbewegungen wurde eine »Synthese« von Psychoanalyse und Marxismus, von Psychoanalyse und Sozialwissenschaften versucht. Dieser Impulse sind »naturgemäß« nur kurzzeitig gewesen. An ihre Stelle traten insbesondere die zahlreichen Studien von Horst-Eberhard Richter, die sich um eine kontinuierliche Umsetzung dieses »Erbes« bemühten. Ihre Wirksamkeit ist unbestreitbar. Nach meiner Interpretation setzte

Richter mit seinem beharrlichen Wirken in Obdachlosensiedlungen sowie als Leiter einer Beratungsstelle für »randständige Familien« auch den Impuls zur Wiederentdeckung der Psychoanalytischen Pädagogik, der Ende der 80er Jahre bekanntlich zu einer auch institutionellen, akademischen Absicherung dieser Tradition führte – einschließlich aller hiermit einhergehenden nachteiligen Folgewirkungen.

Somit kann zusammenfassend festgehalten werden: In der Psychoanalyse, so wie sie Freud vor gut hundert Jahren entworfen und immer wieder modifiziert hat, war immer schon ein aufklärerisches, selbstreflexives, gesellschaftskritisches Element enthalten. Die Psychoanalytische Pädagogik hat diese Tradition in den 20er und 30er Jahren sehr lebendig und ideenreich weiterentwickelt. Ekstein, Bettelheim und Federn wurden nachhaltig durch diese Tradition geprägt. Die Erforschung ihrer Biographie und ihres Gesamtwerkes, die ich nachfolgend in dieser Studie vornehme, stellt dementsprechend einen grundlegenden Beitrag zur Erforschung der historischen und theoriegeschichtlichen Wurzeln der Psychoanalytischen Pädagogik und ihrer Weiterentwicklungen im amerikanischen Exil dar.

2 Biographie Ernst Federns

»Die Tatsache (ist unbestreitbar), daß eine demokratische Tradition menschliche Grausamkeit und Zerstörungslust weitgehend zu zügeln vermag.«
Ernst Federn (1969, S. 629)

»Hier eine erste Bemerkung zur Psychoanalyse. Sie ist von einem Emigranten gegründet worden, dessen ärmliche jüdische Familie hoffnungsvoll den Sprung aus der mährischen Kleinstadt nach Wien, in die Kapitale, gewagt hatte. Sie verdankt beinahe alle Fortschritte Männern und Frauen, die (...) nahe daran waren, *den sozialen Tod zu erleiden*. Während eine spätere Analytikergeneration gezwungen war, über den Ozean auszuwandern, wechselten die Wiener Analytiker zumindest von einer Kultur in die andere. In der beinahe aussichtslosen Anstrengung, sich der Gesellschaft, die sie aufnehmen sollte, anzupassen und sie gleichzeitig nach dem Muster der mitgebracht-überlieferten Ideale zu verändern, blieb ein einziger Weg über den Abgrund der Anomie offen; und wenn es nicht der einzige Weg war, so doch die ›via regia‹ ins Herz der Zivilisation. Die Brücke war das Mitgefühl für das tragische Schicksal der Bedrängten.«
Paul Parin (1988): Subjekt im Widerspruch, S. 11 (Hervorhebung R. K.)

2.1 Einleitung

Der 1914 in Wien geborene österreichisch-amerikanische Psychoanalytiker, Sozialtherapeut und Strafvollzugsreformer Ernst Federn hat eine große Anzahl von deutsch- und englischsprachigen Publikationen herausgegeben, zu welchen bis 1993, mit Ausnahme einer einzigen Veröffentlichung (Elrod 1987), keine relevante Sekundärliteratur existiert hat. Dies dürfte dem Umstand der Emigration Ernst Federns geschuldet sein: Ernst Federn veröffentlichte bis zu seiner Rückkehr nach Wien nahezu nur englischsprachige Studien; seine hierauf folgenden deutschsprachigen Veröffentlichungen waren – mit Ausnahme der von ihm sowie Hermann Nunberg herausgegebenen umfangreichen Protokolle der Wiener Psychoanalytischen Vereinigung – in verstreuter und somit nur schwer zugänglicher Form in zahlreichen Zeitschriften sowie einigen Büchern publiziert worden. Seit 1993 – mit dem Erscheinen des von mir herausgegebenen Themenschwerpunktheftes »Pioniere der Psychoanalytischen Pädagogik: Bruno Bettelheim, Rudolf Ekstein, Ernst Federn und Siegfried Bernfeld« von *psychosozial* Heft 53 (1/93) habe ich, zum Teil gemeinsam mit Bernhard Kuschey (Wien), eine größere Anzahl von detaillierten biographisch-werktheoretischen Studien über Ernst Federn erstellt. Die folgende Studie über Ernst Federns Leben und Werk stellt eine Synthese dieser Publikationen dar.

Ich diskutiere in dieser Studie die wichtigsten Publikationen Ernst Federns vor und setze diese in den Kontext seiner bewegten Biographie – sowie auch der seiner Frau Hilde Federn.[1]

Ein Spezifikum dieser Studie ist die Verarbeitung noch nicht publizierter (Federn 1989c, 1991c, 1994) beziehungsweise nur schwer zugänglicher Studien Ernst Federns. Weiterhin habe ich eigene Interviews mit sowie schriftliche Stellungnahmen von Ernst Federn in den Text eingearbeitet.

Eine umfassende wissenschaftliche Aufarbeitung von Ernst und Hilde Federns Leben und Werk wird Bernhard Kuschey (Wien) im Rahmen eines Forschungsprojektes vorlegen.

Ernst und Hilde Federn sind durch ihre Familien und in ihrer Bildungsgeschichte von den Ideen des Sozialismus und der Psychoanalyse bestimmt worden; sie waren bereit, an der Gestaltung des »Neuen Menschen« mitzuwirken. Im größten Zivilisationsbruch dieses Jahrhunderts wurden ihre Hoffnungen auf eine harte und bittere Probe gestellt, der »Austrofaschismus« raubte ihnen alle Entwicklungsmöglichkeiten, und daran anschließend wurden sie durch die Hölle des Nationalsozialismus getrieben.

Ihr Überleben und die Verarbeitung ihrer extremen Erfahrungen forderte von ihnen eine nüchterne Sicht des 20. Jahrhunderts und der Natur des Menschen, wobei sie ihre Sehnsucht nach einer besseren Welt nicht aufgegeben haben. Der KZ-Häftling Ernst Federn und seine der rassischen und politischen Verfolgung preisgegebene Frau Hilde haben ihren Blick auf das von Menschen geschaffene Elend geschärft, und ihr weiteres Lebenswerk Bedrängten gewidmet.

Wir[2] versuchen uns das zentrale Rätsel der Leben Ernst und Hilde Federns begreiflich zu machen: wie kommt es, daß sie nicht zerbrochen sind? Und: Uns fasziniert die Kraft, die sie aus ihrem, zufälligen und nicht-zufälligen, Sieg über die vernichtende Gewalt gezogen haben, die sie dann im Interesse der Bedrängten,

Beleidigten und Erniedrigten eingesetzt haben. Dieser Auftrag war und ist durch besondere Fügungen ihres Schicksals mit einem revolutionären Veränderungswillen gepaart, der imstande war, einen klaren Realitätsblick zu gewinnen, und einem tiefen psychoanalytischem Verständnis, was in derart gelungener Mischung selten anzutreffen ist. Wir versuchen in den Lebensgeschichten von Ernst und Hilde Federn die bestimmenden Elemente aufzuspüren, die in dieser besonderen österreichischen »Mischung« eingegangen sind, und wir entschuldigen uns im vorhinein, wenn wir in unseren groben Interpretationen gegen die einnehmende Lebendigkeit Ernst und Hilde Federns verstoßen, aber auch dies geschieht in Freundschaft und Zuneigung.

2.1.1 Hinführende Überlegungen

Wenn über die produktiven Anfänge der Psychoanalytischen Pädagogik Anfang dieses Jahrhunderts geschrieben und gesprochen wird, so ist diese Aufarbeitung unauflösbar mit der Beschäftigung mit einzelnen »Pionieren« dieser Bewegung verbunden: Anna Freud, Melanie Klein, Siegfried Bernfeld, August Aichhorn, Fritz Redl, Hans Zulliger, Bruno Bettelheim und Rudolf Ekstein seien erwähnt. Eine Aufarbeitung ihres theoretischen und praktischen Werkes ist in der Regel verknüpft mit einer Durchdringung ihrer Biographie. Leben und Werk, so könnte man sagen, bilden bei diesen Persönlichkeiten eine Einheit, eine ständige Wechselbeziehung.

In dieser Wechselbeziehung spiegeln sich zum einen die spezifischen gesellschaftlich-kulturellen Verhältnisse wider, die das »Erblühen« der Psychoanalytischen Pädagogik in Wien und Berlin Anfang dieses Jahrhunderts ermöglicht, aber auch zu ihrer Vernichtung durch die Nationalsozialisten beigetragen haben. Weiterhin scheint es so zu sein, daß die Konstituierung einer neuen pädagogischen beziehungsweise sozialreformerischen Bewegung immer vom Elan einzelner kreativer Pioniere inspiriert und vorangetrieben wird; der spätere Prozeß der Festigung, der Professionalisierung und Etablierung scheint – neben allen Vorzügen – öfter mit einem Verlust an kreativem Potential und leidenschaftlichem Erkenntnisinteresse verbunden zu sein. Anna Freud (1984, S.2489) hat diesen Entwicklungsprozeß 1968 in einem Vortrag eindrücklich illustriert.

Der Psychoanalytiker und Sozialtherapeut Ernst Federn gehört zu den Pionieren der Psychoanalytischen Pädagogik und Psychoanalytischen Sozialarbeit der zweiten bzw. dritten Generation. Meine einführenden Überlegungen könnten eine Orientierungshilfe geben und dazu anregen, sich dem bewegten Leben und Werk von Ernst Federn anzunähern. Ernst Federn repräsentiert in seinem Leben und Werk wie kein Zweiter das wechselvolle Schicksal der Psychoanalytischen Pädagogik – von ihren Anfängen über ihre Zerstörung beziehungsweise Vertreibung durch den Nationalsozialismus bis hin zur Gegenwart.

2.2 Kindheit und Jugend

Ernst Federn wird am 26. August 1914 in Wien geboren. Als Sohn des Mediziners, Psychoanalytikers und engen Freud-Mitarbeiters Paul Federn – dieser war unter anderem von 1931 bis 1933 Mitherausgeber der *Zeitschrift für Psychoanalytische Pädagogik* sowie des »Psychoanalytischen Volksbuches« und des »Medizinischen Volksbuches« – lernt er sowohl die Psychoanalyse als auch viele ihrer maßgeblichen Vertreter bereits als Jugendlicher kennen: August Aichhorn und Siegfried Bernfeld gehen im Haus der Federns ein und aus. Die Orientierungen und Anregungen, die er in seiner Jugend vor allem über seine Identifikation mit Aichhorn[3] und Bernfeld[4] erfährt, sollte er Zeit seines Lebens aufgreifen und weiterentwickeln.

Sein Vater, Paul Federn, war durch das Wien der Jahrhundertwende bestimmt, und umgekehrt, er bestimmte es auch: Er war aktiver Sozialdemokrat in verschiedenen politischen Funktionen. Diese familiären Bedingungen prägten den jungen Ernst Federn und sollten seine zukünftigen beruflichen und wissenschaftlichen Aktivitäten nachhaltig beeinflussen. Bereits Paul Federns Vater war ein »hervorragender Wiener Arzt (...), dessen Verdienst um die Blutdruckmessung und andere Probleme der Inneren Medizin schon zu seinen Lebzeiten und erst recht nach seinem Tode anerkannt waren. Die Familie selbst zeichnete sich vielleicht noch dadurch besonders aus, daß alle ihre Mitglieder (bis hin zu den Enkelkindern) schriftstellerisch tätig gewesen sind und in ihren Fachgebieten Anerkennung und sogar Ruhm gefunden haben«. (Federn 1971, S. 731 f.)

Die Familie Federn stammt aus Böhmen, der Urgroßvater war Sekretär der Prager jüdischen Gemeinde. Ernst Federns Großvater scheint aus dieser Welt geflohen zu sein; er ging nach Wien. Aufgrund der Veränderungen infolge der 1848er Revolution wird es seiner Generation möglich, als Jude eine bildungsbürgerliche Karriere zu machen, Salomon Federn kann als einer der ersten Juden Österreichs praktischer Arzt werden. Ähnliche Wandlungen lassen sich auch in der Familie von Ernst Federns Großmutter zeigen.

Im Zentrum der österreichischen Monarchie streift die Großeltern- und vor allem die Elterngeneration die jüdische Religiosität ab und konvertiert überwiegend zum Protestantismus, die meisten Mitglieder der Familie werden wissenschaftlich und kulturell tätig. Sie scheinen jene Rollen zu übernehmen, die nach Hannah Arendt den österreichischen Juden der zweiten Hälfte des 19. Jahrhunderts besonders in Wien zufallen. Juden werden zu wesentlichen Trägern der Avantgarde

Paul Federn

der Jahrhundertwende im brüchig werdenden gesellschaftlichen und politischen System des Vielvölkerreiches. Ihre Rolle als Modernisierungsfaktor in der sich verzögert entwickelnden Habsburgermonarchie, die Juden mit anderen nationalen und religiösen Minderheiten (z. B. Griechen und Protestanten) teilten, war bereits zurückgegangen. Die Bedeutung der Wiener Hofjuden hatte abgenommen, viele Mitglieder der alten österreichischen jüdischen Familien wechselten aus der absolutistischen Geschäftssphäre in den kulturellen Bereich über und setzten politisch folgerichtig auf den Liberalismus.

Dieser Funktionswechsel sollte eine schwerwiegende Veränderung im Selbstverständnis des Judentums nach sich ziehen, wie Hannah Arendt eindringlich zeigte:

»Daß die Juden an Macht gerade nicht interessiert waren, hat sich niemals deutlicher erwiesen als in diesen Jahrzehnten, in denen sie ökonomisch uninteressiert zufrieden mit dem Erworbenen und der Sicherheit, die es zu verheißen und ›auf immer‹ zu garantieren schien, sich in eine Sphäre begaben, wo es zwar Beziehungen und Einfluß gab, aber noch nicht einmal die Möglichkeit politischer Macht. (...) Die Tradition, auf der diese Entwicklung beruhte, war die wohl einzigartige einer Gelehrtenkultur gewesen, innerhalb derer auch politische und öffentliche Positionen an den Stand des Gelehrten (der mit dem modernen Rabbiner nur den Namen gemein hat) gebunden blieben. Aber das, was durch den traditionellen jüdischen Respekt für das Lernen ermöglicht worden war, hat in seinen modernen Resultaten zu einem wirklichen Bruch mit der Tradition und einer, wenn auch höchst fragwürdigen Art von Assimilation geführt, die zum ersten Male in der jüdischen Geschichte die Existenz des Volkes aufs Spiel setzte. Denn hier handelte es sich nicht mehr um Ausnahmen, die ihren Weg in die europäische Kultur auf dem Umwege des Landes fanden, in dem sie zufällig geboren waren, sondern um eine ganze Schicht des Volkes, für die zum ersten Mal der Zugang zu der nichtjüdischen Gesellschaft in all ihren Schattierungen eine Existenzfrage geworden war.« (Arendt 1986, S. 105)

Selbst wenn man die Familiengeschichte der Federns nur oberflächlich betrachtet, wird dieser Ur-Prozeß der Assimilation deutlich. Der Urgroßvater war Rabbiner, der Großvater war noch Mitglied der reformierten Wiener Israelitischen Kultusgemeinde, die Generation des Vaters hat diese verlassen und sich weitgehend an die internationale Gemeinschaft der Rationalität, die Wissenschaftsgemeinde, assimiliert: Bekannt ist die Rolle von Ernst Federns Vater Paul Federn (1871–1950) im Zuge der Entwicklung der Psychoanalyse sowie der Psychoanalytischen Pädagogik (vgl. Federn 1961, 1971a, 1974, 1988a): Er war ein enger Mitarbeiter Sigmund Freuds und ab 1923 sein Stellvertreter bei der Wiener Psychoanalytischen Vereinigung. Er war Mitherausgeber mehrerer Fachzeitschriften und Sammelbände sowie der bis heute rezipierten Studien »Ich-Psychologie und die Psychosen« (1952) sowie »Zur Psychologie der Revolution: Die Vaterlose Gesellschaft« (1919). Ernst Federn (1971a, S. 722–724) schreibt über seinen Vater:

»Es scheint mir (...) wichtig, in Erinnerung zu rufen, daß (Paul) Federn nicht nur sein ganzes Leben hindurch ein aktiver Sozialist war – er erfüllte eine Reihe von Aufgaben für die Österreichische Sozialdemokratische Partei, deren Mitglied er bis zur Auflösung im Jahre 1934 war –, sondern auch in einer Reihe von Schriften die Idee vertrat und zu begründen versuchte, daß die Psychoanalyse ein wichtiges Werkzeug bei einer Umgestaltung der Gesellschaft darstellte und darüber hinaus, daß ohne psychoanalytische Kenntnisse ein solches Vorhaben scheitern müsse. (...) Federn war mehr als irgendein anderer von Freuds Schülern dafür tätig, daß die Psychoanalyse sich völlig in den Dienst einer reformierten und, in seinen Augen, einer im sozialistischen Sinne reformierten Gesellschaft stellen müsse.«

Paul Federns älterer Bruder Karl war Schriftsteller, ein anderer Bruder Walther war bedeutend in der Ausarbeitung der österreichischen Volkswirtschaftslehre. Die Frauen der Familie waren Pionierinnen der österreichischen Frauenbewegung, die Großmutter Ernestine Federn/Spitzer war im Kreis der bürgerlichen Frauenbewegung um Marianne Hainisch engagiert. Eine Schwester Paul Federns, Else, war die Leiterin des aus englischen Traditionen kommenden Wohlfahrtsvereines Settlement in Wien-Ottakring. Seine Mutter Wilma spielte in der Familie eine dominierende Rolle. Sie arbeitete mit ihrem Ehemann wissenschaftlich zusammen, las seine Schriften und beriet ihn. Sie schrieb psychoanalytisch inspirierte Dramen und Gedichte. 1917 hielt sie in der sog. Mittwoch-Gesellschaft einen Vortrag über das Thema »Psychoanalyse und Dienstmädchen« (Elrod 1987, S. 354). Etta Federn verkehrte als Schriftstellerin im libertär-anarchistischen Milieu Berlins, bevor sie 1932 vor der antisemitischen Bedrohung nach Spanien floh und sich dort in der anarchosyndikalistischen Frauenbewegung engagierte.[5] Dieses aufgeklärte, progressive Milieu prägt Ernst Federns Werdegang sowie sein antifaschistisches, anfangs revolutionäres Engagement, das zu seiner insgesamt einjährigen Inhaftierung durch die politische Polizei und zur Inhaftierung vom Mai 1938 bis zum April 1945 in den Konzentrationslagern Dachau und Buchenwald führte.

Die Familie Federn ist vom Scheitern des österreichischen Liberalismus nach 1873 stark betroffen und sucht Orientierungen in sozialdemokratischen und deutschnationalen Strömungen. Die Orthodoxie und der entstehende Zionismus wurden abgelehnt, man fühlte sich vor allem der deutschen Kultur- und Geisteswelt der Klassik verpflichtet, die die Umsetzung der Ideale von Freiheit und Fortschritt im Rahmen der deutschen Nation zu garantieren schien. Ernst Federns Großmutter kann in einer oberflächlichen Beurteilung als Wagnerianerin beschrieben werden, aber wenn man weiß, daß selbst Theodor Herzl vom Wagnerschen Gesamtkunstwerk fasziniert war, relativiert sich diese Etikettierung stark.

Der Haushalt, in dem Ernst Federn aufwächst, kann als »bürgerlich« bezeichnet werden, mit seinen Hausangestellten, genügend Wohnraum usw. Vieles vom kulturellen und politischen Klima der Wiener Jahrhundertwende verspürte der junge Ernst noch in seinem Elternhaus – die Gäste aus Politik, Wissenschaft und Kultur, aber auch eine schizophrene Patientin, die Paul und Wilma Federn vorübergehend in die Hausgemeinschaft aufgenommen hatten, repräsentierten dies. Lebendig und wichtig sind Ernst Federn noch heute die Sommerfrischen in Goisern und die Freizügigkeit der Eltern, was die Aufnahme von Gästen am Urlaubsort, aber auch in Wien, betrifft.

In seiner Familie wurde erzählt, daß Ernst Federn bereits als Kind anderen gerne geholfen haben soll. Elrod (1987, S. 354) bemerkt hierzu: »Als zum Beispiel seine Großmutter starb, soll er als Zweijähriger zu seinem Großvater gegangen sein und ihn rührend getröstet haben. Er schien auch später bei derartigen Hilfeleistungen weniger etwas Besonderes zu tun, als vielmehr etwas Besonderes auszustrahlen. Er galt viele Jahre einfach als Naturtalent.«

Das Helfen, so könnte man sagen, war eine Selbstverständlichkeit. Ernst Federn hat seinen Vater Paul Federn nie als autoritär oder dominierend, sondern immer nur als beschützend erlebt. Sein Vater schien überhaupt der Auffassung zu sein, daß Eltern ihre Kinder nicht erziehen, sondern nur beschützen sollten. Die Erziehung komme durch die Gesellschaft schon von alleine hinzu. Für ihn selbst, so Ernst Federn, habe sich diese pädagogische Grundhaltung eindeutig sehr vorteilhaft ausgewirkt.[6] In der Schule sei er nie sonderlich fleißig gewesen, habe die Prüfungen jedoch ohne Schwierigkeiten bestanden. Insgesamt könne er sagen, daß er sich im Leben »immer so durchgemogelt« habe. Das anregende, ermutigende Angebot seines Elternhauses bildete offensichtlich ein gutes psychisches Substrat zur Bewältigung zukünftiger existentieller Herausforderungen.

Bereits als Jugendlicher teilt Ernst Federn das sozialistische Engagement des progressiven Teils der Jugendbewegung, welches maßgeblichen Anteil beispielsweise an dem sexualaufklärerischen Impuls der Psychoanalytischen Pädagogik hatte.[7] Über das Vorbild seines Vaters – der bei den sozialistischen Ärzten aktiv war und für die Sozialdemokratische Arbeiterpartei Österreichs (SDAPÖ) unter anderem als Bezirksrat die erste Enquete über die Wohnbedingungen der Hausbesorger im ersten Wiener Gemeindebezirk durchgeführt hatte (Federn 1961, S. 119 f.) – sowie der Politikerin Therese Schlesinger und des ungarischen Künstlers Mihaly

Biro (1886–1948) engagiert er sich mit zwölf Jahren bei den »Kinderfreunden«; mit 14 Jahren arbeitet er in einer sozialistischen Arbeitsgruppe mit, u. a. gemeinsam mit seinem Schulfreund und Diskussionspartner Christian Broda, dem späteren langjährigen österreichischen Justizminister.[8] Der Schüler des akademischen Gymnasiums erlebte noch die auslaufende Jugendbewegung, die nicht zuletzt als Reaktion auf den Ersten Weltkrieg verstanden werden muß, und tritt in den »Verband Sozialistischer Mittelschüler« im 1. Wiener Bezirk ein; er beginnt sich auch im Rahmen der Schule mit sozialistischen Texten auseinanderzusetzen.

Als Oberschüler findet er Zugang zu den Diskussionszirkeln um Max Adler und Helene Bauer. Insbesondere Max Adler als begeisternder Typus des austromarxistischen Intellektuellen fasziniert ihn. Angeregt durch den Wiener Philosophen Fritz Eckstein – der mit Freud befreundet war (Federn 1990, S. XVII) – liest Federn die Schriften von Marx und Trotzki. Dessen Autobiographie beeindruckt ihn so sehr, daß er sich bereits im Alter von 14 Jahren als Trotzkist versteht. Später sollte er ein Begründer der österreichischen Sektion der 4. Internationale werden.

Anläßlich seines 18. Geburtstages schenkt ihm der Psychoanalytiker Adolf (Albert) Josef Storfer dessen gesamte marxistische Literatur. Federn (1990a, S. XVII) konstatiert: »At the age of eighteen I made the decision to combine the ideas of Marx with those of Freud«.

Kürzlich hat Federn seine Sozialisation als »politischer Aktivist« familiendynamisch gedeutet. Er führt aus: »Meine sozialistische Überzeugung war jedoch keine Rebellion gegen meine Eltern, wie das so oft bei Kindern von wohlhabenden Leuten der Fall ist. Denn beide, mein Vater wie meine Mutter, waren überzeugte Sozialisten. (...) Auch mein Vater war von Natur aus ein Rebell. (...) *Meine politischen Ideen waren also keine Rebellion, sondern Gehorsam, was, wie ich meine, einer der Gründe dafür war, daß ich selbst die größten Lebensgefahren überlebte und sich selbst heute, im Alter, meine Ideen eigentlich nicht grundlegend änderten.«* (Federn 1999, S. 323, Hervorhebung R. K.)

Obwohl sein Vater etwa ab seinem 18. Lebensjahr regelmäßig mit ihm Gespräche über Psychoanalyse geführt hatte,[9] entscheidet sich Ernst Federn nach dem Abschluß des Akademischen Gymnasiums (Juni 1932) für das Studium der Sozialwissenschaften und Jura (September 1932 bis März 1936).

2.3 Politischer Widerstand und Verfolgung

Nach seiner Matura im Juni 1932 studiert Federn ab September 1932 in Wien Sozialwissenschaften und Jura. Die Wahl dieser Studienfächer wurde durch sein marxistisches Engagement angeregt, das Jurastudium galt zu dieser Zeit als die Voraussetzung für eine Karriere als sozialistischer Funktionär; es sollte für die legislative Tätigkeit im Parlament vorbereiten.

Ernst Federn, jung

Seine Jugendzeit wurde von politischen Erschütterungen und politischer Unterdrückung und Verfolgung beherrscht: Die Sozialdemokratie wurde verboten, und der »Austrofaschismus« begann das Land zu beherrschen. Federn engagiert sich anfangs bei der »Sozialistischen Arbeitsjugend« sowie bei der »Akademischen Legion«, der studentischen Organisation des »Republikanischen Schutzbundes«, der paramilitärischen »Flüge« der Sozialdemokratischen Partei (SDAPÖ). Im Februar 1934 erringt der österreichische Faschismus die Macht, was zur sofortigen Zerschlagung und zum Verbot der sozialistischen und kommunistischen Opposition führt:

»Die Organisationen der Arbeiterbewegung wurden im Februar 1934 alle aufgelöst, ihre Funktionäre aus allen öffentlichen Ämtern entlassen, und viele von ihnen wurden verhaftet. Trotz der machtpolitischen Niederlage der Sozialdemokratie formierte sich eine sehr breite illegale Arbeiterbewegung im Untergrund, die Widerstand gegen das faschistische Regime leistete«. (Oberläuter 1985, S. 32).

Als die »Akademische Legion« zur Zeit der Auflösung des Parlaments 1933 den Termin ihrer Ski-Kolonie einhält, wendet sich Ernst Federn endgültig von der studentischen sozialistischen Organisation ab; angesichts der Gefahr des Untergangs der Republik und der Arbeiterbewegung erscheint ihm diese als zu wenig seriös. Ernst Federn beteiligt sich am Aufbau der (illegalen) »Revolutionären Sozialisten«, der verbotenen Nachfolgeorganisation der SDAPÖ, und arbeitet zugleich bei den Trotzkisten mit; weiterhin schließt er sich einer Kampfgruppe von sieben Schutzbündlern an, die während des Bürgerkrieges im Jahre 1934 in der Wohnung seines Vaters stationiert ist (Federn 1992, S. 45).

Es ist deutlich geworden, wie sehr der Faschismus Ernst Federns persönliche und politische Entwicklung prägt, verändert. Er ist sich als politisch denkender Intellektueller der Gefahren des Faschismus sehr bewußt und arbeitet aktiv im Untergrund. Zugleich ist er jedoch – was für sein zukünftiges Schicksal von weitreichender Bedeutung sein sollte – als Trotzkist ein entschiedener Gegner Stalins. Insofern wird er von mehreren politischen Seiten aus existentiell bedroht. Er bleibt auch als Trotzkist Mitglied der SDAPÖ, der er auch heute noch angehört, und arbeitet politisch sowohl mit Trotzkisten als auch mit Sozialdemokraten beziehungsweise Sozialisten zusammen. Aufschlußreich ist Ernst Federns eigene Einschätzung seines politischen Engagements, wie er es heute im Rückblick sieht:

»Mit Bruno Kreisky (dem späteren österreichischen Bundeskanzler, R. K.) habe ich niemals politisch gearbeitet. Wir gehörten zur selben Partei, arbeiteten aber an verschiedenen Stellen. Unter den Nazis waren wir 1938 zusammen auf einige Wochen eingesperrt. Zu Trotzki kam ich mit 14 Jahren, nachdem ich seine Selbstbiographie gelesen hatte und mich für ihn begeisterte. Ich war immer für eine Demokratie in der Partei und für die Einigkeit der Arbeiterbewegung. Für beides trat Trotzki ein, als 1934 die Sozialdemokratie besiegt wurde und in die Illegalität ging. Ich arbeitete als Trotzkist innerhalb der Revolutionären Sozialisten in Österreich, wurde mehrmals verhaftet und war 12 Monate lang in Untersuchungshaft.«[10]

In dieser Phase der Illegalität lernt Federn seine spätere Lebensgefährtin Hilde Paar kennen, mit der er sowohl seine politische Arbeit als auch das pädagogische und psychoanalytische Interesse teilt: Sie arbeitet im privaten Kinderheim von Grete Fried, das u. a. Kinder von amerikanischen AnalysandInnen aufnahm, die zur psychoanalytischen Behandlung in Wien weilten. Sie lernt Anna Freud, Berta Bornstein und Margarete Mahler kennen; eine intensivere Zusammenarbeit mit ihnen wird durch die politische Unterdrückung verhindert.[11] Ernst Federn versteckt den Kataster seiner Sektion nach der Parlamentsauflösung 1933 in der Wohnung der Familie Paar. Der Beginn ihrer Liebesbeziehung steht also im Schatten des Scheiterns der Republik und der Etablierung der Diktatur. Die beiden sehen sich gezwungen, die Entwicklungsbedingungen der Diktatur zu analysieren. Das erste Buch, das Ernst Federn der angehenden Kindergärtnerin Hilde Paar schenkt, ist Siegfried Bernfelds »Sisyphos oder die Grenzen der Erziehung«.

Bereits ab 1936 wird Ernst Federn von der politischen Polizei verfolgt. Am 14. März 1936 wird der damals 21jährige gemeinsam mit Hilde Paar wegen Verdachts der illegalen Betätigung für die Revolutionären Sozialisten – illegale Verbreitung der »Arbeiterzeitung« (AZ) – verhaftet. Hilde Federn kann nichts nachgewiesen werden, und Ernst Federn hat das Glück, trotz Hochverratsanklage am 24. Juli desselben Jahres aufgrund einer allgemeinen Amnestie anläßlich des Juliabkommens 1936 zwischen Deutschland und Österreich entlassen zu werden. Mit seiner Inhaftierung wird er aus der Wiener Universität ausgeschlossen, wodurch die Zukunftspläne des sozialistischen Intellektuellen vorerst einmal zerstört sind.

Da er weiter beschattet wird und sich regelmäßig bei der Polizei melden muß, ist er für die illegale politische Tätigkeit »verbrannt«. Hiermit war auch seine, zu den Revolutionären Sozialisten (RS) parallel laufende, Organisationstätigkeit in einer trotzkistischen Gruppe des Untergrundes beendet, was nicht verhindert, daß er durch die Aktivität eines Spitzels und als möglicher Verfasser eines Aufrufes am 6. November 1936 wegen Verdachtes des Hochverrates wieder verhaftet wird. Da ihm jedoch keine Mittäterschaft nachgewiesen werden konnte, und aufgrund familiärer Beziehungen, wird er im Juni 1937 entlassen, und nicht, wie sonst in solchen Fällen üblich, in einem Lager »angehalten«. Da er von nun an von der Polizei überwacht wird, ist ihm eine »unmittelbare« Fortsetzung seiner Untergrundtätigkeit nicht mehr möglich.

Mit seinem Ausschluß aus der Universität sind die Zukunftspläne des jungen Intellektuellen zuerst einmal zerschlagen. Diesen Verlust scheint Federn durch seine Überzeugung, daß sich die sozialistische Revolution aus der schweren europäischen Krise der 30er Jahre entwickeln werde, leichter ertragen zu haben.

In dieser Zeit der erzwungenen politischen Inaktivität arbeitet er als persönlicher Referent seines Vaters; dieser war von 1924 bis zu dessen Emigration 1938 als persönlicher Stellvertreter Freuds mit der Führung der Geschäfte der Wiener Psychoanalytischen Vereinigung betreut. Ernst Federn, der mit seinem Vater ungefähr ab seinem 18. Lebensjahr viele Gespräche über psychoanalytische Themen geführt hatte, hilft bei der Arbeit an den psychoanalytischen Manuskripten seines Vaters, u. a. bei der Neuauflage des gemeinsam mit Heinrich Meng herausgegebenen »Psychoanalytischen Volksbuch(es)« (Federn/Meng 1926).

Paul Federn war einer der ersten Schüler und Mitarbeiter von Sigmund Freud und ab 1924 – als Freud sich aufgrund seiner schweren Krebserkrankung zunehmend aus der Öffentlichkeit zurückzog – als persönlicher Stellvertreter Freuds mit der Führung der Geschäfte der Wiener Psychoanalytischen Vereinigung betraut worden. Diese Tätigkeit übte er 14 Jahre lang aus, bis zu seiner und Freuds Emigration. Er war Lehranalytiker u. a. von August Aichhorn, Herman Nunberg, Edoardo Weiss, Heinrich Meng und Wilhelm Reich. Zugleich war er der erste Psychoanalytiker der – erfolgreich – psychotische Patienten behandelte und betreute.[12]

Sonntags geht Ernst Federn zum sozialistischen »Salon« der Furtmüllers[13], und er diskutiert mit seiner Förderin Therese Schlesinger die Optionen des Trotzkismus.

Zugleich interessiert er sich für Heilpädagogik und Sozialarbeit und wendet sich deshalb im Herbst 1937 an den Psychoanalytischen Pädagogen August Aichhorn, bekannt durch seine Arbeit mit verwahrlosten Jugendlichen. Dieser ist ein enger Freund der Familie und hat bei Paul Federn seine Lehranalyse gemacht. Aichhorn – für Federn bis heute ein großes Vorbild – rät ihm, zuerst einmal die soziale Wirklichkeit, also die Wohlfahrtsfürsorge und Behindertenpädagogik kennenzulernen (Salis und Müller 1984, S. 14, in Elrod 1987, S. 364). Der Faschismus läßt Ernst Federn nicht viel Zeit, seine sozialarbeiterischen Interessen weiterzuverfolgen.

Gemeinsam mit vielen seiner marxistisch beziehungsweise psychoanalytisch geschulten Freunde macht er sich keine Illusionen über den verbrecherischen und totalitären Charakter des immer mächtiger werdenden Faschismus: Wilhelm Reich veröffentlicht seine bedeutende Studie »Massenpsychologie des Faschismus«. Siegfried Bernfeld »erkannte und sprach es auch privat aus, daß der Nationalsozialismus die Machtergreifung der Kriminellen des Landes bedeutet« (Federn 1992, S. 44).

Der Gang ins Exil wird überlegt, aber Ernst Federn ist ja bereits der Paß eingezogen worden, und die heute wohl nur schwer erahnbare Geschwindigkeit und Dramatik der Ereignisse und herrschenden Bedingungen dürfen nicht unterschätzt werden. Viele Persönlichkeiten des politischen und kulturellen Lebens, denen ihre Gefährdung durch den nach Österreich übergreifenden Nationalsozialismus durchaus bewußt war, waren im Frühjahr 1938 auch nicht in der Lage, adäquat zu reagieren. Auch die psychoanalytische Bewegung wird von der »Katastrophe« des »Anschlusses« überrascht. Den berühmten Analytikern, die über sehr gute internationale Kontakte verfügten, gelingt die Ausreise ins Exil erst Mitte 1938 (vgl. Reichmayr 1988, 1990). Zudem ist Ernst Federn »der irrigen Meinung, daß eine Besetzung Österreichs von den ehemaligen Entente-Mächten und der ›kleinen Entente‹ nicht geduldet werden würde und es zum Ausbruch eines Krieges kommen müsse, nach dem die sozialistische Revolution unausbleiblich sein würde (...) Was nun die Bedrohung der Juden betrifft, so war man auf eine solche noch weniger vorbereitet«. (Federn 1988a, S. 248)

Die Tiefe der kommenden Katastrophe konnte nicht richtig wahrgenommen werden; Ernst und Hilde Federn, wie auch ihre Eltern, waren doch nicht genügend auf die Bedrohung vorbereitet, denen sie als Juden und Sozialisten ausgesetzt waren. Scheinbar mußten sie von den Ereignissen überrollt werden, um die schwierigen Schritte zu unternehmen, die ins Exil führen sollten, und für Ernst und Hilde Federn kamen sie zu spät.

2.4 Hilde Federn – unbekannte Pionierin der psychoanalytisch orientierten Kleinkindpädagogik

Eine Annäherung und ein Verständnis von Ernst Federns Leben und Werk ist nicht angemessen möglich, ohne den prägenden Charakter seiner Beziehung zu seiner späteren Ehefrau, Hilde Federn, geborene Paar, zu verstehen. Dies zeigt sich unter anderem darin, daß Hilde Federn bis heute bei allen Vorträgen, Seminaren und Supervisionen von Ernst Federn anwesend ist. Die Erforschung von Hilde Federns Leben sollte zudem Anlaß sein, um ihr bisher öffentlich unbekanntes Wirken als eine von Anna Freud inspirierte Pionierin einer psychoanalytisch orientierten Kleinkindpädagogik in Wien zu entfalten. Es wird den von Bernhard Kuschey konzipierten Forschungen zu Ernst und Hilde Federn überlassen bleiben, die im folgenden skizzierten Aspekte im Gespräch mit Hilde Federn systematischer zu durchdringen.

Ernst und Hilde Federn

Die 1910 geborene Hilde Paar wird unter der Herrschaft der Nürnberger Gesetze zur »Jüdin«. Sie wächst in Wien unter der Obhut ihrer katholischen Großmutter auf; ihre Familie war zwar katholisch getauft, aber sozialdemokratisch orientiert. Sie wächst in einer Angestellten-Familie auf, der zugeheiratete Vater ist ein einfaches sozialdemokratisches Parteimitglied. Jüdische Traditionen werden nicht gepflegt. In der Volksschule hat sie ihre erste, bewußt erlebte Begegnung mit dem Rassismus, der ihr späteres Leben nachhaltig beeinflussen sollte: Als talentierte, aber schwarzhaarige, kleine Schauspielerin darf sie nicht die Maria in einem Krippenspiel darstellen – dies muß ein blondes Mädchen sein. Hilde macht diese ungewohnte Zurücksetzung traurig, und, weil sie sich diese nicht erklären konnte, ohnmächtig.

Wie bereits erwähnt, lernen sich Hilde und Ernst Federn in der Phase der Illegalisierung der SDAPÖ kennen. Hilde Paar hatte die Städtische Kindergärtnerinnen-Bildungsanstalt absolviert. Ihre wichtigsten Lehrer waren Anton Tesarek und Alois Jalkotzky, die Gründer der »Roten Falken«. Diese Jugendorganisation wurde aus der Kinderfreundeorganisation, welche ja eine von Erwachsenen für Kinder war, herausentwickelt. Tesarek und Jalkotzky waren in einer für das »Rote Wien« typischen Weise »Doppelfunktionäre«: Sie betätigten sich in Vorfeldorganisationen der Sozialdemokratischen Partei und versuchten parallel dazu in städtischen Institutionen ein neues Verhältnis zu Kindern umzusetzen. Diese Parallelität zwischen politischem Engagement und sozialreformerischen bzw. revolutionären pädagogischen Bemühungen im Wien der 20er und 30er Jahre bildete – worauf Ernst Federn (1993b) kürzlich noch einmal aufmerksam gemacht hat – das spezifische sozio-kulturelle Substrat, in dem die junge Psychoanalyse und insbesondere die noch jüngere Psychoanalytische Pädagogik entstand und ihre Ausprägung erhielt.

Hilde Paar wird von den pädagogischen Ansätzen ihrer Lehrer wesentlich beeinflußt, kann aber nach Abschluß ihrer Ausbildung keinen Kindergartenposten der Stadt Wien mehr bekommen; die politischen Veränderungen verhindern ihre Anstellung.

Hilde Paar gelingt es, von 1933 bis 1935 im privaten Kinderheim von Grete Fried in der Koestlergasse eine Arbeit zu finden. Dieses Heim nahm die Kinder vor allem von amerikanischen Analysandinnen auf, die zur psychoanalytischen Behandlung in Wien weilten, bzw. die Kinder von Analytikern oder Prominenten, wie zum Beispiel jene von Wilhelm Reich oder den Enkel von Leo Trotzki, Vsevolod Volkow. Da die meisten dieser Kinder große psychische Probleme hatten, wurden sie kindertherapeutisch betreut und behandelt. So kommt die Kindergärtnerin Hilde Paar mit den Pionierinnen der Kinderanalyse und Psychoanalytischen Pädagogik in Kontakt, wie Anna Freud, Bertl Bornstein und Margarete Mahler. Anna Freud hatte in den 20er und 30er Jahren die ersten Entwicklungsschritte hin zur Kinderanalyse unternommen, indem sie im Kindergarten Rudolfsplatz zuerst die Kinder beobachtete und dann mit ihnen analytisch zu arbeiten begann.

Anna Freud versucht Hilde Paar als Unterstützerin ihrer Arbeit in diesem Kindergarten unterzubringen, aber der »Austrofaschismus« verhindert dies. Hilde Paar bekommt die Zusicherung für diese Arbeitsstelle zu knapp vor ihrer sechswöchigen Untersuchungshaft im März und April 1936, die mit Ernst Federns illegaler politischer Tätigkeit im Zusammenhang steht und ohne Schuldspruch endet. Oppositionelles Verhalten zieht im »Austrofaschismus« Berufsverbot nach sich; deshalb achtet die psychoanalytische Bewegung von sich aus darauf, nicht in »oppositionellen Geruch« zu kommen, was immerhin ihre Existenz bis 1938 sicherstellen wird.

Nach ihrer Entlassung aus der Haft kann Hilde Paar ihre Arbeit bei Grete Fried nicht mehr fortsetzen, da diese bereits 1936 ihr Kinderheim aufgelöst hat und danach emigriert ist. Sie kann für kurze Zeit noch im Montessori-Kindergarten der Frau Goldschmied auf der Mariahilfer Straße ihren erlernten Beruf ausüben und diese neue pädagogische Methode kennenlernen, die sich am Grundsatz der Selbsterziehung der Kinder orientiert. 1937 versucht sie noch gemeinsam mit Ernst Federn, Heilpädagogik zu studieren, was jedoch nur mehr ansatzweise gelingt.

2.5 Inhaftierung in den Konzentrationslagern Dachau und Buchenwald (1938–1945)

Am 14. März 1938 wird Ernst Federn im Alter von 23 Jahren in Wien von der Gestapo verhaftet – just an diesem Tage wollte er mit Hilde Paar das Aufgebot bestellen. Seine Verhaftung findet im Rahmen der Terroraktionen der Gestapo parallel zum Einmarsch der deutschen Truppen statt, die den Elitentausch und die Ausschaltung aller oppositionellen Kräfte zum Ziel hatte. Ernst Federn wird zuerst in Wien festgehalten. Am 24. Mai 1938 wird der überzeugte Sozialist Ernst Federn dann in einem der sog. Prominententransporte in das Konzentrationslager Dachau verbracht. Nach vier Monaten, am 24. September 1938, wird er in das Konzentrationslager Buchenwald verlegt. Seine Eltern hingegen können 1938, wenige Monate nach seiner Inhaftierung, noch rechtzeitig nach Amerika emigrieren. Die gesamte Familie Federn versucht alle nur erdenklichen Kontakte für die Befreiung ihres Sohnes zu nützen, aber alle bleiben erfolglos. Neben der Umstellung auf eine neue Lebenssituation im Exilland USA, die von Paul und Wilma Federn in ihrem Pensionsalter gefordert wird, sowie der schwierigen beruflichen Situation, haben sie spätestens seit 1940 keine Kenntnis vom Schicksal ihres Sohnes. Als Faustpfand einer berühmten Wiener Familie hat Ernst Federn keine Chance, aus dem Lager entlassen zu werden.

Federn ist täglich der Gewalt ausgesetzt und findet dennoch Wege, in dieser Extremsituation zu überleben. In »Witnessing Psychoanalysis«[14] schildert Federn eine Szene, in der er schlimmsten Mißhandlungen ausgesetzt war und diese dennoch scheinbar ungebrochen zu überleben vermochte: Als er einmal bei der Arbeit wegen Entkräftung nicht mehr aufstehen konnte, wurde er zu einer Stunde »Baumhängen« verurteilt. 1992 erinnert sich Ernst Federn folgendermaßen hieran:

»Nun ist das Baumhängen eine Strafe aus dem österreichischen Militär für junge Rekruten und ist an und für sich eine furchtbar schmerzhafte Tortur. Man wird also an den Händen rückwärts gebunden und hängt da in der Luft, und das ist sehr, sehr furchtbar schmerzhaft. Und ich habe da eine Stunde sehr mitgemacht und bin dann heruntergekommen, das war ein Samstag, wir hatten Samstagnachmittag frei, ich hätte sollen Arbeit machen, Strafarbeit machen als Strafe noch dazu, und kam also herunter; ich war der erste von den Wienern, es war eine große Aufregung im Block, und ich kam in die Blockgasse, und die Leute kamen auf mich zu und da sagte ich: Wißt's, Leute, das Herunterkommen ist so schön, das hebt das ganze wieder auf. Diese Antwort, die ganz spontan von mir gekommen ist, hat eine unerhörte Sensation hervorgerufen, eine unglaubliche Sensation.«[15]

Sein Optimismus beeindruckt viele Mithäftlinge und stellt für sie eine wertvolle Ermutigung dar. Mithäftlinge erleben, daß sich der damalige überzeugte Trotzkist Ernst Federn durch die Gewalt der Verhältnisse nicht zerstören läßt, sondern scheinbar ungebrochen aus ihnen hervorgeht. Jahre nach seiner Freilassung haben ihm verschiedentlich ehemalige Lagerhäftlinge bestätigt, wie wertvoll für ihren eigenen Überlebenswillen sein Vorbild gewesen ist.

Ernst Federn lernt in Buchenwald Bruno Bettelheim sowie den aus der Tschechoslowakei stammenden Psychoanalytiker Otto Brief – einen von Wilhelm Reich ausgebildeten Analytiker – kennen, der für ihn zu einer Art »Supervisor« wird. Es erscheint als unvorstellbar, daß Federn sogar im Lager seine psychoanalytischen Kenntnisse anzuwenden vermag (vgl. Federn 1990b). Seine psychoanalytischen Kenntnisse werden für ihn, dank der Unterstützung von Dr. Brief, zu einem Instrument des Überlebens. Federn (1990b, S.3) bemerkt zu dem Schicksal von Brief:

»In the spring of 1939, when this country was occupied by the Nazis, he was arrested and sent to Buchenwald. After three years there he was transferred to Auschwitz, where he perished.«

Sein eigenes Überleben verdankt er einer »privilegierten« Position: Von 1939 bis 1942 wirkt er dreieinhalb Jahre lang als Nachtwächter in seinem Block und lernt hierbei viele Gefangene kennen. Seit 1942 arbeitet er als Maurer und darf deshalb nicht in ein Vernichtungslager verschickt werden.

In »Witnessing Psychoanalysis« beschreibt Federn, wie er seine psychoanalytischen Kenntnisse konkret anzuwenden vermochte: Ein holländischer Mithäftling uriniert in der Nacht neben sein Bett. Da dies unerträglich ist, muß etwas geschehen, und Ernst Federn wird um Rat befragt. Er deutet diesem Häftling dessen Verhalten so, daß er sich hierdurch eine Beschuldigung – er wurde beschuldigt, Brot gestohlen zu haben – »abwaschen«, sich von ihr »befreien« wolle (diese beiden Begriffe sind im Holländischen ähnliche Worte). Wenn Dr. Brief später hierzu auch der Auffassung war, daß diese »Spontanheilung« eher durch die Übertragung als durch die Deutung erfolgt war, so hatte die »Analyse« doch auf jeden Fall Erfolg. Federn: »Dies sprach sich herum und ich wurde so zu einer Art ›Wunderheiler‹ des Lagers gemacht«. Das dadurch gewonnene Ansehen verschafft ihm einen Bewegungsspielraum. Gefangene fassen Vertrauen zu ihm, sprechen mit ihm über ihre Ängste und Träume und schöpfen Mut aus diesen Gesprächen.

Dies bewahrt ihn jedoch nicht davor, von den Lageraufsehern in der üblichen Weise bestraft und mißhandelt zu werden. Federn bleibt nicht von körperlichen Verletzungen verschont. So erleidet er zweimal Erfrierungen an Händen und Füßen, weshalb er operiert werden mußte.

Erleichtert wird ihm das psychologische Verständnis der Lebenssituation im Konzentrationslager – welches sein Überleben ermöglichte – auch durch die Bekanntschaft mit zwei psychoanalytisch geschulten Freunden, die ebenfalls in Buchenwald inhaftiert waren: Der schon genannte, aus der Tschechoslowakei stammende Analytiker Brief und Bruno Bettelheim.

Nachts, während seiner Tätigkeit als Nachtwächter, liest Ernst Federn die meisten nationalsozialistischen sowie einige europäische Zeitungen. Er wird hierdurch zum ideologischen Führer einer Gruppe von circa 20 Stalingegnern, denen er sonntags von seiner Lektüre berichtet. Sie diskutieren die Überlebenssituation im KZ, den Kriegsverlauf, die Möglichkeiten der Hitler-Barbarei und ihre revolutionären Hoffnungen für eine Zeit danach.

Es scheint Ernst Federn weitgehend gelungen zu sein, sich aus Intrigen und Machtkämpfen im KZ herauszuhalten, die sich schnell zu einer Lebensbedrohung auswachsen konnten. In der Frühzeit des KZ Ettersberg/Buchenwald, in der die »Kriminellen« führende Leitungspositionen innerhalb des Lagers innehatten – innerhalb des Todeszaunes herrschte eine von der SS etablierte »Häftlingsselbstverwaltung« –, gelingt es Ernst Federn mittels seiner psychologischen Kenntnisse, die aus der Herrschaft der »kriminellen« Häftlinge entstehenden Gefahren zu umgehen.

Sein Überleben verdankt Ernst Federn einer weiteren Tätigkeit: in Buchenwald arbeitet er seit 1942 als Maurer und darf nicht in die Vernichtungslager verschickt werden, weil seine Arbeitskraft in Buchenwald dringend gebraucht wird. Buchenwald war bekanntlich primär ein Arbeitslager.

Nach der Übernahme der »Häftlingsselbstverwaltung« durch »Politische« im Januar 1939 wird die Lage in Buchenwald für den »Trotzkisten« Federn prekär. Die stalinistischen KPD-Mitglieder der »Häftlingsselbstverwaltung« versuchen, die absolute Loyalität Ernst Federns zu erzwingen, was sich in der Aufgabe seiner Kritik an der Sowjetunion und Stalin ausdrücken sollte. Da er ihnen die unterwürfige Gefolgschaft verweigert, mißbrauchen sie ihre Macht zu Verfolgungsmaßnahmen gegen Federn mit der Absicht, ihn zu beseitigen. Die politischen Verfolgungsmaßnahmen der KP dominierten »Häftlingsselbstverwaltung« im KZ Buchenwald sind der Verdrängung anheimgefallen, die Erinnerung an sie hätte auch den Mythos der abstrakt humanistischen Heroen des Widerstandes erheblich gestört.

1944, als die deutsche Niederlage absehbar ist, und nach der Bombardierung Buchenwalds im gleichen Jahr, scheint die nationalsozialistische Konzentrationslagerbesatzung das Lager aufgegeben zu haben. Die letzten Tage sind sehr chaotisch und voller unkalkulierbarer Gefahren. Die SS ist völlig unberechenbar, einmal um »Persilscheine« bemüht, dann wieder irrational brutal: Die letzten überlebenden Juden sollen noch ermordet werden. Die mehrheitlich kommunistische »Häftlingsselbstverwaltung« hingegen versucht vor allem »ihre« Leute zu retten – ein Sachverhalt, der insbesondere für diejenigen Überlebenden, die damals keine »orthodoxen Kommunisten« waren, bis heute vielfach zutiefst schockierend wirkt. In dieser Zeit der Gefahr, aber auch der Hoffnung, fällt eine Szene, die wohl charakteristisch für Ernst Federns »unverbesserlichen Optimismus« ist: im Lager versichert Ernst Federn seinen Mitgefangenen in einer für diese Extremsituation angemessenen »Größenphantasie«, er würde nach seiner Freilassung mit einem britischen Flugzeug nach Brüssel geflogen werden. Es kommt auch so: Nach der Auflösung des Lagers – auch in diesen letzten Tagen konnte Ernst Federn nur mit großem Glück und Unterstützung von Mithäftlingen mehrere lebensbedrohliche Situationen überstehen – entscheidet sich Federn für einen Identitätswechsel. Um den Lebensgefahren auszuweichen, schließt er sich heimlich dem Block der belgischen Häftlinge an und wird gemeinsam mit ihnen nach Brüssel geflogen – in einer britischen Maschine.

Die Entscheidung, nicht in das sowjetisch besetzte Wien zurückzukehren, war vor dem Hintergrund des Verhaltens der stalinistischen Mithäftlinge ihm und vor allem trotzkistischen Genossen gegenüber erwachsen. Seine pessimistische Einschätzung erwies sich als nur zu berechtigt: Sein Freund, Lagerkamerad und Genosse Karl Fischer, der zuerst auch nach Belgien gehen wollte, dann aber dem Wunsch der Heimkehr nachkam und nach Linz ging, wurde 1947 von einer russischen Agentin in einen Hinterhalt gelockt, an der Demarkationslinie zur russischen Besatzungszone vom MGB (Minister für Staatssicherheit) gefangen genommen und für acht Jahre in sibirische Zwangslager verschleppt (vgl. Keller, 1980). Nach eigenen Angaben ist Ernst Federn heute der einzige deutschsprachige überlebende Häftling von Buchenwald, der sich dann als Trotzkist bezeichnet hat.

Am 20. April 1945 verfaßt Federn noch im Lager gemeinsam mit zwei Mithäftlingen und Gesinnungsgenossen die »Erklärung der internationalistischen Kommunisten Buchenwalds«, in der sie sich für eine Aufarbeitung der nationalsozialistischen Gewaltherrschaft aussprechen und die in den Forderungen »Für ein Räte-Deutschland in einem Räte-Europa!« und »Für die proletarische Weltrevolution!« gipfelt. Dieser Aufruf erschien 30 Jahre später in einer französischen trotzkistischen Zeitschrift und wurde 1994 auch auf Deutsch publiziert (vgl. Prager 1994 sowie Keller 1980).

Erst nach dem Zusammenbruch der DDR wurde der Zugang zu den Archiven von Buchenwald für Ernst Federn möglich. In den Akten sind alle Gegenstände, die man Federn bei seiner Inhaftierung abgenommen hatte, fein säuberlich aufgezeichnet. Es ist auch jeder Geldbetrag und jede materielle »Zuwendung« aufgeführt, die er in den sieben Jahren seiner Gefangenschaft von seiner Frau erhalten hatte.

In dem Kinofilm »Überleben im Terror – Ernst Federns Geschichte« des Filmemachers Wilhelm Rösing hat Federn diesen Terror der stalinistischen Mehrheitsfraktion dokumentiert.[16]

Exkurs: Das Überleben von Extremsituationen

Aus diesem Themenkomplex möchte ich an dieser Stelle einen speziellen Aspekt vertiefend betrachten, der mit der gemeinsamen Inhaftierung von Federn und Bettelheim in Buchenwald korrespondiert. Ernst Federn hat nie einen Zweifel daran gelassen, daß ihm seine psychoanalytischen Kenntnisse beim Überleben in Dachau und Buchenwald sehr hilfreich waren. So antwortete er auf meine diesbezügliche Frage eindeutig: »Mir haben die psychoanalytischen Erkenntnisse im Lager das Leben gerettet, ob das für andere gelten kann, ist nicht zu sagen«. Hierin unterschied er sich in einer gewissen Weise von seinem Mithäftling Bruno Bettelheim. Bettelheim hatte – zumindest zeitweise – erhebliche Zweifel daran, ob ihm die Psychoanalyse irgendwie direkt zum Überleben geholfen hatte (siehe Bd. II, S. 16–26); er benutzte sie im Lager dennoch, um sich der Beobachtung des Verhaltens der Mitgefangenen und der SS-Wachen sicherer zu werden. Bettelheim resümierte 1960: »Die Psychoanalyse erfüllte also völlig ihren Zweck, soweit sie anzuwenden war; sie erwies sich aber als unerwartet und erschreckend beschränkt in ihrer Anwendbarkeit« (Bd. II, S. 23). Und:

»Die Analyse als Beobachtungsmethode erwies sich als mehr denn wertvoll und war von außerordentlichem Nutzen für mich. Diese Seite der Psychoanalyse vermittelte mir ein tieferes Verständnis dessen, was im Unbewußten der Häftlinge und der Bewacher vorgehen mochte, ein Verständnis, das möglicherweise gelegentlich mein Leben gerettet und mir bei anderer Gelegenheit die Möglichkeit gegeben hat, einigen meiner Mithäftlinge zu helfen«. (Bd. II, S. 26)

Kurz vor seinem Freitod im März 1990 wiederholte Bettelheim in einem Tiefeninterview mit David James Fisher: »Ja, der Erklärungswert der Psychoanalyse steht außer Frage, in jedem Fall. Andere Aspekte der Psychoanalyse, die Selbstbeobachtung, die Selbstkritik sind nicht sehr von Nutzen in einer Ausnahmesituation. Der Erklärungswert ist immer vorhanden«. (Fisher 1993, S. 40)

In jüngster Zeit hat Reich (1993, 1994a) zwei Studien vorgelegt, in denen Bettelheims und Federns biographisch motivierte Beiträge zu einer Psychologie extremer Situationen systematisch aufgearbeitet werden. Hierbei werden insbesondere die Gemeinsamkeiten in ihren Studien zum Verständnis der modernen Ausprägung des gesellschaftlich betriebenen Terrors hervorgehoben. Ich möchte nun, diese beiden Studien zugrundelegend, den Versuch unternehmen, die gewissen

Differenzen zwischen Bettelheims und Federns Standpunkt von ihrer jeweiligen Biographie her zu verstehen.

Die Situation, in der sich Bettelheim und Federn kennenlernten, war von einer eindrucksvollen Symbolik. Ernst Federn (1994, S.126) hat sie folgendermaßen beschrieben: »Wir kamen von Dachau nach Buchenwald Ende September an sehr schönen sonnigen Herbsttagen. Da man noch nicht wußte was mit uns anzufangen war, wurden wir zum Ziegelschupfen für einen Bau eingeteilt. Man wirft etwa einen Meter voneinander stehend, einander die Ziegel zu. Der Mann neben mir ließ jeden zweiten Ziegel fallen. Ich wurde bös und rief ihm zu: ›Warum läßt Du Niemand alle Ziegel fallen!‹ Die Antwort kam prompt: ›Sind das Deine Ziegel, was geht das Dich an? Ich bin Bettelheim.‹ ›Und ich bin Federn.‹ ›Was Federn? verwandt mit Paul?‹ ›Ich bin sein Sohn.‹ Damit war die Freundschaft besiegelt.«

Die Verbundenheit, die aus ihrem gemeinsamen Schicksal erwuchs, dürfte maßgeblich dazu beigetragen haben, daß Federn und Bettelheim ihre inhaltlichen Differenzen nur in einer sehr zurückhaltenden, taktvollen Weise öffentlich thematisiert haben. Neben ihrer jeweiligen Selbsteinschätzung, inwieweit ihnen ihre psychoanalytischen Erfahrungen und Kenntnisse beim Überleben des Konzentrationslagers hilfreich waren, gab es noch eine weitere relevante Differenz zwischen Bettelheim und Federn: Federn scheint es von Beginn seiner Inhaftierung an bewußt gewesen zu sein, daß es für ihn als Häftling eines Konzentrationslagers keinerlei Möglichkeit des Widerstandes gab. 1985 bemerkt Federn:

»Als ich im Mai 1938 in das Konzentrationslager Dachau eingeliefert wurde, war mir sehr schnell klar, daß ich nur eine Chance hatte zu überleben, nämlich das mir zugeteilte Schicksal eines Arbeitssklaven so gut wie möglich zu erfüllen. (...) Ich führte darüber mit Bruno Bettelheim, der diese Ansicht nicht teilte, noch in Buchenwald lange Diskussionen. Er hatte das Glück, nach einem Jahr befreit zu werden. Und in diesem Jahr war die ihm zugeteilte Sklavenarbeit immer eine sehr leichte, weil er an Kurzsichtigkeit litt. Er hat dann später in vielen Veröffentlichungen seinen Standpunkt vertreten, den ich bei aller persönlichen Freundschaft und Hochschätzung seines Werkes nach wie vor für unhaltbar ansehe. *Gegen ein modernes totalitäres Regime gibt es keinen inneren Widerstand*«. (Federn 1985, S.369, Hervorhebung R.K.)

1994 wiederholt Federn: »Von Bettelheim trennt mich vor allem, daß ich viel länger als er im Lager war, und besser weiß was Terror bedeutet, und daß man sich gegen ihn nicht wirklich wehren kann. Seine Vorwürfe in Bezug auf Widerstand leisten halte ich für falsch« (Federn 1994, S. 126).

Ernst Federns Studien und Vorträge zu den nationalsozialistischen Vernichtungslagern sind immer von einer beeindruckenden Nüchternheit, einem Bemühen um »Objektivität« geprägt. Dementsprechend fügt er 1994 in seiner persönlich gehaltenen Studie »Bruno Bettelheim und das Überleben im Konzentrationslager« eine weitere theoretische Differenz mit Bettelheim benennend, hinzu:

»Bettelheim behauptete, daß seine Lagererfahrungen mitgewirkt haben, um diese ungeheuer schwierige Arbeit mit geistesgestörten Kindern zu einem erfolgreichen Ende zu bringen. Den Ruhm für diese Arbeit kann ihm niemand streitig machen. Die völlige Anpassung des Milieus an das Leben eines Kindes, das mit den normalen sozialen Mühen nicht fertig wird, ist heute ein anerkanntes Prinzip. (...) So schrecklich das innere Leben des geisteskranken Kindes und seine Ängste auch sein mögen, es kann mit dem, was die Insassen der Konzentrationslager erlebt haben, nicht verglichen werden. Subjektiv gesehen kann dieses Leben als Hölle beschrieben werden und es mag ein schrecklicheres Leben führen als irgend jemand im Lager, aber objektiv gesehen sind die beiden Bedingungen nicht vergleichbar. Was dem Konzentrationslagerhäftling angetan und womit er bedroht wurde, ist etwas völlig anderes als was einem geisteskranken Kind geschieht, es mag subjektiv das letztere auch ärger sein«. (Federn 1994, S. 125 f.)[17]

Federn fügt einige Zeilen später – seine Bemerkungen zu Bettelheim aus dem Jahre 1985 aufgreifend – hinzu: »Psychologisch gesprochen regrediert das Ich (des Konzentrationslagerhäftlings, R. K.) zu einem Zustand des Säuglings, der mit Hilfe des Körpers eines Erwachsenen ums Überleben kämpft und manchmal auch diesen Kampf gewinnt. Ob das Ich diese Traumatisierungen durchhält ist sicherlich individuell sehr verschieden. Wir sehen hier eine Beziehung zwischen dem Ich des geisteskranken Kindes und den Opfern des Konzentrationslagers, nur war Bettelheim niemals in einem solchen seelischen Extremzustand. Er stellte erst später diese Verbindung her.« (Federn 1994, S. 126)

Es kann kein Zweifel daran bestehen, daß seine knapp einjährige Inhaftierung in Dachau und Buchenwald für Bettelheim die entscheidende Erfahrung seines Lebens darstellte.[18] Auch ist unzweifelhaft, daß sein beeindruckendes Engagement für schwerstgestörte Kinder der Überlebensschuld gegenüber den ermordeten Mithäftlingen geschuldet ist (Becker 1994, Bd. I, S. 82–90, Bd. II, S. 123 f., Bd. III, Fisher 1993, S. 37–40, Ignatieff 1994, Sutton 1996, S. 390, S. 410). Ernst Federn hingegen hat für sich selbst die Existenz einer solchen Überlebensschuld eindeutig ausgeschlossen.[19]

Ich habe an anderer Stelle (Kaufhold 1994a), von dem Briefwechsel zwischen Bettelheim und Ekstein ausgehend, einige Deutungsversuche vorgestellt, wie man die Unterschiedlichkeit der Verarbeitungsformen der Vertreibung durch die Nationalsozialisten zwischen Bettelheim und Ekstein verstehen könnte. Von Bedeutung schien mir hierbei insbesondere die unterschiedliche politische Sozialisation des »bürgerlichen« Bettelheim und des »sozialistischen« Ekstein zu sein: Während für Bruno Bettelheim – um es sehr vereinfachend zu formulieren – der Sieg des Faschismus, seine Inhaftierung im KZ sowie seine Vertreibung nach Amerika eine letztlich unheilbare Entwurzelung bedeutete, so bildete für Rudolf Ekstein der antifaschistische Widerstand, das Eingebundensein in die sozialistische Jugend- und Widerstandsbewegung, ein existentielles psychisches Substrat, welches das Ertragen der »Machtergreifung« der Nationalsozialisten sowie seine Vertreibung erleichterte. Demgemäß vermochte Rudolf Ekstein Jahrzehnte später sehr viel »versöhnlicher«, »glücklicher« mit seinen Erfahrungen mit dem Faschismus umzugehen als Bettelheim. Diese Überlegungen scheinen mir uneingeschränkt auch auf Ernst Federn übertragbar zu sein: Der Antifaschist und Sozialist Ernst Federn verfügt über die Gabe, aus seinem Überleben des faschistischen Terrors einen narzißtischen Gewinn zu ziehen. Eben weil er sich letztlich nicht zum »Untermenschen« machen ließ, eben weil er den verbrecherischen Terror überlebt hat, vermag er auf eine existentielle Lebensenergie zurückzugreifen. Eros – so könnte man sagen – hat über Thanatos gesiegt.

2.6 Hilde Federn in Wien 1938–1946. Existenzkampf und Unterstützung[20]

Nach der Verhaftung Ernst Federns am 14. März 1938 bleibt Hilde Paar mit der Ungewißheit über das weitere Schicksal ihres Verlobten zurück. Sie versucht zu erfahren, wo er sich befindet, sieht ihn noch einmal in einem Notgefängnis im Keller einer Schule im 20. Wiener Gemeinde-Bezirk.

Das Jahr 1938 ist für Hilde Paar gekennzeichnet von verzweifelten Versuchen der Intervention bei der Gestapo und anderen Stellen. Mit vielen anderen Frauen erhält sie keine Informationen und ist dem Alpdruck der Gerüchte ausgeliefert.

Die verhinderte Hochzeit bedeutet für sie langfristig gesehen eine Überlebenshilfe: Nach den Nürnberger Gesetzen ist sie eine Halbjüdin, die Heirat mit dem Juden Federn hätte sie zu einem Objekt der rassistischen Verfolgung gemacht. Ihr Status ermöglicht ihr die Unterstützung Ernst Federns – ihre Hilfssendungen bedeuteten für Ernst eine lebensrettende Hilfe. Als »Arierin« hätte sie zu einem Juden keinen Kontakt halten dürfen; als sogenannte Halbjüdin bleibt sie von der Vernichtung ausgenommen. Ihr Vater, der nach den Nürnberger Rassegesetzen als »Arier« definiert war, war ob seiner Ehe mit einer Jüdin für wehrunwürdig erklärt worden; er wurde zu einer technischen Arbeit im Militärapparat zwangsverpflichtet. Die jüdische Mutter war durch ihren Mann vor der Verschickung in ein Konzentrationslager geschützt. Im Laufe des Krieges wurde sie Zwangsarbeiterin, sie hatte mit anderen jüdischen Ehefrauen von sogenannten arischen Männern gebrauchte Uniformen zu reparieren.

Die Neudefinition ihrer Eltern und ihre Aussonderung aus dem bürgerlichen Leben ziehen für Hilde Paar entscheidende Veränderungen nach sich. Sie muß das elterliche Glasgeschäft, das Ende der 1930er Jahre erworben wurde, übernehmen; dieses führt sie, bis die abnehmende Glasproduktion das Offenhalten eines Verkaufsladens zur Absurdität macht. Hilde Paar ist durch ihre Familie in die Pflicht genommen und hat andererseits für Ernst Federn eine lebensentscheidende Verantwortung übernommen.

Mit Beginn der Bombardierungen Wiens 1943 wird sie zum Arbeitseinsatz eingezogen. Sie arbeitet mit nach den Nürnberger Gesetzen ebenfalls »unvollständigen« Jüdinnen in einer Fensterreparaturwerkstatt im 2. Bezirk und teilt die Not der Zivilbevölkerung im Bombenkrieg, welchen sie aus politischen Gründen herbeisehnt und vor dem sie sich zugleich ungeheuer fürchtet.

In der gesamten Zeit der nazistischen Fremdherrschaft gelingt es Hilde Paar, Ernst Federn mit Paket- und Geldsendungen zu unterstützen. Gleichzeitig weiß sie von ihm wenig, sie weiß durch seine regelmäßigen, zensierten Briefe nur, daß er noch lebt. Ihr Leben 1938 bis 1945 ist also auf außerordentliche Weise mit dem System der Konzentrationslager verbunden gewesen. Sie ist in höchstem Maße an Informationen darüber interessiert gewesen; zugleich hätte ihr das genaue Wissen über die nationalsozialistischen Konzentrationslager vermutlich jeden Überlebensmut genommen. Sie versucht an allen möglichen und unmöglichen Stellen für Ernst zu intervenieren und hat dennoch einen geringen Kenntnisstand. Auf Anraten der Nationalsozialisten besorgt sie immer neue Ausreisevisa verschiedener Länder; als man ihr schließlich signalisiert, daß das nächste Ausreisevisa genügen wird, und als sie auch dieses erbringt, führt man sie kommentarlos durch die gesamte Behörde – und durch den Hintereingang wieder hinaus. Sie ist der Qual der Gerüchte ausgeliefert. Den wenigen entlassenen Häftlingen, wie dem Sozialdemokraten Willi Ernst, ist es verboten zu berichten; außerdem schonen sie die Angehörigen.

Hilde Paar hat Glück: Sie und ihre Eltern überstehen die Bombardierungen und die Zwangsarbeit. Sie erlebt den Einmarsch der Roten Armee als Befreiung und kann Gewalttätigkeiten entgehen. Nach dem Zusammenbruch des sog. »Dritten Reiches« versucht sie, mit Ernst und der Familie Federn in Kontakt zu kommen. Hilde Paar erfährt, daß Ernst noch lebt und sich in Brüssel befindet. Erst im November 1946 gelingt das Wiedersehen: Hilde Paar trifft in Brüssel ein.

2.7 Über Brüssel nach Amerika

Vor seinem Flug von Buchenwald nach Brüssel war Ernst Federn von seinen belgischen Mithäftlingen – die ebenso wie die französische Resistance in Buchenwald keine bedeutenden dogmatischen und blutigen Fraktionskämpfe unter sich duldeten – zum belgischen Staatsbürger gemacht worden. In Brüssel werden die überlebenden Häftlinge von der belgischen Regierung unter großer Anteilnahme der Bevölkerung ehrenvoll empfangen. Welche Qualitätsunterschiede von Gesellschaften sich in symbolischen Handlungen manifestieren können – man denke parallel an die nur allzu oft bedrückende Rückkehr von KZ-Häftlingen und Emigranten nach Österreich und Deutschland!

Ernst Federn hat Glück: In Brüssel spricht ihn ein Mann an, Lazaire Liebmann: Er habe gehört, daß er (Federn) aus einem deutschen Konzentrationslager komme. Einer seiner eigenen Söhne sei in Auschwitz ermordet worden. Er wolle ihn gerne bei sich zu Hause als Sohn aufnehmen.

Ernst Federn nimmt bereits in Buchenwald Kontakt mit seinen Eltern in New York auf, die ihn daraufhin finanziell unterstützen. Er findet Kontakt zur belgischen Sozialdemokratie und zur IV. Internationale. Federn wird rasch eine bekannte Persönlichkeit, dem alle Türen, selbst zu den Ministerien, offenstehen.

Von mehreren Personen des politischen Lebens wird Federn eine Mitarbeit angeboten: Heinz Kühn, der im belgischen Untergrund gelebt hat und nach 1945 Ministerpräsident von Nordrhein-Westfalen werden wird, bittet ihn, mit nach Deutschland zu kommen. Der marxistische Wirtschaftswissenschaftler Ernest Mandel bietet ihm an, Mitglied der IV. Internationale zu werden. Federn lehnt jedoch ab. So bleibt Mandel, den bis zu seinem Tod in den 90er Jahren eine Freundschaft mit Ernst und Hilde Federn verbindet, »nur noch« die Rolle des Trauzeugen.

In dieser Zeit bereits beginnt er seine wissenschaftlichen Studien über nationalsozialistische Konzentrationslager und deren Auswirkungen (Federn 1946/dt. 1989b, 1948, 1969, 1985, 1990, 1992, 1994), welche er in den USA sowie nach seiner Rückkehr 1972 nach Wien fortsetzt. Im Zentrum stehen seine Bemühungen zur Aufarbeitung der nationalsozialistischen Terrorherrschaft.[21]

Nach einem Jahr der Erholung und Verarbeitung schreibt Federn die Studie »Essai sur la Psychologie de la Terreur« (»Versuch einer Psychologie des Terrors«), in der er einen ersten, psychoanalytisch fundierten Versuch unternahm, seine Erfahrungen in Dachau und Buchenwald wissenschaftlich aufzuarbeiten. Im Vorwort betont er: »(...) meine seelische Widerstandskraft war doch zu sehr verbraucht, als daß ich über all die Schrecken hätte sachlich schreiben können, die ich erlebt hatte. Es bedurfte eines Jahres in der Freiheit, um die Arbeit zu Ende zu führen« (Federn 1999b, S. 36).

1948 verfaßt Federn im Auftrag des Internationalen Roten Kreuzes die Studie »Psychische Hygiene für die Verhinderung von Kriegen« (Federn 1990). Dieser Text erscheint später in den USA, jedoch ohne die marxistischen Anteile.

In der flämischen Sozialistischen Zeitung veröffentlicht ein Redakteur ein Interview mit Federn, in dem dieser erklärte, »daß das deutsche Volk nicht schuldig ist; das deutsche Volk war das erste Opfer des Nationalsozialismus. Schuldig sind nur die Nazis.« Federn fügt im Abstand eines halben Jahrhunderts hinzu: »Das war eine absolute Sensation, die Zeitung selber hat es nur abgedruckt mit einem zweiten, der das Gegenteil (sagte), weil es so provokant war.«[22]

Federn war bewußt, daß er als Trotzkist nicht in das noch von Sowjettruppen besetzte Wien zurückkehren konnte. Seine Annahme, daß er als Zeuge stalinistischer Verfolgung im KZ Buchenwald vom MGB als gefährlicher politischer Gegner verfolgt und eventuell verschleppt worden wäre, war nicht zu weit hergeholt, wenn man sich an das Schicksal seines Freundes Karl Fischer erinnert. Er war sich vom Zeitpunkt seiner Kontaktaufnahme mit den Eltern in New York sicher: er wollte nach Amerika, zu seinen Eltern.

Bald nach der Ankunft Hilde Paars im November 1946 in Brüssel – am 2. Februar 1947 – heiratet Ernst Federn seine Verlobte. Mit dieser Heirat erfüllen sie zugleich eine der Bedingungen zum Erhalt des Affidavit als Voraussetzung für die Einreise in die USA. Ernst Federns Eltern sorgen für einen Bürgen in den USA, der im Falle ihrer Unterhaltslosigkeit oder Krankheit für sie hätte aufkommen müssen: wiederum eine notwendige Voraussetzung für das Affidavit. Nach einem Jahr erhalten die Federns eine Einreisegenehmigung nach Amerika. Am 1. Januar 1948 fahren sie mit dem Schiff los; am 8. Januar kommen sie in den USA an.

2.8 Neuanfang in Amerika (1948–1961)

Nach nahezu exakt zehn Jahren gelingt die Familienzusammenführung. Ernst Federn und seine Frau Hilde begegnen den Eltern und einem großen Teil der Familie Federn in New York. Paul und Wilma Federn hatten sich in den zehn Jahren in der Emigration einrichten können, und es kann angenommen werden, daß dies nicht leicht war. Dem Vorurteil, daß die USA die Psychoanalyse gleichsam aufgezogen hätten, entspräche die Vermutung, daß der berühmte Analytiker und Freud-Mitarbeiter Paul Federn sofort Anerkennung und ein reiches Betätigungsfeld gefunden hätte.

Die Wahrheit war aber vielmehr, daß die amerikanische Psychoanalytische Vereinigung, die die Laienanalyse gegen Freuds Überzeugung strikt ablehnte, den Wiener Arzt Paul Federn mit Nachprüfungen in Medizin gemäß dem US-Studienplan schikanierte. Im Laufe des Krieges versuchte der alte Paul Federn, medizinische Prüfungen abzulegen, um wenigstens danach einen anständigen Lebensunterhalt verdienen zu können. Er fiel bei den Prüfungen regelmäßig durch; gemäß einem wieder aufgefundenen Gesetz im Staat New York wurde sein österreichisches Medizinstudium anerkannt. Den 82jährigen Sigmund Freud veranlaßte dies übrigens, Paul Federn in einem bewußt englischsprachig abgefaßten Brief vom 16. November 1938 seiner nachdrücklichen Unterstützung auch öffentlich zu vergewissern. Freud schrieb ihm:

»Seitdem ich mich durch die Nachwirkungen meiner Operation in 1923 beeinträchtigt fühlte, habe ich Dr. Paul Federn zu meinem Stellvertreter in der Führung der Wiener Psychoanalytischen Gruppe ernannt. Damit anerkannte ich ihn als das hervorragendste Mitglied, gleichermaßen ausgezeichnet durch seine wissenschaftlichen Arbeiten, seine Erfahrung als Lehrer und seine Erfolge als Therapeut. Ich halte es für eine Absurdität, daß er sich einer Prüfung in Allgemeiner Medizin unterziehen sollte. Es muß ihm gestattet werden, Psychoanalyse in jedem Land zu lehren und auszuüben. Prof. Sigmund Freud.« (Übersetzung Ernst Federn. Federn 1971a, S. 730)

Die Ausgangsbedingungen für die Exilanten waren nicht einfach. Es ist kennzeichnend für Ernst Federn Persönlichkeit, daß es ihm gelingt, »das Beste« aus dieser völlig neuen Lebenssituation zu machen:

»Im Jahre 1945 stand er als ›Befreiter‹ mit seinen 31 Jahren im Leben da, völlig losgelöst von seiner Heimat, die Familie zerstreut und zum Teil vernichtet, ohne Beruf und praktisch gezwungen, in ein fremdes Land zu gehen, um seine Eltern und Geschwister wiederzusehen und eine berufliche Ausbildung in Angriff zu nehmen«. (Elrod 1987, S. 356)

Die Bekanntschaft der Federns in New York besteht zum überwiegenden Teil aus Amerikanern, aber auch aus Exilanten aus dem Milieu der Sozialdemokratie sowie den emigrierten Pionieren der Psychoanalyse. Eine Anknüpfung an sein politisches Engagement in Wien und Brüssel ist Ernst Federn angesichts der radikal neuen Lebensbedingungen und sozialen Strukturen in den USA jedoch nicht möglich.

Ernst Federn beginnt dank der Unterstützung seines Vaters bereits wenige Monate nach seiner Emigration in die USA an der Columbia Universität in New York eine Ausbildung als Sozialarbeiter, die er 1950 mit dem Magister (M.S.W.) abschließt. Das Thema seiner Diplomarbeit heißt: »The Contribution of Psychoanalysis to Criminology as reflected in recent professional Literature«. Bereits in diesem Titel wird deutlich, daß Federn seine in Wien erworbenen psychoanalytischen Kenntnisse auch bei seinem beruflichen und persönlichen Neuanfang im Exil fruchtbar aufzugreifen vermochte. Er wird Mitglied der »National Association of Social Workers«. Bereits drei Monate nach der Ankunft in den USA betreut er seinen ersten »Fall« als Sozialarbeiter. Während seiner Ausbildung und späteren Tätigkeit als Sozialtherapeut und Supervisor profitiert er vor allem von den Erfahrungen August Aichhorns und seines Vaters. Er wendet die »Aichhorn-Erkenntnisse« an: Hinter delinquentem Verhalten stecken unbewußte Konflikte, die über das Über-Ich und Ich aufgelöst werden können. Bereits als Student verschafft er sich den Ruf, derjenige zu sein, der auch »hoffnungslose Fälle« heilen könne: »Der ist unheilbar, dann versuchen wir es halt mit Federn« (Balis und Müller 1984; in: Elrod 1987, S. 366). Es gelingt ihm also, zumindest einen Teil seines kulturellen Erbes auch in der neuen Heimat weiterleben zu lassen.

Eine Fortsetzung seines politischen Engagements ist Federn in den USA angesichts der radikal anderen Lebenswirklichkeit jedoch nicht möglich. Eine öffentliche Thematisierung des Verhältnisses von Psychoanalyse und Marxismus beispielsweise wäre für den Emigranten und Nicht-Mediziner Federn im antikommunistischen Amerika der Nachkriegszeit ein offensichtlicher beruflicher Selbstmord gewesen (siehe auch Elrod 1987, S. 359). Im Rückblick beschreibt Ernst Federn seine damalige Lebenssituation so:

»Als ich nach den Vereinigten Staaten kam, wurde mir in sehr kurzer Zeit klar, daß eine politische Arbeit, wie ich sie von Europa her gekannt hatte, in diesem Land nicht möglich war. In den Vereinigten Staaten gibt es keine Arbeiterbewegung im Sinne Europas und wird es auch nie geben. Da mein Vater zwei Jahre nach meiner Ankunft gestorben ist, hatte ich kein Geld, wohl aber einen Sohn, und wir konnten an eine Rückkehr nach Europa gar nicht denken. Ich stellte mich auf etwa 20 Jahre in den Vereinigten Staaten ein. Es wurden dann 24 Jahre. 1948 begann ich Sozialarbeit an der Columbia Universität zu studieren, wurde 1950 fertig und begann eine dreijährige Psychoanalyse (bei Herman Nunberg, dem späteren Mitherausgeber der Wiener ›Protokolle‹, R.K., siehe unten). Die Folgen waren, daß ich mich hauptsächlich der Sozialarbeit und Therapie widmete. Durch die Analyse verlor ich meinen politischen Ehrgeiz. Ich bin als Betrachter nach wie vor in Politik interessiert, aber politisch tätig war ich nicht mehr, wenn ich von Mitarbeit am Bürgerrechtskampf und Wahlen in meiner Freizeit absehe. Innerhalb der Sozialarbeit war ich in vielen Komitees und Aktionen tätig, aber das ist in den Vereinigten Staaten nicht Politik, sondern Gemeindearbeit. (...) Theoretisch bin ich auch heute Marxist, d.h. ich glaube an die Wichtigkeit der Produktionsverhältnisse für die Geschichte der Menschheit. Es gibt ein dialektisches Verhältnis zwischen subjektiven und objektiven Faktoren in der Entwicklung der Gesellschaften.«[23]

In den USA finden Ernst und Hilde Federn jedoch keine Ruhe. Bereits knapp zwei Jahre später, im Dezember 1949, stirbt seine Mutter. Ein halbes Jahr danach, am 3. Mai, nimmt sich sein Vater im 79. Lebensjahr vor einer Krebsoperation das Leben. Er hatte bereits eine – erfolglose – Operation hinter sich, die nun wiederholt werden sollte.

Er hinterläßt Ernst Federn die Protokolle der Wiener Mittwoch-Gesellschaft – diese hatte unter der Leitung von Freud wöchentlich, von 1902 bis 1918, getagt –, die ihm Freud wiederum bei seiner eigenen Emigration überlassen hatte.

Von 1950 bis 1960 leitet Ernst Federn in New York die »Paul Federn Study-Group«, ein zweimal monatlich tagendes psychoanalytisches Fortbildungsseminar für Nichtärzte. Diese versteht Federn im Rückblick als die Geburtsstunde der psychoanalytischen Sozialarbeit.[24] Trotz der »Medizinalisierung« (Paul Parin) der Psychoanalyse in den USA gelang es Federn, zahlreiche namhafte Psychoanalytiker für diese psychoanalytisch-sozialtherapeutische Fortbildung zu gewinnen.[25] In diesem Zeitraum arbeitet Ernst Federn unter anderem zweieinhalb Jahre lang als Supervisor in einem Heim für 300 verhaltensauffällige Jugendliche.

2.9 Cleveland (1961–1972)

1961 ziehen Ernst und Hilde Federn nach Cleveland, Ohio. Federn arbeitet dort als psychoanalytischer Supervisor und wird bald für Probleme der Adoleszenz zuständig. Dieses Thema hatte ihn bereits seit seiner Emigration in die Vereinigten Staaten interessiert.

Ab 1964 »explodiert«, von San Francisco aus kommend, die Drogenszene in Amerika. Federn entwickelt die Idee eines sozialtherapeutisch inspirierten »drop-in-centers«, eines Auffang-Zentrums. Dies ist zugleich der erste diesbezügliche Versuch in Amerika; Nachfolgeprojekte entstanden bald.

Aufgrund der neuen Lebenssituation und wegen ihres nun schon größer gewordenen Sohnes Thomas ist es Hilde Federn 1961 möglich, wieder ins Berufsleben zurückzukehren. Sie beginnt als psychoanalytisch orientierte Kindergärtnerin im Hanna Perkins Child Development Center, Western Reserve University, Cleveland. Die Kinderanalytiker dieser in den USA berühmten Klinik waren in der Hampstead Child Clinic unter der Leitung von Anna Freud ausgebildet worden. Von 1964 bis 1972 ist Hilde Direktorin der jüdischen »The Temple« Nursery School in Cleveland, Ohio.

1964 erlauben die finanziellen Möglichkeiten den Federns erstmals, gemeinsam Europa zu besuchen. Sie kehren nach Wien zurück, 26 Jahre nach Ernst Federns Inhaftierung und Vertreibung durch die Nationalsozialisten. In den folgenden Jahren häufen sich diese Europareisen.

Sein Jugendfreund Christian Broda, inzwischen Justizminister von Österreich, plant seit 1964, ihn als Sozialtherapeut nach Österreich zurückzurufen. 1972 ist es endlich soweit.

2.10 Rückkehr nach Wien (1972)

Nach Federns erstem Österreichbesuch im Jahr 1964 sowie seinem zweiten im Jahr 1967 schickt ihm Bundeskanzler Bruno Kreisky Weihnachten 1970 einen Gruß: »Du kommst jetzt bald nach Wien, wir brauchen Dich« (Plänkers/Federn 1994, S. 210). 1972 wird Ernst Federn »offiziell« von Christian Broda gebeten, als Konsulent im Strafvollzug nach Wien zurückzukehren. Er soll als Berater bei der Strafvollzugsreform der SPÖ-Regierung tätig werden und insbesondere die Einführung psychoanalytisch-sozialtherapeutischer Arbeitsformen im Gefängnis leiten.

Der politische Wechsel zur sozialdemokratischen Regierung in Österreich, damals ein gesamteuropäischer Trend, machte für viele Emigranten die Rückkehr zur interessanten Option. Der Aufbruch Ernst und Hilde Federns initiierte im Freundeskreis heftige Diskussionen zum Thema Reintegration. Auch Bruno Bettelheim erwog in dieser Zeit, nach seinem Abschied von der Orthogenic School, in die Schweiz zurückzukehren. Er realisierte dies, mit Rücksicht auf seine Familie, jedoch nicht.[26] Rudolf Ekstein wünschte sich ebenfalls sehr eine Rückkehr nach Wien. Seit 1971 hatte er Jahr für Jahr Gastvorlesungen an der Wiener Universität gehalten. Seine Frau Ruth und seine zwei Kinder wollten jedoch nicht nach Europa; so blieb er in den USA.

Es gab auch die konträre Reaktion zu dieser Fragestellung: Vielen aus politischen Gründen Vertriebenen fiel es aus verständlichen Gründen sehr schwer, Jahrzehnte später auch nur besuchsweise nach Wien zurückzukehren. Exemplarisch hierfür steht der Briefwechsel zwischen Federn und Bettelheim (wie auch der zwischen Bettelheim und Ekstein; vgl. Kaufhold 1994a, 1999a). Anna Freud, von der viele Verwandte in deutschen Konzentrationslagern ermordet worden waren, kehrte erst 1971 aus Anlaß des 27. Internationalen Psychoanalytischen Kongresses vom 25. bis 30. Juli erstmals wieder nach Wien zurück.

Von 1973 bis 1987, bis zum Alter von 73 Jahren, arbeitet Ernst Federn als Therapeut und Supervisor in zwei Gefängnissen – ein Engagement, das er bis heute in gewissem Maße weiterführt. Er reist weiterhin gemeinsam mit seiner Frau Hilde und hält regelmäßig Vorträge zu den Themen Geschichte der Psychoanalyse und Psychoanalytischen Pädagogik, Ich-Psychologie, und zur Psychosenbehandlung. Am kontinuierlichsten hat er hierbei die Vereine für Psychoanalytische Sozialarbeit in Rottenburg/Tübingen und Berlin, die Psychoanalytischen Pädagogen sowie die Historiker der Psychoanalyse unterstützt.

Ernst Federn im Garten

3 Zu Ernst Federns wissenschaftlichen Studien

Bei der bisherigen Darstellung dürfte das unaufhebbare Zusammenwirken zwischen biographischer Erfahrung, pädagogisch-therapeutischem Wirken sowie theoretischer Reflexion deutlich geworden sein. Im Interesse einer strukturierten Darstellungsweise habe ich den Fokus der Aufmerksamkeit bisher auf Federns Biographie gelegt und den verschiedenen biographischen Entwicklungsphasen jeweils spezifische theoretische beziehungsweise pädagogische Engagements zugeordnet. Im folgenden Kapitel liegt nun der Akzent der Darstellung auf den unterschiedlichen theoretischen sowie pädagogisch-therapeutischen Beschäftigungen Federns. Insofern sind gewisse Überschneidungen mit den bisherigen Ausführungen unvermeidlich.

3.1 Zur Psychologie der Extremsituation[1]

1946, nach einem Jahr der Erholung, publiziert Ernst Federn in Brüssel die 70seitige Studie »Essay sur la psychologie de la terreur«, die erst 1989(!) auf deutsch in psychosozial (Heft 37) veröffentlicht wurde (Federn 1989b; vgl. auch Kaufhold 1999). Federn unternimmt hierin den Versuch, von Freuds Psychoanalyse ausgehend, eine Psychologie des Terrors zu entwerfen. Gemeinsam mit Bettelheims 1943 publizierter Studie »Individuelles und Massenverhalten in Extremsituationen« (Bd. II) gehört diese Studie zu den Klassikern psychoanalytischer Betrachtungen zu dem Thema einer Psychologie der Extremsituation (vgl. Reich 1993 und 1994a). So beschreibt Federn hierin einen jungen SS-Mann, der 1940, anfangs noch unsicher, wie ein Kind seine Macht erlebte und dann zunehmend zum Terroristen wurde: »Diese Beobachtung erweckte in mir den Gedanken, auch Bestialität und Terror unabhängig von ihrer moralischen Verurteilung sachlich zu betrachten, und ich konzipierte im Kopf während der noch folgenden fünf Lagerjahre die wesentlichen Punkte der vorliegenden Studie« (Federn 1999b, S. 36).

Es erscheint mir als bemerkenswert, daß Ernst Federn trotz seiner furchtbaren Erfahrungen eine vernunftgeprägte Annäherung an den erlebten und erlittenen

Terror beizubehalten vermag. Es gelingt ihm, ein nüchtern-abwägendes Urteil über die nationalsozialistischen Verbrechen zu fällen. Ein Jahr nach seiner Befreiung wendet er sich entschieden dagegen, den nationalsozialistischen Terror als ein nur deutsches Problem zu lesen. Es gelingt ihm, nüchtern, »sachlich« über seine Erfahrungen zu reflektieren. Als Motiv für seine Aufarbeitungsbemühungen bemerkt er:

»Statt dem deutschen Volk zu helfen, die schrecklichen Geistesverwirrungen zu überwinden, in die es die politische Entwicklung gestürzt hatte, begnügte sich die Mehrzahl der Journalisten und Politiker mit der bequemen Erklärung, an dem Hitlergreuel sei es allein schuld und nur die Deutschen wären einer solchen Entwicklung fähig gewesen. (...) Doch bin ich überzeugt, daß letzten Endes Verstand und wahrhaftige Gesinnung sich durchsetzen und meine Erfahrungen, die ich hier niedergeschrieben habe, von Nutzen sein können. Ist doch die menschliche Natur ein dauernder Kampf mit unseren ursprünglichen Trieben, und wie Freud gezeigt hat, muß man ihn wissenschaftlich zu verstehen suchen. (...) Eben weil der Mensch eine besonders bösartige Spezies ist, ist es so wichtig zu erkennen, daß er aber auch die Fähigkeiten besitzt, seine ›Bestialität‹ zu überwinden und die ursprünglichen Triebe zu kulturvollem Tun umzugestalten. Diese Aufgabe wird dem Individuum wesentlich leichter, das von seinen atavistischen Trieben und ihrer Gewalt Kenntnis hat. Daher meine ich, daß es von großem Wert ist, in schrecklichen Geschehnissen nicht bloß blindes Wüten unbekannter Mächte zu sehen, sondern notwendige Folgen von psychischen und sozialen Bedingungen«. (1999b, S. 36f.)

Im Jahre 1948 plant das Rote Kreuz ein internationales Projekt, in dem psychologische Konsequenzen aus dem Zweiten Weltkrieg gezogen werden sollten. Ernst Federn wird um Mitarbeit gebeten und verfaßt eine Studie über seine Gewalterfahrungen. Diese wird in einer englischsprachigen Zeitschrift veröffentlicht – allerdings ohne ihre marxistischen Anteile – und in Federns »Witnessing Psychoanalysis« (1990a, S. 11–19) nachgedruckt.

3.2 Drogensucht und Delinquenz

Mit dieser Thematik eng verknüpft ist Federn Beschäftigung mit dem Thema der Gewalt und der Drogensucht (Federn 1948, 1971b, 1987c, 1989b, 1990a, 1991a, 1997b, 1999a, b, c, d). Während seiner Ausbildung zum Sozialarbeiter sowie seiner anschließenden Tätigkeit als Sozialtherapeut und Supervisor von Personen, die mit kriminellen Jugendlichen sowie Drogenabhängigen arbeiten, profitiert er von den Erkenntnissen Aichhorns sowie seines Vaters und versucht, zumindest Anteile seines kulturellen Erbes auch in dieser völlig veränderten Lebenssituation weiterleben zu lassen (vgl. hierzu auch Federn 1993a und 1993b, 1999, S. 154–170). Im Kontext der ab 1964 »explodierenden« Drogenszene entwickelt er die Konzeption eines sozialtherapeutischen Auffang-Centers, in dem Drogenabhängige zuerst einmal leben können, bevor an eine Behandlung zu denken ist. 1970 – sechs Jahre nach seiner ersten Rückkehr nach Europa – vermag er seine Erfahrungen in seine deutschsprachige Heimat zurückzubringen; er referiert an der Tübinger Universität zur Drogensucht (Federn 1971b, vgl. auch 1990a, S. 31–42 und 1991b). Nachdrücklich weist er auf den politischen Kontext dieser Diskussion hin – solange Drogensucht nur als ein strafrechtlich zu verfolgendes Fehlvergehen behandelt werde, sei eine Bekämpfung der Drogensucht nicht möglich (vgl. Federn 1990, Federn 1999). Sein sozialpsychologisches Resümee lautet:

»In conclusion: Juvenile drug abuse, whether in epidemics or merely widespread, can be properly understood – and solved – only from a vantage point that combines a social, educational and psychiatric view. Any one of these separate points of view standing alone will not suffice. A deeper comprehension of these disturbances could become a fruitful basis for a modern social psychiatry, just as the studies of hysteria about 90 years ago led to modern psychoanalysis«. (1990a, S. 41)

3.3 Zur Geschichte der Psychoanalyse und der Psychoanalytischen Pädagogik

Bekannt wurde Federn vor allem durch die gemeinsam mit Hermann Nunberg herausgegebenen vierbändigen Protokolle von Sigmund Freuds »Mittwochgesellschaft«, durch die er zum Historiker der Psychoanalyse sowie der Psychoanalytischen Pädagogik und der Psychoanalytischen Sozialarbeit wurde. Die »Mittwoch-Gesellschaft« hatte unter der Leitung von Freud wöchentlich, von 1902 bis 1918, getagt, und Freud hatte Paul Federn die Protokolle seinerzeit anläßlich seiner eigenen Emigration nach London als eher symbolischen Dank geschenkt. Paul Federn hatte bereits versucht, die Protokolle in den USA zu publizieren. Dies scheiterte jedoch an Geldmangel. Er übertrug seinem Sohn gemeinsam mit Herman Nunberg testamentarisch alle Rechte an der wissenschaftlichen Aufarbeitung dieser Quellentexte. Dieses väterliche Erbe sollte einen Schwerpunkt der zukünftigen wissenschaftlichen Arbeiten von Ernst und Hilde Federn bilden.

In den folgenden Jahrzehnten arbeitet er gemeinsam mit seiner Frau Hilde jeden Samstag an diesen Protokollen – insgesamt 1600, zum Teil handschriftlich verfaßte, Manuskriptseiten. Er sucht in den USA bei verschiedenen Institutionen Unterstützung; das Interesse ist jedoch recht gering. In Deutschland fragt er bei Alexander Mitscherlich nach. Obwohl die Bereitstellung einer entsprechenden Geldsumme für ein historisch und fachlich so wertvolles Projekt kein Problem gewesen sein dürfte, werden die Studien nicht gefördert. Mitscherlich scheint kein Interesse daran gehabt zu haben.

Mit insgesamt nur 5000 Dollar als Aufwandsentschädigung bringt Ernst Federn zusammen mit Herman Nunberg – der ebenfalls von Wien nach Amerika emigriert war – die Protokolle in vier Bänden heraus. Sie erscheinen von 1962 bis 1975 zuerst in den USA und erst danach, von 1976 bis 1981, auf Deutsch.

Mittels der Protokolle war es unter anderem möglich, die Entstehung wesentlicher psychoanalytischer Theoreme als das Ergebnis eines gemeinsamen Diskussionsprozesses, eines Gruppenprozesses und nicht als die »heldenhafte Tat« eines Einzelnen (Freud) zu rekonstruieren (vgl. Federn 1983a). Eben deshalb ist es zutreffend – Federn hat hierauf immer wieder hingewiesen –, von der Psychoanalyse als einer psychoanalytischen Bewegung zu sprechen. Im Kontext dieser historischen Arbeit ist auch Federns Aufarbeitung des Lebens und Werkes seines Vaters (Federn 1961, 1971a, 1974, 1988c) sowie Sigmund Freuds (Federn 1974, 1983a, 1988a, 1989c, 1990) zu sehen, wie auch die Aufarbeitung von Paul Federns Ich-Psychologie (Federn 1982b, 1984).

3.4 Die Strafrechtsreform: Psychoanalyse im Strafvollzug

Im September 1972 kehren Ernst und Hilde Federn auf Einladung des österreichischen Justizministers Broda wieder nach Wien zurück. Als Konsulent im Strafvollzug soll Federn bei der Strafrechtsreform der sozialistischen Regierung helfen und die Einführung psychoanalytisch-sozialtherapeutischer Arbeitsformen im

Gefängnis leiten. Von 1973–1987 arbeitet er, entsprechend der »Prinzipien der Methode Aichhorns« (Plänkers/Federn 1994, S.211), als Therapeut und Supervisor in zwei Gefängnissen (in Wien-Favoriten und in Stein/Krems). Später arbeitet er zusätzlich als Supervisor in der Männerstrafvollzugsanstalt Stockerau und in der Strafvollzugsanstalt für geistig abnorme Straftäter in Gölleresdorf. Auch an der Reorganisation und Modernisierung der Bewährungshilfe hat Federn wesentlichen Anteil. Erleichtert wird sein Neuanfang in Wien durch seine enge Freundschaft mit Christian Broda.

Ernst Federn

Ernst Federn hat Zugang zu allen Gefangenen und kann mit allen neuen Gefangenen Erstgespräche führen. Prinzip seiner Arbeit ist, mit der Gefängnisbürokratie eng zusammenzuarbeiten. Wenn eine solche Zusammenarbeit nicht funktioniere, sei eine sinnvolle Arbeit überhaupt nicht möglich. Nach seiner Erfahrung können Gefangene im Gefängnis gut therapiert werden, weil sie sich durch den Ausschluß von der Öffentlichkeit besonders intensiv mit sich selbst beschäftigen. Gefangene haben ihm immer wieder versichert, daß eine Stunde Therapie für sie wie eine Stunde der Freiheit sei. Als Grundsatz seiner sozialtherapeutischen Arbeit benennt Federn: »Für mich ist jeder Gefangene – egal was er gemacht hat – ein Mensch mit menschlichen Problemen. Mit diesen Grundsätzen habe ich sehr viel bewirkt« (Plänkers/Federn 1994, S.211).

Das Motiv für seine Arbeit im Strafvollzug ist erneut in seiner Biographie fundiert: Sein Vater war der erste Analytiker, »der praktisch, als Arzt, während des Ersten Weltkrieges, in einem Gefängnis tätig war« (Federn 1987c, S. 390). Federn (1987c, S. 395) fügt hinzu:

»Es waren Bemerkungen und Erzählungen meines Vaters, die mich bereits im Alter von 13 Jahren veranlaßten, mich für die Ursachen kriminellen Verhaltens zu interessieren. Bald darauf die Lektüre von Victor Hugos berühmten Roman ›Die Elenden‹. Mit 18 studierte ich dann Strafrecht und Kriminologie. Ein Jahr Untersuchungshaft und sieben Jahre Konzentrationslager gaben mir ein weiteres Verständnis für die Psychologie des Inhaftierten.«

Federn hat an einer Stelle eine unmittelbare Verknüpfung zwischen seinen Lagererfahrungen sowie seiner Arbeit im Strafvollzug gezogen, insbesondere was den therapeutischen Umgang mit dem Thema der Gewalt betrifft. Er formuliert:

»Ich habe so lange und so intensiv unter Gewalt gelebt, daß ich ohne ungebührlichen Narzißmus behaupten kann, daß ich etwas von ihr verstehe. (...) Ich weiß, wie es ist, Opfer von Gewalt zu sein, weiß aber auch, wie man sich fühlt, wenn man selbst gewalttätig sein will. (...) Auch nach so vielen Jahren sind diese Bilder in mir noch so lebendig. Und sie haben mich gelehrt, daß man bei genauer Introspektion Versuchungen zu häßlichem, gewalttätigem Verhalten auch bei sich selbst finden kann. Es ist daher wichtig, sich selbst zu kennen. Und um sich selbst zu kennen, müssen Sie lernen, Gewalttätigkeit zu verstehen«. (Federn 1999, S. 86)

3.5 Marxismus und Psychoanalyse. Oder: Engagement als Lebensprinzip

Federn war – wie viele andere »links« orientierte Psychoanalytische Pädagogen und Psychoanalytiker - als revolutionärer Sozialist und Trotzkist in Wien verfolgt worden. Sein sozialistisches Engagement hatte er in den USA angesichts der radikal veränderten Lebensverhältnisse nicht fortsetzen können. Nach seiner Rückkehr nach Wien greift er dieses progressive Motiv seiner Jugend erneut auf (Federn 1974, 1976, 1983, 1987b, c, 1989d, 1990a, 1991c, 1993a, b, 1994). In komprimierter Form sind seine Überlegungen in seiner in Bd. II »Freud und die Folgen (1)« des von Eicke herausgegebenen Standardwertes »Die Psychologie des 20. Jahrhunderts« publizierten Studie »Marxismus und Psychoanalyse« (Federn 1976) subsumiert, die der ehemalige österreichische Bundeskanzler Bruno Kreisky – der selbst psychoanalytische Erfahrungen gemacht hatte – Federn gegenüber als den bedeutendsten Beitrag zu diesem Thema bezeichnet hat.

Federn hebt einführend hervor, daß Freud und Marx eine gemeinsame Intention, einen gemeinsamen »revolutionären Gehalt« (Federn 1976, S. 1039) haben: Marx' Postulat, daß »die freie Entwicklung eines jeden die Bedingung für die freie Entwicklung aller ist« korrespondiere mit Freuds »Wo Es war, soll Ich werden«: Federn betont: »Das Gemeinsame in Marxismus und Psychoanalyse ist offenbar« (1976, S. 1038). Weiterhin forderten sowohl der Marxismus als auch die Psychoanalyse unmittelbare Veränderungen im Leben sowohl des Individuums als auch der ganzen Menschheit.

Historisch betrachtet war es Alfred Adler, der am 10. März 1909 in seinem Vortrag »Psychologie des Marxismus« vor der Wiener Psychoanalytischen Vereinigung erstmals Gemeinsamkeiten zwischen diesen beiden Interpretationssystemen betonte. Paul Federn bestätigte Adlers Ausführungen 1922 in einer Rezension in der *Imago*. Bernfeld, Fenichel sowie Reich folgten später dieser Position, wenn auch mit verschiedenen Akzentuierungen. Im folgenden differenziert Ernst Federn zwischen fünf verschiedenen zeitlichen Perioden dieser Diskussion und streicht insbesondere Leo Trotzkis zustimmende Position zur Psychoanalyse hervor. Als Gemeinsamkeiten zwischen Psychoanalyse und Marxismus hebt er hervor:

»Eine gemeinsame geschichtliche Rolle von Psychoanalyse und Marxismus wurde frühzeitig erkannt. Ob angenommen oder abgelehnt, beide erschienen als revolutionäre, eine völlig neue Auffassung des Menschen darstellende, allumfassende Theorien. Marx wie Freud wurden bis zum Ende des Zweiten Weltkrieges von der überwiegenden Mehrheit der herrschenden Gesellschaftsformen und Religionen als subversiv abgelehnt. (...) Beide fanden kaum oder nur sehr schwer Anerkennung an den Universitäten. (...) Für beide änderte sich die Situation mit den politischen Umwälzungen, die als Folge des Zweiten Weltkrieges in der einen oder anderen Form aufgetreten sind. Die Lehren von Marx und Freud wurden nun anerkannt, aber damit oft ihrer revolutionären Qualität beraubt. Die Diskussion über sie konnte aber leichter auf wissenschaftlicher und akademischer Ebene fortgesetzt werden. Die Folge war, daß sie heute auf zwei Ebenen zugleich stattfindet.« (1976, S. 1044)

Federn skizziert die jeweiligen Voraussetzungen von Marxismus und Psychoanalyse und diskutiert mögliche Verknüpfungen zwischen beiden in einer allgemeinen Anthropologie. Er formuliert die Hypothese, »daß Marx untersuchte, was Freud als gegeben annahm, und Freud untersuchte, was Marx noch gar nicht in Frage stellte« (1976, S. 1054f.). Wie immer man zum Marxismus stehen möge:

»Letzten Endes wird aber erst die geschichtliche Entwicklung zeigen, ob Marxismus und Psychoanalyse nur gemeinsam helfen können, die großen Fragen menschlicher Entwicklung zu verstehen, ob sie einander widersprechen oder nebeneinander, jeder für sich, am großen Bau einer Wissenschaft des Menschen ihren Beitrag leisten werden.« (1976, S. 1055)[2]

Es scheint für die Weitsicht und für das (selbst)kritische Niveau von Ernst Federns Werk zu sprechen, daß er seiner 1976 publizierten Studie ein Zitat von Werner Heisenberg vorangestellt hat: »Die Ideen sind nicht verantwortlich für das, was die Menschen aus ihnen machen« (1976, S. 1037).

3.6 Die Psychose – Appell an eine humane Gesellschaft

Neben den bisher aufgeführten Themengebieten soll zum Abschluß auf ein letztes Arbeitsgebiet Federns eingegangen werden, das als originäres Gebiet der Psychoanalytischen Pädagogik verstanden werden könnte: Die Behandlung von psychotischen Patienten, insbesondere von psychotischen Kindern, ist insofern von Relevanz für die Psychoanalytische Pädagogik, als die Schwere der Beeinträchtigung der Objektbeziehungsfähigkeit von psychotischen Kindern eine intensive Kooperation zwischen den verschiedenen Berufsgruppen als unabdingbar erscheinen läßt, die eben mit diesen Kindern zu tun haben. Sigmund Freud selbst war bezüglich der Behandelbarkeit von psychotischen Störungen skeptisch gewesen (GW XI, S. 129, 438 f., 465), hatte diese jedoch nie ausgeschlossen oder untersagt (GW V, S. 116). Paul Federn gehörte zu den ersten Analytikern, die solche Behandlungen durchgeführt haben, und dies zumindest bei fünf Patientinnen mit wohl großem Erfolg. Seine erste Behandlung begann Paul Federn 1905. Diese Behandlungen führte er – ganz im Sinne einer psychoanalytisch fundierten Pädagogik – gemeinsam mit Krankenschwestern und Pflegern durch, unter anderem mit Gertrud Boller-Schwing. Bereits 1929 thematisierte er auf dem 11. Psychoanalytischen Kongreß in Oxford die Frage einer speziellen psychoanalytisch orientierten Ausbildung des Pflegepersonals von Geisteskranken, was hinter den Kulissen zu heftigen Diskussionen führte (Lempp 1984, S. 323). Ernst Federn hat diese Tätigkeit seines Vaters insofern bewußt miterlebt, als dieser gemeinsam mit seiner Frau

Ernst Federn und seine Frau Hilde

Wilma eine schizophrene Patientin vorübergehend in die Hausgemeinschaft aufgenommen hatte.[3]

Nach seiner Rückkehr nach Wien hat Ernst Federn diese Tätigkeit seines Vaters fortgeführt, was sich in seinen zahlreichen Vorträgen auf den Tagungen des »Verein(s) für Psychoanalytische Sozialarbeit Tübingen« widerspiegelt. Die Gründung dieses Vereins im Jahr 1978, des »Frankfurter Arbeitskreis(es) für Psychoanalytische Pädagogik«, der Kommission »Psychoanalytische Pädagogik« der »Deutschen Gesellschaft für Erziehungswissenschaft« (DGfE) 1987 sowie der »Internationalen Arbeitsgruppe zur Geschichte der Psychoanalyse« im Jahr 1987 unterstützte Federn durch Gastvorträge tatkräftig. 1990 veröffentlichte er in der »Psyche« einen Brief »Helft Rußland!«, in dem er sich dafür einsetzte, daß einige Psychoanalytiker für mehrere Jahre nach Rußland gehen, um dort Analytiker auszubilden. Auch an dem Aufbau des »Verbundes für Psychoanalytische Sozialarbeit Berlin und Brandenburg« ab 1992 beteiligte er sich durch Vorträge und Supervisionen.

Diesem sozialtherapeutischem Engagement entspricht überdies die von ihm (sowie seinem Bruder Walter) ermöglichte Neuauflage des Buches seines Vaters über »Ichpsychologie und die Psychosen« (1978). In seinen Beiträgen zur Psychosenbehandlung arbeitet Federn relevante Aspekte des theoriegeschichtlichen und behandlungstechnischen Hintergrundes der Fachdiskussion heraus: Dem Freudschen Todestrieb (Federn 1989a), aber auch der »Macht« der Gegenübertragung (1987a) – der ja sowohl Arzt als auch Pfleger oder pädagogischer Betreuer gleichermaßen ausgesetzt sind – kommt bei der Arbeit mit Psychotikern eine besonders große Bedeutung zu, da sich die Differenzierung zwischen den eigenen Gefühlen und –denen des psychotischen Menschen als sehr schwierig erweist. Schrittweise muß es den Bezugspersonen gelingen, einerseits das übermächtige Unbewußte zurückzudrängen und zugleich die abgespaltenen, fragmentierten Anteile des psychotischen Ichs zusammenzufügen: »Es ist die Aufgabe der Behandlung von psychotischen und anderen schweren Ich-Störungen, dieses Ich wieder zusammenzusetzen. Das Fragmentierte (...) muß man zusammensetzen. (...) Das heißt, man fängt bei der Behandlung der Psychosen da an, wo etwas in irgendeiner Form funktioniert« (Federn 1991a, S.25).

Analytische Deutungen hingegen wirken sich in dieser Arbeit eher kontraproduktiv aus. Es scheint vielmehr so zu sein, daß dem therapeutischen Einsatz der Persönlichkeit der Bezugsperson eine entscheidende Bedeutung zukommt: »Durch die Benützung der Übertragung und Gegenübertragung setzt der Therapeut seine eigene narzißtische Libido gezielt so ein, daß sie der Kranke benützen kann. Mit ihrer Hilfe versucht er den Mangel an Lebenstrieb, an dem er erkrankt ist, also das, was Freud den Todestrieb nannte, zu überwinden«. (Federn 1987a, S.20f.)

Wann beziehungsweise ob eine solche Behandlung überhaupt jemals beendet werden kann, kann vor Behandlungsbeginn kaum eingeschätzt werden: »Wie immer das auch ist, die Aufgabe bleibt es, Ich-Erkrankungen zu betreuen und zu sehen, daß sie besser funktionieren. Ob und wann so eine Arbeit endet, das kann man eben nicht wissen; man weiß ja auch nicht, wann und wo ein Leben endet, und trotzdem tun wir jeden Tag so, als ob es weitergehen würde«. (Federn 1991a, S.28).

Letztlich ist eine Arbeit mit psychisch schwer kranken Patienten nicht so sehr eine medizinische, sondern eine gesellschaftliche Aufgabe – womit der aus Wien nach Amerika vertriebene und 1972 wieder zurückgekehrte psychoanalytische Sozialtherapeut Ernst Federn unmittelbar wieder bei Siegfried Bernfeld und August Aichhorn anknüpft:

»Die Behandlung von ich-gestörten Menschen ist, was wir heute Sozialtherapie nennen. Und als Sozialtherapeuten sind wir als Sozialarbeiter tätig. Sozialtherapie ist die Antwort auf die Behandlung von psychotischen Erkrankungen. Dabei sollten wir auch noch den Begriff ›Therapie‹ weglassen und von ›sozialer Betreuung‹

sprechen. Wir müssen der Gesellschaft sagen (...): Ihr müßt uns für diese soziale Betreuung so und so viel Geld geben, sonst... Die Betreuung von ich-gestörten Menschen ist eine soziale Aufgabe, die eine menschliche Gesellschaft voraussetzt, die sich um den andern kümmert. Also eine Gesellschaft, von der wir hoffen, daß sie einmal kommen wird«. (Federn 1991a, S. 27)

Ernst und Hilde Federn besitzen noch das progressive gesellschaftliche Engagement ihrer Jugend; sie gehören zu den besonderen Menschen, die trotz ihres fortgeschrittenen Alters jung geblieben sind und so ihre reichen Erfahrungen und Kenntnisse an jüngere Generationen weitergeben können.

Wenn wir am Ende dieser biographisch-werktheoretischen Skizze eine persönliche Würdigung von Ernst und Hilde Federns bewegtem und bewegendem Lebensweg, ihrer Persönlichkeit geben dürfen, dann beeindruckt uns tief, mit welcher Kraft und Entschlossenheit, jedoch auch Nüchternheit sie die furchtbarsten Lebenserfahrungen auszuhalten vermochten, ohne an ihnen zu zerbrechen oder sich vom menschlichen Leben abzukehren. Trotz der furchtbaren, verbrecherischen Gewalt, der sie und viele ihrer Freunde ausgesetzt waren, haben sie sich einen wissenschaftlichen, einen human-abwägenden, von tiefer demokratischer Grundüberzeugung geprägten Blick auf die gesellschaftlichen (Gewalt-) Verhältnisse bewahrt. Sie haben eine Lebenskraft, die offensichtlich aus ihrer beschützten und ermutigenden Kindheits- und Lebenswelt erwachsen ist, konstruktiv zu nutzen gewußt und vielen Menschen in tiefster Not geholfen. Wissenschaftliche Initiativen, die an sie herangetragen wurden, haben sie hilfsbereit und großzügig unterstützt. Wir möchten uns gerne Norman Elrod (1987, S. 357) anschließen, der hervorhob: »(...) es ist klar geworden, daß dieser Mann (und wir ergänzen bewußt, auch wenn das grammatikalisch problematisch ist: und diese Frau – das Weitere gilt auch ungeteilt für sie) eine Art der Lebensbewältigung, ja der Vergangenheits-, Gegenwarts- und Zukunftsbewältigung gefunden haben, die ihren guten Charakter erhalten und weitergebildet hat. Wenn ich hier von Charakter spreche, meine ich Ernst Federns Offenheit, seine Interessiertheit, Herzlichkeit, Hilfsbereitschaft, Bescheidenheit und seinen Sinn für Humor.«

Wenn der Psychoanalytiker und Sozialist Ernst Federn auf sein Leben zurückblickt, so scheint mir sein nüchternes, abwägendes Urteil angereichert zu sein mit angemessenem Stolz auf seine Lebensleistungen:

»Zusammenfassend kann ich sagen, daß ich in meinem Leben einiges erreicht habe: Politisch gelang es mir, die belgischen Trotzkisten in die Sozialistische Partei zu bringen. Meine illegale Tätigkeit war zwar erfolgreich, aber blieb ohne jede weitere Folgen. In der Sozialarbeit habe ich sehr erfolgreich gearbeitet, aber erreicht habe ich nichts. Über Terror und Konzentrationslager schrieb ich zwei große Arbeiten. In der Psychoanalyse ist es mir gelungen, die Arbeiten meines Vaters über Ichpsychologie und Psychosentherapie am Leben zu erhalten. Sie werden heute von ungefähr der Hälfte aller Psychoanalytiker anerkannt. Durch die Herausgabe der Protokolle der Wiener Psychoanalytischen Gesellschaft 1906 bis 1918 und einer Reihe daraus resultierender schriftlichen Arbeiten wurde ich zum Begründer einer Geschichte der Psychoanalytischen Bewegung, die vorher nur eine Biographik Freuds war. Schließlich gelang es mir, die Psychoanalyse in den österreichischen Strafvollzug einzubauen. Ein Buch darüber erscheint dieses Jahr. Ich habe über Marxismus und Psychoanalyse zwei Arbeiten publiziert und mit dazu beigetragen, daß die Psychoanalytische Pädagogik wieder zu Leben erweckt wurde. Auch am Aufbau einer psychoanaly-tischen Sozialarbeit hier in Deutschland und in den Vereinigten Staaten habe ich mitgeholfen.«[4]

4 Biographie Rudolf Eksteins

»Als ich sechzehn Jahre alt und Sozialist war, hatte ich einen zionistischen Freund. Wir beide stritten uns unaufhörlich. In einem Schulaufsatz schrieb ich, daß sich weder Zionismus noch Sozialismus in ihrer reinen Form jemals verwirklichen lassen werden. Aber ich fügte hinzu, daß etwas anderes viel wichtiger sei. Wenn man ein anständiger Mensch ist, müsse man eine Utopie haben. Man brauche Zielvorstellungen, auch wenn in der Zeitung nur Schreckensnachrichten stünden. In diesem Sinne bin ich Utopist geblieben. *Alles, was Sie in meinem Haus sehen, sind aufgelesene Bruchstücke von Utopie.*«
Rudolf Ekstein (in: Koelbl 1989, S. 59)

»Peter Blos und ich liebten Wien und litten an Wien (wie Freud). Es war unser Residualtrauma.«
Rudolf Ekstein (1979, S. 1097)

4.1 Kindheit und Jugend

Rudolf Ekstein wurde am 9. Februar 1912 als Kind jüdischer Eltern in Wien geboren. Sein Vater war ein in Wien ansässiger Buchhalter, seine Mutter starb bald nach seiner Geburt. Als sein Vater am 1. Weltkrieg teilnehmen mußte, wurde Rudolf Ekstein der Obhut einer katholischen Frau übergeben, die er als eine sehr liebevolle »Ersatzmutter« in Erinnerung hat (Oberläuter 1975, S. 20). Dennoch wurde ihm früh bewußt, daß er sich wegen seiner jüdischen Herkunft von der Mehrheit seiner Umwelt unterschied. Seine Pflegemutter pflegte ihm gelegentlich zu sagen: »Rudi, a so Schema Bua bisse. Möcht ma gar nett glauben, daß d' a Jud bist« (Pelinka 1992, S. 10).

Ekstein wuchs in der Nußgasse 12 des 9. Bezirks von Wien auf und besuchte die Volks- und die in der Glasergasse gelegene Realschule des 9. Bezirks. Zu seinem 10. Geburtstag bekam er vier Bücher geschenkt, die für ihn von großer Bedeutung gewesen sein müssen: Die »Deutschen Heldensagen« sowie drei Bücher von Jules Verne. In einem dieser Bücher, »20 000 Meilen unter dem Meeresspiegel«, wird ein

Kampf zwischen der Mannschaft und einem Ungeheuer geschildert, in dem einer der Männer in höchster Not nach seiner Mutter rief. Die österreichische Ekstein-Biographin Oberläuter (1985, S. 20) nimmt diese Schilderung als Metapher für die ausgeprägte Sensibilität und das Einfühlungsvermögen des 10jährigen Rudis. Ekstein hat 1971 bestätigt, wie eng seine damaligen kindlichen Phantasien mit seinem späteren Engagement für autistische und psychotische Kinder verknüpft waren: »And it became clear to me that these books were terribly important in my life: I chose heroes who were explorers and scientists who were committed to the service of mankind, who were committed to bringing sick children back to life and back to their mothers, instead of heroes whose commitment was to conquest, to killing, to being killed and to going to Valhalla.« (Oberläuter 1985, S. 21)

Mit elf Jahren erkrankte Rudolf Ekstein an einer Mittelohrentzündung, wodurch ein mehrwöchiger Spitalkrankenhaus notwendig wurde. Er fühlte sich verängstigt und allein gelassen. In einem Aufsatz hat Ekstein die Bedeutung dieser Beeinträchtigung seiner Hörfähigkeit – die ihn sein Leben lang begleiten sollte – verdeutlicht: »Nach einem Krankenhausaufenthalt zu Beginn der Pubertät wurde ich traumatisiert, verlor in der Schule Zeit und mußte die Klasse wiederholen. Ein Mittelschullehrer schlug damals meinem Vater vor, mich aus der Schule herauszunehmen und in die Bürgerschule zu schicken; ich sollte mich nicht mit einer unmöglichen Aufgabe quälen. Mir ist unvergeßlich, wie mein Vater mir über diese Unterredung berichtete. Er entschied sich aber trotz der autoritären Macht des Lehrers dafür, seinem Herzen und seinen Hoffnungen zu glauben, und ließ mich in der Mittelschule. Der Krankenhausaufenthalt, der Verlust des einen Jahres, die Drohung des Lehrers, der Mißerfolg, die endlosen Tage und Wochen voll Angst, die dem folgten, sind sicherlich ein Trauma gewesen. (...) Ich habe dann die Schule fortgesetzt und erinnere mich an meine zwanghaften Gedanken, ich müsse alles tun, um mich gegen die Ungerechtigkeit des Lehrers aufzulehnen und eines Tages ein besserer Lehrer zu werden als die, die mich hatten durchfallen lassen.« (Ekstein 1979, S. 1096)[1]

Sowohl das Vertrauen seines Vaters als auch der Zuspruch, den er von seinem neuen, individualpsychologisch orientierten Lehrer erhielt, war für ihn eine große Hilfe. Die Erfahrung, daß schwierige Aufgaben sich als bewältigbar erweisen, begleitete ihn auf seinem weiteren Lebensweg: Der junge Rudi Ekstein wehrte sich gegen das Gefühl, wegen seiner Erkrankung ungerecht behandelt zu werden und wurde in kurzer Zeit der beste Schüler der Klasse. Er gab schwächeren Kindern Nachhilfe und engagierte sich für benachteiligte, in Schwierigkeiten geratene Kinder. Sein pädagogisches Interesse war geweckt.

Eksteins Berufswunsch stand nun fest: Er wollte ein Lehrer werden – Zeitgleich entstand in ihm noch ein weiteres Engagement, das ihn bis ins hohe Alter nicht mehr verlassen sollte: Er begeisterte sich für die sozialistische Jugendbewegung.

4.2 Jugendbewegung und politischer Widerstand

Bereits als Untermittelschüler engagierte er sich im »Verein Sozialistischer Mittelschüler« (VSM). Das Zusammensein mit Gleichgesinnten sowie die Arbeiterlieder der Ersten Republik bewegten ihn innerlich, formten sein Lebensgefühl. War sein anfängliches Motiv für die Mitarbeit in der sozialistischen Jugendbewegung weniger politischer Natur, so entstand in ihm bald ein Interesse an der Politik. Er erlebte die sozialen Unruhen seiner Jugendzeit mit und identifizierte sich mit der Linken. Er begeisterte sich für die neuen Ideen, die Jugendbewegung, die sozialistische Forderung nach einer Verknüpfung von Bildung und politischem Kampf. Das Kämpferische, die Betonung der sozialen Verantwortung sowie die *sozialen Utopien* befriedigten seine Suche nach Sinn und boten dem als Einzelkind aufgewachsenem Jungen eine zweite Heimat (Oberläuter 1985, S. 29).

Zum Judentum hingegen hatte Ekstein, aus einem assimilierten jüdischen Elternhaus stammend, eher eine abstrakte Beziehung: Er hatte in der Schule zwar jüdischen Religionsunterricht, auch hatte sein Vater als kleiner Junge im Tempel im Chor gesungen. Innerhalb seiner Jugendgruppen kümmerte er sich jedoch nicht um die Religion seiner Freunde: »Die meisten von uns jungen Leuten waren damals zwar nicht atheistisch. Aber die Kirche oder die Synagoge hatten keine Bedeutung mehr. Wir hatten neue Ideen, aber haben sie nicht vergöttert. Selbst unser Rabbiner im Religionsunterricht hat uns eigentlich nur Ethik beibringen wollen«. (in: Koelbl 1989, S. 58)

Als 17jähriger schrieb er eine Matura-Arbeit über »Soziale Probleme bei den Propheten«, in der er eine marxistische Erklärung des Wirkens der Propheten zu geben versuchte.

Angesichts der anwachsenden gesellschaftlichen Widersprüche und sozialen Auseinandersetzungen wurde er politisch zunehmend bewußter, radikaler: »Da hat es Rote und Schwarze gegeben und dann hat es Braune gegeben und in der Atmosphäre ging ich in die Mittelschule und in der Atmosphäre ging ich dann zur Universität« (Scholz-Strasser 1992, S. 1).[2] Die Maifeiern, die Fackelfeiern sowie das Internationale Jugendtreffen mit 50000 Teilnehmern bewegten ihn tief.

Ekstein engagierte sich bei den »Roten Falken« und wurde dort bald »Gruppenführer«. Außerdem leitete er Gruppen der »Kinderfreunde« – denen übrigens damals auch Ernst Federn angehört hat. Auch nach seinem Eintritt in die Universität im Jahre 1930 setzte er seine Arbeit bei den Roten Falken aktiv fort, studierte nicht nur an der Universität, sondern auch in Arbeiterbildungsvereinen sowie an der Volkshochschule in Ottakring. Weiterhin wurde er Mitglied des Verbandes Sozialistischer Studenten und der Selbstschutzgruppe »Akademische Legion« (Oberläuter 1985, S. 31, Ekstein 1992, S. 124). Innerhalb der Sozialdemokratischen Arbeiterpartei (SDAP) gehörte er dem linken Flügel an. Geprägt wurde er insbesondere vom Austromarxisten Max Adler sowie durch Edgar Zilsel, Rudolf Carnap, Friedrich Waismann, Josef Schächter und Otto Neurath, den »Philosophen und Soziologen der Linken« (Ekstein 1992, S. 124). Außerdem gehörte er dem Kreis um Ernst Fischer an, der sog. »Linksopposition« innerhalb der Partei. Seine eigene Entwicklung hin zu einer zunehmenden Politisierung und Radikalisierung beschreibt er mit den Worten: »Wir sind langsam linker und linker geworden. (...) Was zuerst politische Unterschiede waren, ist dann politischer Streit und Kampf geworden« (Oberläuter 1985, S. 32).

Ekstein hat in seinen zahlreichen Vorträgen sowie bei privaten Begegnungen, die ich mit ihm seit 1988 hatte, sehr anschaulich die prekäre, widersprüchliche Studiensituation in seinen Wiener Studienjahren beschrieben, die durch das Erstarken des Nationalsozialismus, jedoch auch durch die konservativen bis nationalistischen Tendenzen unter Studenten geprägt wurde. Es war ein permanentes Lernen im Widerspruch, in der Polarität, der Bedrohung. Seine ersten ernüchternden Eindrücke von der Universität beschreibt Ekstein so: Er ging mit seinem Vater zu einem Berufsberater, welcher ihm, sofern er weiterhin bei seinem Vater wohnen könne, zu einem Universitätsstudium riet – arbeitslos sei er danach angesichts der vorherrschenden Verhältnisse sowieso. Ekstein fährt fort:

»Eine dramatische und tragische Art, Freiheit und Trostlosigkeit zu gleicher Zeit zu erwerben. Ich durfte also an die Universität gehen. So kommt nun das Inskribieren und ich suche mit Hilfe der Berater der Sozialistischen Studenten verschiedene Kurse zu inskribieren. In der Aula, nie vergessen, kommt ein deutscher

Student auf mich zu, preußisch sprach er und nicht wienerisch, und fragt mich: ›Was wollen Sie eigentlich studieren?‹ Ich sagte, ich würde Philosophie studieren und auch Psychologie. Er fragt mich: ›Sind Sie ein Kantianer?‹ Ich kam aus der Nußgasse, nichts von Kant gehört, hatte keine Idee, wovon er sprach. Achselzukkend schlägt er die Hacken zusammen, marschiert weg. Das war eine Atmosphäre, so verschieden von den Tagen der Jugendbewegung, der Schubert-Realschule, wo es nun einander bekämpfende Studentengruppen, verschiedene Philosophien, eine Art Freiheit des Studiums gibt, wo man lernen kann, was man will oder auch Vorlesungen schwänzen kann, wo es keine Einheit gibt, kein klares Ziel.« (1992, S. 123 f.)

Nach den Februarkämpfen des Jahres 1934, dem Verbot der Arbeiterpartei sowie der Kinderfreunde trat der 22jährige Intellektuelle aus Protest gegen die zögerlich-unentschlossene Haltung der Mehrheitssozialdemokraten gegenüber der erkennbaren faschistischen Gefahr dem Kommunistischen Jugendverband (KJV) bei, der in der Illegalität operierte. »Man hat mit der Phantasie gelebt, man müßte siegen und dann die andere Partei vernichten. (...) Wir glaubten an volle Macht« (Oberläuter 1985, S. 25), beschrieb Ekstein 50 Jahre später die damalige gesellschaftliche Situation.

Ekstein hatte einen Kreis von circa 20 gleichgesinnten jungen Leuten um sich versammelt und war für die Erstellung von Flugblättern und die theoretische Schulung der Mitglieder zuständig. Weihnachten 1935 organisierte er im Haus eines Taubstummen-Vereins ein Camp für die Roten Falken, wo er Vorträge über die »Grundlagen des Marxismus« hielt. Im Kontext der politischen Unterdrückung nahm Rudolf Ekstein an illegalen Wehrübungen im Wienerwald teil. Ekstein nahm zum Selbstschutz einen neuen Namen an: Von politischen Freunden wurde er nur noch »Wickerl« genannt.

Wie sehr der Nationalismus die Atmosphäre seiner Studienjahre prägte, ihn – wegen seines ihm zugeschriebenen Judentums sowie seines sozialistischen Engagements – mit sehr konkreten existentiellen Bedrohungen konfrontierte, jedoch zugleich auch sein emotionales und politisches Bewußtsein schärfte, hebt Ekstein in einer weiteren Schilderung hervor: »Ich erinnere mich noch an die Zeit, da ich zum Beispiel im Hörsaal 38 eine zweistündige Vorlesung höre, daß man plötzlich während dieser Vorlesung von draußen brüllende Studenten hören kann, nationalistische Studenten, die riefen: ›Juden hinaus, Juden hinaus.‹ Ich entsinne mich genau des Zwiespalts in mir. Nicht nur die Angst vor der Prügelei, auch der Wunsch zu lernen war da. Ich habe plötzlich den Gedanken, daß diese Burschen ja nicht in den Hörsaal eindringen werden, was auch der Fall war, daß ich da fast noch eine ganze Stunde zuhören und lernen kann, bis ich hinaus ins feindliche Leben muß, demonstrieren muß – die damalige soziale Situation in Wien. Trotz der Majorität der Studenten gab es den österreichischen und später den deutschen Faschismus, obwohl viele von uns in der sozialistischen Bewegung blieben und auch zurückhauen wollten. Wie ich mich doch jener Zeit erinnere, wo wir selbst zur Rampe kamen gegen die nationalistischen Studenten und es den Deutschnationalen, den Vorläufern der Hitlerjungen zeigen wollten. Wir standen auf der Rampe, drinnen waren die nationalistischen Studenten mit den Prügeln, vor uns auf der Ringstraße die Polizei. So hat man halt damals Philosophie und Psychologie studiert.« (Ekstein 1992, S. 126)

Nach einer anfänglich optimistischen Phase wurde Ekstein die Gefährdung Österreichs zunehmend bewußter: »Es war Leuten wie mir ziemlich klar, daß wir gegen eine Verlustsituation ankämpften. Aber man hat ja nicht aufgeben können, nicht?« (Oberläuter 1985, S. 33). Und: »Damals lebten wir schon in einer Zeit, in der man nicht recht wußte, wie lange man noch in Österreich leben kann, bis man flüchten muß. Werde ich mit dem Doktorat fertig werden?« (Ekstein 1992, S. 127). Ekstein wurde wegen seiner politischen Aktivitäten mehrere Male inhaftiert und verbrachte einige Wochen im Gefängnis.

4.3 Das erwachende Interesse an der Psychoanalytischen Pädagogik und der Jugendbewegung

Rudolf Ekstein hatte bereits als 14- oder 15jähriger von seinem Onkel Otto Ekstein einige Bücher von Freud geschenkt bekommen (Scholz-Strasser 1992, S. 2). An der Universität studierte er einerseits die »offizielle« Psychologie, die vor allem von Karl und Charlotte Bühler geprägte »Wiener Psychologische Schule«. Andererseits befand er sich, primär angeregt durch Siegfried Bernfelds »Sisyphos oder die Grenzen der Erziehung«[3], seit 1935 bzw. Oktober/November 1937 bei Eduard Kronengold in psychoanalytischer Ausbildung. Sein Aufnahmegespräch wurde von Anna Freud, Willi Hoffer – einem Freund und Mitarbeiter Bernfelds – sowie einem/einer dritten Analytiker/in geleitet:

»Willi Hoffer (...) fragt mich: ›Was bringt Sie hierher?‹ und ich sage: ›ich habe Bernfelds Buch gelesen, Sisyphos oder die Grenzen der Erziehung‹ und er sagt mir: ›treten Sie bei‹. Wir beginnen ich weiß nicht, morgen, nächste Woche. Erst später habe ich langsam herausgefunden, daß das einmal sein bester Freund war, und komm natürlich auf das Buch, das die zusammen geschrieben haben, Kinderheim Baumgarten. Also vom Sisyphos zum Kinderheim Baumgarten. Plötzlich war ich drin. Was aber merkwürdig war, daß der Übergang einer war von ›Ändere die Gesellschaft‹ zu einem neuen Standpunkt, ›Du kannst keine Gesellschaft ändern, wenn Du Dich nicht selbst änderst‹. Dann begann der Kampf.« (Scholz-Strasser 1992, S. 4)

Ekstein besuchte Kurse für Psychoanalytische Pädagogik in der Berggasse Nr. 7. Mit dieser Verbindung von »offizieller« universitärer Psychologie und »dissidenter« Psychoanalyse befand sich Ekstein nicht allein: Oberläuter (1985, S. 49) nennt Paul Schilder, Oswald Schwarz, Heinz Hartmann, Friedrich Hacker, Elsa Frenkel, Käthe Wolf, Ernst Kris und René Spitz als weitere Studenten in analytischer Ausbildung.

Im Rahmen seiner analytischen Ausbildung arbeitete Ekstein unter Aufsicht eines Analytikers gelegentlich mit Kindern. Auch über 50 Jahre später berichtet Ekstein noch mit großer Begeisterung von seinen damaligen psychoanalytischen Ausbildern, unter anderm A. Freud, M. Mahler, E. und R. Sterba sowie R. und J. Waelder.

Von nachdrücklichem Interesse waren für ihn weiterhin philosophische Fragestellungen. Unter dem Einfluß seines Hochschullehrers Moritz Schlick sowie von Rudolf Carnap und Otto Neurath begeisterte er sich für das philosophische Suchen und Fragen. Sein Interesse galt der Philosophie Wittgensteins. Jahrzehnte später sollte Ekstein dieses Interesse in seinen Schriften erneut aufgreifen (vgl. Ekstein 1978a, 1989).

Ekstein promovierte 1936 mit dem Thema »Zur Philosophie der Psychologie« und machte am 6.3.1937 sein Rigorosum. Er wollte diese Dissertation ursprünglich bei seinem verehrten Hochschullehrer Moritz Schlick einreichen, der jedoch am 22.6.1936 auf den Stufen der Universität das Opfer eines durch Eifersucht motivierten Attentats wurde. Ekstein ließ sich deshalb bei Karl Bühler sowie Reiniger prüfen. Bühler, mit dem – sowie dessen Frau Charlotte Bühler – ihn Jahrzehnte später in den USA eine Freundschaft verbinden sollte, soll ihm im Rigorosum die Frage gestellt haben: »Was haben wir gegen die Psychoanalyse einzuwenden?« (Oberläuter 1985, S. 50).

Rudolf Ekstein, jung

Ekstein beschäftigte sich Anfang der 30er Jahre kurzzeitig mit Alfred Adlers Individualpsychologie, wandte sich nach einer persönlichen, wenig glücklich verlaufenen Begegnung mit Adler jedoch von dieser ab. Sein leidenschaftliches Interesse galt fortan der Freudschen Psychoanalyse.

Eksteins Begeisterung sowohl für die Psychoanalyse als auch für den Marxismus (»Die Zeit damals war eine absolut revolutionäre Zeit in dem Sinn, daß man die Analyse erlebt hat als die psychoanalytische Bewegung« [Scholz-Strasser 1992, S. 6]; »Die psychoanalytische Bewegung empfanden wir als wahrhaft revolutionäre Bewegung. Als eine Revolution ohne Gewalt, ohne Maschinengewehre, ohne Tanks, ohne Terror, als eine geistige Revolution« [Ekstein 1989, S.40]) sollte weitreichende Konsequenzen, auch persönliche Enttäuschungen mit sich bringen: Er interessierte sich sehr für eine Synthese psychoanalytischer und marxistischer Ideen und publizierte in den beiden monatlichen Organen der illegalen Roten Falken Aufsätze über Sexualität. So erschien beispielsweise 1937 sein von Wilhelm Reichs Gedankengut beeinflußter Aufsatz »Sexualpolitik des Faschismus«, in dem Ekstein schrieb: »Sexuell glückliche Menschen, sexuell befreite Menschen, Menschen ohne ungesunde Selbstvorwürfe für natürliches Verlangen können nicht Faschisten sein. Jetzt wird es verständlich, warum die befreite Frau immer in der ersten Reihe der Revolution steht. (...) Nur Menschen mit gesunder Moral, die schon in dieser Welt glücklich sein wollen, haben genügend Kräfte frei für den revolutionären Kampf.« (Ekstein 1937, vgl. auch Oberläuter 1985, S.35)

Diese Bemühungen um eine Synthese marxistischer und psychoanalytischer Ideen stieß auf Unverständnis und führte zum Ausschluß Rudolf Eksteins aus dem KJV. In der Zeitung der »werktätigen Jugend« wurde zu seinem Ausschluß von einer »Entlarvung eines Trotzkisten« gesprochen, der »Zersetzungsarbeit innerhalb der Kinderbewegung« geleistet habe (Oberläuter 1985, S.35). Das Erleben dieser engstirnigen ideologischen Streitigkeiten, der inneren Zersplitterung bei gleichzeitiger Leugnung der realen äußeren Gefahr, dürfte zu Rudolf Eksteins späterem Bemühen um Zusammenarbeit, um konstruktive Kritik und politische Liberalität maßgeblich mitgewirkt haben. Ekstein erlebte diesen Ausschluß als »ein merkwürdiges Schicksal, daß man mehr von den eigenen (Leuten) rausgeschmissen wird, als von den anderen« (Oberläuter 1985, S.37).

4.4 Emigration und Neuanfang

Rudolf Ekstein mußte aus drei Gründen emigrieren: »als Jude, als Sozialist und als Psychoanalytiker« (Oberläuter 1985, S.59). Er erkannte, daß sich für ihn in Österreich weder eine politische noch eine persönlich-berufliche Zukunft bot. Nachdem er Ende Juli 1938 bei einem illegalen Treffen in der Berggasse 20 festgenommen und in einem Gefängnis inhaftiert worden war, beschloß er gleich nach seiner Freilassung, unverzüglich über Deutschland und Belgien nach England zu emigrieren: »Da er durch die Analytiker Freunde hatte, die in England für ihn Geld deponiert hatten, gestaltete sich seine Ausreise ganz ›normal‹, d.h. er hatte einen Paß, mit dem er legal ausreisen konnte« (Oberläuter 1985, S. 59).

Diese Emigration vollzog er nur unter Schuldgefühlen: Er erwog, sich noch von einigen Freunden zu verabschieden, unterließ dies wegen der damit verbundenen zeitlichen Verzögerung jedoch. Am nächsten Morgen erschien die Gestapo bei seiner Mutter, um ihn abzuholen. Er wäre vermutlich unverzüglich in ein Konzentrationslager gekommen, wie viele andere seiner Familienangehörigen und Freunde.

Auf seinem letzten Spaziergang mit seinem Lehrer August Aichhorn erzählte ihm dieser von einem Traum: »Er habe geträumt, auch Jude zu sein, und wäre glücklich darüber gewesen, fliehen zu können, da er so die Freuds wiedersehen könne« (Oberläuter 1985, S. 58).

Und 1992 erinnert er sich so an die damalige Begegnung mit Aichhorn: »Sagt mir: ›Wissen Sie, ich möcht so gern ein Jud' sein. Wenn ich ein Jud' wär, dann könnt ich auch wegfahren und dann könnt ich Freud wiedersehen. Sagen Sie dem Professor Freud und der Anna Freud meine besten Wünsche« (Scholz-Strasser 1992, S. 14).[4] Dieser Traum stellte für den jungen Rudolf Ekstein eine Ermutigung dar, nahm er ihm doch einen Teil der Angst vor dem Neuen und den Schmerz wegen der Vertreibung.

Er bereitete sich auf die Emigration vor und lernte mit gleichgesinnten Freunden intensiv Englisch. Ekstein nahm zwei Koffer voller Bücher mit in die Emigration, darunter elf Bände der »Zeitschrift für Psychoanalytische Pädagogik«, Bernfelds »Sisyphos« und Thomas Manns »kleines, aber unvergeßliches Büchlein« (Ekstein 1973a, S. 37) »Über den kommenden Sieg der Demokratie«.

Er hat diese Bücher bis heute aufbewahrt und zeigt sie voller Stolz seinen zahlreichen (europäischen) Besuchern. Diese Bücher, der geistige Besitz seiner ersten Heimat, sind ein Symbol seines Widerstandes, seiner inneren Ungebrochenheit und psychischen Kontinuität:

»Als es mir im Sommer 1938 gelang zu flüchten und ein neues Leben im Ausland zu beginnen, war ich voller Angst und Wut. Aller Widerstand war vergebens gewesen. Der Kampf gegen den Faschismus, seit 1934 sogenannter illegaler Widerstand, war verloren. Ich mußte weg, aber nicht nur als Jude, sondern auch als Illegaler, als Widerstandskämpfer. Ich war ein junger Mann und versprach mir, ich würde nie wieder zurückkommen, ich würde nie wieder Deutsch sprechen. Deutsch war für mich die Sprache der Unterdrücker, der Hakenkreuzler«, (Ekstein

1987, S. 472) erinnerte sich Ekstein 1987 auf dem österreichischen Kongreß »Vertriebene Vernunft« seiner ambivalenten Gefühle kurz nach seiner erzwungenen Emigration.

Ekstein lebte einige Monate in England, wo er Anna Freud traf: Am 27. Oktober 1938 hielt sie einen Vortrag für Lehrer (Ekstein 1982, S. 11). Dieses Wiedersehen war ihm so wichtig, daß er die Eintrittskarte bis heute aufbewahrt hat. 22 Jahre später, am 22. Dezember 1960, hob er in einem Brief an Anna Freud noch einmal hervor, wie bedeutsam für ihn wie auch für einige weitere emigrierte Psychoanalytische Pädagogen dieses damalige Wiedertreffen gewesen sei, »(...) wie gestärkt wir uns alle nach dem Debakel in Österreich fühlten, als wir kamen, um Sie anzuhören« (in: Young-Bruehl 1995, S. 48). Wie wertvoll ihm seine noch aus seiner Wiener Studienzeit erwachsene Beziehung zu der 20 Jahre älteren Anna Freud war, mag auch in dem Umstand zum Ausdruck kommen, daß er mit ihr – wie auch mit vielen anderen emigrierten Kollegen – von den USA aus einen regelmäßigen Briefkontakt aufrecht erhielt. So zeigte er mir bei einem Besuch in Los Angeles zumindest elf an ihn gerichtete Briefe Anna Freuds aus dem Zeitraum von 1952 bis 1971, in denen ihr kontinuierliches wechselseitiges Interesse an sie verbindenden psychoanalytisch-pädagogischen Themen erkennbar wird.[5]

Nach einem Zwischenaufenthalt in England im Dezember 1938 fuhr Ekstein per Boot nach Amerika, wo er am 22. Dezember ankam (Ekstein 1989, S. 33). Er ließ sich in New York nieder. Durch Vermittlung einer Flüchtlingshilfeorganisation bekam er bei New Hampshire sogleich eine Stelle als Lehrer. Wenige Wochen nach seiner Ankunft veröffentlichte er seinen ersten englischsprachigen Aufsatz, in dem sich sein ungebrochenes pädagogisch-politisches Interesse sowie seine Hoffnung auf das demokratische Amerika widerspiegelt: »A refugee Teacher Looks on Democratic and Fascist Education«. Er beginnt mit den Worten:

»So sehr wir uns auch bemühten, in meinem kleinen Land in Mitteleuropa den Faschismus zu verhindern und die Demokratie wiederherzustellen – wir hatten keinen Erfolg. Es mag daher abwegig erscheinen, wenn ein Flüchtling nach dem Untergang der Freiheit in Österreich über demokratische und faschistische Erziehung in Amerika schreibt, dieser Hochburg der persönlichen Freiheit und der Hoffnung der gesamten fortschrittlichen Welt. Wir wenigen Glücklichen aus einer unüberschaubaren Anzahl von Flüchtlingen und Gefangenen müssen unser Versagen eingestehen. Es ist uns nicht gelungen, in unserer Heimat die Kultur, die

Glaubensfreiheit, die Freiheit der politischen Meinung (...) zu verteidigen (...)«. (1994e, S. 138)

Ekstein analysiert für den amerikanischen Leser den antidemokratischen und manipulativen Charakter der nationalsozialistischen Erziehung und erinnert bereits 1939 (!) an die Existenz von Konzentrationslagern. Er hebt die gezielte, staatlich gesteuerte Förderung aggressiver Neigungen sowie die Manipulation des Gewissens hervor: Die Schüler »dürfen es nicht wagen, unabhängige Einzelpersönlichkeiten zu sein (...) Man lehrt sie Helden zu sein, aber nur auf Befehl« (Ekstein 1994e, S. 142). Ekstein analysiert das »Führerprinzip«, die Kontrolle der Familien durch die Aushorchung von Kindern sowie die gezielte Heranbildung aggressiver Bestrebungen, die gegen einen vermeintlichen »Feind« im Ausland und anschließend gegen einen »Feind« im Inneren gerichtet werden: »Die aggressiven Emotionen der unzufriedenen Jugend werden gegen hilflose nationale und religiöse Minderheiten gelenkt – die vielleicht verabscheuungswürdigste Tat der Faschisten« (S. 143). Das Hauptziel sei eine Infantilisierung einer ganzen Bevölkerung, um sie so beliebig steuern zu können. Ekstein beendet seinen ersten englischsprachigen Beitrag mit den Worten: »Ich bin sehr glücklich darüber, an einer amerikanischen Schule zu arbeiten, und ich bin besonders froh darüber, daß diese Schule ein Interesse an fortschrittlicher Erziehung hat und die Errungenschaften der Wissenschaft dazu nutzt, das rechte Ziel zu erreichen. Ich werde mein Bestes geben, um den Weg der Demokratie zu gehen. Und ich habe, trotz aller dunklen Wolken, die im Augenblick über Europa und dem fernen Osten stehen, doch noch die Hoffnung, daß der Weg, den Amerika heute bereits beschreitet, morgen der Weg der ganzen Welt sein wird. Meine Hoffnung ist Amerika!«

Wenn Rudolf Ekstein in seiner neuen Heimat, den USA, auch rasch Fuß zu fassen, als Lehrer zu arbeiten sowie seine psychoanalytische Ausbildung fortzusetzen vermochte, so sollte die Erinnerung an seinen erfolgreichen Neuanfang nicht vergessen lassen, daß Ekstein durch den Nationalsozialismus auch persönlich einen schlimmen Verlust erlitten hat: Nahezu seine gesamte Familie wurde von den Nazis umgebracht. »Die einzige Person, die ich retten konnte, war mein Vater. Mein Onkel und seine katholische Frau sind in Wien krank und ohne Verpflegung zugrunde gegangen. Alle anderen mir bekannten Verwandten – mit Ausnahme von zwei älteren Damen, die ich noch getroffen habe – sind umgekommen. Ich weiß nicht, wo.« (in: Koelbl 1989, S. 57)

Eineinhalb Jahre nach seiner Ankunft in den USA ging Ekstein nach Boston und begann an der Social Work School eine Ausbildung als Sozialarbeiter. Er schloß diese Ausbildung 1941 mit dem Titel »Master's degree of Social Service« ab. In Boston und Cambridge arbeitete er als »group-worker« und als »case-worker« und beendete bei dem ebenfalls aus Wien vertriebenem Psychoanalytiker Eduard Hitschmann seine Lehranalyse. Er arbeitete in einer privaten Praxis sowie als Forschungsassistent an der Harvard University. Sein fortdauerndes Interesse an einer Verknüpfung von pädagogischer und psychoanalytischer Tätigkeit fand Ausdruck in seiner Beschäftigung mit Fragen der Ausbildung und der Supervision. 1958 faßte er seine Forschungsergebnisse in dem zusammen mit R. Wallerstein herausgegebenen Buch »The teaching and learning of Psychotherapy« zusammen.

Auch privat verlief Eksteins neues Leben in Amerika recht glücklich: Es gelang ihm noch rechtzeitig, seinen Vater nach Amerika zu holen. Am 23. Mai 1942 heiratete er seine in Amerika aufgewachsene Frau Ruth.

5 Berufliche Stationen Eksteins

5.1 Menninger Foundation: Praxis, Ausbildung und Forschung (1947–1958)

Eksteins besonderes Interesse galt – ganz im Sinne von Freuds »Junktim von Heilen und Forschen« – einer Verknüpfung von klinischer Tätigkeit mit wissenschaftlicher Forschung und Ausbildung. Als Karl Menninger 1947 mit der Bitte an ihn herantrat, an dem Forschungsinstitut der Menninger Foundation zu arbeiten, nahm Ekstein, inzwischen zweifacher Vater, dieses Angebot an. Die Menninger Foundation bot zahlreichen emigrierten Psychoanalytikern eine Arbeitsmöglichkeit an und wurde hierdurch zu einem weltweit geschätzten Zentrum der Psychoanalyse.[1]

Ekstein arbeitete als Therapeut, Lehranalytiker und Supervisor. Er wurde Dozent für klinische Psychologie und Psychiatrie sowie einige Jahre später Direktor der der Menninger Foundation angeschlossenen Southard School. Diese Tätigkeit sollte seine weitere wissenschaftliche und berufliche Arbeit maßgeblich prägen: Er arbeitete mit psychotischen und sog. »Grenzfallkindern« und entwickelte hieraus ein eigenständiges Forschungsprojekt. In seinen wissenschaftlichen Publikationen wirkte sich dies im Sinne einer Neuakzentuierung seines Arbeitsgebietes aus: Während er sich in seinen bisherigen Publikationen primär mit philosophischen und theoretischen Fragen beschäftigt hatte, publizierte er nun, häufig gemeinsam mit Kollegen seines Instituts, eine nahezu unüberschaubare Fülle klinischer Fallbeschreibungen und analytischer Deutungsversuche. Sein außergewöhnliches Einfühlungsvermögen in die innere Welt schwerkranker Kinder sowie seine Aufgeschlossenheit für unkonventionelle Herangehensweisen wurde bereits erkennbar. Seine erste diesbezügliche Fallbeschreibung – sie handelte von der Behandlung eines »Raumkindes«– sollte er später auch in deutschsprachigen Veröffentlichungen mehrfach aufgreifen. Seine vielleicht wichtigste Erkenntnis lautete:

»Unserer Erfahrung nach führt die Arbeit des Therapeuten und des teilnehmenden Teams dann am ehesten zum Ziel, wenn sie engagiert und der Forschung verpflichtet sind. Wie früher schon oft erwähnt, ist die Arbeit mit solchen Kindern jedoch viel eher Suche als Forschung – ›more search than research‹ –, und die einzelnen Teams, die diese kleinen Forschungsprojekte durchführen, haben oft nicht die Kraft und die Zeit, Brücken zueinander zu bauen, um miteinander über ihre Arbeit zu sprechen.« (Ekstein/Nelson 1981b, S. 336f.)[2]

Von daher sei es die Aufgabe des Therapeuten und Forschers, »uns den Weg vom wissenschaftlichen Narzißmus zum wissenschaftlichen Dialog zu weisen« (Ekstein/Nelson 1981b, S. 337).

Als Rudolf Ekstein zehn Jahre später, am 31. Oktober 1957, seine Tätigkeit an der Menninger Foundation beendete, war dies auch für eine breitere Öffentlichkeit ein Ereignis: »Ekstein to Leave Menningers Soon« titelte die lokale Tageszeitung.

5.2 Reiss-Davis Klinik: Psychotherapie mit autistisch-psychotischen Kindern (1958–1978)

1957 siedelte der inzwischen 45jährige gemeinsam mit seiner Familie aus persönlichen Gründen an die Westküste Amerikas, nach Los Angeles, über, wo er auch heute noch lebt. Am *Reiss-Davis Child Study Center* vermochte er seine bisherige klinische und wissenschaftliche Tätigkeit fortzusetzen und auszubauen. Ekstein initiierte bereits im Winter 1957 ein Forschungsprojekt zur Arbeit mit autistischen und psychotischen Kindern und Jugendlichen und gab ab 1964 das »Reiss-Davis Clinic Bulletin« heraus. In dieser Forschungszeitschrift, die zweimal jährlich erschien, publizierte Ekstein eine beinahe unüberschaubare Anzahl von klinischen Forschungsberichten und Buchrezensionen.[3]

Ab 1961 bot das *Reiss-Davis Child Study Center* in Zusammenarbeit mit dem Psychoanalytischen Institut von Los Angeles Kurse für Lehrer an. Im Zentrum standen Fragen der Entwicklung und Interaktion »normaler« Kinder sowie die Reflexion des professionellen Selbstverständnisses, der Identität von Lehrern. 1964 arbeitete Ekstein das auf drei Jahre angelegte Programm eines Master-Curriculum für Lehrer aus. Einen wesentlichen Aspekt dieses Lehrganges bildete die Selbsterfahrung. Die Bedeutung dieses Projektes kann angesichts der Geringschätzung des pädagogischen Sektors sowie des ausgeprägten Pragmatismus in den USA nicht hoch genug eingeschätzt werden.

Im Zentrum von Eksteins Interesse stand jedoch die Arbeit mit psychotischen und Grenzfallkindern. So initiierte er im Winter 1957 ein Forschungsseminar über kindliche Psychosen und ab 1960 ein »Project on Child Psychosis«. In den Jahren von 1962 bis 1968 ist ein auffallendes Ansteigen von Eksteins Publikationen zu beobachten, wobei die Hälfte seiner Veröffentlichungen sich auf das Kinderpsychoseprojekt beziehen (Oberläuter 1985, S. 84). In diesem Kontext verglich er seinen eigenen Ansatz der individuellen Psychotherapie mit den Arbeiten von Mahler, Spitz, Bettelheim und A. Freud. Die wichtigsten seiner diesbezüglichen Arbeiten – sowie die seiner zahlreichen Mitarbeiter – sind in seinen englischsprachigen Büchern »Children of Time and Space, of Action and Impulse« (1966) sowie »The Challenge: Despair and Hope in the Conquest of Inner Space« (1971c), in dem 1973 erschienenen deutschsprachigen Buch »Grenzfallkinder«, in drei in der *Psyche* (Ekstein 1975a, 1979 und Ekstein/Nelson 1981b) veröffentlichten Behandlungsberichten sowie in Wiesse (1994) publiziert. Seine Berichte zeichnen sich durch ein beeindruckendes Ausmaß von Einfühlungsvermögen, Kreativität sowie Phantasie aus. Ekstein fordert vom Pädagogen und Therapeuten den Mut, sich konsequent auf die innere Realität von »Grenzfallkindern« einzulassen, zwischen der Welt der Primär– sowie der Sekundärprozesse hin- und herzupendeln, um »neue Pfade zu finden, um in das *Wunderland der schizophrenen Krankheit* eindringen zu können« (Ekstein 1975a, S. 447; Hervorhebung R. K.). Seine durch Takt und Weitsichtigkeit geprägte Grundannahme bzgl. der Behandlung solcher Kinder sowie der Ausbildung von Analytikern formuliert Ekstein so:

»Unabhängig davon, wieviel Jahre Erfahrung jeder von uns mit der Behandlung von psychotischen und Grenzfallkindern besitzt, wieviel Beiträge er zu diesem Spezialgebiet geleistet hat, wir müssen zugeben, wenn wir Psychotherapeuten für die Arbeit mit diesen Kindern ausbilden, daß wir alle kaum mehr als Anfänger sind. Unsere Arbeit besteht aus Versuch und Irrtum. Jeder Fall stellt für uns ein wissenschaftliches Experiment dar, und jede Situation ist für uns so neu, daß wir nur sehr wenig von dem, was wir in anderen Behandlungen gelernt haben, auf sie übertragen können.« (Ekstein 1973, S. 272 f.)

Diese Arbeit mit »Grenzfallkindern« rief in ihm die Erinnerung an seinen geliebten Philosophieprofessor Moritz Schlick wach, nach dem es die Aufgabe des Philosophen sei, immer wieder neue Fragen zu stellen und diesen einen Sinn zu verleihen. Ekstein empfiehlt eine Verknüpfung von Wissenschaft und Philosophie: der »schöpferische Wissenschaftler« (Ekstein 1979, Seite 1079) müsse zeitweise das »Nicht-glauben-Wollen aufgeben« (1979, S. 1078), um die psychische Realität des traumatisierten Kindes respektieren und so schrittweise verstehen zu können.

In diesen Zeitraum fiel auch die Wiederannäherung an seine früheren Wiener Lehrer Karl und Charlotte Bühler, die inzwischen zu seinem Bekanntenkreis gehörten. Von besonderem Interesse war für Ekstein eine Reflexion der Beziehung zwischen Bühlers »Sprachtheorie« und der psychoanalytischen Sprachtheorie. Gemeinsam mit Karl bzw. Charlotte Bühler publizierte er einige Studien (Ekstein 1966b, Ekstein/Bühler 1973e).

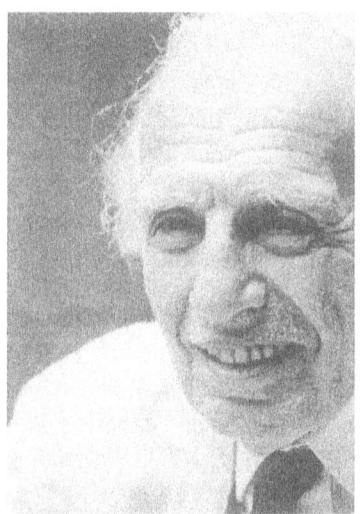

Rudolf Ekstein 1992

Das Jahr 1976 stellte für Rudolf Ekstein einen schmerzhaften Einschnitt in seine bisherige professionelle Entwicklung dar: Das von ihm aufgebaute Psychoseprojekt sowie das Forschungsbulletin wurden aus finanziellen Gründen eingestellt. In seinem Briefwechsel mit Bruno Bettelheim (vgl. Kaufhold 1994a) hat Rudolf Ekstein seinen durch institutionelle und ökonomische Eingriffe ausgelösten Trauerprozeß beschrieben: Zu einer Zeit, in der man in den USA auf rasche Lösungen von Schwierigkeiten, auf billige Kurztherapien setzte, war das Interesse für solche langfristig angelegten Behandlungs- und Forschungsprozesse, für ein Zusammenwirken von Behandlung, Ausbildung und Forschung, gering. Oberläuter merkt hierzu an:
»Aus finanziellen Gründen und weil die Geldgeber die Relevanz des Projektes nicht verstanden, wurde das so hoffnungsvolle Unternehmen, dessen Gründer und

Zentralfigur Ekstein gewesen war, nicht mehr weitergeführt. Es klingt eine gewisse Bitterkeit heraus, wenn Ekstein darüber sagt: ›Das ist erledigt. Kein Geld, kein Interesse (...), das ist vorbei‹. ›I worked for twenty years in a clinic. One night afternoon the Board got together, the clinic was dissolved and I was out of job. No money – precipitous change. Twenty years of work down the drain.‹« (Oberläuter 1985, S. 89)

Rudolf Ekstein ließ sich anschließend als Psychoanalytiker in einer privaten Praxis nieder – eine Tätigkeit, die er bis heute fortführt. Mit einem gewissen Ton von Resignation wies er mir gegenüber darauf hin, daß er in dieser privaten Praxis doppelt soviel Geld verdient wie an der Klinik. Die gesellschaftlich gesetzten »Grenzen der Psychoanalyse« wurden ihm erneut schmerzhaft bewußt.

5.3 Biographische und fachliche Kontinuitäten psychoanalytischer Pädagogik: Von Wien über Topeka und Los Angeles zurück nach Wien

Nach meiner Einschätzung gibt es keinen emigrierten deutschsprachigen Pädagogen beziehungsweise Psychoanalytiker, der in vergleichbar konsequenter, zeitlich und thematisch kontinuierlicher Weise wie Rudolf Ekstein die durch den Nationalsozialismus nahezu zerstörte Tradition der Psychoanalytischen Pädagogik im amerikanischen Exil fortgeführt hat – soweit die durch den »Medicozentrismus« (Paul Parin) bestimmten Verhältnisse in den USA dies zuließen. Dies betrifft sowohl die Anzahl seiner Publikationen, die explizit das Zusammenwirken zwischen Pädagogik und Psychoanalyse behandeln, als auch sein Bemühen um eine kontinuierliche Zusammenarbeit mit gleichgesinnten europäischen Emigranten und Amerikanern. Immer wieder hat es Ekstein in den letzten 60 Jahren vermocht, ein engagiertes, interdisziplinär arbeitendes Team von Psychoanalytikern, Pädagogen und Sozialarbeitern um sich zu versammeln, um insbesondere für psychisch schwer beeinträchtigte Kinder und Jugendliche ein breitgefächertes Förder- und Behandlungsangebot zu kreieren. Es ist mehr als naheliegend, diese Bemühungen Eksteins als eine Form der biographischen Wiederaneignung und Verarbeitung seines in seiner Wiener Jugend geprägten Interesses an der Pädagogik, der Soziologie sowie der Psychoanalytischen Pädagogik zu verstehen. Wie außergewöhnlich dieses Bemühen war und ist kann wohl nur angemessen eingeschätzt werden, wenn man sich die von der europäischen Tradition abweichenden Verhältnisse im amerikanischen Bildungssystem vergegenwärtigt. Schulische Erziehung

ist dort dominierend pragmatisch und an der Verwertbarkeit des Erlernten orientiert. Ekstein und Federn haben diese Diskrepanz in ihren Schriften nachdrücklich herausgestrichen (Federn 1993a, b, S. 76f, Plänkers/Federn 1994, S. 198–209). So betont Federn beispielsweise:
»Der Amerikaner wird nicht erzogen. Der Amerikaner ist ›being brought up‹ (...) Das heißt, der europäische Begriff des Erziehens von Pestalozzi von der Aufklärung, das Gymnasium zum Erziehen zu einem höheren Zweck, das die europäische Mittelklasse beherrscht hat, gibt es in Amerika nicht; es ist völlig fremd.« (in: Oberläuter 1985, S. 95)

Um einen Eindruck von der wissenschaftlich-pädagogischen Produktivität Eksteins zu vermitteln möchte ich in einer Fallstudie eine Auswahl seiner Veröffentlichungen skizzieren, die dieser vor allem in dem von ihm mit herausgegebenem »The Reiss-Davis Clinic Bulletin« veröffentlicht hat.

Wie geschildert wurde Eksteins erste Veröffentlichung in den USA bereits einige Monate nach seiner Emigration publiziert: sein Vergleich zwischen einer demokratischen sowie einer faschistischen Erziehung (Ekstein 1939/1994e). Ab 1951 rezensierte er regelmäßig die neuesten Ausgaben der Zeitschrift *The Psychoanalytic Study of the Child*; eine auch heute noch erscheinende psychoanalytische Zeitschrift, die man nach Ekstein/Motto (1963, S. 218, vgl. auch Ekstein 1973a, S. 40f.) und Federn (1973a, S. 76, Plänkers/Federn 1994, S. 192; vgl. auch Oberläuter 1985, S. 91, Füchtner 1978, S. 194, Körner 1980, S. 772) als den amerikanischen Nachfolger der *Zeitschrift für psychoanalytische Pädagogik* betrachten kann. 1956 erschienen Eksteins erste beiden deutschsprachigen Publikationen: ein Beitrag über den Einfluß Freuds auf die amerikanische Psychiatrie (Ekstein 1956a) sowie eine Fallstudie über ein psychotisches Kind (1956b). Ein Jahr später rezensierte Ekstein das Buch »Clinical Papers and Essays on Psychoanalysis« des Berliner Psychoanalytikers und engen Freud-Weggefährten Karl Abraham (1957). 1960 erschien Eksteins »erste Arbeit über Erziehung« (Oberläuter 1985, S. 90), in der er – gemeinsam mit seinem engen Kollegen Rocco L. Motto – die Schwierigkeiten beschreibt, die ein psychotisches Kind in der Schulsituation verursacht. Dieses Thema sollte einen zukünftigen Schwerpunkt seiner pädagogisch-psychoanalytischen Forschungen bilden. 1961 rezensierte Ekstein (1961b) Erik H. Eriksons Buch »Identity and the Life Cycle« (dt.: »Identität und Lebenszyklus«), eine wegweisende und vielfach zitierte psychoanalytische Studie über die Identitätsentwicklung insbesondere von Kindern und Jugendlichen. Bettelheim diente sie als zentrales Grundlagenwerk für sein Verständnis der Identitätsentwicklung (bzw. der gescheiterten Identitätsentwicklung) autistischer Kinder (Bd. I).[4] Im gleichen Jahr erschien Eksteins wichtiger Aufsatz »The Boundary Line Between Education and Psychotherapy«, mit dem er auch sprachlich unmittelbar an Bernfelds »Sisyphos« anknüpfte. Das Verhältnis zwischen Psychoanalyse und Erziehung sollte einen Schwerpunkt seiner weiteren Forschungen bilden (vgl. Oberläuter 1985, S. 90–97, 217–237).

Dementsprechend verfaßte Ekstein ein Jahr später (1962) eine Einleitung zu einem Beitrag Bernfelds, den dieser 1952, kurz vor seinem Tod, gehalten hatte.[5] 1963 schließlich publizierte Ekstein in der *Praxis der Kinderpsychologie und Kinderpsychiatrie* den Beitrag »Psychoanalyse und Erziehung – Vergangenheit und Zukunft«, den man durchaus als *die Wiedergeburt der Psychoanalytischen Pädagogik im deutschsprachigen Raum* bezeichnen darf!

Welche Bedeutung diesem Beitrag aus historischer Sicht zukommt, möchte ich etwas ausführlicher anhand seiner Rezeptionsgeschichte verdeutlichen. Hierbei knüpfe ich unmittelbar an die Rezeptionsgeschichte der Psychoanalytischen Pädagogik an, wie sie hierzulande seit Ende der 60er Jahre in mehreren Aufsätzen sowie Sammelbänden stattgefunden hat.

Der in der *Psyche* publizierte Aufsatz von Hans Füchtner (1978): »Psychoanalytische Pädagogik. Über das Verschwinden einer Wissenschaft und die Folgen« sowie die heftige, sachlich vielleicht etwas irreführende Replik von Bittner/Ertle (1979) bildete aus historischer Sicht einen Ausgangspunkt für die Wiederbelebung der Psychoanalytischen Pädagogik. Wohl waren im deutschsprachigen Raum zuvor einige Sammelbände zur Geschichte der Psychoanalytischen Pädagogik publiziert worden (Bittner 1972, Rehm 1968, Bernfeld 1969/71, Cremerius 1971, Ammon 1973, Meng 1973, Fürstenau 1974), jedoch scheint es zu keinem breiteren öffentlichen Austausch hierüber gekommen zu sein. Einleitend knüpft Füchtner unmittelbar an Rudolf Eksteins frühe Studien (Ekstein/Motto 1963a sowie Ekstein/Motto 1969) an:

»Keine Psychologie hat uns soviel über das Kind gelehrt wie die Psychoanalyse. Die Annahme, es müßte folglich auch heute so etwas wie eine psychoanalytische Pädagogik geben, ist naheliegend, aber leider falsch. (...) Zweifellos hat es einmal eine Psychoanalytische Pädagogik gegeben, aber es gibt keine mehr (...)«. (Füchtner 1978, S. 193),

Wenn Füchtner in der Folge auch nicht mehr Eksteins Studie explizit diskutiert, so korrespondieren seine Ausführungen doch sehr weitgehend mit Eksteins Positionen: etwa bei der Diskussion, welche Bedeutung der Vertreibung durch den Faschismus für das »Verschwinden« der Psychoanalytischen Pädagogik zukommen mag (S. 195); der Eruierung der theoretischen »Mißverständnisse und übersteigerten Hoffnungen« (S. 196), die innerhalb der ersten, euphorischen Reformphase der Psychoanalytischen Pädagogik angelegt waren; der explizit gesellschaftskritischen Definition (S. 200, 202f., 204) der »Psychoanalytischen Pädagogik als fortschrittlichste(m) Zweig der Psychoanalytischen Bewegung« (S. 197–199); schließlich bei der Kritik einer primär lernzielorientierten Pädagogik, die den Beziehungsaspekt des Lernprozesses sowie die »psychischen Bedürfnisse der Beteiligten« (Füchtner 1978, S. 208, Leber 1972, 1985, Leber/Trescher/Weiss-Zimmer 1989, Leber/Gerspach 1996) vernachlässigt.

Zwei Jahre später erschien ebenfalls in der *Psyche* der Beitrag »Über das Verhältnis von Psychoanalyse und Pädagogik« von Körner (1980), der wohl als eine Fortschreibung des Beitrages von Füchtner zu verstehen ist, wenn auch mit einer stärker »konservativen« Grundtendenz. Körner zeichnet die verschiedenen Phasen der Psychoanalytischen Pädagogik nach und bezieht sich hierbei ebenfalls mehrfach auf Eksteins Studie (S. 772f.). Ausdrücklich genannt wird Eksteins Forderung, in einer dritten, zukünftigen Phase der Psychoanalytischen Pädagogik die »Zusammenarbeit zwischen Lehrer und Psychoanalytiker mehr zur Ausarbeitung von positiven Lehrtechniken als bloß zur Verhütung von geistigen Krankheitsrisiken oder zur Förderung einer guten geistigen Gesundheit« zu stärken (Ekstein/Motto 1963, S. 222).

Der in New York sowie Jerusalem tätige Psychoanalytiker Martin Wangh (1995) bezieht sich in seinem auf dem Hamburger Kongreß »Daß Auschwitz nicht noch einmal sei...« gehaltenen Beitrag »›Heilen und Erziehen‹ im post-holocaust Kontext«, in dem er das Zusammenwirken von Psychoanalyse und Erziehung bei der pädagogischen Vermittlung und »Aufarbeitung« des Holocaust thematisiert, ebenfalls explizit auf Ekstein, Bettelheim, Aichhorn, A. Freud, Bernfeld, und Erikson und bemerkt: »Die ersten Psychoanalytiker, die über Erziehung schrieben, kamen alle aus der Pädagogik« (S. 177). Wangh zitiert mehrfach zustimmend Ekstein/Mottos frühe Studien (1963, 1969) und hebt die Förderung der (kindlichen) Neugierde, des Entdeckungsdranges unter schützenden Lebensbedingungen als vorrangige pädagogische sowie psychoanalytische Aufgabe hervor.

Nach diesem historisch-thematischem Exkurs möchte ich in der Dokumentation von Eksteins Schriften zur Psychoanalytischen Pädagogik fortfahren. 1966(a) publizierte Ekstein eine ausführliche biographisch-werktheoretische Studie zu Siegfried Bernfeld, mit der er erneut unmittelbar an die ihn prägende Wiener Zeit anknüpfte.[6] Auch diese Studie wird in der einschlägigen Bernfeld-Literatur immer wieder als Grundlagenquelle zur Aufarbeitung von Bernfelds breitgefächertem Werk und Leben genannt. In den folgenden Jahren erschienen mehrere Schwerpunkthefte des »Reiss-Davis Clinic Bulletin«, die explizit das Thema »Psychoanalysis and Education« wählten. In der Einleitung zum Heft 1/1967 von Ekstein/Motto (1967a) wird die Bedeutung einer »open society« (S. 2), einer »free and open society« (S. 3) als Voraussetzung jeglicher Psychoanalytischer Pädagogik hervorgehoben. Ekstein/Motto betonen die historische Kontinuität ihrer Bemühungen:

»This issue of the Bulletin is the fourth dedicated to psychoanalysis and education. Like the other in the series, it is designed to strengthen and to continue building that living bridge between education and psychoanalysis. It is directed to psychoanalysts, educators and to professional workers in related fields.« (S. 3)

Sie stellen ihr Postgraduiertenprogramm für bereits ausgebildete Lehrer vor, das hierzulande eine Entsprechung bei dem unter anderem von Ernst Federn unterstützten Frankfurter Arbeitskreis für Psychoanalytische Pädagogik gefunden hat. Die Kontinuität zu Eksteins Wiener Zeit kommt auch darin zum Ausdruck, daß dieses Heft der ein Jahr zuvor verstorbenen Lili E. Peller (1896–1966) gewidmet ist. Peller, ebenfalls vor den Nazis in die USA emigriert und am Chicagoer *Institute for Early Childhood Education* tätig, hatte in Wien bei Bühler Psychologie studiert und seinerzeit Kontakt zu Bernfeld, Nunberg, Anna Freud, Eitington, Paul Federn und Jekels (Ekstein 1967a, S. 7) gehabt. Sie hatte mehrere Aufsätze in der *Zeitschrift für psychoanalytische Pädagogik* veröffentlicht[7] und wird von Ekstein als eine Pionierin der Psychoanalytischen Pädagogik bezeichnet. Ekstein gibt in seinem Nachruf eine Erinnerung von Anna Freud an Peller wieder, die seiner eigenen Einschätzung entspricht:

»The first meetings of my colleagues and myself with Lili Peller were most exciting ones. This was in Vienna, in the 1930's, i.e., when we were intent on forging links between psychoanalysis and education. At that time Lili Peller had already built up a model nursery school which combined the best elements of the Montessori method with the application of the most important principles of psychoanalytic child-psychology (...)«. (in Ekstein 1967b, S. 6)[8]

Weiterhin wird in diesem Themenschwerpunktheft als posthumer Beitrag die Studie »Psychoanalysis and Public Education« von Peller (1967) dokumentiert sowie auch ein Beitrag von Hill (1967), »Further Thoughts on the Unconscios Mind in Teaching«.

1968(a) schrieb Ekstein einen Nachruf auf seinen Wiener Lehrer Willi Hoffer sowie, auf der Basis seiner eigenen Arbeit mit psychotischen Kindern, eine Rezension zu Bettelheims Autismus-Studie »Die Geburt des Selbst« (Ekstein 1968); ein Jahr später (1969a) skizzierte er in der Einleitung zu dem von ihm (sowie S.W. Friedman) herausgegebenem Themenschwerpunktheft »The Project on Childhood Psychosis« des Reiss-Davis-Clinic Bulletin Bettelheims (sowie Mahlers) Psychosekonzeptionen und verglich diese mit seinen eigenen klinischen Erfahrungen aus dem Zeitraum von 1964 bis 1969. Seine Identifikation mit Bettelheim, den er Anfang oder Mitte der 50er Jahre erstmals getroffen hatte, wird deutlich:

»This year's report is dedicated to another pioneer in our field. Bruno Bettelheim, whose unbelievable energy, whose dynamic leadership, whose passionate dedication to his work, whose constant contributions to the literature make it difficult to believe that he is celebrating with us his sixty-fifth birthday. As I once suggested to him, his Orthogenic School is not an empty but a full fortress, ready to defend and to attack in the interest of his patients.« (Ekstein 1969d, S. 58f.)

Im gleichen Jahr rezensierte er unter dem beziehungsreichen Titel »The Full Fortress« (1969a) sehr wohlwollend und ausführlich Bettelheims Kibbutz-Studie, die in Israel eine gewisse Verärgerung hervorgerufen hatte.

Ekstein publizierte mehrere deutsch- und englischsprachige Studien über seine Arbeit mit psychotischen Kindern (1969b, c, d, e, g, h). Diese psychoanalytisch-pädagogische Tätigkeit war zwischenzeitlich zu seinem Forschungsschwerpunkt geworden. Ebenfalls 1969 erschien Eksteins gemeinsam mit R.L. Motto herausgegebene Studie »From Learning for love to love of learning«, die man als einen »Klassiker« der Psychoanalytischen Pädagogik bezeichnen kann (vgl. S.Becker 1993, 1994). Dieser Sammelband wurde nicht ins Deutsche übersetzt, weshalb er hierzulande nahezu unbemerkt geblieben ist. Die Hälfte der Beiträge stammen von Ekstein selbst, zum Teil gemeinsam mit Motto verfaßt, weiterhin enthält er Beiträge von Bettelheim, Fritz Redl, Edith Buxbaum, Lili Peller und Maria Piers.

In den Jahren von 1970 bis 1974 führte Ekstein seine Studien zur kindlichen Schizophrenie fort, etwa durch die Rezension (1970a) des Buches »Sammy« von

Mc Dougall/S. Lebovici, welches der Kinderanalytiker Jochen Stork hierzulande in den fachlichen Diskurs eingeführt hat, sowie durch seinen Sammelband »Grenzfallkinder« (Ekstein 1973). Ekstein verlor hierbei jedoch auch die sozial- und gesellschaftskritische Diskussion in Europa nicht aus dem Auge, wie sie vor allem Alexander Mitscherlich angeregt hatte. So verfaßte er ein Vorwort zu Mitscherlichs »Society Without the Father« (dt.: »Die vaterlose Gesellschaft«) (Ekstein 1972, vgl. auch 1971a, 1975c), in dem er die Bedeutung einer Wertediskussion betont.[9] 1973 erschienen auf Deutsch zwei längere Beiträge Eksteins, in denen er, von seinem großen Vorbild Siegfried Bernfeld ausgehend, diese gesellschaftskritische Diskussion auch in den USA fortführte.

Da der Persönlichkeit sowie dem breitgefächerten Gesamtwerk Bernfelds eine zentrale Bedeutung für die Entstehung und gesellschaftspolitische Akzentuierung der Psychoanalytischen Pädagogik zukommt, möchte ich diese Studien Eksteins hier ausführlicher skizzieren.

5.4 Ekstein und Siegfried Bernfeld. Psychoanalyse, Pädagogik und Gesellschaftskritik

Siegfried Bernfeld, dessen »überragende Fähigkeiten als Redner und Lehrer« Sigmund Freud so sehr beeindruckten, daß er ihn in einem Gutachten »als den vielleicht schärfsten Intellekt unter seinen Schülern und Anhängern« bezeichnete (Ekstein 1962, passim Dahmer 1979, S. 52 f.), wird in der Literatur immer wieder als die führende, inspirierende Persönlichkeit unter den jüngeren Analytikern und Psychoanalytischen Pädagogen Wiens und Berlins bezeichnet. Sein »Sisyphos« (1925)[10] gilt bis heute in kleinen, interessierten Kreisen als gesellschaftskritisches »Kultbuch«; wie auch sein »Kindergarten Baumgarten« (1920/21), dieser »erste Versuch, psychoanalytische Grundsätze auf die Erziehung anzuwenden« (A. Freud 1968, S. 7), als wegweisendes pädagogisches Experiment eingeschätzt wird. Auch Ernst Federn, welcher Bernfeld bereits als Jugendlicher gut kannte, ist bis heute sehr beeindruckt von Bernfelds Ausstrahlung und Kreativität.[11]

»Wiederentdeckt« worden ist Bernfeld bekanntlich im Zusammenhang mit der 68er Studentenbewegung, zuerst in Form von Raubdrucken; später dann, von 1969 bis 1971, gaben Lutz von Werder und Reinhart Wolff (1969/1970) drei Bände ausgewählter Schriften Bernfelds unter dem zeitgebundenen Titel »Antiautoritäre Erziehung und Psychoanalyse« heraus, die 1974 als Taschenbuchausgabe wiederaufgelegt wurden. 1981 schließlich erschienen seine gemeinsam mit seiner Frau Suzanne Cassirer Bernfeld ab Mitte der 40er Jahre in den USA erstellten biographischen Freud-Studien auf Deutsch in einer von Ilse Grubrich-Simitis eingeleiteten und herausgegebenen Übersetzung.

Auch Rudolf Ekstein ist – worauf er in seinen Schriften und Vorträgen immer wieder nachdrücklich hingewiesen hat –, zutiefst durch Bernfelds Persönlichkeit sowie dessen pädagogisch-psychoanalytische und politisch-soziologische Studien geprägt worden. Bernfeld ist zeitlebens sein wohl überzeugendstes und inspirierendstes Vorbild geblieben, dem er – auch noch im amerikanischen Exil und Jahre vor Bernfelds »Wiederentdeckung« durch die 68er Studentenbewegung – nachzueifern trachtete.[12] Ekstein hat mehrere Publikationen zu Bernfeld veröffentlicht[13] und auch in seinen sonstigen Studien immer wieder auf Bernfeld verwiesen. Der zeitgeschichtliche Wert seiner Bernfeld-Studien mag darin zum Ausdruck kommen, daß auf sie von den einschlägigen Bernfeld-Biographen immer wieder verwiesen wird (Fallend/Reichmayr 1992, S. 16, 182, 256, 290; Grubrich-Simitis 1971, S. 11–13, 22f., 25; Dahmer 1989, S. 52f.; vgl. auch Richter 1995, S. 25, 86).[14]

Ich möchte in diesem sowie dem folgenden Unterkapitel zwei Aufsätze von Ekstein vorstellen, die er Anfang der 70er Jahre veröffentlicht hat. In ihnen entfaltet Ekstein, von Bernfeld ausgehend, wesentliche Grundzüge und Grunderkenntnisse der Psychoanalytischen Pädagogik. Beide Studien sind in Gisela Ammons lesenswertem Sammelband »Psychoanalytische Pädagogik« (1973) erschienen.[15] Den Beitrag »Der Einfluß der Psychoanalyse auf Erziehung und Unterricht« (Ekstein 1973a) hielt Ekstein am 15. Juni 1970 in der Sigmund-Freud-Gesellschaft in Wien; er bildete den Beginn seiner regen Vortragstätigkeit in Österreich und Deutschland. In dichter Form zeichnet Ekstein einführend seinen Zugang zur psychoanalytischen Pädagogik nach, der als repräsentativ für die Entstehung und Ver faltet er in überzeugender Weise wesentliche Grundzüge der Psychoanalytischen Pädagogik.

Er erinnert an Anna und Sigmund Freuds Beiträge zur Psychoanalytischen Pädagogik (S. Freud 1932) sowie an die »Geschichte des pädagogischen Interesse(s) der Psychoanalyse« (1973a, S. 38): In der ersten euphorischen Phase der Psychoanalytischen Pädagogik (bis circa 1930) wurde zwar noch kein »ernster Versuch unternommen (...), das Therapeutische und das Erzieherische auseinanderzuhalten« (S. 38); vielmehr wurden im Kontext der damals vor allem von Bernfeld sowie der Jugendbewegung insgesamt entfalteten pädagogisch-gesellschaftlichen Reformbewegung, der Kritik an der herrschenden pädagogischen Praxis und gesellschaftlichen Realität, die erregend neuen psychoanalytischen Erkenntnisse insgesamt als »eine neue Schule der Pädagogik« (S. 38) verstanden. Hochmotivierte Erzieher, die aus der pädagogischen Praxis kamen, entdeckten für sich die Psychoanalyse, modifizierten sie in die Kindertherapie. Diesen Entwicklungsprozeß hin zur Kindertherapie als primäre Ausformung einer psychoanalytischen Pädagogik interpretiert Ekstein folgerichtig nicht als eine vorrangig aus fachlichen Erwägungen heraus gezogene Schlußfolgerung, sondern als das »gesellschaftliche Produkt« der damaligen »sozialen Situation« (S. 39): »Die Gesellschaftsordnung in Zentraleuropa hatte sich verändert. Die Hoffnungen der jungen Republik nach dem Umsturz sind bald das Opfer verworrener Zeiten geworden. *Die Insel, die sich am längsten gehalten hat, war die therapeutische Anwendung der Analyse*« (S. 39, Hervorhebung R. K.).

An dieser Stelle nun führt Ekstein Siegfried Bernfeld ein, dessen »Sisyphos oder die Grenzen der Erziehung« »damals einen großen Eindruck auf viele suchende, junge intellektuelle Menschen gemacht hat, und der für eine Generation von jungen Lehrern zielsetzend wurde« (1973a, S. 39).

Bernfeld hatte im Jahre 1925 anhand der mythischen, kämpferisch-unbeugsamen, von den Göttern jedoch immer wieder bestraften Gestalt des Sisyphos dem Pädagogen die doppelten Grenzen seiner pädagogischen Bemühungen deutlich gemacht: »Bernfeld spricht davon, daß der Erzieher gegen zwei Grenzen der Erziehung ankämpfen muß, die kaum zu meistern sind. Da ist nun die Grenze der Gesellschaftsordnung, die es dem Erzieher unmöglich macht, sein Ziel zu erreichen. Dann spricht Bernfeld über die zweite Grenze, das Unbewußte des Kindes, ein Hindernis, das der Erzieher nicht überwinden kann. Es ist, als ob der Erzieher gegen zwei Feinde ankämpfen müsse: die ungünstige Ordnung oder gar Unordnung der Gesellschaft und die Hindernisse des Unbewußten im Kinderleben.« (Ekstein 1973a, S. 39)

Nach der Zerschlagung der Psychoanalytischen Pädagogik durch den Faschismus habe es im Kontext der weitestgehend medizinisch – und nicht zum Beispiel pädagogisch – orientierten Ausprägung der Psychoanalyse in den USA von circa 1945 bis 1965 eine zweite, therapeutische Phase der Psychoanalytischen Pädagogik gegeben. In dieser zweiten amerikanischen Phase wurden Psychoanalyse und Erziehung als isolierte Einheiten betrachtet. Erst »in den letzten Jahren haben wir uns wieder darum bemüht, die Psychoanalyse mit Erziehung in Verbindung zu bringen« (1973a, S. 41). Ekstein betrachtet die Psychoanalyse heute als eine Grundwissenschaft der psychischen Entwicklung und Organisation, die es dem Erzieher ermöglicht, sein Handeln zu professionalisieren. Ziel sei eine »Synthese« (S. 42), eine »Brücke« (ebd.) zwischen diesen beiden Disziplinen. Der Pädagoge solle sich durch die Kinderanalyse sowie die Lehranalyse in seinem Handeln professionalisieren. Ekstein betont rückblickend:

»Ich bin natürlich noch immer überzeugt, daß viele der Probleme, die wir mit Kindern haben, über die Erziehungsmöglichkeiten hinausgehen, daß sie nicht mehr wirklich Lösungen durch Lehrer und Eltern erlauben und daß andere Maßnahmen, fürsorgerisch oder therapeutisch oder politisch, unternommen werden müssen. Und ich halte natürlich nach wie vor an der Idee fest, daß es wünschenswert wäre, wenn viele Erzieher, so viele als möglich, die Berufserzieher, Lehrer geworden sind, sich auch einer persönlichen Analyse unterziehen, damit sie vollen Kontakt mit sich selbst und mit dem Kind, dem Jugendlichen erreichen können.« (S. 42f.)

Ekstein hebt hervor, daß die Psychoanalytische Pädagogik nicht nur Impulse für das »kranke«, lernbehinderte, sondern vor allem auch für das »normale« Kind liefern könne, indem sie die psychischen Voraussetzungen für Lernprozesse – beim Kind wie beim Erwachsenen – erforscht. Er veranschaulicht in der Folge (S. 44–55) in Anlehnung an Erikson und Anna Freud die Grundlagen dieser Entwicklungs und Lernprozesse, durch die ein passives durch ein aktives Lernen und eigentätiges Erforschen ersetzt werde.

Zusammenfassend kann mit Ekstein und Bernfeld festgehalten werden: Pädagogik kann nur gelingen, wenn sie eine Analyse der sozialen Realität mit einem Verständnis unbewußter Motive verknüpfe. Hierdurch werde die Identität des Lehrers gestärkt und sein pädagogisches Handeln entsprechend professioneller. Ekstein erinnert abschließend noch einmal an die anfänglich heftige Kritik an der erzieherischen und gesellschaftlichen Realität durch die »frühe« Psychoanalytische Pädagogik. Gemäß seiner Fähigkeit, eine gebotene Kritik auch immer wieder mit einer kreativen Neuinterpretation zu verknüpfen, interpretiert Ekstein Bernfelds Sisyphos dahingehend, daß die von Bernfeld aufgezeigten pädagogischen sowie gesellschaftlichen Grenzen der Erziehung vom Pädagogen nicht nur »negativ« im Sinne einer Unmöglichkeit, eines »Scheiterns« interpretiert, sondern als Chance für einen kreativen Neuanfang verstanden werden können:

»Ich hoffe später ausführen zu können, daß Bernfelds Pessimismus[16] eben dazu geführt hat, zu übersehen, daß Grenzen nicht nur Hindernisse sind, sondern auch dazu dienen, im Menschen die Fähigkeit zu erzeugen, innerhalb von Grenzen, mit Grenzen und durch Grenzen zu leben und zu wachsen. Grenzen sind nicht nur Hindernisse, über die man nicht springen kann, sondern müssen als innere Organisatoren angesehen werden, die das Wachsen ermöglichen. Bernfeld hofft immer wieder, daß die Anwendung der psychoanalytischen Grundprinzipien einmal in einer idealen Gesellschaft möglich sein wird.« (1973a, S. 40)

Ekstein führt an dieser Stelle erneut eine handlungssteuernde Dimension ein – die Frage, welche Bedeutung dem »Glauben« an eine bessere Gesellschaftsordnung, der Kraft der Utopie generell zukommen mag. Ekstein zitiert aus Bernfelds »Sisyphos« und fügt dann ergänzend hinzu, daß Bernfeld uns sagt (1925):

»In solch idealer Gesellschaft ist dann aber vielleicht völlig gleichgültig, wie die Kinder aufwachsen, sie werden durch Identifikation auf alle Fälle Gerechte. Es ist kein Ausweg aus den Ambivalenzen und Zweifeln. Der Wissenschaftler schämt sich ihrer nicht; er übertreibt sie, um sie in Zukunft, so hofft er, zu überwinden. Ich glaube nicht, daß die Hoffnung auf eine ideale Gesellschaft das Erziehen leichter macht als die Idealisierung des Erzieherberufes. Vielleicht brauchen wir das Ideale, um die Realität besser zu gestalten oder wenigstens zu ertragen, aber wir dürfen es nicht erlauben, daß utopische Erwartungen und Hoffnungen uns von der sorgfältigen wissenschaftlichen Arbeit fernhalten.« (Ekstein 1973a, S. 40)

»Im Anfang wohnt das Ende and the end is the beginning«, diese leitmotivische Sentenz von Bettelheim habe ich in meinem Text häufiger aufgegriffen. Auch Ekstein fühlt sich dieser Erkenntnis verbunden. Entsprechend verknüpft Ekstein in dieser Studie seine Kindheitserfahrungen unmittelbar mit seiner späteren wissenschaftlichen Forschung im Exil. Er schließt seinen Beitrag über die Psychoanalytische Pädagogik mit den Worten:

»Vor vielen Jahren, als Kind und als Jugendlicher, habe ich Jugendführer in Wien gehört, die uns immer wieder sagten, wir müßten ›Gegen die Idee der Gewalt die Gewalt der Idee‹ stellen. Ich denke an den Einfluß Freuds, seinen Einfluß in der Welt, ohne Armeen und ohne Kanonen, ohne Furcht zu erregen und nur der Einsicht dienend. Wird die Gewalt seiner Idee doch einmal stärker sein als die Idee jeglicher Gewalt? Freud ist unser Lehrer geblieben, nicht tröstend, aber einsichtgebend.« (1973a, S. 55)

5.5 Dialog über Sex: Distanz gegen Intimität

Wie in den einleitenden Kapiteln dieser Studie gezeigt, stand am Anfang der Psychoanalytischen Pädagogik sowie der Psychoanalyse eine heftige Kritik an der erzieherischen und sozialen Realität. Sigmund Freud selbst formulierte diese Kritik in seinen frühen Studien zur kindlichen Sexualität[17] überzeugend und auch sprachlich vehement. In seinem ebenfalls in Ammon (1973) veröffentlichten Beitrag »Dialog über Sexualität: Distanz gegen Intimität« greift Ekstein, ganz im Einklang seines soeben behandelten ersten Beitrages dieses Sammelbandes, diese kritisch-aufklärerische Tradition der Psychoanalytischen Pädagogik auf und führt sie konstruktiv fort. Hierbei knüpft er erneut unmittelbar an einige wichtige Publikationen zur Sexualerziehung bzw. zur sexuellen Aufklärung des Kindes aus der *Zeitschrift für psychoanalytische Pädagogik* an, sowie an Siegfried Bernfelds Leitartikel dieses Sonderbandes (Heft 7-9). Einleitend formuliert Ekstein seine Verbundenheit mit Bernfeld bzw. den progressiven Impulsen der Psychoanalytischen Pädagogik, die sich seinerzeit als eine »psychoanalytische Bewegung« (Ekstein 1973b, S. 125) empfand. Er skizziert Bernfelds inspirierendes Wirken als Jugendführer und hebt hervor:

»Viele von uns, die sich damals und 1938 der Psychoanalyse anschlossen, brachten die frühe Begeisterung der neuen Erziehung mit einer neuen Art der psychoanalytischen Pädagogik in Verbindung, die einen Versuch darstellte, die Wissenschaft in die Erziehung zu tragen. Bernfelds Arbeit repräsentiert deutlich die Debatte, die damals stattfand.« (1973b, S. 125)

Ekstein zeichnet die Geschichte der Sexualaufklärung innerhalb der Pädagogik nach. Er betont die Bedeutsamkeit einer realitätsangemessenen Form der Sexualaufklärung, um doch zugleich mit Bernfeld »dialektisch« vor einem übertriebenem Optimismus zu warnen. Er hebt hervor: »In seinem Essay goß Bernfeld kaltes Wasser auf den anfänglichen Enthusiasmus und begegnete ihm mit wissenschaftlicher Skepsis« (S. 127). Bernfeld legt in besagtem Aufsatz dar, daß eine noch so wohlmeinende Sexualaufklärung durch die kindliche Fähigkeit zur Verdrängung, zur Amnesie, in ihrer Wirksamkeit äußerst begrenzt sei. Kinder lehnen häufig »ein Stück der Aufklärung ab, weil es ihren Wünschen weniger entspricht als ihre eigene Theorie« (S. 128). Die Aufklärung erreiche deshalb fast nie das, was sie anstrebe, »sondern bestenfalls ein(en) Kompromiß zwischen den Tendenzen des Erziehers und den Trieben der Kinder« (ebd.). Dem Erzieher sei demgemäß anzuraten, die Entwicklung der kindlichen Wißbegierde und des Forschungsdranges abzuwarten und dem Kind erst dann vorsichtig formulierte Erklärungen anzubieten. Bernfeld fügt, nach Ekstein, hinzu:

»Ich möchte nicht mißverstanden werden. Ja, die Kinder sollen, so früh sie nur wollen, die Wahrheit von ihren Eltern und Erziehern erfahren. Nur soll man das nicht in der Überzeugung tun, dadurch etwas unvergleichlich Wichtiges für die Erziehung getan zu haben.« (S. 130)

Die Grenzen der Sexualerziehung sind demnach zugleich die Grenzen, die der Erzieher in sich selbst gegenüber diesem Thema hat. Das Thema der Sexualität berührt das Unbewußte – beim Kind wie beim Erwachsenen. Dieses Unbewußte tritt uns vielfach in der Form eines »Geheimnisses« (S. 132) entgegen. Die pädagogische Kunst besteht darin, dieses Geheimnis des Kindes einerseits zu respektieren, andererseits den Zeitpunkt zu finden, in dem man es in der Begegnung mit dem Kind schrittweise enthüllt. Insofern stellt der Lehrer ein Bindeglied, eine Brücke her zwischen dem Nicht-Wissen (Geheimnis) und dem Wissen, der Vergangenheit und der reiferen Zukunft, der älteren Generation und der Generation der Heranwachsenden. Dieser Entwicklungsprozeß hin zu einer reiferen Sexualentwicklung erfolgt nicht so sehr auf der Ebene der Kognition, der rationalen Wissensvermittlung, des Sprechens, sondern in der Begegnung und Beziehung, dem gemeinsamen Handeln. Abschließend hebt Ekstein aus psychoanalytischer Sicht hervor:

»Sexualität kann im Dienst primitiver Impulse des Hasses und des Zerstörungstriebs stehen. Sie kann ein Fluchtweg vor dem Leben sein. Nur langsam kann die Sexualität eine treibende Kraft für die menschliche Schöpferkraft werden, eng mit dem gesamten Muster von Liebe und Arbeit verknüpft und als Gegensatz zu Haß und Zerstörung. Das ist ein Ziel, auf das wir Sexualerzieher zustreben müssen.« (1973b, S. 137)

5.6 Begegnungen mit Bruno Bettelheim. Oder: Die psychoanalytisch-pädagogische Arbeit mit autistisch-psychotischen und Grenzfallkindern

Wie bereits mehrfach angemerkt, bildete die psychoanalytisch orientierte Arbeit mit autistisch-psychotischen Kindern einen Schwerpunkt von Eksteins Engagement an der Menninger Foundation (1947–1957) sowie insbesondere an der Reiss-Davis Klinik in Los Angeles (1957–1978).

Bereits zu Beginn dieser jahrzehntelangen Forschungen, Anfang oder Mitte der 50er Jahre, lernte Ekstein Bruno Bettelheim kennen. Diese erste Begegnung verlief, sehr entsprechend Bettelheims gelegentlich »unkonventionell-herausforderndem« Auftreten (vgl. Federn 1994), durchaus nicht unproblematisch. Ekstein erinnert sich in seinem Erinnerungsaufsatz an seinen engen Freund und Kollegen Bettelheim:

»Es war in diesen frühen oder mittleren 50er Jahren, als ich nach Chicago zu einem Fachkongreß kam. Ich denke, es war eine psychoanalytische Tagung, und einige Tagungsteilnehmer waren in das Haus des schon sehr alten Dr. Maxwell Gitelson eingeladen. Es war dort, als ich Bruno erstmals traf. Nachdem wir vorgestellt worden waren, begannen wir den Dialog etwa in der Weise: ›Oh, Sie sind Rudolf Ekstein. Ich habe kürzlich einen Aufsatz von Ihnen gelesen in ›Psychoanalytic Study of the Child‹. Es war ein wundervoller Aufsatz, gut geschrieben und angefüllt mit Themen, die von großem Interesse für mich sind. Es war alles falsch.‹ So war Bruno! Lob und Opposition. Ich brauchte Jahre, um ganz den Unterschied zwischen ihm und mir zu verstehen während dieser Jahre. Die Stärke der Orthogenic School war es, eine Umgebung zu schaffen, eine besondere Umgebung, die es ihm ermöglichte, diese autistischen und psychotischen Kinder zu behandeln. Ich, der ich damals an der Menninger Foundation arbeitete, konnte die Umgebung nicht wirklich kontrollieren. (...) Aber ich konnte eine neue Form einer analytischen Arbeit mit diesen Kindern entwickeln und einführen. Bruno pries mein Papier und objektivierte es. *Er betonte die therapeutische Umgebung, während ich meine Stärke in der individuellen Psychotherapie fand (...)*«. (Ekstein 1994a, S. 89f., Hervorhebung R. K., vgl. auch Ekstein 1994)

Ekstein beschreibt die einzelnen Phasen ihrer Begegnungen, ihrer zunehmenden Zusammenarbeit, der »unsichtbare(n) Rivalität zwischen uns« (Ekstein 1994a, S. 89), die zu einem engen wissenschaftlichen Austausch insbesondere über angemessene Arbeitsformen mit autistisch-psychotischen Kindern führte[18], wie auch zu einer lebenslangen Freundschaft.[19]

In einem vorhergehenden Unterkapitel habe ich Eksteins wichtigste Publikationen zum frühkindlichen Autismus beziehungsweise zu »Grenzfallkindern« vorgestellt (Ekstein 1966, 1973, 1975a, 1979). In diesem Kapitel möchte ich nun Eksteins bedeutendste diesbezügliche deutschsprachige Publikation ausführlicher darstellen und diskutieren – seinen 1973 erschienener Sammelband »Grenzfallkinder. Klinische Studien über die psychoanalytische Behandlung von schwer gestörten Kindern« (Ekstein 1973), welcher in der von G. Biermann herausgegebenen Reihe »Beiträge zur Kinderpsychotherapie« erschienen ist. Dieser Sammelband enthält 15 jeweils in sich abgeschlossene klinische Einzelfallstudien, welche von Ekstein, zum Teil gemeinsam mit einzelnen KollegInnen seines breiten Mitarbeiterstabes verfaßt wurden. Sie stammen aus dem Zeitraum von 1952 bis 1973.

Diese aus einem breit angelegten Forschungsprojekt zur kindlichen Psychose erwachsenen klinischen Fallstudien sind ein Zeugnis für Eksteins tiefe Involviertheit in das Seelenleben dieser früh und massiv gestörten Kinder (Oberläuter 1974, S. 80). Sie stehen ganz in der ihn prägenden europäischen Tradition der Psychoanalyse und der Psychoanalytischen Pädagogik der 20er und 30er Jahre.

Eine ausführlichere Diskussion dieses wichtigen Sammelbandes nehme ich im Kontext dieser Studie aus folgenden Gründen vor: Ich betrachte Eksteins »Grenzfallkinder« aus historischer Perspektive als ein frühes Werk der »neuen« Psychoanalytischen Pädagogik, welches zugleich von der entsprechenden neueren Literatur insbesondere zur Psychoanalytischen Pädagogik noch nicht aufgearbeitet worden ist.[20] Vor dem Hintergrund der von mir – sowie zahlreichen weiteren Autoren – formulierten These, daß »die Psychoanalytische Pädagogik (...) in Deutschland von den Nazis vernichtet« wurde (Ernst Federn) und erst ab den 60er Jahren eine gewisse Wiedergeburt stattgefunden hat, und daß diese Wiedergeburt maßgeblich dem Wirken der ins Exil emigrierten Psychoanalytischen Pädagogen zu verdanken ist, erscheint mir Eksteins »Grenzfallkinder« als ein eindrucksvolles Dokument für die Fähigkeit dieser Emigranten, Spuren des kraftvoll psychoanalytisch-pädagogischen Erbes auch im amerikanischen Exil aufzubewahren, kreativ weiterzuentwickeln – und schließlich wieder nach Europa, in ihre alte Heimat, zurückzubringen.

Weiterhin ist dieses Werk ein früher eindrucksvoller Beleg für die Möglichkeiten, die eine konstruktive, nicht einem engen Standesdenken verbundene Kooperation von Pädagogen, Kinderanalytikern, Sozialarbeitern, Kindergärtnern, Supervisoren und Medizinern insbesondere für autistisch-psychotische Kinder und Jugendliche eröffnet. Eksteins kinderanalytische Studie »Grenzfallkinder« kann zutreffend als der amerikanische Vorläufer der psychoanalytisch-milieutherapeutischen Modellversuche der Vereine für Psychoanalytische Sozialarbeit in Rottenburg/Tübingen und Berlin betrachtet werden. Auch engagierte sich Ekstein selbst tatkräftig an dem Aufbau dieser Einrichtungen (vgl. u. a. Ekstein 1989a, 1994) und brachte so seine von Bernfeld, Anna Freud, Hoffer und Paul Federn geprägten frühen pädagogischen Erfahrungen in Wien über Amerika zurück in den deutschsprachigen Raum.

Schließlich thematisiert diese Studie einen der wenigen ernsthaften und langandauernden Versuche, psychoanalytische Erkenntnisse auch auf die schwierige Arbeit mit autistisch-psychotischen Kindern anzuwenden – was vom psychoanalytischen Pädagogen eine weitreichende Modifizierung der analytischen Technik sowie einen ständigen Wechsel, ein permanentes Pendeln zwischen der Welt der Primär- und der Sekundärprozesse, zwischen der verwirrend-chaotischen, gewalttätigen psychotischen sowie unserer scheinbar geordneten Lebenswelt erfordert.

Zu den einzelnen Beiträgen: Das Buch umfaßt 15 Studien aus dem Zeitraum von 1952 bis 1973, in die eine Fülle klinischer Erfahrungen mit psychotischen Kindern eingefügt wurden. Sie behandeln in systematischer Form die Diagnose sowie Behandlung von psychotischen Kindern, wie auch die diesen Versuchen zugrundeliegenden theoretischen Modelle. Einen weiteren Schwerpunkt bildet die Analyse der heftigen Gegenübertragungsreaktionen bei der stationären Behandlung solcher Kinder wie auch die besonderen Probleme, die bei der Ausbildung von Kinderanalytikern für diese Arbeit auftreten. Eine solch schwierige Arbeit erfordert persönlichkeitsspezifische Motive bei den Analytikern und Pädagogen, insbesondere weil der Erfolg dieser belastenden Bemühungen höchst ungewiß ist und eine außergewöhnlich lange Behandlungsdauer zur Voraussetzung hat. Auch ist die therapeutische Technik schwierig zu handhaben, weil sie einen Umgang mit der »Kind-Eltern-Einheit« (S. 267) voraussetzen, d. h. sowohl das Kind als auch dessen Eltern müssen in den Behandlungsprozeß eingeschlossen werden. Der Analytiker beziehungsweise Pädagoge wird mit heftigen Gefühlen von Hoffnungslosigkeit konfrontiert, die er in einem weitgehenden Maße ertragen können muß (S.26). Gefühle von Grandiosität, die Phantasie, an einer »Rettungsmission« (S.269) teilzunehmen, ist ein regelmäßig auftretender Aspekt einer solchen Arbeit. Insofern gebe es Pädagogen, die mit solchen schwergestörten Kindern recht gut umgehen können, mit leichter beeinträchtigten Kindern jedoch vielleicht nicht so wirkungsvoll zu arbeiten vermögen – was gleichermaßen umgekehrt gelte..

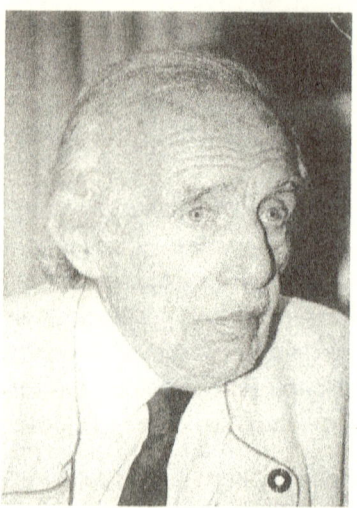

Rudolf Ekstein

Die beiden Beiträge »Das Grenzfallkind in der Schulsituation« sowie »Die Aufgaben des Sozialarbeiters in der Betreuung psychotischer und Grenzfallkinder und deren Eltern« (Ekstein 1973, S. 225–261) erscheinen mir vor dem Hintergrund meiner eigenen Tätigkeit als Sonderschullehrer als besonders relevant für die Psychoanalytische Pädagogik. Obwohl sie bereits knapp 40 Jahre alt sind, haben sie nach meinem Dafürhalten von ihrer Aktualität und Gültigkeit nichts verloren.

Einführend skizziert Ekstein in »Das Grenzfallkind in der Schulsituation«, von Bernfelds »Sisyphos« (1925) sowie von Erik H. Erikson ausgehend, die zweifachen Grenzen der Erziehung, welche sowohl psychologischer[21] als auch gesellschaftlicher Natur sind. Dieser historisch-theoriegeschichtliche Verweis wird von Ekstein vorgenommen, um die Bedeutsamkeit und historische Neuartigkeit seiner speziell für psychotische Kinder entwickelten psychoanalytisch-pädagogischen Versuche zu betonen:

»Das Schulsystem vor etwa fünfundzwanzig oder fünfzig Jahren war nicht so eingerichtet, daß es den individuellen Unterschieden allzuviel Beachtung geschenkt hätte. So wie es damals war, sprach es nur das durchschnittliche Kind an. Alle übrigen Kinder, ob sie nun als besonders begabt oder als schwerfällig oder gar als gemüts- oder geisteskrank anzusehen waren, hatten in einem solchen Schulsystem tatsächlich keinen Platz.« (Ekstein 1973, S. 226)

Die Herausbildung eines differenzierten Sonderschulsystems – wie sie beispielsweise in der Bundesrepublik seit den 60er Jahren stattgefunden hat –, wie auch die aktuelle, als historische Gegenreaktion zu lesende Integrationsdebatte innerhalb der Heilpädagogik, stellt für Ekstein somit einen bemerkenswerten Fortschritt dar. In drei Fallbeispielen legt Ekstein dar, daß die häufig als polarisierend empfundene Fragestellung, ob behinderte[22] oder psychotische Kinder in Regel- oder aber in Sonderschulen unterrichtet werden sollen, einen Scheingegensatz darstellt. Entscheidend ist für ihn vielmehr, daß Lehrer mit Kinderanalytikern, Sozialarbeitern etc. im Sinne einer Verknüpfung (jedoch nicht Vermischung!, 1973, S. 227 f.) der Funktionen des schulischen Unterrichtes und der therapeutischen Behandlung gleichberechtigt, unter Respektierung ihrer je eigenen Kompetenz, zusammen arbeiten. Ekstein betont:

»Erziehung und Psychotherapie sind für solche Kinder zwei Aspekte, von denen keiner den anderen ersetzen kann. Jeder dieser beiden kann nur erfolgreich sein, wenn der andere nicht vernachlässigt wird. Lehrer und Psychotherapeuten werden einander am besten helfen, wenn jeder den Unterschied in der Tätigkeit des anderen als eine Voraussetzung für eine erfolgreiche Zusammenarbeit akzeptiert.« (1973, S. 239 f.)

Entscheidend für den pädagogischen Erfolg und die Kompetenzerweiterung eines Lehrers, der ein psychotisches Kind in seiner Klasse unterrichtet, ist sein Vertrauen auf seine eigenen Möglichkeiten, aber auch ein Wissen um die Grenzen seines pädagogischen Wirkens; schließlich die Gewißheit, daß dem psychotischen Kind außerhalb der Schule eine analytische Möglichkeit zur Bearbeitung seiner emotionalen Konflikte und Nöte geboten wird. Wenn der Lehrer ein angemessenes Verständnis für die Schwierigkeiten eines psychotischen Schülers entwickelt, überträgt sich diese »pädagogische Gewißheit« auch auf die übrigen Schüler der Klasse, so daß sie sich möglicherweise mit der Haltung ihres Lehrers identifizieren und das fremdartige Verhalten ihres Mitschülers respektieren.

Ekstein beschreibt mögliche Irrwege des schulischen Unterrichts: Der Lehrer läßt sich durch die ihm unverständlichen Angstattacken dieser Kinder soweit irritieren, daß die übrigen Kinder davon angesteckt werden, was längerfristig beim Kollegium beziehungsweise bei den Eltern der übrigen Kinder zum Wunsch nach Ausschluß dieses Kindes aus dem Unterricht führt. Der Lehrer versucht in unangemessener Weise, die übrigen Mitschüler kognitiv über die Schwierigkeiten ihres Mitschülers »aufzuklären« – was zu vergleichbaren unbeabsichtigten Ergebnissen führen kann wie beispielsweise eine »nur« kognitive Sexualaufklärung von Kindern. Oder aber der Lehrer sucht bei einem Analytiker Verhaltensdirektiven, was längerfristig zu einer Einschränkung seiner ihm ursprünglich vielleicht noch verfügbaren pädagogischen Möglichkeiten und Kompetenzen führt.

Grundsätzlich hat Ekstein jedoch sehr ermutigende Erfahrungen mit der Unterrichtung auch schwer psychotischer Kinder in Regelschulen gemacht.[23] Er hebt hervor, »daß das persönliche Zusammenwirken von Lehrern und Therapeuten und die gegenseitige Respektierung der Funktionen des anderen in vielen Fällen zu vorzüglichen Resultaten geführt hat« (S. 228).

Das Aufwachsen in einer »nur« therapeutischen Umgebung ist nach Eksteins Erfahrungen – hiermit befindet er sich in einem gewissen Gegensatz zu Bettelheim – hingegen in der Regel nicht förderlich. Eine solche »Treibhausatmosphäre« (S. 229) kann in einer Anfangsphase der Behandlung notwendig und unverzichtbar sein, »aber früher oder später kann das Kind durch Aussonderung in einer Behandlungssituation nicht mehr geschützt werden und es muß damit begonnen werden, für die Behandlung eine lebende, der Aufgabe angepaßte Umgebung zu benützen. Das Heim und die Schule bilden dann die richtige Umgebung für das Kind.« (1973, S. 229)

Ein von wechselseitiger Achtung und Respekt getragener enger Kontakt zwischen Klinik/Therapeut und Lehrer sei zwar in vielen Fällen hilfreich, jedoch keineswegs notwendig. In vielen Fällen hätten Lehrer das psychotische Verhalten von Kindern auch gar nicht als solches erkannt, sondern als ein »gewöhnliches« Desinteresse oder aber als eine vorübergehende Müdigkeit verstanden; dieses pädagogische »Mißverständnis« sei jedoch keineswegs als nachteilig zu interpretieren, sondern stärke das psychische Abwehrsystem des Lehrers und somit seine pädagogische Selbstbehauptung.

In einigen Fällen sei jedoch ein zeitlich begrenzter stationärer Aufenthalt eines psychotischen Kindes unverzichtbar. Die Rückschulung eines solchen Kindes in die

Regelschule ist häufig mit »Übergangsproblemen und Krisensituationen« (S. 236) verbunden, die eine enge Zusammenarbeit zwischen Schule und Klinik unverzichtbar machen. Durch die abrupte Änderung ihrer Lebenssituation, die durch eine sich zuspitzende psychotische Krise hervorgerufen wurde, sind solche Kinder ausgeprägt mißtrauisch oder auch schuldbeladen; sie fragen sich, was ihre neue Umwelt sowie ihre früheren Mitschüler und Lehrer von ihnen denken beziehungsweise von ihrem Krankenhausaufenthalt wissen. Solchen Kindern sollte der Lehrer mit Verständnis und Geduld begegnen. Dies ist dem Lehrer am ehesten möglich, der es vermag, ihr problematisches Verhalten nicht primär als Last oder Unterrichtsstörung, sondern als »verborgene Werte« zu betrachten (S. 239). Dies sei ein Schritt hin zu einer reicheren und reiferen Gesellschaft – womit sich der Erkenntnisbogen zwischen individueller und gesellschaftlicher Analyse wieder schließt.

Eksteins Beitrag »Die Aufgabe des Sozialarbeiters in der Betreuung psychotischer und Grenzfallkinder und deren Eltern« erweitert den Bereich der Schulpädagogik sowie der Psychoanalytischen Pädagogik um die Sozialarbeit – und stellt hierdurch nach S. Becker (1993) »die Weiterentwicklung der Psychoanalytischen Pädagogik zur Psychoanalytischen Sozialarbeit« dar. Dementsprechend wurde dieser terminus technicus der »psychoanalytischen Sozialarbeit« namensgebend für den von Becker mitgegründeten Tübinger sowie den Berliner Verein, an deren Aufbau Ekstein und Federn maßgeblich beteiligt waren. Ekstein beschreibt seine Versuche, *»ein Modell der totalen Behandlungssituation eines psychotischen Kindes aufzustellen«*[24] (1973, S. 241, Hervorhebung R. K.), mittels dessen Psychotherapie und Einzelfallhilfe miteinander verknüpft werden. Hierdurch soll Psychotherapie sowie Arbeit mit der Familie des psychotischen Kindes verbunden werden, wodurch erst die Ganzheit der Lebenssituation und -geschichte dieser Kinder erfahrbar und somit beeinflußbar wird. Gewissermaßen schloß Ekstein, in den USA lebend, hiermit an die entsprechenden Studien Horst-Eberhard Richters in der Bundesrepublik an, insbesondere an »Eltern, Kind und Neurose. Die Rolle des Kindes in der Familie« (1963) und an »Patient Familie« (1972), mit denen Richter nach meiner Interpretation – auch wenn dies in der entsprechenden Literatur zur Psychoanalytischen Pädagogik, wenn überhaupt, nur am Rande Erwähnung findet – als einer der wichtigsten Neubegründer der Psychoanalytischen Pädagogik zu gelten hat.

Der Schwerpunkt von Eksteins Beitrag gilt einem Verständnis der Bedeutung von Trennungserfahrungen für das psychotische Kind wie auch für dessen Eltern.

Solche Trennungserfahrungen lösen sowohl bei dem psychotischen Kind als auch bei dessen Eltern häufig einen Schock (S. 241) aus und sind doch zugleich eine der Voraussetzungen für einen Heilungsprozeß. Dem Sozialarbeiter kommt hierbei eine »Eltern-Stellvertreter-Funktion« (S. 242) zu, d.h. er baut für das Kind ein stabiles Beziehungssystem auf, mit dessen Hilfe es sich schrittweise von seinen zerstörerischen Phantasien, seinem »negativen Größenwahn« (S. 243) – welche es in seine Umwelt projiziert – zu lösen vermag. Für die Eltern beziehungsweise Mütter autistisch-psychotischer Kinder ermöglicht diese zeitweilige Trennung einen eigenen Wachstumsprozeß, vermögen sie ihr krankes Kind doch nun aus einer anderen, geschützteren Position zu sehen und zu verstehen. Am Ende der Behandlung kann eine Rückkehr des Kindes bzw. Jugendlichen in seine Familie stehen, muß jedoch nicht.

5.7 Ekstein in Amerika und Österreich: Die Arbeit mit Lehrern

Wie geschildert, war Rudolf Eksteins durch seine Erfahrungen als Schüler sowie als Aktivist in der sozialistischen Jugendbewegung geprägter früher Berufswunsch der eines psychoanalytisch geschulten Lehrers gewesen. Nach seiner Vertreibung hatte er sich angesichts der radikal neuen Lebensumstände in den USA der Psychoanalyse zugewandt und doch zugleich sein Interesse für die Psychoanalytische Pädagogik sowie die Schule beibehalten. Die Tradition einer psychoanalytisch orientierten Pädagogik setzt Ekstein auch bei seinen jährlichen Europareisen seit 1970 fort. Inspiriert durch den Einfluß seiner Kinder Jean und Rudi, die beide in den USA als Lehrer arbeiten, führt er bis heute in seiner Praxis solche Kurse durch. 1991 veranstaltete er beispielsweise gemeinsam mit seiner Tochter ein an den Schriften Bettelheims orientiertes Seminar zur Bedeutung von Märchen, wobei seine Tochter Jean die schriftlichen (unveröffentlichten) Seminarunterlagen »Fairy Tales: An Approach to Writing« erarbeitete.

In einem Interview mit einer österreichischen Zeitschrift für Sozialarbeit (Ekstein 1978b) hat Rudolf Ekstein, in Erinnerung an Bernfeld und Aichhorn, skizziert, was die Aufgabe eines Erziehers in der Arbeit mit verwahrlosten Kindern sei: Der Erzieher müsse zwei Illusionen überwinden: daß er das Kind gegen die Gesellschaftsordnung erziehen, und daß er gegen »die Gesetzmäßigkeiten des Innenlebens« (S. 44) des Kindes angehen könne:

»Eine Vorbedingung eines guten Erziehers ist, daß er genügend über sich weiß, genügend über die Gesellschaft weiß und über das Kind weiß, daß er aber trotzdem in *sich eine Art Kindlichkeit bewahrt hat.* Diese Kindlichkeit wird ihm dann helfen, trotz dieser zwei Hindernisse weiterzuleben. Bernfeld will ja dem Erzieher nicht sagen: ›Verlaß das Feld der Erziehung‹ – sondern er will ihm doch eigentlich sagen: ›Bleib – aber du sollst doch wissen, was die Grenzen sind.‹ Können sie aber bleiben, wenn sie die Grenzen ganz annehmen? Es ist eine ganz merkwürdige Ambivalenz, die er erleben muß.« (Ekstein 1978b, S. 44, Hervorhebung R. K.)

Und wenig später fügt Ekstein bezüglich seines Ideals eines Pädagogen hinzu:

»Ein gesunder Mensch paßt sich an die Gesellschaftsordnung an und arbeitet zu gleicher Zeit an der Anpassung der Gesellschaft an sich selbst. Er macht immer beides. Die wahre Idee ist die, daß gute Erziehung Menschen erzieht, die nicht nur in die Welt hineinwachsen, sondern auch an der Welt arbeiten. (...) Ich meine, eine gute Erziehung wäre die, die niemals mit der Welt ganz zufrieden ist, die immer die Welt bessern, verändern will, und eine schlechte Erziehung wäre die, die entweder nur für den Status quo arbeitet oder Menschen als Werkzeug verwendet.« (Ekstein 1978b, S. 45)

5.8 Die Wiederannäherung an Österreich (1970)

Nachdem Ekstein 1961 erstmals wieder seine geliebte Heimatstadt Wien besucht hatte, intensivierte sich seine Beziehung zu Österreich und Deutschland rasch. Seit 1970 reisen die Eksteins jährlich für jeweils gut zwei Monate nach Europa: Beim 1. Mai-Aufmarsch in Wien ist er stets dabei, um seine Geburtsstadt noch rechtzeitig vor dem 4. Juli, dem amerikanischen Unabhängigkeitstag, wieder zu verlassen. Der erlittene Schmerz löschte die positive Identifikation mit der intensiv erlebten progressiven Wiener Tradition nie ganz aus. Auch in den USA erinnerte er sich an ein Wort von Otto Glöckel: »Wir haben die Wiener Arbeiter von der Schnapsflasche zum Arbeitersymphoniekonzert geführt«; und an Julius Tandlers Bemerkung: »Wer Kindern Paläste baut, reist Kerkermauern nieder.«

Am 6. Mai (Oberläuter 1985, S. 97) oder 15. Juni 1970 (Ammon 1973, S. 35) hielt Ekstein seine erste Freud-Vorlesung in der Wiener Freud-Gesellschaft und 1971 den Vortrag »On the Psychoanalysts' Reunion in Vienna: Faith and Reason – Action and Insight« anläßlich des Internationalen Psychoanalytischen Kongresses in Wien. Seine ambivalenten Gefühle gegenüber seiner Heimatstadt drückte er so aus: »The International Psychoanalytic Congress in Vienna for quite a number of us was a sentimental journey back into the past, a painful reminder of tragic loss never fully to be mastered, a time for reflection as well as a happy feeling of a new hope« (Oberläuter 1985, S. 97). Solange es ihm sein Alter und seine Gesundheit ermöglichten – bis 1996 – reiste Ekstein jährlich nach Österreich und Deutschland, traf alte Freunde, referierte.

Ekstein im Garten

Ekstein hatte sich bei seiner Emigration – wie viele andere Vertriebene – geschworen, nie mehr in sein Heimatland zurückzukehren (Ekstein 1987, S. 472). Seit den 70er Jahren trat dieses schmerzhafte Gefühl zunehmend in den Hintergrund und wich dem Bedürfnis nach Zusammenarbeit, nach Versöhnung. Symbolisch drückte er diesen Versöhnungswunsch in seinen jährlichen Europareisen aus: *Der Vertriebene brachte in sein Heimatland zurück, was er sich in seiner zweiten Heimat Amerika angeeignet hatte.* Wie in dem Briefwechsel mit Bruno Bettelheim in eindrücklicher Form nachzuempfinden ist (vgl. Kaufhold 1994a), hat er im Vergleich zu Bettelheim einen persönlich sehr viel glücklicheren Umgang mit seiner Vertreibung durch die Nationalsozialisten finden können. Da seine aus Amerika stammende Familie nicht bereit war, in Wien zu leben, wurde Rudolf Ekstein zu einem

Wanderer zwischen den Welten. Seine Europa-Reisen geben ihm innere Kraft und Stärke. Er betont: »Nie habe ich den Kontakt zu Europa verloren, weder im wörtlichen Sinne noch seelisch. In den letzten Jahren habe ich fast mehr deutsche als englische Aufsätze geschrieben. Die deutsche Literatur hält mich aufrecht in den letzten Jahren« (in Koelbl 1989, S. 58).

5.9 Das Alter als ungebrochene Kontinuität und Vitalität

In den letzten Jahren hat Rudolf Ekstein seine publizistische Tätigkeit trotz seines hohen Alters fortgesetzt. Er hält regelmäßig in Amerika, Österreich und in der Bundesrepublik Deutschland Vorträge, so beispielsweise seit fünf Jahren jeweils im Sommer an der Poliklinik für Kinderpsychiatrie in Nürnberg. Er hat zahlreiche persönlich gehaltene Erinnerungen an enge Freunde verfaßt, etwa an Anna Freud (Ekstein 1982), Karl August Menninger und Bruno Bettelheim (Ekstein 1991, 1994, 1994a,b; vgl. auch Bettelheim/Ekstein 1994). In Los Angeles publiziert er weiterhin regelmäßig im *Los Angeles Psychoanalytic Bulletin*. An dem österreichischen Kongreß »Vertriebene Vernunft« im Jahre 1987 hat er sich aktiv beteiligt und zwei Beiträge geleistet (Ekstein 1987 und Ekstein/Fallend/Reichmayr 1988).

Seine innere Verbundenheit mit seinem Heimatland, seiner Jugend, wird bei einem Besuch in seiner Wohnung in Los Angeles deutlich: Die Wände sind übersät mit Fotos von Sigmund und Anna Freud sowie von Bruno Bettelheim, dessen Freundschaft ihm in dessen letzten Lebensjahren viel bedeutete. Es finden sich ca. 30 verschiedene Zertifikate von diversen amerikanischen Psychoanalytischen Vereinigungen, aber auch eine Viktor Adler Medaille, eine Ehrenmedaille für seine 50jährige Mitgliedschaft in der Sozialistischen Partei Österreichs (SPÖ). An einer Wand hängt eine riesige Wien-Ansicht »von oben« sowie alte Ausgaben der kürzlich eingegangenen *Arbeiterzeitung*. Um seinen Swimmingpool laufen seine Wiener Lieblingshunde »Waldi« und »Hansi«.

Rudolf Ekstein hat alle Briefe, Zeitungs- und Zeitschriftenaufsätze von Freunden aufbewahrt, die allein 20 Aktenordner füllen. Es ist ein riesiges, lebendiges wissenschaftliches Archiv und zugleich – wie er es selbst nennt – »aufgelesene Bruchstücke von Utopie« (in: Koelbl 1989, S.59). Im oberen Stockwerk seiner Wohnung finden sich noch alle deutschsprachigen Bücher, die er 1938 bei seiner Emigration in zwei Koffern mitgenommen hatte, darunter mehrere Originalausgaben. Es sind überdauernde Dokumente eines Menschen, der seine inneren Erfahrungen und Überzeugungen nie aufgegeben, sondern diese gerne und in großzügiger Weise an seine Mitwelt weitergegeben hat.

Jährlich findet im Haus der Eksteins anläßlich des Unabhängigkeitstages in den USA eine kleine Feierlichkeit des aus Europa stammenden Freundeskreises statt. Zu seinem Freundeskreis in Los Angeles gehören u. a. eine Tochter von Siegfried Bernfeld sowie der aus Wien vertriebene Psychoanalytiker und Psychiater Fritz C. Redlich.

Einer seiner Schüler, der sein sowie Bruno Bettelheims wissenschaftliches und therapeutisches Werk aufarbeitet und fortführt, ist der Historiker und Psychoanalytiker David James Fisher.[25] Trotz seiner schwierigen Erfahrungen, trotz der Gewalt, die sich tagtäglich ereignet, hat Rudolf Ekstein einen gewissen unverbesserlichen Optimismus, einen konstruktiven, kreativ-kämpferischen Umgang mit den vorherrschenden Verhältnissen niemals aufgegeben. Seine Lebensmaxime hat Rudolf Ekstein in folgenden Worten zum Ausdruck gebracht:

»Junge Studenten der Psychoanalyse müssen lernen, aber auch rebellieren, müssen ihre Lehrer angreifen, sie verehren, sie bekämpfen. Lehren und lernen ist ein ewiger Kampf zwischen Alt und Jung (...) Ich sehe die Psychoanalyse als eine unvollendete Revolution, als eine Bewegung, die nur lebendig bleibt, wenn sie weitergeht, wenn sie nicht stille steht und sich nicht in sentimentaler orthodoxer Vergangenheit aufhält.« (Ekstein 1989, S. 41)

Dementsprechend insistiert Ekstein:

»Der Macht der Gewalt stelle ich die Macht der Vernunft entgegen. So wie es Freud einmal gesagt hat: Die Stimme des Intellekts ist leise, aber spricht unaufhörlich, bis sie sich Gehör verschafft hat. Für die Lösung des jüdischen Problems wurden immer schon verschiedene Wege vorgeschlagen. Die jüdischen Marxisten und Sozialisten in Wien wollten die Stadt und die Gesellschaft verändern. Theodor Herzl sagte, wir müssen wegziehen, denn hier kann man nichts verändern. Und Freud sagte, wir müssen uns innerlich verändern. Ich habe einmal halb im Scherz gesagt, daß ich in meinem Leben alle drei Lösungen kombiniert habe: Ich bin weggezogen, ich betreibe Psychoanalyse, das heißt die innerliche Veränderung, und ich trete für die politische Beteiligung an gesellschaftlichen Veränderungen ein. (...) Ich glaube, die Sorgen, die wir heute haben, werden auch die Sorgen der nächsten Generation sein. In dieser Hinsicht sehe ich keine wirkliche Veränderung. Jeder von uns weiß, daß wir in einer gefährlichen Welt leben. Jeder Tag

Ekstein vor dem Nürnberger Brunnen

belehrt uns, daß immer noch Aggression und Gewalt regieren. Daran wird sich noch lange Zeit nichts ändern. Vielleicht werden wir *kleine Inseln des Friedens* haben. Solche Inseln versuche ich zu schaffen, indem ich einigen Menschen helfe, einige Menschen ausbilde, schreibe, Vorträge halte.« (Ekstein 1989, S. 59; Hervorhebung R. K.)

Daß die gewalttätige Vergangenheit nicht »bewältigt« wurde, daß ihre destruktive Energie auch heute noch fortwirkt, dürfte Ekstein nicht nur durch das Erstarken eines populistisch-reaktionären Demagogen wie Haider deutlich geworden sein. Aufgrund seiner regelmäßigen Vortrags- und Supervisionstätigkeit in Österreich wollte ihm die Wiener Universität ein Doktorat verleihen. Daraufhin meldete ein Hochschullehrer der Medizin Protest an: »Es sei doch nicht akzeptabel, daß erneut ein Jude ein Ehrendoktorat von der Wiener Universität verliehen bekomme...« Rudolf Ekstein erhielt die Auszeichnung im Oktober 1995 dennoch.

6 Biographie Bruno Bettelheims

6.1 Engagement als Lebensprinzip: Biographische Facetten

»*David James Fisher:* Ah the Orthogenic School no one could get in without permission and anyone could leave at any time. Some people have called that a noble experiment with a utopian concept, not used in a denigrating but rather in the descriptive sense. Would you agree with that description?
Bruno Bettelheim: No, I think that what we did is what the patients required. I don't think that it is utopian to do right by the patient. It seems to be the only thing that is appropriate.«
Die abschließenden Worte eines Gesprächs vom 28. November 1988 zwischen dem Psychoanalytiker David James Fisher (Los Angeles) und Bruno Bettelheim[1]

Diesen Beitrag habe ich nach der Lektüre aller – insbesondere deutschsprachigen – Studien Bettelheims wie auch der in meinem Buch »Annäherung an Bruno Bettelheim« (1994) veröffentlichten Aufsätze verfaßt. Meine Intention ist es *nicht*, einen »geschlossenen« biographischen Entwurf zu erstellen. Ich möchte vielmehr in einem ersten Schritt wesentliche biographische Abschnitte aus Bruno Bettelheims Lebensweg skizzieren. Einige Themen aus seinem Leben, die Bettelheim als so bedeutsam erschienen, daß er sie in eigenen späteren Publikationen der Öffentlichkeit darbot, möchte ich in essayistischer Form etwas ausführlicher vorstellen.

In einem zweiten Schritt diskutiere ich in einer dichten Werkübersicht alle deutschsprachigen Bücher Bettelheims entlang dem Zeitpunkt ihrer Erstveröffentlichung.

6.2 Kindheit und Jugend

Bruno Bettelheim wurde am 28. August 1903 in Wien geboren. Seine Eltern waren Juden und gehörten der oberen Mittelschicht an. Sie waren aus Osteuropa zugewandert und bald in die großstädtische Wiener Kultur assimiliert worden. Das Selbstverständnis und die Identität seiner jüdischen Eltern war »vor allem von außen durch die Vorurteile der Gesellschaft geprägt worden und (wurzelte) nicht primär in der Praxis des eigenen religiösen Glaubens« (Mehlhausen 1990, S.803).

Bruno Bettelheim besuchte das Wiener Reform-Realgymnasium, das von seinem Lehrplan und seiner Atmosphäre her relativ »modern« war und eine klassische Schulausbildung anbot. Im Volksmund wurde es als die »Judenschule« bezeichnet.

Als Jugendlicher gehörte er einer sozialistisch-pazifistischen Jugendgruppe an. Als Folge seiner Eifersucht gegenüber einem älteren Mitglied dieser Gruppe, Otto Fenichel, las er als 13jähriger einige Freudsche Schriften – und kam davon nicht mehr los.[2] In »Freud und die Seele des Menschen« (Bd. IV) bemerkt Bettelheim hierzu: »Nachdem ich seine frühen Schriften studiert hatte, las ich begierig seine neuen Werke jeweils dann, wenn sie erschienen, von ›Jenseits des Lustprinzips‹ (1920) und ›Das Ich und das Es‹ (1923) bis zu all den späten Essays, in denen seine Gedanken sich voll entfalteten. Das Verständnis der Schriften Freuds wurde mir wesentlich dadurch erleichtert, daß ich auf diese Weise verfolgen konnte, wie er das Gebäude der Psychoanalyse vollendete, mit dem er einige Jahre vor meiner Geburt begonnen hatte.« (Bd. IV, S. 13)

Er erlebte den Zusammenbruch der österreichisch-ungarischen Monarchie und erkannte, daß scheinbare äußerliche Sicherheiten im Leben keine dauerhafte Sicherheit bieten können. Bettelheim erlebte, wie die Wiener Kultur hierdurch noch introspektiver wurde. Die Lebensmaxime der Wiener Intelligenz könnte in den Worten beschrieben werden: »Die Lage ist zwar hoffnungslos, aber nicht ernst« (Bettelheim 1990, S. 19).

Er studierte in Wien anfangs Germanistik, wechselte nach einigen Jahren jedoch zur Philosophie und Geschichte. Er war an ästhetischen Fragen interessiert und promovierte 1937 zu dem Thema »Das Problem des Naturschönen und die moderne Ästhetik«. Einer seiner Hochschullehrer war Karl Bühler.

Neben seinem Studium arbeitete er in der Fabrik seines Vaters. Er las viel, wobei diese Lektüren zwar nachhaltige Auswirkungen auf sein Denken zeigten, jedoch nur selten in sein Innerstes vordrangen. Er bemerkt hierzu im Rückblick:

»Als ich Bücher las, die mir halfen, mein Leben zu ändern, es sinnvoller zu machen und ihm eine neue Richtung zu geben, las ich auch viele andere Bücher, die ›große Literatur‹ darstellten, Meisterwerke, die ich bewunderte. Die Welt dieser Bücher war zwar faszinierend, aber doch zu fremd für mich, als daß ich den Eindruck gehabt hätte, sie beträfen in mancher Hinsicht ebenfalls mich und mein

Leben. Als Beispiel fallen mir Dostojewskis Romane ein. Sie bewegten mich tief und eröffneten mir eine Welt, die ganz anders war als meine. Ich konnte sie nicht weglegen, ich las ein Buch ums andere und war hingerissen von der Welt, die sie mir zeigten. Aber sie handelten nicht von mir und meinen akuten Problemen. Sie bereicherten mein Leben, doch führten sie in ihm keine Veränderung herbei.« (Bd. VI, S. 110)

Diesen Zugang zu seinem inneren Leben wurde ihm auf andere Weise eröffnet: 1928 begann er eine therapeutische Analyse bei dem Psychoanalytiker Richard Sterba,[3] die ungefähr drei Jahre lang dauerte. Anlaß war ein Gefühl einer inneren Unzufriedenheit, eine gewisse depressive Neigung sowie Schwierigkeiten in der Ehe mit seiner ersten Frau, Gertrud (vgl. Bd. II, S. 16–19). Bettelheim bemerkt:

»Ungefähr ein Jahrzehnt, bevor die Besetzung Österreichs durch Hitler eine drastische Veränderung meiner äußeren Lebensumstände brachte, hatte ich ein unbestimmtes Gefühl, daß ich mich einer inneren Krise näherte oder bereits in ihr steckte, obwohl mein gesellschaftliches und berufliches Leben wohlgeordnet und erfolgreich zu sein schien. Relativ spät erlebte ich das, was Erikson Jahrzehnte später als psychosoziales Moratorium benannt und beschrieben hat. Dieser Umstand hatte weder durch jahrelange Analyse noch durch die folgenden Jahre beseitigt werden können.« (Bd. II, S. 18)

Bettelheim hat über seine Erfahrungen in der Analyse nie publiziert. In einem Gespräch im Jahr 1988 mit dem Psychoanalytiker David James Fisher hat er jedoch eine kleine Erinnerung an diese Analyse geschildert:

»*BB:* I remember one day, there were binoculars on his desk, and I asked him, what are the binoculars doing here? He said that there was a beautiful young lady living across the street, and I like to watch her. And then he added: ›Don't you do the same?‹

DJF: And that made an impression on you?

BB: Yes, that he had the freedom to permit himself to do this and he openly admitted it.« (Fisher 1991, S. 171; vgl. Fisher 1993)

Während dieser Analyse machte Bettelheim erstmals Bekanntschaft mit einem psychotischen Jungen. Diese Begegnung mit diesem fremdartigen Kind hat auf ihn offensichtlich einen tiefen Eindruck gemacht. Knapp 60 Jahre später veranschaulicht er in »Themen meines Lebens« (Bd. VI), welchen großen persönlichen und fachlichen Gewinn er aus der Begegnung mit diesem psychotischen Jungen zu ziehen vermochte – er benötigte jedoch ein langes, arbeitsreiches Leben, um die Tiefen dieser Erfahrung auszuloten.

Im Jahre 1932 nahmen Bettelheim und seine Frau ein autistisches Kind in ihre Familie auf. Sie betreuten dieses – und zeitweise noch ein zweites – und versuchten, eine Beziehung zu ihm herzustellen (vgl. Kaufhold/Krumenacker 1993c).

Seine spätere milieutherapeutische Tätigkeit in Amerika wurde in diesen Jahren fundiert. Durch den Einmarsch der Nazis in Österreich, die Inhaftierung Bettelheims und seinen Abtransport nach Dachau und später nach Buchenwald wurde dieses »pädagogische Experiment« beendet. Bettelheim hat in einem Interview einmal angemerkt, daß nach seiner Vermutung die Adoption dieses Kindes zu der Scheidung von seiner ersten Frau beigetragen habe.[4]

Die Inhaftierung Bettelheims in den deutschen Konzentrationslagern dauerte gut zehn Monate. Er wurde freigelassen – die näheren Umstände dieser Freilassung werden letztendlich nie exakt eruiert werden können – mit der Auflage, innerhalb einer Woche zu emigrieren. Bettelheim wanderte nach Amerika aus. Diese erzwungene Emigration bildet eine scharfe Zäsur in seinem Leben.

Ich möchte an dieser Stelle zwei markante Szenen aus Bettelheims Jugend schildern, die er zur Illustration grundlegender pädagogischer Einsichten verwendet hat. Es wird hierin deutlich, wie mühsam der psychoanalytische Erkenntnisprozeß auch für Bettelheim war, welches Ausmaß an Engagement er ihm abverlangte, aber auch, welchen tiefen inneren Gewinn er hieraus zu ziehen vermochte.

6.3 Szenen aus Bettelheims Leben:
Die Angst der Eltern ist die Angst des Kindes

»Bei fast allen Problemen in der Kindererziehung liegt in Eltern und Kind zugleich Problem und Lösung« (Bd.V, S.46), schreibt Bruno Bettelheim in seinem Alterswerk »Ein Leben für Kinder«. Es ist ihm in diesem Essay daran gelegen, zu verdeutlichen, wie eng die Angst von Kindern mit der ihrer Eltern verknüpft sein kann. Bettelheim gibt hierzu eine von Anna Freud geschilderte Episode während des zweiten Weltkrieges wieder: Während der deutschen Luftangriffe auf London beeindruckte es die im englischen Exil lebende Kindertherapeutin sehr, daß einige Kinder unter furchtbaren Ängsten wegen der Bombardierungen litten, während andere Kinder damit scheinbar leicht fertig wurden. Besonders beeindruckt war sie von der Erzählung eines kleinen Mädchens, welche Bettelheim folgendermaßen wiedergibt:

»Sie berichtete, daß ein kleines Mädchen eines Tages freudestrahlend erklärte, es sei der glücklichste Mensch von ganz London, denn es habe vor ein paar Stunden auf einem Spaziergang mit seiner Mutter durch den Hyde Park gesehen, wie ein Baum durch die Luft segelte. Das sei ein ganz einmaliger, wunderschöner Anblick gewesen, und es ganz allein habe das Glück gehabt, das zu sehen. Daß eine Bombe in der Nähe explodiert war und den Baum entwurzelt hatte, fiel dem Kind erst auf, als es danach gefragt wurde. Im Vergleich zu dem begeisternden Schauspiel hatte die damit verbundene Gefahr kaum einen Eindruck auf das Kind gemacht.« (Bd. V, S. 46)

Bettelheim fügt deutend hinzu:

»Dieses kleine Mädchen hatte das Glück, eine Mutter zu haben, die zwar wußte, daß sie die Bombardierung nicht verhindern konnte, aber trotzdem versuchte, ihrem Kind die Angst zu ersparen. Sie ließ es nicht zu, daß der Krieg und seine Verwüstungen die glückliche Beziehung zerstörten, die es Mutter und Kind erlaubte, sich über etwas zu freuen, was sonst ein schreckliches Erlebnis für sie hätte sein können.« (ebd.)

Bettelheim schildert diese Szene, um die konstruktiven pädagogischen Möglichkeiten und individuelle Bewältigungsformen selbst angesichts höchst gefährlicher realer Umweltsituationen zu veranschaulichen. Als weitere konstruktive Bewältigungsform nennt Bettelheim die Fähigkeit vieler Eltern, »ihre Freude darüber, daß sie die Bombardierung zusammen überlebt hatten, an ihre Kinder« weiterzugeben (Bd. V, S. 47). Insofern stellte diese Szene für Bettelheim eine Ermutigung dar, sich an vergleichbare Situationen und Ängste aus dem eigenen Leben zu erinnern, um sich selbst sowie sein Kind besser zu verstehen. Hierdurch werde das gemeinsame sowie das innere Leben reicher und lebendiger. Bettelheim erinnert sich einer vergleichbaren Szene aus seinem Leben in Wien:

»Persönlich kann ich mich erinnern, daß ich sechs Jahre alt war, als ein vierstöckiges Haus, das durch eine enge Straße von meinem Elternhaus getrennt war, mitten in der Nacht abbrannte. Es stand in hellen Flammen, welche die ganze Gegend erhellten, und viele Funken flogen zu unserem Haus herüber, das die Feuerwehrleute mit Wasser besprengten. Ich hatte geschlafen. Meine Eltern weckten mich und trugen mich zum Fenster, damit ich mir das ungewöhnliche, aufregende Schauspiel ansehen konnte. Da sie ruhig waren und sich über die verschiedenen Farben und Formen der Flamme unterhielten, kam es mir nicht in den Sinn, Angst zu bekommen. Da ich mich nach ihnen richtete, hatte ich ähnliche Empfindungen wie das kleine Mädchen bei dem Londoner Bombenangriff. Ich dachte nur, wie nett es von meinen Eltern war, daß sie mich geweckt und an ein Fenster in der Vorderfront des Hauses gebracht hatten, damit ich das seltene, aufregende Schauspiel miterleben konnte. Mein eigenes Zimmer befand sich im hinteren Teil des Hauses, von wo aus ich das Feuer nicht hätte sehen können. Nachdem das Haus abgebrannt war, brachten sie mich wieder ins Bett, und ich schlief ruhig wieder ein.« (Bd. V, S. 48)

Dieses persönliche Erlebnis vermag uns zu zeigen, wie man trotz schwieriger äußerer Lebensumstände für Kinder dennoch eine beschützende Welt aufzubauen, ihnen ein Gefühl der Sicherheit zu vermitteln vermag. Der Weg hin zu dieser Erkenntnis führte bei Bettelheim über die Introspektion und die biographische Verarbeitung.

6.4 Über unbewußte Motive

In dem Essay »Die Frage ›Warum‹« (1990, S. 88–98) schildert Bettelheim eine Szene aus seiner Jugendzeit, die ihn so tief beeindruckte, daß sie ihm auch noch 65 Jahre später lebhaft vor Augen stand. Bettelheim besuchte als 15jähriger das Realgymnasium. Wie es der damaligen Zeit im Kaiserreich entsprach, galt ein Lehrer noch als eine Respektsperson:

»Ich war ein sehr guter Schüler, ein ruhiger, introvertierter, braver Junge, bis mich eines Tages einer unserer Lehrer so provozierte, daß ich ihn – ohne es mir vorher überlegt zu haben – plötzlich packte und mit Hilfe einiger Mitschüler, die mein Beispiel anfeuerten, aus dem Klassenzimmer hinauswarf. Er verhielt sich so ganz anders als alle unseren bisherigen Lehrer, und wir hatten uns schon längere Zeit über ihn geärgert. Aber unmittelbar danach war ich sehr erschrocken über das, was ich getan hatte. Es paßte so gar nicht zu meinem üblichen Betragen. Ich wußte nur, daß ich so empört gewesen war, daß ich ganz einfach irgend etwas tun mußte. Was meine Tat aber ausgelöst hatte, welche Motive – abgesehen von meiner Wut – in mir am Werk gewesen waren, ahnte ich nicht, genausowenig wie ich wußte, was meine Wut erregt hatte.« (1990, S. 90)

Trotz intensiven Nachdenkens war Bettelheim auch in den nächsten Jahrzehnten nicht fähig, zu begreifen, was ihn tief in seinem Inneren veranlaßt haben mochte, so sehr im Widerspruch zu seinem Charakter zu handeln: »Ich hätte es nie für möglich gehalten, daß ich so unüberlegt und aggressiv handeln könnte, was – in Anbetracht des Schauplatzes der Handlung, ein österreichisches Gymnasium des alten Kaiserreichs – eine ungeheuerliche Disziplinlosigkeit war« (ebd.).

Die inneren Motive für sein ungewohntes Handeln waren ihm nicht zugänglich; seine Angst vor den schulischen Folgen muß demgemäß sehr groß gewesen sein. Sein Direktor war für strenge Zucht und Ordnung bekannt. Ein Ausschluß vom Gymnasium oder sogar von allen Wiener Gymnasien war möglich. Am nächsten Morgen hielt der Direktor auch wirklich eine mächtige Strafpredigt, doch dann geschah etwas Ungewöhnliches:

»Nachdem er mich eine Ewigkeit – wie mir schien – angebrüllt und zu Tode geängstigt hatte, schwieg er plötzlich und fügte nach einer Weile mit völlig ruhiger Stimme, die in eindrucksvollem Gegensatz zu seinem bisherigen Wutausbruch stand, Worte hinzu, die ich nie vergessen habe. Er sagte: ›Natürlich weiß ich, daß etwas Derartiges nie vorgekommen wäre, wenn Dr. X sich so verhalten hätte, wie ich es von allen Lehrern dieser Anstalt erwarte.‹ Und mich beim Namen nennend, fügte er hinzu: ›Sie werden morgen zwei Stunden nachsitzen und sich selbständig mit einem Lehrstoff beschäftigen, den Dr. X Ihnen so interessant hätte machen sollen, daß für eine solche Ungezogenheit kein Platz gewesen wäre.‹ Daraufhin verließ er ruhig das Klassenzimmer. Das war meine ganze Strafe.« (Bd. V, S. 91)

Bettelheim war natürlich sehr erleichtert. Er fügt hinzu: »Was mir damals und bis zum heutigen Tag einen so tiefen Eindruck gemacht hatte, war, daß ich nicht nach meinen *Motiven* gefragt wurde. Man erwartete von mir keine Beichte, keine Reue wegen meines Verhaltens und keine Entschuldigung oder Rechtfertigung« (ebd.).

Bettelheim erkannte, daß ihm alle oberflächlichen Erklärungen für sein Verhalten nicht weiterhalfen. Sein Direktor begegnete ihm auch zukünftig mit der ihm eigenen Zurückhaltung, die mit einem gewissen Respekt verbunden war. Bettelheim hingegen war von einem namenlosen Schüler ohne eigenes Gesicht zu einer eigenständigen Person geworden. Erst sehr viel Jahre später dämmerte es ihm, daß sein Direktor sein Verhalten zwar weiterhin mißbilligte, aber auch verständlich fand. Er hatte ihn nicht genötigt, seine Selbstachtung zu verlieren. Im

Grunde genommen hatte dieser altmodische Herr erkannt, daß sein Schüler Bettelheim ein mächtiges unbewußtes Motiv für sein ungewohntes Verhalten haben mußte. Dieses Motiv zu verleugnen hätte die Sache nur noch schwieriger gestaltet. Im jahrzehntelangen zeitlichen Abstand vermutet Bettelheim: »Im tiefsten Sinn schätzte der Direktor mein Verhalten vermutlich als das ein, was es war: eine symbolische Demonstration meines Bedürfnisses, gute Lehrer zu haben, vor denen ich Achtung haben konnte. So war auch meine Strafe – zwei Stunden Nachsitzen – symbolisch« (S. 93).

Kennzeichnend für den »späten« Bettelheim ist sein Bemühen, seine in einem lebenslangen Prozeß der Selbsterforschung gewonnene Selbsteinsicht einer aufgeschlossenen pädagogischen Öffentlichkeit darzureichen und aus dieser persönlichen Erfahrung eine allgemeinpädagogische Grunderkenntnis abzuleiten. Bettelheim resümiert: »Wenn man ein Kind zwingt, sich einzugestehen, daß es sich selbst nicht kennt, schadet man damit seinem Selbstvertrauen. Außerdem leidet auch seine gute Beziehung zu dem Erwachsenen darunter, der es durch sein Verhör zu diesem niederschmetternden Eingeständnis gezwungen hat« (S. 95).

Um das Vorstellungsvermögen des Lesers von der Macht unbewußter Prozesse anzuregen, gibt Bettelheim im hohen Alter sein privates Motiv für sein scheinbar unverständliches Verhalten preis:

»Dr. X war eine lächerliche Figur mit der Stimme eines Eunuchen gewesen. Er konnte das Fach, in dem er promoviert hatte, auch nicht halbwegs adäquat unterrichten. Wir waren damals in einem Alter, in dem unsere aufkeimende Männlichkeit uns mit Zweifeln und Ängsten erfüllte, und wir brauchten männliche Figuren, mit denen wir uns identifizieren konnten. Dr. X war für uns kein geeignetes Identifikationsobjekt. Er vergrößerte noch unsere Angst, später als Mann zu versagen, und erfüllte uns mit den schlimmsten diesbezüglichen Befürchtungen. Deshalb haßten wir ihn (...).

Welches unmittelbare, dringende Bedürfnis mochte mich veranlaßt haben, die Grenzen meines normalen Verhaltens derart zu überschreiten? Tatsächlich war, kurz bevor ich mich zu einem so unerwarteten und völlig uncharakteristischen Verhalten hinreißen ließ, etwas Ungewöhnliches geschehen: Mein Vater hatte einen Schlaganfall erlitten, der ihn eine Zeitlang völlig lähmte. So war ich plötzlich und unerwartet nicht nur meines wichtigsten Vorbilds zur Bildung meiner Persönlichkeit beraubt, ich sah mich mit der Möglichkeit konfrontiert, in die Fußstapfen meines Vaters treten zu müssen, da ich außer ihm das einzige männliche Mitglied unserer Familie war. Das war für einen unsicheren Fünfzehnjährigen, der von Zweifeln in Bezug auf seine Männlichkeit hin– und hergerissen wurde und dem es an männlichem Selbstbewußtsein fehlte, ein erschreckender Gedanke. Diese Angst wurde durch die schwere Erkrankung meines Vaters (von der er sich glücklicherweise später erholte) übermächtig, und ich fürchtete, ich könnte am Ende jemand wie Dr. X werden. Dieser Gedanke war unerträglich. Daß ich ihm täglich im Klassenzimmer begegnete, vergrößerte meine Angst immer mehr, bis ich sie nicht mehr unter Kontrolle hatte. Nur durch einen äußerst gewagten, von Selbstbewußtsein zeugenden Akt konnte ich diese Angst um mich selbst beschwichtigen. (...) Es war, als ob sich in meinem Verhalten die Überlegung ausdrückte: ›Wenn du dich nicht wie ein Mann benehmen kannst, dann muß ich es tun, wenn ich auch noch viel zu jung dafür bin.‹«

7 Berufliche Entwicklung Bettelheims

7.1 Die Anfänge von Bettelheims akademischer Entwicklung in den USA

1937 hatte Bettelheim seine Dissertation mit dem Thema »Das Problem des Naturschönen und die moderne Ästhetik« an der Wiener Universität abgeschlossen. Bereits in Wien war er an einer akademischen Tätigkeit an der Universität interessiert gewesen. Sein Interesse an einem akademischen Beruf wurde durch seine starke Sehbeeinträchtigung zusätzlich bestärkt: Bettelheim erkannte, daß ihm wegen seiner schlechten Augen viele andere Berufe verwehrt waren. Andererseits verunmöglichte ihm seine Sehbeeinträchtigung das zeitweise ersehnte Studium der Architektur. Obwohl ihm aufgrund seiner akademischen Kenntnisse eine solche akademische Entwicklung zugestanden hätte, wurde sie ihm wegen seiner jüdischen Abstammung verwehrt.[1] Bettelheim hat hierzu in seinem Interview mit Herlinde Koelbl (1994) angemerkt, daß er zu Anpassungen an den vorherrschenden »Zeitgeist« nicht bereit gewesen war.

1940, bereits ein Jahr nach seiner Emigration in die Vereinigten Staaten, vermittelte ihm Ralph Tyler, Direktor der Abteilung für Pädagogik an der Chicagoer Universität, eine Position als »research associate with the Progressive Education Association at Chicago« (Bd. XIV, S. 126 und S. 194, Zimmerman 1991, S. 691; vgl. auch Janowitz 1971, S. 60), in dessen Rahmen er bis 1942 an einem Projekt zur Psychologie der Kunst sowie zur Kunsterziehung forschte. Von 1942–1944 war er assoziierter Professor für Psychologie am Rockford College, Illinois, um danach wieder an die Chicagoer Universität als »principal«, später als Direktor der *Sonia Shankman Orthogenic School* tätig zu werden. Die Orthogenic School wurde 1913 gegründet und war organisatorisch eine Einrichtung der Chicagoer Universität. Bettelheim war von 1944 bis 1952 wissenschaftlicher Mitarbeiter für Entwicklungspsychologie und ab 1952 Professor für Pädagogik an der Chicagoer Universität. Nach Bettelheims Angaben (Bettelheim/Karlin 1983) war die Orthogenic School anfangs eine »traditionelle« psychiatrische Behandlungsklinik, die er in mehreren Schritten radikal in eine milieutherapeutische Modellinstitution umwandelte.[2]

Bettelheim arbeitet bis 1973 als Direktor an der *Orthogenic School*. Er beendet seine Tätigkeit im Alter von 70 Jahren, weil er die Kinder nicht mehr so zu pflegen vermag, wie er es für notwendig erachtet (vgl. Bd. XIV sowie Karlin 1994). Nach seiner Pensionierung überlegt er, mit seiner zweiten Frau Trude zurück nach Europa, in die Schweiz, zu ziehen. Weil seine drei Kinder jedoch in den USA wohnen, realisiert er diesen Plan nicht. Viele Jahre später sollten zwei seiner Kinder nach England ziehen.[3]

7.2 Frühe sozialpsychologische Forschungen

Im Oktober 1943 veröffentlicht Bettelheim seine später berühmt gewordene Konzentrationslager-Studie »Individual and Mass Behavior in Extreme Situations« im *Journal of Abnormal and Social Psychology*, die er bereits gut ein Jahr zuvor abgeschlossen hatte. Durch den Nachdruck dieser Studie in der progressiven Zeitschrift *Politics* (1, August 1944, S. 199–209) wird Bettelheim in den USA quasi »über Nacht berühmt«. Zu den späteren Auswirkungen dieser Studie bemerkt Bettelheim 1988: »Als die amerikanische Armee 1945 die Konzentrationslager befreite und damit meine Arbeit Bestätigung erfuhr, ordnete General Eisenhower an, daß alle Offiziere der Besatzungsarmee den Artikel zu lesen hatten« (1988, S. 217). »Nur«, bemerkt Bettelheim hierzu bitter, »daß eben diese Erkenntnisse den Millionen, die in den Lagern ermordet worden waren, auch nichts mehr half« (Bd. III, S. 27).

Gordon Allport schrieb dementsprechend am 15. Juni 1945 an Bettelheim:

»You will be interested to know that we received a cablegram signed by Eisenhower asking for permission to translate and reprint your article on ›Individual and Mass Behavior in Extreme Situations‹. The Headquarters had only the mimmographed edition but we authorised the reprinting and hope that your contribution will play an active part in the education of occupation authorities. From returning army men who have seen conditions first hand I judge the psychological direction taken in your article has been wholly validated.«[4]

Wie fast alle KZ-Häftlinge träumte auch Bettelheim nach seiner Befreiung viele Nächte lang vom Konzentrationslager. Im Lager hatte er hingegen niemals davon geträumt. Die psychoanalytische Einsicht ermöglichte es Bettelheim, auch diesen belastenden Spätfolgen einen positiven Aspekt abzugewinnen:

»Im Sinne Freuds konnte ich diese Träume interpretieren und verstehen, daß sie die beruhigende Mitteilung enthielten: ›Du warst in schrecklicher Gefahr, dein Leben zu verlieren, du fürchtetest, daß du dieser Gefahr nicht entrinnen würdest, aber trotz dieser deiner Angst ist alles gut ausgegangen, denn sowie ich von diesen nächtlichen Alpträumen erwachte, begriff ich, daß ich ja jetzt in Amerika in Sicherheit lebte. Diese Träume halfen mir, mit meinen Ängsten, ob es mir gelingen würde, in Amerika zu reüssieren, fertigzuwerden. Diese Träume schienen mir zu sagen: ›So wie deine Angst, nicht aus dem Leger herauszukommen, unnötig war, so ist auch deine Angst darüber, wie du es in Amerika machen wirst, unnötig.« (Bettelheim 1988, S. 217)

Bettelheim während seiner Zeit
an der Orthogenic School

Bettelheim hat diese Deutung 1987 auf dem österreichischen Kongreß »Vertriebene Vernunft« vorgetragen, der veranstaltet wurde, um die Folgen der politisch bedingten Vertreibung der österreichischen Intelligenz zu erforschen und die Wunden dieser Verbrechen zu heilen. Es zeichnet ihn aus, daß er sich an diesem Bemühen trotz seiner schwierigen Erfahrungen engagiert beteiligte. Obwohl diese historischen Erfahrungen so zerstörerisch waren, vermochte er dennoch, in deren Spätfolgen »positive«, gesunde Anteile zu erkennen und diese seiner Mitwelt zu vermitteln.

Im Kontext dieser sozialpsychologischen Studien wendet sich Bettelheim dem Bereich der Sozialpsychologie sowie der Politik, insbesondere der Vorurteilsforschung zu. Diese Forschungstätigkeiten sind in der Bundesrepublik bisher noch nahezu unbekannt. Obwohl sich Bettelheim unmittelbar nach seiner Emigration in Chicago niedergelassen hat, ist er sehr an einem geistigen Austausch mit den New Yorker akademischen Emigrantenkreisen interessiert. Bis circa Mitte der 50er Jahre arbeitet er mit dem einflußreichen, sozialpsychologisch und politisch interessierten New Yorker Institute for Social Research zusammen, sowie insbesondere mit dem amerikanischen Soziologen Morris Janowitz. 1944 beginnt das New Yorker Institut mit einer Forschungsserie zu Vorurteilen, die finanziell vom Jewish American Committee gefördert wird. Ähnlich wie die Studien der »Frankfurter Schule« wird eine Verbindung von Forschungsmethoden wie empirischer Sozialforschung mit psychoanalytischen Erkenntnissen intendiert. Die Ergebnisse dieser Studien werden von Bettelheim und Janowitz in diversen Veröffentlichungen vorgestellt. Davon nennen möchte ich »Ethnic Tolerance: A Function of Social and Personal Control« (1949b), »Reactions to Fascist Propaganda – A Pilot Study« (1950f.), »Prejudice« (1950g) sowie das 227 Seiten umfassende Buch »*Dynamics of Prejudice; a Psychological and Sociological Study of Veterans*« (1950a, Bd. XVII) – welches im übrigen als einziges von Bettelheims Büchern nicht ins Deutsche übersetzt worden ist.[5] Teile dieser Studie sind jedoch in »Aufstand gegen die Masse« (B II) eingearbeitet worden. Im deutschsprachigen Raum wurden diese sozialpsychologischen Studien durch das von Adorno und Dirks 1955 herausgegebene Buch »Sociologica« erstmals bekannt; sie veröffentlichten in dieser Aufsatzsammlung Bettelheims Beitrag »Individual Autonomy and Mass Controls« (Adorno/Dirks 1955, S. 245–262) in seiner englischsprachigen Originalfassung.

7.3 Frühe pädagogische und milieutherapeutische Studien

Bruno Bettelheims Studien zur Milieutherapie sind ins Deutsche übersetzt worden und weithin bekannt. Klinische Grundlagen seiner Publikationen waren seine Tätigkeit – sowie die seiner Mitarbeiterinnen – an der *Orthogenic School*, sowie sein Gedankenaustausch und seine Zusammenarbeit mit einem kleinen Zirkel von Klinikern. Zu nennen ist vor allem Fritz Redl, der im *Pioneer House* in Detroit auf psychoanalytischer Basis mit delinquenten Jugendlichen gearbeitet hat, sowie Emmy Sylvester. Das erste diesbezügliche Buch war »Liebe allein genügt nicht«

(1950). Bereits seit 1945 publizierte Bettelheim, zum Teil gemeinsam mit Emmy Sylvester, in Fachzeitschriften zu milieutherapeutischen Fragen. So veröffentlichte er von 1945 bis 1950 mindestens zwölf Aufsätze zu pädagogischen und psychologischen Themen. Sein 1948 in den USA publizierter Beitrag »The Social Studies Teacher and the Emotional Needs of Adolescents« war der erste ins Deutsche übersetzter Text (vgl. Fürstenau 1974).

Ich möchte zu diesen frühen Schriften einen Aspekt hervorheben: Bettelheim hat immer betont, daß nicht so sehr die psychoanalytische Deutung oder die Erinnerung an schwierige Erlebnisse – die vielleicht der Ausgangspunkt der Erkrankung des Kindes gewesen sein mögen – kurativ wirken. Entscheidend ist vielmehr, daß das Kind hier und jetzt Unterstützung erfährt, so daß an die Stelle der zerstörerischen Introjekte neue, gute, lebensbejahende Erfahrungen treten können. Dementsprechend schreibt er 1949: »instead of reliving the pathogenic past, the child is helped to live successfully in the present. Convincing demonstrations of ego strength thus take the place of speculation about the possible sources of its weakness« (S. 93).

7.4 Ein dunkleres Kapitel – Bettelheims Veröffentlichungen zu den Anti-Vietnamkriegs-Demonstranten

Bruno Bettelheim hat mit seinen Publikationen häufig Kontroversen ausgelöst. Er war in seinen Formulierungen scharfsinnig, gelegentlich heftig, einfühlend, jedoch auch provozierend und eigensinnig. So wie er als Mensch widersprüchlich war, waren auch manche seiner Publikationen irritierend, manche geradezu politisch reaktionär. Diesem Bereich zuzuordnen sind mehrere Aufsätze über die protestierenden Anti-Vietnamkriegs-Demonstranten, die er in den USA zwischen 1969 und 1972 veröffentlichte. Diese Aufsätze sind im deutschsprachigen Raum nahezu unbekannt. Bei meinen folgenden Ausführungen orientiere ich mich an der Studie von Sutton (1996) sowie der fundierten, kritisch gehaltenen Studie von D. Patrick Zimmerman (1991). Zimmerman ist Forschungskoordinator an der *Orthogenic School*.

Einführend merkt Zimmerman an, daß Bettelheims heftige Angriffe gegen die Anti-Vietnamkriegs-Demonstranten – die die öffentliche Diskussion in Amerika zu diesem politischen Thema noch zusätzlich anheizten – offensichtlich im Kontext einer Wiederbelebung seiner Erfahrungen im Faschismus zu sehen sind. Ausgangspunkt von Bettelheims Argumentation ist eine entschiedene, vehement vorgetragene Kritik an der studentischen Bewegung gegen die Intervention der Amerikaner im Vietnamkrieg. So beließ er es bezüglich des Anklagepunktes, daß dieser Krieg unmoralisch sei, bei der schlichten Bemerkung, daß »alle Kriege unmoralisch seien«. Er verband dies mit der Hypothese: »(...) what youth is fighting against is not so much the war in Viet Nam or the global balance, but an America whose technology seems to have robbed them of any place in the real work of the world« (Bettelheim 1969i, S. 32, in: Zimmerman 1991, S. 701). Die Jugendproteste wurden von Bettelheim in einer paradoxen Weise interpretiert: Einerseits sei es ein Zeitphänomen, welches »natürlich sei und zu allen Zeiten bestanden habe« (Bettelheim 1972), andererseits schien er 1969 zu glauben, »that adolescent revolt is *not* a natural stage, but rather is a relatively new phenomenon precipitated by the inherent evils of technology, a decline in the quality of family relationships, and the negative side-effects of affluence in the modern industrial state« (Zimmerman 1991, S. 701). Bettelheim ging jedoch noch weiter: Er charakterisierte die Antikriegsbewegung als einen »Faschismus von Links«, die ihn an das Hitler-Deutschland erinnere. Als gemeinsame Parallele sah er: »a fascination with violant revolution against ›the establishment‹, an anti-intellectual stance, the reliance upon a simplistic reduction of complex issues, the protesters' self-definition as the ›true-believers‹« (Zimmerman 1991, S. 702). Gegen Ende spitzte Bettelheim seine Ausführungen noch einmal zu. Er reduzierte die Überzeugungen und Aktionen der Kriegsgegner »simply to behavioral manifestations of emotional disturbance. (...) Accordingly, radical political activity was portrayed as a desperate attempt to escape severe depression and to avoid complete breaks with reality« (Zimmerman 1991, S. 702).

Diese Ausführungen Bettelheims – die er auch auf einem pädagogischen Kongreß vortrug – erscheinen aus ideologiekritischer Position als recht fragwürdig. Ganz im Sinne dieser irritierenden, individualisierenden Tendenz wurde sein publizierter Kongreßbericht im Vorwort des Kongreßveranstalters Pucinski folgendermaßen interpretiert: »Dr. Bettelheim has called our attention to the fact that some of those participating in campus disorders are emotionally disturbed and in need of professional help in the treatment of their personal problems« (Pucinski 1969, S. E 2473, in: Zimmerman 1991, S. 703).

8 Sinnstifter des Sinnlosen – Werkübersicht zu Bruno Bettelheim

In diesem Kapitel stelle ich in einer Werkübersicht alle deutschsprachigen Buchpublikationen Bettelheims vor. Hierdurch soll ein systematischer Zugang zu seinem breitgefächertem Gesamtwerk erleichtert werden. Entsprechend einer biographischen Zuordnung gehe ich methodisch so vor, daß ich diese Bücher chronologisch, d.h. entlang dem Zeitpunkt ihrer Erstveröffentlichung, vorstelle. Hierbei werde ich thematische Kontinuitäten zwischen einzelnen Büchern sowie sonstigen Publikationen Bettelheims herausarbeiten und sie verschiedenen thematischen Schwerpunkten (Milieutherapie, Sozialpsychologie, Geschichte und Technik der Psychoanalyse, Anthropologie, Psychologie des Terrors, Kibbuzerziehung, Schriften zur Kindererziehung) zuzuordnen versuchen. Weiterhin skizziere ich am Ende eines jeden Unterkapitels in knapper Form die Rezeptionsgeschichte des jeweiligen Buches; schwerpunktmäßig betrachte ich hierbei die deutschsprachige Rezeptionsgeschichte, insbesondere, soweit sie unmittelbar dem Themenbereich der Psychoanalytischen Pädagogik zuzuordnen ist.

8.1 »Liebe allein genügt nicht« und »So können sie nicht leben. Die Rehabilitierung emotional gestörter Kinder«

In den Büchern »Liebe allein genügt nicht« (Bd. IX, 1950, dt. 1971) sowie »So können sie nicht leben« (Bd. X, 1955, dt. 1973) faßt Bettelheim seine aus den ersten zehn Jahren mit der in der *Orthogenic School* praktizierten Milieutherapie erwachsenen Erfahrungen zusammen. Bettelheim und seine Mitarbeiterinnen befinden sich noch in einer »Erprobungsphase«. Er stellt die Prinzipien seiner milieutherapeutischen Konzeption sowie seine entwicklungspsychologischen Prämissen vor und zeigt ihre vielfältigen pädagogischen Anwendungsfelder auf. Bettelheim hebt die Bedeutung realer Objektbeziehungen zwischen emotional dem beeinträchtigten Kind und seinem Betreuer wie auch zwischen den Kindern selbst hervor. Einige Zwischenüberschriften aus »Liebe allein genügt nicht« mögen die

Breite der pädagogischen Themen dieses Buches illustrieren: »Vom Traum zum Wachen«, »Die Zwischenzeiten«, »Nahrung: das hervorragende Mittel zur Sozialisierung«, »Allein und in der Gruppe«, »Im Badezimmer« und »Schlafenszeiten«. Als Pädagoge vermag man in diesem Text vielfältige Anregungen für seine eigene Tätigkeit zu finden – gleichgültig, ob mit emotional beeinträchtigten oder mit »gesunden« Kindern.

In dieser Anfangsphase orientiert sich Bettelheim, die Loyalität zu Freud wahrend, sowohl inhaltlich als auch von der Diktion her im Rahmen »traditioneller« psychoanalytischer Denkmodelle. Es ist eine Phase, in der er, die Lagererfahrungen sowie die Vertreibung aus seiner Wiener Heimat verarbeitend, schrittweise eine neue Basis, eine zweite Heimat aufzubauen versucht. Seine Loyalität gegenüber dem, was er als seine Wurzeln empfindet, wirkt sich demgemäß noch intensiv auf seine Konzeptionen sowie seine Darstellungsweise aus.

Diese zwei frühen Studien über seine milieutherapeutische Tätigkeit in der Orthogenic School sind erst circa 20 Jahre später ins Deutsche übersetzt worden. Der griffige Titel »Liebe allein genügt nicht« ist inzwischen in die pädagogische Diskussion als »Leitbegriff« eingegangen. Die Bücher wurden verschiedentlich rezensiert.[1] Die Rezensionen von Kutter (1971) sowie Schacht (1976), beide in der »Psyche« erschienen, geben divergierende Einschätzungen wieder und dürften hierbei repräsentativ für die ambivalente Rezeption von Bettelheims Studien stehen. Kutter (1971) bespricht »Liebe allein genügt nicht« vor dem Hintergrund seiner eigenen Tätigkeit in einer Erziehungsberatungsstelle sehr positiv, verknüpft hierbei den »vielsagenden Sinn« des Buchtitels mit dem »tiefen Gehalt des Buches« (S. 74). Er betont die psychoanalytisch-pädagogischen Kontinuitäten im Werk Bettelheims und stellt sie ideengeschichtlich in den Kontext der Studien von August Aichhorn und Anna Freud; sie zeigten sich unter anderem in einer engen Verknüpfung zwischen pädagogischer Beziehungsanbahnung und therapeutischer Behandlung. Pädagogik und Therapie bilden für Kutter keine Gegensatzpaare, sondern können in der konkreten Arbeit verknüpft werden. Sie können jedoch auch als sich ergänzende Arbeitsformen angewendet werden. Dem Aufwachsen in einer Gruppe Gleichaltriger wird eine kurative Bedeutung zugemessen. Schacht (1976) hingegen bespricht in einer Sammelrezension Bettelheims »So können sie nicht leben« sehr viel kritischer. Vor dem Hintergrund der posthumen Kritik an Bettelheim kann seine verhaltene Skepsis durchaus als vorausschauend bezeichnet werden. Er vermißt bei Bettelheim kritische Distanz zum Gegenstand und kritisiert dessen »beinahe schwärmerische Töne« sowie die den Erziehern nahegelegten »mönchischen Ideale« (S. 288). Ob das Leben in der Orthogenic School von seinen Patienten als genauso ideal empfunden werde wie von Bettelheim, sei zweifelhaft. Als besonders fragwürdig erscheint ihm die dort praktizierte weitgehende Trennung zwischen erkranktem Kind und dessen Eltern. Hierdurch müsse sich die spätere Ablösung des Kindes von der therapeutischen Institution (wie auch von den Eltern) als schwierig erweisen. Seine abschließenden Anmerkungen über die Bedeutung von Bettelheims Persönlichkeit für dessen pädagogisch-therapeutische Tätigkeit dürfen ebenfalls als aktuell bezeichnet werden – und treffen sich überraschenderweise mit Bettelheims überzeugender Kritik an Alexander Neills »Summerhill« aus dem Jahre 1970.[2]

Manfred Gerspach (1994) hat mit seiner Studie »George der Ausreißer. Bruno Bettelheims Anregungen für die Heilpädagogik« eine Verknüpfung zwischen Bettelheims milieutherapeutischen Studien sowie den Arbeiten von Leber (1972, 1975, 1984, 1985), Lorenzer (1974) und Clos (1982) vorgelegt. Am Ende akzentuiert er die Besonderheit von Bettelheims Darstellungsweise, seinem pädagogischen Erkenntnisinteresse, wenn er bemerkt: »(...) Bettelheim sagt es so ergreifend einfach. Warum aber verkommt Pädagogik so oft zu einer langweiligen Angelegenheit, ausgestattet mit der Attraktivität eines altbackenen Brötchens?« (Gerspach 1994, S. 255).

8.2 Die symbolischen Wunden – ethnopsychoanalytische Beiträge

1954 erschien die von Bettelheim verfaßte anthropologische Studie »Symbolische Wunden« (Bd. XI, dt. 1975). Hiermit verließ er erstmals sein vertrautes milieutherapeutisches Terrain und ging »zu Freud zurück«. Bettelheim analysiert bestimmte Initiationsriten von Urgesellschaften und beurteilt sie im Kontext eigener Beobachtungen in seiner Schule wie auch der relevanten ethnologischen Literatur. Eine seiner Thesen lautet, daß es einen Gebärneid des Mannes gebe:

»Wir haben kaum einen Beweis dafür nötig, daß Männer Ehrfurcht vor der lebensspendenden Kraft der Frauen empfinden, daß sie wünschen, daran teilzunehmen und daß beide Gefühle in der westlichen Gesellschaft leicht anzutreffen sind. (...) Meine Absicht war, zu zeigen, daß einige Naturgesellschaften, die uns in dieser Hinsicht keineswegs unterlegen sind, den spontanen Schritt von der negativen Erfahrung der Furcht zur positiven Erfahrung, die Furcht zu bewältigen, taten – indem sie versuchten, die Macht der Frauen zu ihrer eigenen zu machen.«

Kersten Reich (1994b) hat hierzu eine ausführliche Analyse verfaßt. Er hebt Bettelheims zwar geachtete, aber keiner etablierten Schulrichtung zuzuordnende Außenseiterposition innerhalb der Psychoanalyse hervor, die sich für eine breitere Rezeption seiner eng an Freud orientierten Studie nachträglich ausgewirkt haben mag. Reich resümiert, in Übereinstimmung mit Erdheim (1984):
»Will man Bettelheims Buch ›Symbolische Wunden‹ zusammenfassend würdigen, dann scheinen mir seine Gedanken ein durchaus gerechtfertigter Angriff gegen kulturelle Altlasten der einseitigen Freudschen Konstruktion des Ödipuskomplexes aus männlicher Sicht zu sein, zugleich jedoch die eingeführte soziale Sicht eher oberflächlich und allgemein auf die Frage der Gleichberechtigung beschränkt. (...) Hier ist es Bettelheim nicht gelungen, die Grenze zu einem kritischen Verständnis gesellschaftlicher Prozesse hinreichend zu überschreiten und notwendige Verbindungslinien des gesellschaftlich Unbewußten zu ziehen, aber – und dies war eine genuine Leistung beim Erscheinen seiner Schrift 1954 – er hat mehr als viele seiner amerikanischen Kollegen einen großen Schritt in diese Richtung getan.« (1994a, S. 173)

In der psychoanalytischen sowie anthropologischen Fachliteratur scheint dieses Buch relativen Anklang gefunden zu haben. Es erschienen im deutsch- und englischsprachigen Raum mehrere Buchbesprechungen sowie sonstige Fachbeiträge.[3]

8.3 Sozialpsychologische Studien: Aufstand gegen die Masse

1960 veröffentlichte Bettelheim die sozialpsychologische Studie »Aufstand gegen die Masse. Die Chance des Individuums in der modernen Gesellschaft« (Bd. II, dt. 1974). Er vereinigt hierin sieben sozialpsychologische Studien zur Krise des Individuums in der modernen Massengesellschaft.

Ganz im Geiste der Freudschen kulturkritischen Schriften, in Erinnerung an seine Erfahrungen im nationalsozialistischen totalitären Staat, spricht Bettelheim in der Einleitung zu »Aufstand gegen die Masse« von »der Erörterung des Unbehagens an unserer Zivilisation« (S. 8), von dem »Unbehagen an der Kultur« (S. 49, S. 41) und sucht, als Reaktion auf dieses Unbehagen, für das Individuum in der heutigen Industriegesellschaft nach einer »völlig andersartigen Sicherheit (...), einer Sicherheit, die auf einem guten Leben beruht« (ebd.). Bettelheim verwendet bereits den für ihn kennzeichnenden, scheinbar altmodischen, ergreifenden Stil, wenn er empfiehlt:

»Wenn dieses Kunststück fertiggebracht werden soll, *dürfen Herz und Vernunft nicht länger voneinander getrennt bleiben.* Arbeit und Kunst, Familie und Gesellschaft dürfen sich nicht mehr unabhängig voneinander entwickeln. Wir können uns nicht mehr mit einem Leben zufriedengeben, in dem die Argumente des Herzens der Vernunft fremd sind. *Unser Herz muß die Welt der Vernunft kennen, und die Vernunft muß sich von einem wissenden Herzen leiten lassen.*« (S. 8, Hervorhebung R. K.)

Bettelheim, München 1984

Das erste, einführende Kapitel markiert insofern einen Einschnitt in Bettelheims Biographie, als er in ihm seine bisherigen Publikationen mit einem gewissen Abstand betrachtet und sein Verständnis der Möglichkeiten und Grenzen der Psychoanalyse zu bestimmen sucht. Man spürt, daß Bettelheim über seine bisherige Tätigkeit in seiner neuen amerikanischen Heimat nachsinnt und neue Aufgaben, Perspektiven sucht. Es ist zugleich ein persönliches Buch, in dem er einige autobiographische Erfahrungen im Interesse eines geruhsamen Erkenntnisprozesses entfaltet.

Bettelheim stellt sehr offen seine vorsichtig, schrittweise vollzogene Kritik und Weiterentwicklung »traditioneller« psychoanalytischer Konzepte sowie der damit verbundenen sprachlichen Darstellungsformen dar. An seine frühen milieutherapeutischen Studien »Liebe allein genügt nicht« sowie »So können sie nicht leben« anknüpfend, führt Bettelheim aus:

»Wie schwierig es für mich war, diese Modelle aufzugeben, läßt sich der Tatsache entnehmen, daß ich in zwei Büchern über die Arbeit der Orthogenic School (...), in denen ich den gewagten Versuch einer Abwendung von der psychoanalytischen Praxis darstellen wollte, trotzdem mein bestes tat, meine neuen Gedanken in der Sprache der theoretischen Psychoanalyse auszudrücken.« (Bd. II, S. 325)

Ich möchte einige Passagen aus »Aufstand gegen die Masse« ausführlicher wiedergeben: Bruno Bettelheim, inzwischen in der Mitte seines 50. Lebensjahres stehend, sinnt über seine Jugend in Wien, die »Welt meiner Eltern« (Bd. II, S. 42) nach. Er beschreibt seine »Suche nach Gewißheit« (S. 12) angesichts einer sich radikal verändernden Welt sowie seine eigene Position in der kleinen Gruppe der psychoanalytischen Pioniere in Wien. Er vermochte sich in seiner Wiener Jugend weder vorbehaltlos der sozialistischen, gesellschaftsverändernden Richtung anzuschließen – die von Siegfried Bernfeld sowie seinen Freunden Wilhelm Reich und Otto Fenichel verkörpert wurde –, hierin innere Sicherheit zu finden, noch derjenigen, die »sich in eine private Welt der Kunst, der Wissenschaft oder der Bohème« (Bd. II, S. 13) zurückzogen:

»So sehr auch ich gewünscht hätte, in Gewißheit zu leben, fühlte ich mich doch außerstande, mich einer der beiden Seiten anzuschließen. Beide besaßen zu verschiedenen Zeiten eine gewisse Anziehungskraft auf mich, aber meistens glaubte ich doch, daß jede für sich nichts zu bieten habe. (...) Hin und wieder versuchte auch ich dem Problem zu entgehen, indem ich die Flucht ins Privatisieren antrat, wenn dieser Begriff auch damals noch unbekannt war. Ich verlegte mich auf eine Beschäftigung mit Literatur und Kunst und ein wenig auch mit Musik, während ich gleichzeitig enge Freundschaften pflegte. Für Kunst und Literatur hatte ich mich zwar schon eher interessiert als für Psychoanalyse und soziale Probleme, aber sie erwiesen sich als unbefriedigend, weil sie keine Antwort auf meine bohrende Frage nach dem besseren Menschen in einer besseren Gesellschaft gaben. Aber noch war ich nicht bereit, mich von ihnen zu trennen. Ich dachte, wenn ich sie nur tief genug auslote, könnte ich schon die richtige Antwort finden. Die Philosophie schien am tiefsten zu schürfen, daher wandte ich mich eine Zeitlang ihr zu (...)«. (Bd. II, S. 13 f.)

Bettelheim beschreibt sein inneres Ringen, wie er sein Verhältnis zur Gesellschaft sowie seinen privaten Veränderungswunsch am günstigsten zu gestalten und zu realisieren vermöge:

»Als junger Mann, der sich selbst finden wollte, war ich davon überzeugt, daß jede Umwelt (...) nur derart umgestaltet zu werden brauchte, daß die Selbstverwirklichung möglich wurde. Diese Selbstverwirklichung in einer Vereinigung von Gegensätzen zu sehen, war ich jedoch noch nicht in der Lage. (...) Die Sozialdemokratie schien diese Möglichkeit (eine bessere Gesellschaftsordnung zu schaffen, R.K.) schon eher zu bieten, und ich schloß mich ihr an, wenn auch zögernd und nicht ohne Bedenken. Für mich stand fest, daß die Sozialdemokratie keine bessere Gesellschaft schaffen würde, solange sie nicht aus besseren Menschen bestand und von solchen geführt werden würde.« (Bd. II, S. 14 f.)

Und: »So wandte ich mich denn schließlich der Psychoanalyse mit größeren Erwartungen zu als der politischen Reform. Es war nicht nur mangelndes Vertrauen in die Möglichkeiten der guten Gesellschaft, das mich zu dieser Entscheidung bewog. Ich wandte mich der Psychoanalyse teils aus persönlichen Gründen und teils deshalb zu, weil ich eine Lösung von Problemen suchte, die mir selbst Schwierigkeiten machten. Ich hatte im Anfang nicht die Absicht, die Psychoanalyse zu meinem Beruf zu machen, wenn ich auch erwartete, durch sie außer persönlichem Nutzen auch ein tieferes Verständnis der theoretischen, sozialen, philosophischen und ästhetischen Probleme zu gewinnen.« (Bd. II, S. 16)

Bettelheim beschreibt seine widersprüchliche, schwankende Position zur Psychoanalyse. In Folge einer inneren Krise etwa im Jahre 1928 entstanden in ihm Vorbehalte dieser gegenüber. Bettelheim konstatiert: »Trotzdem zweifelte ich bis zu meiner Inhaftierung nicht am Wert der Psychoanalyse im allgemeinen und meiner eigenen im besonderen. Ich war überzeugt, daß die Psychoanalyse in meinem Fall erreicht hatte, was mit ihr zu erreichen war. So hatte ich mich denn wohl oder übel damit abgefunden, als der Mensch zu leben, der ich war, und versuchte Gefallen daran zu finden.« (Bd. II, S. 18)

Bettelheim hat seine Inhaftierung in Dachau und Buchenwald immer als das furchtbarste, prägendste Trauma seines Lebens bezeichnet. Diese Erfahrungen – die von mir an späterer Stelle näher ausgeführt werden – stärkten seine Zweifel an dem umfassenden Nutzen der Psychoanalyse: Im Konzentrationslager wurde ihm die Erfahrung aufgenötigt, welchen mächtigen Einfluß äußere Lebensumstände auf die psychische Struktur des Einzelnen haben. Wenn er im Lager überleben wollte, mußte er sich diesen radikal veränderten Lebensumständen in sehr weitgehender Weise anpassen:

»Meine Erlebnisse im Lager zeigten mir, ich möchte fast sagen, innerhalb weniger Tage, daß ich viel zu weit gegangen war, als ich glaubte, nur Veränderungen im Menschen könnten Veränderungen in der Gesellschaft hervorbringen. Ich mußte einsehen, daß die Umwelt den Menschen in seiner Persönlichkeit sozusagen umkrempeln kann, und zwar nicht nur das kleine Kind, sondern auch den reifen Erwachsenen. Wenn ich verhindern wollte, daß das auch mit mir geschah, dann mußte ich mich auf diese Macht der Umwelt einstellen, mußte entscheiden, worin und wie weit ich mich anpassen wollte und worin ich nicht nachgeben durfte. Die Psychoanalyse, wie ich sie kannte, war mir bei dieser überaus wichtigen Entscheidung keinerlei Hilfe. Das Erstaunlichste ist, daß die Psychoanalyse keinerlei Antwort auf die Frage hatte, wie ich die Lagerhaft überleben, und zwar halbwegs anständig überleben konnte.« (Bd. II, S. 22)[4]

Diese jahrzehntelangen »Aufarbeitungs«-Bemühungen seiner eigenen traumatischen Erfahrungen führte ihn zu einer Ausweitung seines Blickwinkels von einer »individualisierenden« hin zu einer »soziologischen« Betrachtungsweise. Bettelheim kommt zu dem Schluß, daß sich die Psychoanalyse angesichts dieser radikal veränderten Lebensumstände »als unerwartet und erschreckend beschränkt in ihrer Anwendbarkeit« (Bd. II, S. 23) erwiesen habe. Sie betone das Innenleben zu sehr und berücksichtige die soziale Umwelt sowie die gesamte Lebenssituation des einzelnen Menschen zu wenig.

Die gesellschaftspolitische »Einordnung« von Bettelheims vielfältigen Studien ist widersprüchlich, divergierend. Es hat, wohl auch im Kontext einiger irritierender Stellungnahmen Bettelheims zu gesellschaftlichen Auseinandersetzungen,[5] Versuche gegeben, Bettelheim eine »gesellschaftspolitische Abstinenz«[6] zu unterstellen. Insofern scheint mir die Rezeption von »Aufstand gegen die Masse« von besonderem Interesse zu sein. Kaiser (1966) veröffentlichte in der »Frankfurter Rundschau« eine Besprechung. Der Soziologe Klaus Horn, der als langjähriger Leiter der Abteilung für Sozialpsychologie am Sigmund-Freud-Institut für eine Verbindung von Psychoanalyse mit kritischer Gesellschaftstheorie steht, hat bereits 1965 in der *Psyche* eine gründliche und weitblickende Rezension dieser Bettelheim-Studie verfaßt, die von höchster Aktualität ist; in seinem Nachlaß fand sich ein weiteres Manuskript aus dem Jahre 1981, welches soeben publiziert wurde (Horn 1999), in dem Horn erneut Bettelheims Studie zur »Massengesellschaft« im Sinne einer »Disziplinierung individueller Subjektivität bis zur Auslöschung« diskutiert (Horn 1989, S. 15f.). Horn (1965) skizziert den biographischen »Selbstfindungsprozeß« Bettelheims, dessen Skepsis gegenüber allen Versuchen, Freuds »revolutionäre Theorie zu einer Theorie der Revolution« zu verfälschen (S. 820). Er betrachtet Bettelheims Versuch zur Eruierung des Verhältnisses von Individuum und Gesellschaft insofern als vorausblickend und wegweisend, als dieses Bemühen in psychoanalytischen Kreisen durchaus unüblich sei. Ausdrücklich hebt Horn hervor, daß Bettelheim hiermit »an eine verlorene, vielleicht sogar verdrängte Tradition der Psychoanalyse aus einer Zeit« anknüpfe, »bevor man sich hierzulande und auch in Österreich fürs KZ entschied« (S. 820). Des weiteren fokussiert Horn Bettelheims These, es gelte, »schon den kleinsten Anfängen einer als KZ organisierten Gesellschaft zu wehren« (ebd.). Er beschreibt Bettelheims Analysen zu den verschiedenen Funktionen des Konzentrationslagers (Umerziehung, systematische Entmenschlichung, erzwungene Regression; hierdurch intendierte Terrorisierung und Einschüchterung der gesamten Bevölkerung; Vernichtung) und betont, daß »der Tod im Grunde der einzige freiheitliche Akt (war), der den Häftlingen blieb. Die Unmöglichkeit, über anderes zu entscheiden oder zu verfügen, führte zum Realitätsverlust« (S. 821). Horn betont: »Nach Bettelheim handelt es sich nicht um bloß historische Erfahrungen; in seiner Darstellung dient im Grunde das KZ nur als hochverdichtete Modellsituation, Muster der modernen Industriegesellschaft, in der ›Anpassung‹ die Kardinalforderung an das Individuum ist« (S. 822). Horn stimmt hiermit mit Reich (1993, 1994a), sowie Richter (1995, S. 15, 24, 51f., 66ff., 86, 101, 237, 301, 303f.) überein, die in vergleichbarer Weise die zeitungebundene Bedeutung von Bettelheims sozialpsychologischen Schlußfolgerungen hervorgehoben haben. Insofern entsprechen seine Überlegungen meinen Ausführungen zur Bedeutung, die die Vertreibung der Psychoanalyse und Psychoanalytischen Pädagogik durch den Nationalsozialismus für den heutigen pädagogischen Stellenwert insbesondere von Bettelheims, Eksteins und Federns Leben und Werk hatte.

Horn behandelt am Ende seiner Rezension noch einen weiteren Aspekt, den ich in meiner dieses Bettelheim-Kapitel abschließenden Studie »Bewältigungsversuche eines Überwältigten: Eros und Thanatos in der Biographie und im Werk von Bruno Bettelheim« detaillierter diskutieren werde: Die existentielle Bedeutung, die Bettelheim der Sterblichkeit des Menschen als Grundkategorie zur Entwicklung von Individualität und Autonomie zuschreibt. Horn führt aus:

»(...) Zwar scheint die andere Lösung, die Bettelheim zu denken anheimstellt, etwas rigoristisch, doch nicht unrealistisch: Wenn die Menschen weiterhin glauben, die Lösung ihrer Probleme allein den Maschinen anvertrauen zu können und vor irdischen Problemen in den Weltraum fliehen, dann wird auch der letzte freiheitliche Akt, den das KZ offen ließ, nämlich durch das Auftreten als Individuum den Zeitpunkt des Todes zu bestimmen, unüblich werden.« (S. 822)[7]

Um Bettelheims subtilen Beitrag zu dieser Thematik im deutschsprachigen Raum zu verstehen, ist vielleicht eine Erinnerung von Michael Löffelholz hilfreich, die er mir 1997 geschildert hat. Sie stammt aus einem Gastvortrag, den Bettelheim 1955 in Frankfurt hielt; Löffelholz hatte diesem Seminar als junger Student beigewohnt. Die im folgenden geschilderte Erinnerung war für ihn offensichtlich so bedeutsam, daß er sich auch heute noch sehr unmittelbar und nah an diese eher zufällige Begegnung mit Bettelheim zu erinnern vermag.

»Es war Mitte der 50er Jahre, ich hatte gerade mein Studium in Frankfurt begonnen, daß ich Bruno Bettelheim begegnete. Ich nahm an einem Seminar teil, das er am Institut für Sozialforschung als amerikanischer Gastprofessor leitete. Für mich, und das gilt sicher auch für andere, war Bettelheim damals noch kein besonderer Name. Thematisch ging es in der Veranstaltung um den Autoritarismus der Deutschen, jedoch sind meine Erinnerungen an sie so schwach, daß sich kein zusammenhängendes Bild mehr von seinem Verlauf ergibt. Von diesem verblaßten Eindruck hebt sich allerdings ein Erlebnis ab, das sich mir bis in Details der Wahrnehmung hinein unvergeßlich eingeprägt hat.

Es war in einer der ersten Stunden des offensichtlich gruppenanalytisch konzipierten Seminars, daß, nachdem Bettelheim Platz genommen hatte, kein Wort sagte und ein von mir als zunehmend peinlich erinnertes, langes Schweigen eintrat und alles auf einen ersten erlösenden Einfall von jemand zu warten schien, ein Student aufstand und sich, an Bettelheim gewandt, in deutlichen Worten über den Seminarverlauf beschwerte: das sei doch kein richtiges Seminar, bei dem sich der Dozent einfach hinsetze, ohne etwas zu sagen, und zulasse, daß nichts geschehe. Das sei versäumte Zeit. Der Student hatte kaum ausgeredet, da schnellte Bettelheim hoch und schrie in äußerster Erregung, während er sogleich seine Blicke durch die Reihen von uns Teilnehmern gleiten ließ und unsere Reaktionen aufmerksam beobachtete: ›Ich bin der Leiter des Seminars und ich bestimme, was hier gemacht wird.‹ Nach diesem Zornesausbruch setzte er sich in völliger Gelassenheit wieder hin und forderte mit den ruhig gesprochenen Worten: ›Was ist hier geschehen?‹ das Seminar dazu auf, über das soeben Erlebte zu sprechen. Was bei dieser Besprechung zu Tage kam, weiß ich nicht mehr.

Wohl aber erinnere ich den Zustand der Düpierung, meine wunderliche zwiespältige Gefühlsverfassung – zusammengesetzt aus Schrecken und ebenso plötzlichem Erwachen, aus Verdüsterung und Erhellung –, die sich daraus ergeben haben mußte, daß ich an einer Inszenierung teilgenommen hatte, die sich als solche nicht zu erkennen gab und ihre Wirkung dem Umstand verdankte, daß sie die Teilnehmer zunächst mit dem Schein des Ernstes überfiel und sie dann in der nagenden, von ihnen selbst zu lösenden Ungewißheit beließ, ob sie an einem ernsten Vorfall oder an einem Spiel teilgenommen hatten. Im Nachhinein vermute ich, daß auch der rebellierende ältere Student, der meiner Erinnerung nach am Institut für Sozialforschung schon mitarbeitete, von Bettelheim den Auftrag zu seiner Rolle erhalten hatte.

Außer dieser Szene ist mir von diesem Seminar nur eine andere noch im Gedächtnis, daß sich nämlich die Teilnehmer am Beginn einer der ersten Stunden, nachdem Bettelheim erschienen war, aus eigener Initiative damit zu schaffen machten, die Anordnung des Mobiliars im Seminarraum so zu verändern, daß aus der gewohnten Frontalaufreihung der Stühle zum Pult hin eine symmetrische Gruppierung entstand. Ich spüre noch heute den Widerstand, den ich überwinden mußte, um mich an dieser ungewohnten studentischen Initiative zur Veränderung der autoritären Raumeinteilung nach dem Willen des amerikanischen Gastes zu beteiligen.«[8]

8.4 Gespräche mit Müttern

Mit dem 1962 publizierten Buch »Gespräche mit Müttern« (Bd. XIII) eröffnete Bettelheim ein weiteres Anwendungsgebiet für den Bereich der Psychoanalytischen Pädagogik, das heute in Form von Erziehungsberatungsstellen sowie Supervisionsbeziehungsweise Balintgruppen eine Fortsetzung gefunden hat und als »klassischer« Bereich der Psychoanalytischen Pädagogik gelten kann (vgl. Bittner 1972, S. 190 f., Gerspach 1991, Leber 1975, 1984, 1985, Leber/Trescher 1987, Leber/Trescher/Weiss-Zimmer 1989, Steinhardt 1994).

Bettelheims Interesse an allgemeinpädagogischen Fragestellungen erwuchs aus seiner Arbeit in der *Orthogenic School*. Insbesondere nach der Beendigung seiner aktiven Tätigkeit in der Orthogenic School wandte er sich verstärkt dem Versuch zu, seine in der Arbeit mit emotional beeinträchtigten Kindern erworbenen Einsichten auch auf nicht beeinträchtigte Kinder zu übertragen.

1962 unternahm Bettelheim mit »Gespräche mit Müttern« hierzu einen ersten Versuch. Er veröffentlichte Protokolle von Gesprächen mit Müttern *nicht* beeinträchtigter Kinder über pädagogische Alltagssituationen und fügte einige Deutungen und Kommentare an. Bettelheim führte diese Gespräche im Zeitraum von circa 1947 bis 1952. Bettelheim möchte den Müttern in seinen Gesprächen – beziehungsweise, wie man es heute ausdrücken würde: mit seinen Supervisionsangeboten – keine pädagogischen Ratschläge geben, ihnen nicht primär theoretische Erkenntnisse vermitteln, sondern ihnen dabei behilflich sein, ihre »Grundeinstellung (...) gegenüber sich selbst als Eltern, gegenüber ihren Kindern und gegenüber Kindererziehung zu verändern« (Bd. XIII, S. 13). Wichtig ist Bettelheim der Aspekt der Ermutigung, sich mit seinen eigenen Gefühlen auseinanderzusetzen und »persönliche Entscheidungen zu treffen« (S. 13). Als pädagogischen Grundsatz hebt er das Interesse aller an seinen Gesprächen Beteiligten hervor, erfolgreichere Wege zu finden, mit Kindern zusammenzuleben. Hieraus erwachse eine höhere Selbstachtung. Außerdem liefere uns diese Grundhaltung »ein viel stärkeres Motiv, über die eigenen Motive, Verhaltensweisen und Einstellungen nachzudenken« (S. 16) als etwa die sachlich durchaus richtige (theoretische) Erkenntnis, daß es für alles, was Kinder tun, immer ausgezeichnete Gründe gibt. Gelegentlich irritierend mag bei den wiedergegebenen Gesprächen ein gewisser bestimmender, teilweise autoritärer Ton bei Bettelheim wirken, den man nicht unbedingt mögen muß. Ich habe dies als Ausdruck einer Ambivalenz verstanden, die der damaligen Zeit ja durchaus nicht fremd war. Insofern sehe ich dieses Buch eher als zeithistorisches Dokument; überzeugender hat Bettelheim sein auch diesem Buch zugrundeliegendes pädagogisch-psychoanalytisches Interesse in seinen späteren Büchern entfaltet.

Auf Englisch sind von Roiphe (1963)[9] sowie Levine (1967)[10] Rezensionen zu diesem Buch publiziert worden.

8.5 The empty fortress – die Geburt des Selbst

»Ich glaube, (...) daß die Analyse von Psychotikern unmöglich wird, wenn dem Analytiker sein eigener Haß nicht ganz bewußt ist und er ihn außerordentlich gut in Griff hat.«
Donald W. Winnicott

»*D.J. Fisher:* Was war Ihre Motivation? Warum wollten Sie die therapeutische Arbeit mit den Unheilbaren übernehmen?
Bettelheim: Es war eine Möglichkeit für mich, mit dem Erlebnis des Konzentrationslagers fertig zu werden. Es war das Gegenteil dieser Erfahrung im Konzentrationslager, das die Persönlichkeit vorsätzlich zerstörte, wenn man es lernte, Persönlichkeiten wiederaufzubauen. (...)
Wenn man mit anfangs hoffnungslosen Fällen beginnt, kann man sie niemals heilen; man kann sie nur soweit wiederherstellen, daß sie in der Gesellschaft funktionieren können. Obwohl einige der Schüler, mit denen ich gearbeitet habe, tatsächlich vollständig geheilt worden sind – doch ich würde sagen, sie sind die Ausnahme.« (Bruno Bettelheim, 28.11.1988 im Gespräch mit David James Fisher (Fisher 1993, S.44))

»Es ist ein Erlebnis, einem Buch zu begegnen, das in allen Teilen wahr ist und eine solche Humanität ausstrahlt«, so das Resümee des Kinderanalytikers Jochen Stork (S.XII) im Vorwort zu einem Buch Bettelheims, das mir als sein vielleicht bedeutendstes Werk erscheint – die Rede ist von seinem über 600seitigen Werk »Die Geburt des Selbst« (Bd.I, 1967, dt. 1977). Der Untertitel dieses Buches – »Erfolgreiche Therapie autistischer Kinder« – benennt das Thema sowie die Hauptthese dieses »großartige(n) Buch(es)« (Stork, ebd.): daß der frühkindliche Autismus – ganz im Gegensatz zu der vorherrschenden psychiatrischen Lehrmeinung – keine unheilbare organische Krankheit ist, sondern durch eine milieutherapeutische Betreuung gebessert, wenn nicht sogar geheilt werden kann.

Diese umfangreiche Studie erschien 1967; 1977 folgte die deutschsprachige Ausgabe. Ihr waren zahlreiche Studien Bettelheims über psychisch sehr kranke Kinder vorausgegangen, wovon die ersten 1947 erschienen. Bettelheim war somit (nach Stork 1994, S.224) »der erste (...) der sich über 30 Jahre lang in intensivem, persönlichem Kontakt mit autistischen und psychotischen Kindern beschäftigt und viele neue Entdeckungen gemacht hat«.

In seiner Studie legt Bettelheim seine Forschungsergebnisse über das Wesen und die Behandlungsmöglichkeiten des »frühkindlichen Autismus« in einer systematisierten Form vor, verbunden mit drei Fallbeschreibungen. Bettelheim hatte in Wien bereits acht Jahre lang ein autistisches Kind in seine Familie aufgenommen. Er hatte damals wohl eine gewisse Verbesserung bei diesem Mädchen erreicht, war hiermit jedoch nicht zufrieden. Während er bei dem Aufbau der *Orthogenic School* anfangs noch geglaubt hatte, daß »Liebe allein genügen« könnte, zeigte sich ihm dieser Standpunkt recht bald als irrig. Liebe erwies sich zwar als eine notwendige, jedoch keineswegs als eine hinreichende Bedingung für die Betreuung und Behandlung dieser Kinder. Über seine privaten Motive für eine so schwierige und zeitaufwendige Arbeit wie die mit autistischen Kindern merkt Bettelheim an:

»Ich habe bereits gesagt, daß es häufig die Introspektion, die sehr persönliche Erfahrung ist, die zur Beobachtung und Forschung motiviert. Ein ›Experiment‹ wie die Behandlung autistischer Kinder beginnt nicht zufällig. Neben den vielen ›wissenschaftlichen‹ Gründen, die eine Untersuchung dieser einschneidenden Entwicklungshemmung so wichtig machen, entsprang mein Interesse auch einer persönlichen Neigung. Was mich als erstes verwirrte und mein Interesse für diese Kinder weckte, war die Tatsache, daß sie offenbar der Menschheit und der Gesellschaft vorsätzlich den Rücken kehren. Wenn ihre Erfahrung der Wirklichkeit dazu führte, daß sie diese völlig ablehnen, lag hier eine sehr wichtige Erkenntnis in bezug auf diese Wirklichkeit oder auf den Teil dieser Wirklichkeit, der jene Ablehnung auslöste. Wenn wir verstehen würden, welche Aspekte der Wirklichkeit einem Teil der Menschheit solchen Schaden zufügen, können wir – das war unsere Vorstellung – vielleicht wirksam etwas dagegen unternehmen.« (Bd. I, S. 6)

Nachdem Anfang der 50er Jahre erstmals versuchsweise einige autistische Kinder in die *Orthogenic School* aufgenommen worden waren, ermöglichte es ihm die finanzielle Unterstützung der »Ford Foundation«, sich von 1956 bis 1962 in der Orthogenic School auf die Untersuchung und Behandlung des frühkindlichen Autismus zu konzentrieren (Bd. I, S. 7). Zusätzlich angeregt wurde er hierbei durch die Aufnahme eines Kindes, Anna, deren Lebensgeschichte ihn eindringlich an seine Erfahrungen in den deutschen Konzentrationslagern erinnerte (vgl. Bd. I, S. 7, S. 469–473 und S. 490–494).

In drei jeweils circa 100 Seiten umfassenden Einzelfallstudien beschreibt Bettelheim in einer verständlichen, poetischen, gelegentlich leidenschaftlichen und von starker Einfühlung in die subjektive Weltsicht autistischer Kinder geprägten Sprache[11] die jeweils mehrere Behandlungsjahre umfassende Entwicklung von drei autistischen Kindern. Bettelheim verdeutlicht, daß die Behandlung des frühkindlichen Autismus eines der bedeutsamsten Aufgabengebiete einer Psychoanalytischen Pädagogik sein könnte, ist sie doch unauflösbar an eine enge Kooperation zwischen Pädagogen, Lehrern, Sozialarbeitern und psychoanalytischen Supervisoren beziehungsweise Kindertherapeuten gebunden.[12]

Ohne eine permanente psychoanalytische Reflexion der äußerst belastenden pädagogischen Betreuungs- und Behandlungstätigkeit, einer analytischen Aufarbeitung der schwierigen und häufig zerstörerischen Beziehungsarbeit zu solchen Kindern, ist eine solche milieutherapeutische Arbeit nicht möglich.

Der englische Originaltitel von »Die Geburt des Selbst« – »The Empty Fortress« – präzisiert, wodurch nach Bettelheims jahrzehntelanger Erfahrung die Welt des autistischen Kindes gekennzeichnet ist: Das autistische Kind ziehe sich – sofern es überhaupt jemals Objektbeziehungen hat herstellen können – zuerst von seiner Umwelt und schließlich auch von seinem eigenen Körper zurück, wodurch seine innere Welt immer leerer, unlebendiger, chronischer, eben: zu einer leeren Festung werde – bis hin zum physischen Tod.

Die einleitenden theoretischen Reflexionen sowie die drei Fallstudien bilden einen beeindruckenden Beleg für Bettelheims These, daß dieser Prozeß des Rückzugs, die »Auslöschung des Fühlens«, der »Niedergang des Selbst« (Kapitelüberschriften) angehalten und eine »Dialektik der Hoffnung« freigesetzt werden könne.

Bettelheims Intention ist es, den Leser über diese für ihn kennzeichnende, gelegentlich dramatische Diktion an dem Prozeß der Heilung teilnehmen zu lassen. Kern seiner Arbeit sei »nicht ein besonderes Wissen oder ein bestimmtes Verfahren, sondern eine innere Einstellung zum Leben und zu den Menschen, die in den Lebenskampf ebenso verwickelt sind wie wir« (BI, S. 13). Einen solchen Zugang in die »private Welt des Kindes« (Bd. I, S. 12) zu finden, ist für den pädagogischen Betreuer nicht einfach: Man vermag dem so sehr von seiner Umwelt entfremdeten autistischen Kind nur dabei behilflich zu sein, »aus seiner Hölle heraufzusteigen, wenn man zu ihm zunächst einmal, in welchem Maße auch immer, hinabgestiegen ist« (Bd. I, S. 12). Und Bettelheim fügt, vor übereiltem pädagogischen Handeln warnend, hinzu: »Bis zu einem gewissen Grad bedeutet das immer einen Abstieg in die eigene Hölle, ganz gleich, wie weit man diese hinter sich gelassen hat. Und bis zu einem gewissen Grad wird diese Konfrontation, bei der man sich dem anderen anbietet, zur Konfrontation mit sich selbst.« (Bd. I, S. 13)

Dennoch, nachdrücklich fordert Bettelheim: »Wir müssen dem Kind vor Augen führen, daß wir die ganze Sache – sogar in dieser seiner Hölle – gemeinsam in Angriff nehmen, denn allein ist es dazu nicht in der Lage« (Bd. I, S. 13).

Nach Stork (1994, S. 225) fand die 1977 erschienene deutschsprachige Ausgabe – im auffallenden Gegensatz zu dessen Rezeption in Frankreich[13] – nur wenig Interesse. Sie erschien zwar in mehreren Auflagen auch als Taschenbuch, wurde jedoch in der Literatur kaum rezipiert. Bemerkenswert ist in diesem Zusammenhang, daß Schmauch bereits 1977 auf Anregung von Aloys Leber eine ausführliche Studie zu der englischsprachigen Originalausgabe von Bettelheims Buch verfaßt hatte und dieses hierin mit Mahlers Autismus-Konzeption verglich. In den folgenden über 20 Jahren ist kein weiteres Buch über Bettelheims Autismus-Konzeption mehr erschienen.[14] Es sind seitdem auch nur einige verstreute Aufsätze hierzu vorgelegt worden.[15] Auch erschienen nur einige wenige, jedoch sehr verständige Rezensionen, so von seinem Kollegen Rudolf Ekstein (1968, vgl. auch Ekstein 1969a, 1994, 1994a), von Bülow-Faerber (1990) sowie von Ammann/Elrod (1980).

Storks (1994) Anmerkungen zu »Die Geburt des Selbst« sind von einer identifikatorischen Grundhaltung gekennzeichnet. Er hebt hervor:

»Niemals vorher ist über psychotische Kinder mit solcher Einfühlung und Menschlichkeit geschrieben worden, wie in diesem Buch. Dabei werden viele theoretische Detailfragen über die einzelnen Probleme der Symptomatik bis in viele Einzelheiten erforscht und in der Art, wie sie Veränderungen erfahren, sich abmildern oder verschwinden, dargestellt. Es ist auch viel von der Angst und der Aggression dieser Kinder die Rede und welche heftigen, oft unerträglichen Gefühle sie in dem Therapeuten und bei den Menschen auslösen, die sich mit diesen Kindern intensiv beschäftigen. Die Haltung, eine wahre und unverstellte Begegnung mit diesen Menschen möglich zu machen, war eines der großen Geheimnisse von Bettelheim, und seine detaillierten Darstellungen in den verschiedenen Schritten auf dem Wege seines tieferen Verständnisses dieser Erkrankung, bleiben ergreifend.« (S. 225)

Bettelheim hat seine von einem hohen moralischen Impetus getragene therapeutische Grundhaltung bei einem Vortrag in Frankfurt im Jahre 1972 – den er auf

Einladung des Psychoanalytischen Pädagogen Aloys Leber gehalten hatte – in einer eindrücklichen Metapher veranschaulicht. Die Lage des psychotischen Kindes und des Therapeuten zu Anfang und im Verlauf der Beziehung kennzeichnete er folgendermaßen:

»Stellen wir uns vor, der gestörte Mensch sei ein Gefangener im Verließ, überzeugt, daß die Fühllosigkeit der Welt ihn für immer hoffnungslos macht. Es hilft nichts, ihm die Tür ins Freie zu öffnen. Eine Einladung ins Freie ist völlig falsch, denn der Gefangene ist ja überzeugt, daß draußen nur Feinde sind. Wir müssen bereit sein, mit ihm im Kerker zu leben. Er wird uns dann für einen Kerkergenossen halten, uns akzeptieren als jemand, der das Gefühl der Hölle kennt. Wir müssen dann erkunden, wie es möglich sein wird, gemeinsam eine Leiter zu bauen. Die Leiter muß einzigartig, nur die seine sein. Der Gefangene muß selbst die Überzeugung gewinnen, daß ein Ausbruch möglich ist, und wir müssen ihm die Vorteile zeigen, die dies für ihn hätte. Der Befreiungsversuch darf niemals unseretwegen, sondern muß allein seinetwegen stattfinden. Der Gefangene wird dann etwa die Leiter wieder zerstören, weil er sie für eine hinterhältige Verführung hält. Er wird sagen: der Kerker sei schrecklich, aber doch wenigstens selbstgebaut und vertraut. Er wird mißtrauisch sein, denn er weiß (...), daß wir wünschen, er solle seine Symptome aufgeben. Dabei sind sie doch sein Schutz und wohlbegründet. Nur wir glauben, der Panzer hindere ihn, während er glaubt, nur in ihm überleben zu können.« (Bettelheim in Schmauch 1977, S. 19)[16]

Stork erwähnt auch die »Anfeindungen (...), die wohl allen widerfahren, die sich mit diesen Themen beschäftigen«[17] und fügt hinzu: »Daß dieses in einer solch grausamen Weise erst nach seinem Tod geschah, als Reaktion auf seinen freiwilligen Schritt aus dem Leben, enthält eine erschütternde Tragik« (S. 224).

In der folgenden Abhandlung möchte ich Bettelheims Autismus-Studie ausführlich vorstellen.

8.5.1 Die leere Festung – Auslöschung der Gefühle oder Dialektik der Hoffnung?

Ich habe bereits mehrfach angemerkt, daß sich Bettelheims Studien durch eine für die Wissenschaft durchaus untypische Verbindung zwischen wissenschaftlicher Analyse, klinischer Beschreibung sowie literarisch-dramatischer Diktion auszeichnen (vgl. Schmauch 1977, 1994). Neben vielen anderen, vorhergehend beschriebenen Gründen dürfte dies maßgeblich zu der Irritation, aber auch der Begeisterung beigetragen haben, die Bettelheims zahlreiche Studien ausgelöst haben. Dies gilt in besonderer Weise für »Die Geburt des Selbst. The Empty Fortress« (Bd.I).

Das Buch ist in vier Oberkapitel unterteilt: Das erste, mit »Die Welt der Begegnung« überschriebene Kapitel besteht wiederum aus drei Teilen: einer mit »Im Schattenreich« überschriebenen Hinführung sowie zwei Abschnitten zu seiner Theorie, seinem Verständnis des Autismus. Diese sind mit »Wo das Selbst beginnt« sowie »Fremdlinge des Lebens« betitelt. In einem zweiten, mit »Eine Anmerkung zur leidenschaftlichen Indifferenz« überschriebenem Teil veranschaulicht Bettelheim seine theoretischen Ausführungen sowie Interpretationen mittels dreier jeweils gut 100seitiger Fallgeschichten über die autistisch-psychotischen Kinder Laurie, Marcia und Joey. Im dritten, mit »Ein Mythos lebt fort« überschriebenem Oberkapitel setzt sich Bettelheim historisch und systematisch mit dem Mythos der »Wolfskinder« auseinander. Der letzte Teil des Buches stellt »eine Diskussion der Literatur zum infantilen Autismus« vor, in der er sich kritisch mit der Literatur zum Autismus beschäftigt und in systematischer Form seine eigenen Forschungsergebnisse bezüglich Ätiologie, Behandlungsmöglichkeiten, Nachuntersuchungen, Elternhaus sowie »Natur« des Autismus referiert.

Zum Inhalt des ersten, theoretischen Kapitels: Im einführenden Essay »Im Schattenreich« skizziert Bettelheim die Möglichkeiten, aber auch die biographisch bedingten Grenzen der Introspektion: »Wir können nur das betrachten und bedenken, was Teil unseres Lebens ist oder war. Wenn wir Introspektion betreiben, können wir unseren gegenwärtigen Bezugsrahmen nicht außer acht lassen« (S. 3). Eine vertiefende Phantasie dafür, wie unsere ersten Erfahrungen als Erdenbürger waren, ermögliche die neuere Säuglingsforschung, auf die sich Bettelheim im Folgenden öfter bezieht. Auch wenn wir nicht genau wissen, »wie primitiv die Persönlichkeitsstruktur des autistischen Kindes« ist (S.4), so scheinen seine klinischen Beobachtungen doch dafür zu sprechen, daß sich die Persönlichkeitsstruktur autistischer Kinder grundlegend von der geistig behinderter Kinder unterscheidet. Jeder Behandlungserfolg bei autistischen Kindern sei demgemäß nicht nur ein individueller Erfolg, sondern ermögliche zugleich allgemeingültige Erkenntnisse über gelingende oder aber beeinträchtigte Entwicklungsprozesse beim Menschen (S. 5). Insofern seien diese Forschungen zugleich auch Grundlagenforschungen über die Voraussetzungen unserer eigenen »Normalität«.

Die immensen Probleme, Widersprüche und Unklarheiten, denen man bei der Arbeit mit autistisch-psychotischen Kindern begegne, sollten uns veranlassen, die eigenen Beobachtungen und Interpretationen nicht vorschnell zu generalisieren: »Es bleibt zu hoffen, daß wir all diese Unklarheiten eines Tages werden klären können. Doch haben wir, das heißt ich und meine Mitarbeiter an der Orthogenetischen Schule, dieses Stadium der Klarheit noch nicht erreicht« (S. 6). Bettelheim skizziert seinen eigenen Weg sowie seine biographischen Motive für seine Arbeit mit autistischen Kindern. Der unerwartete Erfolg seiner milieutherapeutischen Arbeit mit emotional beeinträchtigten Kindern in den ersten Jahren (1944 bis Mitte der 50er Jahre) habe ihn ermutigt, diese Milieutherapie auch auf autistische Kinder anzuwenden bzw. weiterzuentwickeln (S. 7). Bettelheim erinnert an seine frühe Studie aus dem Jahre 1956 über die Extremsituation[18], in der er die Gemeinsamkeiten zwischen autistischen Kindern und seinen eigenen Erfahrungen in Dachau und Buchenwald beschrieben hatte, und fügt hinzu:

»Könnte es, so fragte ich mich, einen Zusammenhang geben zwischen den Auswirkungen der beiden Arten von Unmenschlichkeit, die ich kennengelernt hatte. (...) Wie dem auch sei, ich hatte ein Buch über die Entmenschlichung in den deutschen Konzentrationslagern geschrieben, und was mich nun beschäftigte, war das hier vorliegende Werk über den infantilen Autismus.« (S. 7f.)

Er erinnert an seine ersten »tastenden Bemühungen« mit dem adoptierten autistischen Kind in den Jahren 1932–1938, welche durch seine Verschleppung nach Dachau jäh abgebrochen wurde. Im Lager erlebte er eine Umkehrung seiner Beobachtungen: »Diese plötzliche Umkehrung (...) veranlaßte (...) mich, mit – so hoffe ich – mehr Einsicht und größerem Einfühlungsvermögen meine frühere Aufgabe wieder in Angriff zu nehmen: die Aufgabe, ein Milieu zu schaffen, das der Wiederherstellung der Persönlichkeit dienlich sein könnte. (...) *Seither ist es die Aufgabe meines Lebens gewesen, diese besondere Umgebung zu verbessern.*« (S. 9f., Hervorhebung R. K.)

In immer neuen Metaphern beschreibt er seinen Versuch, »eine Welt zu schaffen, die völlig verschieden ist von der, die es (das autistische Kind, R.K.) voller Verzweiflung verlassen hat (...)« (S. 12).

Im Kapitel »Wo das Selbst beginnt« beschreibt Bettelheim die Welt des Neugeborenen, der wir Menschen uns häufig in Form von Mythen und Phantasien anzunähern glauben. Bettelheim stellt nachdrücklich – dieser Aspekt ist entscheidend zum Verständnis seiner Autismus-Theorie – den seinerzeit vorherrschenden Glauben von der Passivität des Säuglings in Frage; ein Standpunkt, der durch die neuere Säuglingsforschung[19] als zutreffend erkannt worden ist: Das Stillen sei für den Säugling eine existentielle orale Erfahrung, durch die er seine Umwelt wahrnehme und schrittweise über seine Eigenaktivität zu einer Differenzierung zwischen Innen- und Außenwelt, Selbst und Nicht-Selbst gelange. Es bilde den »Erfahrungskern, aus dem sich alle späteren Gefühle, die man in bezug auf sich selbst und andere hat, entwickeln« (S. 22). Entscheidend für die psychische und kognitive Entwicklung sei es, daß der Säugling Erfahrungen der Eigenaktivität zu machen vermöge. Diese Erfahrungen habe der »potentiell autistische« Säugling – wie Bettelheim an verschiedenen Stellen dieses Buches betont – nicht machen können; er habe die Welt als überwältigend zerstörerisch erlebt, weshalb ihm sein autistischer Rückzug als subjektiv überlebensnotwendig erschienen sei. Dies sei der Kern der autistischen Anlage:[20]

»Als wir begannen, intensiver mit autistischen Kindern zu arbeiten, haben wir entdeckt, daß der Kern ihrer Störung nicht (oder nicht entscheidend) von einem Mangel an passiven Befriedigungen gebildet wurde. Es war für uns ein Leichtes, für diese Befriedigungen zu sorgen. Einige autistische Kinder akzeptierten die ihnen angebotenen Befriedigungen und blieben autistisch, andere lehnten sie ab. Doch keines der Kinder gab deshalb seinen Autismus auf. *Das taten sie nur, wenn es uns gelang, sie zu aktivieren.*« (S. 19, Hervorhebung R.K.)

Wenn der Säugling diese Erfahrung des Saugens beziehungsweise der Eigenaktivität nicht gemacht hat sowie seine hieraus erwachsenen Aggressionen nicht auszudrücken vermag, wird er ein hilfloses Opfer übermächtiger Erfahrungen; nach Erikson (1980) bilde sich »*der ontogenetische Ursprung des Gefühls für das Böse*, ein ›grundsätzlicher Argwohn‹, in dem sich mißtrauische Art mit dem Gefühl der eigenen Unzuverlässigkeit verbindet« (S. 22, Hervorhebung R.K.). Hieraus könne rasch eine zunehmend pathologischer werdende Interaktion zwischen Mutter und Säugling erwachsen.

Bettelheim beschreibt nun die verschiedenen Phasen der Ich-Entwicklung, die beim Aufbau eines Körper-Ichs beginnen und über kontrollierte Frustrationen zur Entdeckung der Außenwelt führen (S. 28 f.). Zugleich entwickele sich hierbei auch ein Zeitgefühl bzw. ein Zeitbewußtsein[21], welches wiederum die Voraussetzung für das Aufschieben von Bedürfnissen ohne gleichzeitigen Verlust einer existentiellen Hoffnung sei. Dieses Zeitbewußtsein hätten autistische Kinder jedoch nicht entwickelt, und ihre Symptome seien vor allem ein verzweifelter Versuch, jegliches Zeitgefühl sowie jede Hoffnung auf Veränderung innerlich auszulöschen. Deshalb spricht Bettelheim an anderer Stelle auch vom autistischen, vom kosmischen Gesetz, welches besage: »*Du darfst nie hoffen, daß sich etwas ändern kann*« (S. 111; s. u.). Solange wir jedoch glauben, die Wirklichkeit nicht beeinflussen zu können, »werden wir unsere Bemühungen, eine Persönlichkeit zu entwickeln, vereiteln« (S. 31).

In dem Kapitel »Wechselseitigkeit« führt Bettelheim diese Überlegungen fort. Sowohl ein zu früher als auch ein zu später Wunsch der Mutter nach Wechselseitigkeit der Kommunikation kann sich für den Säugling nachteilig, potentiell traumatisierend auswirken. Bettelheim lehnt den Mythos von der vollkommenen, sich total engagierenden Mutter (S. 34) als wirklichkeitsunangemessen ab. In der Regel entwickele sich in der Beziehung eine Wechselseitigkeit. Der Säugling komme jedoch mit unterschiedlichen Erbanlagen und Temperamenten zur Welt, was es als Tatsache zu respektieren gelte (S. 35). Nach seiner Interpretation, seiner »eindeutig belegbaren Feststellung« (S. 39), verlaufe dieser frühe Entwicklungsprozeß auch bei später autistisch gewordenen Kindern anfangs normal. Die entscheidende Phase, in der sich ein autistischer Prozeß entwickeln könne, sieht Bettelheim im Alter zwischen 18 und 24 Monaten. Autistische Kinder beginnen häufig normal zu sprechen, geben dieses Sprechen jedoch plötzlich oder langsam wieder auf.

An diesem Punkt stellt Bettelheim die Hypothese auf, daß möglicherweise viele autistische Kinder in ihrem ersten Lebensjahr lediglich ein niedrigeres Aktivitätsniveau hatten, »jedoch erst in dem Alter autistisch wurden, in dem die spontane, zielgerichtete Aktivität Teil der normalen Entwicklung« ist (S. 40). Jeder Versuch, mit der Umwelt zu kommunizieren, habe aus Sicht des Kindes offensichtlich zerstörerische Reaktionen zur Folge. Bettelheim skizziert nun Eriksons (1980) Konzept der Identitätsentwicklung, dem er sich sehr weitgehend anschließt. Der Prozeß der Autonomieentwicklung sei durch die Sauberkeitserziehung geprägt. Der Kot wird als ein frühes Nicht-Ich erkannt; die Erfahrung des Defäkierens bildet eine zentrale Erfahrung, die zum Gefühl der eigenen Autonomie, des Selbst-Seins, erheblich beizutragen vermag: »Doch der vollständige Genuß dieses jungen Selbst-Seins, der sich mit dieser Erfahrung verbindet, kommt nur dann zustande, wenn die Mutter am Vergnügen des Kindes teilhat« (S. 46).[22] Das heißt, das Kleinkind macht die Erfahrung, daß es selbst über seine Ausscheidungsprozesse entscheidet und daß es diese Entscheidung in der Beziehung zu einer geliebten Person fällt.

Innerhalb der Psychoanalyse hat der Begriff des Selbst, vor allem durch die Studien von Kohut, eine zentrale Bedeutung erlangt. Bettelheim möchte diesen für ihn zentralen Begriff des Selbst nicht definieren, aber er umschreibt ihn:

»So muß es vermutlich genügen, wenn man sagt, daß das Selbst aus dem bestehe, was man weiß und was man tun kann. Selbst-Sein ist sicherlich kein Zustand, sondern ein Prozeß des Werdens. Und wenn der Kampf um Erkenntnis des Selbst abgeschlossen ist, so ist auch das Leben abgeschlossen. Das heißt, je mehr ich tun kann, was ich des Tuns für wert erachte, desto mehr bin ich ich selbst.«

An diesem Entwicklungsprozeß hin zum Selbst-Sein ist das autistische Kind vollständig gescheitert. Deshalb sei es die vordringlichste pädagogisch-therapeutische Aufgabe, es ihm zu ermöglichen, sich aus seiner vollständigen Abkapselung von der Welt zu lösen und mit dem Handeln im eigenen Interesse zu beginnen.

In dem Kapitel »Die autistische Anlage« spezifiziert Bettelheim, was er unter diesem vielleicht zu Mißverständnissen anregendem Begriff versteht. Er differenziert auf der Basis neuerer Entwicklungen zur Säuglings- sowie zur Tierforschung zwischen zwei verschiedenen kritischen Perioden in der Säuglingsentwicklung (6.–9. Monat, 18.–24. Monat). So erkenne der Säugling mit sechs Monaten oder etwas später die ihn bemutternde(n) Person(en) wieder, was zugleich der Ausgangspunkt zu Polarisierungsprozessen zwischen »guten« sowie »bösen« Menschen sowie zu ersten realen Objektbeziehungen bilde. Der Säugling bildet nun schrittweise »sein erstes rudimentäres Bewußtsein vom Selbst« (S. 53) aus, welches er schrittweise auf andere Personen ausweitet. Dennoch ist er weiterhin auf die Hilfe und Zuwendung Anderer angewiesen.

Die zweite »kritische« Entwicklungsperiode, die Bettelheim zwischen dem 18. und 24. Lebensmonat ansiedelt, wird durch die sprunghaften Fortschritte im Bereich der Sprache sowie der Fortbewegung ausgelöst und gekennzeichnet (S. 54). In dieser Phase wird nach Bettelheim der autistische Rückzugsprozeß manifest; er basiert jedoch auf den bisherigen Erfahrungen und der »Weltsicht«, die sich der Säugling in der vorherigen Lebensphase angeeignet hat. An dieser Stelle erinnert Bettelheim an Mahlers (1972) Autismus-Studie; Mahler habe den Autismus bereits sehr früh als eine Abwehrreaktion auf eine katastrophale Bedrohung erkannt. Bettelheim differenziert zwischen verschiedenen Reaktionen des Säuglings auf »nachteilige« Lebenserfahrungen und arbeitet heraus, was er unter dem Begriff der »autistischen Anlage« versteht:

»Ich kann nun näher spezifizieren, worin die autistische Anlage im wesentlichen besteht: sie gründet in der Überzeugung, daß die eigenen Anstrengungen die Welt nicht beeinflussen können, und diese Überzeugung wiederum basiert auf der früher gewonnenen Überzeugung, daß die Welt auf die eigenen Reaktionen gefühllos reagiert. (...)

Der infantile Autismus indes geht aus der ursprünglichen Überzeugung hervor, daß man überhaupt nichts unternehmen kann in einer Welt, die zwar frustrierenderweise einige Befriedigungen bietet, während sie freilich die, die man sich wünscht, verweigert. (...) So aber zieht es sich auf die autistische Position zurück. Wenn das geschieht, wirkt die Welt, die bisher nur gefühllos schien, ganz und gar zerstörerisch, was bei dem Kind, das dem Marasmus zum Opfer fällt, von Anfang an der Fall ist. Doch da das autistische Kind einst eine vage Vorstellung von einer befriedigenden Welt gehabt hat, strebt es immer noch nach einer solchen Welt – allerdings nicht handelnd, sondern träumend. Wenn es jedoch handelt, dann nicht, um seine Lage zu verbessern, sondern um weiterem Schaden vorzubeugen.« (S. 59)

In »Der richtige Zeitpunkt« formuliert Bettelheim das Entwicklungsziel einer Autonomieförderung. Erhöhung der Autonomie bei einem knapp zweijährigem Kleinkind beinhalte, »daß wir und niemand anderer entscheidet, wann, wie und wo wir defäkieren« (S. 63); es heißt jedoch nicht, unserem Körper die Defäkation zu untersagen. Bettelheim betont, daß diese Überlegungen in vergleichbarer Weise auch für unsere Emotionen gelten. Da wir soziale Wesen sind, beinhaltet dies auch die Bereitschaft, mit unseren Emotionen niemanden zu gefährden: »Wir müssen unsere Emotionen vor allem deshalb hinreichend kontrollieren, damit sie uns nicht veranlassen, uns selbst oder andere zu verletzen« (S. 63).

Im zweiten, mit »Fremdlinge des Lebens« betitelten Oberkapitel beschreibt Bettelheim ausführlich die innere Welt des autistischen Kindes, dessen Todesängste, Stereotypien und zerstörerischen Emotionen. In »Ein Grund zu handeln« kommt Bettelheim ausführlicher auf die Heranbildung des Zeitbewußtseins zu sprechen. Ein Zeitgefühl ist an die Kausalität, aber auch an unsere Hoffnung gebunden, durch unser Handeln auf die Welt einwirken zu können. Bettelheim bemerkt:

»Wenn wir das Gefühl haben, wir könnten die wichtigsten Dinge, die uns zustoßen, nicht beeinflussen, und wenn diese Dinge uns durch irgendeine unerklärliche Macht zudiktiert zu sein scheinen, dann geben wir es auf zu lernen, wie wir auf sie reagieren und wie wir sie verändern könnten.« (S. 65)

Zweckgerichtetes Handeln ist an die Fähigkeit gebunden, die Folgen unseres Handeln zu verstehen. Wenn wir jedoch die Hoffnung aufgegeben haben, daß unser Handeln die Wirklichkeit zu verändern vermag, resignieren wir und werden zunehmend passiver, ziehen unsere Aufmerksamkeit von unserer Umwelt zurück. Bettelheim schreibt, daß autistischen Kindern nur »der Raum mit seiner Leere bleibt« (S. 67), da sie sich vom Zeitgefühl entfremdet haben. Mittels ihrer zwanghaften Stereotypien, ihres gleichförmigen oder abgrenzenden Verhaltens versuchen sie diesen Zustand, diese Situation aufrecht zu erhalten. Zugleich tritt meist eine gelegentlich eruptiv auftauchende jähe Wut auf, »die gewöhnlich ohne spezifischen Gehalt ist« (S. 69). Diese »kumulativen« Entfremdungsprozesse führen zu einem sich beschleunigenden autistischen Rückzugsprozeß von der Welt. Bettelheim nimmt an dieser Stelle eine Differenzierung in zumindest zwei verschiedene Gruppen vor: »die eine Gruppe Kinder hat sich der Welt ganz einfach nie zugewandt oder zieht sich sogar noch weiter zurück, während die andere den Rückzug mit der Schaffung einer privaten Welt koppelt, die unserer Welt häufig parallel läuft« (S. 69).[23] Kinder der ersten Gruppe interpretieren die Welt nur noch aus einer absolut pessimistischen Perspektive. Sie entwickeln äußerst zwanghafte Stereotypien und Rituale; die Objekte, mit denen sie hantieren, werden zunehmend zu autistischen Objekten. Bettelheim beschreibt ihr Verhalten:

»Solche Kinder verbringen den Tag mit vielen Ritualen; Dinge müssen so und nicht anders geordnet werden, Bauklötzchen müssen in einer gewissen Anordnung liegen, Puzzles müssen auf eine bestimmte Weise zusammengefügt, Lieder in einer bestimmten Reihenfolge gesungen werden.« (S. 69f.)

Diese Kinder scheinen der Überzeugung zu sein, ihr Selbst durch ihr Nichthandeln zu schützen; tragischerweise werden sie hierdurch jedoch immer schwächer, bis dieses Selbst sich durch Nichtnutzung auflöst (S. 72).

In dem Unterkapitel »Die Auslöschung des Fühlens« knüpft Bettelheim an seine Beobachtungen in den Konzentrationslagern an und verknüpft diese mit seinen klinischen Beobachtungen bei autistischen Kindern. Bettelheim bemerkt:
»In den deutschen Konzentrationslagern traute ich meinen Augen nicht, als ich Zeuge wurde, wie manche Gefangene auch auf die grausamsten Erfahrungen überhaupt nicht mehr reagierten. Ich wußte nicht und hätte nie geglaubt, daß ich ähnlichem Verhalten in den gutartigsten therapeutischen Umgebungen begegnen würde, mit dem einzigen Unterschied, daß dieses Verhalten frühe kindheitliche Erfahrungen zur Ursache hatte.« (S. 74)

Das Phänomen beziehungsweise Symptom der Schmerzunempfindlichkeit kann häufig bei autistischen Kindern beobachtet werden. Bettelheim veranschaulicht es am Beispiel eines 12jährigen Mädchens, das keinerlei Schmerzreaktionen zeigte, bei dem bei einer Notoperation jedoch ein zumindest zwei Tage alter Blinddarmdurchbruch festgestellt wurde. Er stellt diese Beobachtungen in den Zusammenhang des bereits beschriebenen, paradox anmutenden dialektischen Rückzugsprozesses, der sich auch im Sinne eines Rückzuges vom eigenen Körper vollzieht. Bettelheim schreibt:
»Ich glaube, daß sich bei diesen Kindern alles auf das Abwehrsystem konzentriert, so daß alle anderen Reize, ganz gleich, ob sie von innen oder außen kommen, ausgeschaltet werden. (...) Aus unserer Sicht tun sie kaum etwas oder gar nichts. Stattdessen konzentriert sich ihre ganze Energie auf eine einzige Abwehrmaßnahme; sie versuchen alle inneren und äußere Reize auszuschalten, um allen weiteren Schmerzen oder dem Impuls zu handeln, aus dem Weg zu gehen.« (S. 76)

An dieser Stelle benennt Bettelheim ein weiteres Paradoxon: Daß diese Kinder »zwar keinen Schmerz zu fühlen scheinen, daß jedoch ihre Angst vor dem Schmerz fast übermenschliche Energien in ihnen freisetzt« (S. 77). Bettelheim führt die Angst autistischer Kinder vor einer Zahnbehandlung an, gegen die sie sich mit einer geradezu existentiellen Verzweiflung wehren, obwohl sie häufig keinerlei Reaktion auf verfaulte Zähne zeigen. Er erklärt dies mit dem oralen Charakter dieser Behandlung wie auch mit der Vergeltungsangst vor ihrer oralen Aggression. Er zieht hieraus die hypothetisch formulierte Schlußfolgerung:
»Ist diese Annahme richtig und haben Ursprung oder Anlage des infantilen Autismus tatsächlich mit sehr frühen, vielleicht sogar allerfrühesten Erfahrungen zu tun, dann gehören die Schädigungen im Verlauf der oralen Phase und die völ-

lig verdrängte, aber extreme Aggression zu den Ursachen dieser Störung. Vielleicht haben diese Kinder die verschwommene Vorstellung, daß hier der Ort sei, an dem der entscheidende Schaden eintrat. (...) Das Verlöschen aller Empfindungen einschließlich der des Schmerzes kündigt sich wahrscheinlich in einer völligen Verdrängung der Feindseligkeit an. Zumindest gelangt man zu dieser Schlußfolgerung, wenn man mitverfolgt, was im umgekehrten Falle geschieht, wenn das autistische Kind aus seinem Autismus zurückzukehren beginnt.« (S. 79 f.)

Die Freisetzung dieser Feindseligkeit stellt einen ersten Behandlungserfolg dar, und nach Bettelheim ist dies ein unverzichtbares Element des Heilungsprozesses.

Im Unterkapitel »Extremsituationen« schließt Bettelheim an das Symptom des Rückzugs von den Gefühlen der Aggression an und stellt es in den Kontext seiner Konzentrationslagererfahrungen beziehungsweise seiner hieraus gezogenen theoretischen Schlußfolgerungen zur Psychologie der Extremsituation. Die Tragik autistischer Kinder, ihr Motiv für ihren Rückzug besteht für Bettelheim nicht so sehr in der Projektion ihres Hasses angesichts einer als zerstörerisch erlebten Welt, sondern in dem Umstand, daß ihre Sicht der Welt von ihrem Standpunkt aus betrachtet richtig ist (S. 86).

Bettelheim versucht in dem Unterkapitel »Spontane Reaktion« unter Einnahme verschiedenster Erkenntnisperspektiven zu ergründen, welche spezifischen äußeren Umstände mit spezifischen »pessimistischen« Weltinterpretationen autistischer Kinder zusammentreffen müssen, um diese in den letztlich selbstzerstörerischen und entmenschlichenden autistischen Rückzugsprozeß zu treiben. Bettelheim liest den autistischen Rückzugsprozeß primär als eine »spontane und autonome Reaktion des Kindes« (S. 91, passim S. 535). Jeweils sehr spezifische, in jedem Einzelfall unterschiedliche Erfahrungen und Einstellungen haben bei autistischen Kindern »die Überzeugung entstehen lassen, daß sie von totaler Zerstörung bedroht seien.

Bettelheim verwendet in dieser Studie häufig den Begriff der Dialektik. Mit dessen Hilfe versucht er das Zusammenwirken zwischen äußeren Lebensbedingungen, traumatischen Erfahrungen, subjektiven Verarbeitungsmodi sowie spontanen Reaktionen des Kindes als je individuellen Prozeß herauszuarbeiten. In »Die Dynamik des Autismus« betont er die Notwendigkeit, den autistischen Rückzugsprozeß sowohl von »außen« wie auch von »innen« zu betrachten. Die Gründe für diesen dialektischen Rückzugsprozeß können vielfältig sein (S. 95). Je ausgeprägter der Rückzugsprozeß ist, desto weniger gelingt es dem Kleinkind, die äußere Realität auch nur ansatzweise zu verstehen, sich mit ihr auseinanderzusetzen. Das innere Motiv für den Rückzugsprozeß ist eine übermächtige Angst, die dazu tendiert, sich zur Panik (S. 97) zu verdichten:

»Nun dient der psychische Apparat nur mehr dem einen Zweck: das nackte Leben zu schützen, weshalb er im Hinblick auf die äußere Realität nun gar nichts mehr unternimmt. Alle Energie dient nun dem Selbstschutz, so daß zur Entwicklung der Persönlichkeit keine Kräfte mehr zur Verfügung stehen. Hinter alledem verbirgt sich die Überzeugung, daß jegliches Sein oder Tun eine katastrophale Reaktion auslösen würde.« (S. 95)

Das vollständige *Nicht-Handeln*, das *Nichts-Tun* erscheint angesichts der überwältigenden Todesbedrohung als einzige »realitätsangemessene« Selbstschutzreaktion. Am bedrohlichsten erscheint nun jegliche Versuchung zum Handeln: »Wenn einem jedes Handeln Unheil bringt, ist das Nicht-Handeln der einzige sichere Ausweg« (S. 97).

In »Dialektik der Hoffnung« kommt Bettelheim zur Veranschaulichung des Rückzugsprozesses erneut auf seine Konzentrationslagererfahrungen zu sprechen. Den autistischen Rückzugsprozeß nur als eine Flucht vor einer bedrohlichen Umgebung zu verstehen erscheint ihm zu rational begründet. Er führt den Begriff der *Dialektik des Rückzugs* oder aber – als Gegenbewegung – der Dialektik der Hoffnung ein: Während für uns das Überleben einen andauernden, letztlich lebenslangen Kampf um eine »Synthese von Gegensätzen« (S. 101) darstellt, sei das autistische Kind in der Antithese stecken geblieben, habe den Versuch einer Synthese der Gegensätze erst gar nicht unternommen. Es zieht sich, getrieben durch die existentielle Überzeugung, »die Umgebung sei ausnahmslos zerstörerisch«, in einen »inneren Festungsring« (S. 103) zurück, um zu überleben. Dieser vollständige Abbruch der Kommunikation beraubt ihm der letzten Lebensenergie. Sein Innenleben wird durch diesen Abbruch der Beziehung jedoch keineswegs reicher – wie man in einer unpassenden projektiven Idealisierung vielleicht denken könnte –, sondern es wird zunehmend chaotischer und unlebendiger: »Je ausschließlicher wir uns dem Innenleben zuwenden, desto größer wird das Chaos« (S. 103). Sowohl das Denken als auch die Gefühle, insbesondere die Angst, werden zunehmend irrealer, unlebendiger. Eine Dialektik der Hoffnung kann in dieser »Endphase« nur noch durch eine Konfrontation, eine Begegnung geweckt werden. Nur wenn es gelingt, in diesen Kindern in der therapeutischen Begegnung eine Hoffnung auf Veränderung zu wecken, können die Gefühle wieder auftauen, vermögen diese Kinder wieder eine innere Gefühlswelt aufzubauen.[24] Bettelheim führt aus:

»Auch Gefühle werden voneinander gesondert, werden geklärt, in der Hoffnung, sie dann jemandem erzählen zu können, der einfühlsam auf uns reagiert. Hier liegt der Grund dafür, daß autistische Kinder weder lachen noch weinen. Ihr Unvermögen zu lachen läßt sich durch ihr Unglücklichsein erklären. Ihr Unvermögen zu weinen ist darauf zurückzuführen, daß Weinen eine trostbringende Reaktion auslösen soll – eine reale, wenn jemand Zeuge des Weinens wird, oder eine imaginäre, wenn jemand allein weint.

Wenn wir in unserer Verzweiflung das sichere Gefühl haben, daß niemand auf unser Weinen reagieren würde, und wenn wir uns nicht ausmalen können, daß uns jemand sein Mitgefühl entgegenbringen könnte, dann weinen wir nicht. Weinen ist, stärker als das Lächeln, eine Gefühlsäußerung, die darauf abzielt, eine Reaktion auszulösen. (...) Daß Weinen mit dem tatsächlich erlebten Leid oder Elend nur wenig zu tun hat, lehren uns die Konzentrationslager. Die Häftlinge weinten sehr selten und sie weinten nur dann, wenn sie sicher waren, ein teilnahmsvolles Publikum zu haben. ›Muselmänner‹ aber weinten nie.« (S. 106)

Der Säugling entwickelt ein Selbst unter anderem über seine taktile Auseinandersetzung mit seiner unmittelbaren Umwelt. Er selbst ist es, der handelt, der seine Außenwelt mit seinen Händen erobert. Der »Niedergang des Selbst« (S. 106) – so tituliert Bettelheim sein vorletztes Unterkapitel – ist beim autistischen Kind auch mit einem zunehmendem Verlust an Phantasie verbunden. Weiterhin korrelliert dieser Niedergang des Selbst mit einer zunehmend geringer werdenden Fähigkeit zu handeln sowie einem Verlust an Interesse an der Außenwelt. Vielleicht, so vermutet Bettelheim, handelt es sich aber auch um eine »sehr frühe Blockierung« (S. 108). Die ritualisierten Stereotypien dieser Kinder, ihr rigides, verzweifeltes Beharren auf Gleichförmigkeit versteht Bettelheim nicht im Sinne »wunderliche(r) Deutungsversuche« (S. 108), idealisierender Projektionen, wie sie in der Literatur gelegentlich zu finden sind, sondern als Versuch, »Reize nicht an sich herankommen zu lassen, da sie zum Handeln verleiten könnten« (S. 108). Der vage, leere Blick vieler dieser Kinder, das Bemühen, sich stundenlang dem gleichen, ewig wiederkehrendem Rhythmus hinzugeben, scheint ihnen zu gewähren, daß nichts sich je verändern wird; daß der Lärm der Außenwelt sie nicht erschrecken oder hierdurch sogar zum Handeln veranlassen wird. Bettelheim betont:

»Sowohl die Außenwelt, die zur Aktion auffordert, als auch die Innenwelt, die reagieren könnte, wird verleugnet. Wenn diese Kinder alle Kommunikation aufgeben, ist die extreme Form des Niedergangs des Selbst, ist die extremste Form des Nichthandelns und des Desinteresses an der Welt erreicht.«

Die beschriebenen Stereotypien, der »autistische« Wunsch nach Monotonie und Gleichförmigkeit, dient zur Angstabwehr, aber er dient zugleich auch dazu, »die Dinge zu ordnen und Regeln aufzustellen, denen jedes Geschehen untergeordnet werden kann« (S. 109). Im abschließenden Unterkapitel »Der sehnsüchtige Wunsch des Menschen nach Ordnung« interpretiert Bettelheim die bereits mehrfach beschriebenen, vielfältigen Stereotypien autistischer Kinder als einen Versuch, die Zeit zum Stillstand zu bringen, in einem Zustand der Zeitlosigkeit zu leben, um hierdurch jegliche Veränderung zu verunmöglichen. Bettelheim bemerkt, auf eine Bemerkung von Erikson (1980) bzgl. des Gefühls der Zeitdiffusion bei gewissen Jugendlichen rekurrierend: »Die Zeit ist die Zerstörerin der Gleichförmigkeit. Soll diese Gleichförmigkeit erhalten bleiben, muß die Zeit stillstehen. Daher ist die Welt des autistischen Kindes nur räumliche Welt« (S. 110). Bettelheim greift seinen Begriff des »zeitlosen kosmischen Gesetzes« (S. 111, s. o.) auf: Ohne Zeit gibt es keine Hoffnung, aber es gibt eben auch keine Enttäuschung. Die ewige Wiederholung der Gleichförmigkeit, welche das autistische Kind in seiner existentiellen Verzweiflung »inszeniert«, schaltet die Möglichkeit einer Enttäuschung aus. Dies eben ist der Kern des »kosmischen Gesetzes«, welches für Bettelheim zugleich den Kern des Autismus darstellt:

»Dieses Gesetz verfügt ein für alle Mal und auf absolute Art und Weise die Ordnung der Dinge. Vernünftige Gesetze können auf vernünftige Weise verändert werden und damit Anlaß zur Hoffnung geben. Für das autistische Kind aber muß es ein ›unvernünftiges‹ Gesetz geben, das sich niemals ändert. Dieses Gesetz aber muß im wesentlichen lauten: ›Du darfst niemals hoffen, daß sich etwas ändern kann.‹«

Aus pädagogisch-therapeutischer Sicht ist es dementsprechend entscheidend, diesen »autistischen« Kreislauf, der auf einen Zustand des absoluten Nicht-Handelns, der Zeitlosigkeit hinstrebt, zu stoppen und das autistische Kind zum – wie auch immer gearteten – Handeln zu aktivieren. Wenn es subjektiv alle Formen der Kommunikation als zerstörerisch erlebt, erscheint es als geboten, ihm andere Formen der Kommunikation anzubieten.

Wie ein solcher Behandlungsversuch konkret aussehen kann, arbeitet Bettelheim im zweiten Schwerpunktkapitel anhand dreier Fallbeschreibungen (S. 116–446) heraus. Er führt diese Therapiebeschreibungen, die vorhergehenden Bemerkungen fortführend, mit dem Kapitel »Eine Anmerkung zur leidenschaftlichen Indifferenz« ein. Der von Bettelheim gewählte Begriff der »leidenschaftlichen Indifferenz« drückt erneut ein Paradoxon aus – stellen die Begriffe der Leidenschaft sowie der Indifferenz doch scheinbar einen unaufhebbaren Gegensatz dar. Bettelheim beschreibt die tiefen Haßgefühle, denen er in der Behandlung autistischer Kinder begegnet ist und die im autistischen Rückzug, in der autistischen Abwehr gebunden sind. Solange ein solcher Haß bei autistischen Kindern zu beobachten ist, ist dies nach Bettelheim dennoch als ein grundsätzlich kuratives, für Entwicklungsprozesse »offenes« »Symptom« zu betrachten – es ist günstiger als eine vollständige Vermeidung einer Begegnung, einer Beziehung: »Doch sogar der äußerste Haß noch läßt eine innere Einstellung vermuten, der der Wunsch zugrunde liegt, etwas in bezug auf die Ursache dieses Hasses zu unternehmen, ein Wunsch, der nicht daßelbe ist wie die Vermeidung« (S. 116). Der explosive, der »leidenschaftliche« Haß, der sich hinter der »Indifferenz«, der autistischen Festung verbirgt, korrespondiert mit dem verleugneten Verlangen, »ein Verlangen, das nun eingekapselt war in der Verdrängung, mit dem Ziel, seine Bewußtwerdung und den damit verbundenen unerträglichen Schmerz zu verhindern« (S. 117).

Wie kompliziert, widersprüchlich und gefährlich dieser Behandlungsprozeß ist, wird von Bettelheim folgendermaßen dargestellt:

»Tatsächlich ist es so, daß das autistische Kind zunächst einmal blinden Haß und besinnungslose Wut freisetzt, wenn es zu der Überzeugung gelangt, daß Veränderung möglich ist und wenn seine Gefühle aufzutauen beginnen. Man darf vermuten, daß es diese Gefühle gegen das einzige verfügbare Objekt richtet – gegen das Selbst, das zum Opfer seiner Selbstmordversuche wird. So ist also Autismus eine noch extremere Position als der Selbstmord, und die Selbstmordneigungen sind der erste Schritt zu einer neuen Aktivierung.« (S. 117 f.)[25]

Bettelheim radikalisiert seine Position noch zusätzlich. Er lehnt auch die häufig anzutreffende Vorstellung beziehungsweise Interpretation ab, autistische Kinder kommunizierten nicht mit Personen, sondern mit unlebendigen Objekten. Dies impliziert zugleich die Vorstellung, daß diese Beziehung zu Objekten für das Kind positiv sei. Das Kind fühle sich jedoch durch Menschen existentiell bedroht, während Objekte für es i.d.R. keine konkrete Gefährdung darstellen. Insofern hat es vor diesen weniger Angst, was jedoch nicht zugleich besagt, daß es diese Beziehung zu Objekten wirklich anstrebt. Bettelheim betont:

»Durch eine einzige Beziehung, die den Säugling, bildlich gesprochen, mit aller Gewalt aus seiner Position der Liebe und der Ambivalenz herausgeschleudert hat, ist dieser tief in Gefühle des Hasses verstrickt worden. Unsere Aufgabe ist es, ihm zu helfen, diese Position extremen Hasses und äußerster Hoffnungslosigkeit aufzugeben und zur menschlichen Ambivalenz zurückzukehren, in der normale Beziehungen gedeihen können.« (S.119)

8.6 The children of the dream – die Kinder der Zukunft

In der 1969 veröffentlichten Studie »Die Kinder der Zukunft« (Bd.XII, 1969) behandelt Bettelheim aus historischer und empirischer Perspektive die Erziehungsform der Kollektiverziehung, wie sie in israelischen Kibbutzim ab circa 1913 realisiert wurde. Bettelheims persönlicher Hintergrund für die Abfassung dieser Studie dürften seine eigenen Erfahrungen mit der Milieutherapie, vermutlich auch seine Biographie als assimilierter, vertriebener Jude sein.

Die Bedeutung der Kibbutzerziehung[26] für die Pädagogik hatte Bettelheim bereits in früheren Publikationen thematisiert, so in dem 1962 in »Commentary« publizierten Beitrag »Does Communal Education Work? The Case of the Kibbutz« (Bettelheim 1962a), in den 1966 auf englisch verfaßten Aufsätzen »Entfremdung und Autonomie« sowie »Überlegungen zur Privatsphäre«[27] wie auch in einigen Passagen in »Die Geburt des Selbst« (Bd.I, S.61f.). Aber bereits in »Aufstand gegen die Masse« (Bd.II) findet sich eine Passage, die vermuten läßt, daß sich Bettelheim bereits 1960 für den Kibbutz als Modell einer alternativen Erziehungspraxis interessiert hat (Bd.II, S.48).

Aus biographischer Sicht scheint es mir so, daß Bettelheim mit seiner Kibbutz – Studie an seine Erinnerungen an seine Wiener Erfahrungen in der Jugendbewegung anknüpfte (s.u.). Ein weiteres Motiv dürfte seine Sympathie für Israel sein, welche biographisch maßgeblich durch seine Identität als assimilierter Jude[28] geprägt wurde. In meiner Besprechung der Bettelheim-Biographie von Sutton (Kaufhold 1996) habe ich diese Diskussion fortgeführt.

Bettelheims Studie erwuchs aus einem siebenwöchigen Studienaufenthalt in verschiedenen israelischen Kibbutzim. Die Erfahrungen in Israel scheinen Bettelheim aufgewühlt zu haben: Sie wurden erst fünf Jahre später, 1969, auf Englisch publiziert und 1971 auch auf Deutsch. Nach Heinsohn (1994, S.177) war dieses Buch für Bettelheim ein liebevoll-kritisches Geschenk an »seinen« Kibbutz, welchem er den Phantasienamen »Atid« (Zukunft) gab, anläßlich des 60. Jahrestages des ersten israelischen Kibbuz, der 1909 nördlich vom See Genezareth gegründeten Gemeinschaftseinrichtung *Degania Alef*.[29] Bettelheim ist diese »Forschung im Eilverfahren« (Heinsohn 1994, S.177) gelegentlich vorgehalten worden; Heinsohn erscheint diese Kritik an Bettelheims relativ kurzem Forschungsaufenthalt nicht überzeugend, da der kritische Forscherblick gerade aus seinen ersten, noch ungetrübten Eindrücken häufig die schärfsten Beobachtungen und Schlußfolgerungen zu ziehen vermöge.

Bettelheims Studie, anfangs wohl nur für ein kleines Fachpublikum gedacht, fand unerwartetes Interesse: Von der aufbegehrenden Studentenbewegung wurde die Kibbutzerziehung, so wie sie Bettelheim in »Die Kinder der Zukunft« (Bd.XII) dokumentierte und analysierte, rasch als ein »Alternativmodell« zur herkömmlichen Form der »repressiven«, »sexualfeindlichen« Kindererziehung idealisiert. Seine hierbei verwendete Begrifflichkeit, insbesondere seine Bezeichnung der Kibbutzkinder als »Children of the dream«, als »Traumkinder«, traf sich mit den utopisch angehauchten Bedürfnissen der kritischen Jugend. Seine Studie erschien bereits 1973 als Taschenbuch und fand so erstaunliche Verbreitung.

Wie sehr Bettelheim mit seiner Kibbutz-Studie seinerzeit den »Zeitgeist« traf, wird auch in der im *Spiegel* (1971) publizierten Rezension dieses Werkes deutlich. Bereits im Titel »Kibbutz-Kinder: Niemals allein« wird das entscheidende Argument für die Kibbutz-Erziehung genannt: Die Gemeinschaftserziehung scheint es zu ermöglichen, daß Kleinkinder in einer Gruppe Gleichaltriger trotz einer weitgehenden Trennung von ihren Eltern vergleichbare soziale Erfahrungen machen wie Kleinkinder, die ausschließlich von ihren Eltern beziehungsweise Müttern umsorgt werden. Zugleich nuanciert der Spiegel Bettelheims verhaltene Skepsis, die aus einer spezifischen historisch-gesellschaftlichen Situation erwachsene Konzeption der Gemeinschaftserziehung nicht ungeprüft auf die gänzlich andere Lebenssituation in den USA zu übertragen.

Inhaltlich stellt Bettelheim eine umfassende empirische Studie vor, in der er vorherrschende pädagogisch-psychoanalytische Grundannahmen – etwa bezüglich der entscheidenden Bedeutung der Eltern beziehungsweise Mütter für das Aufwachsen von Säuglingen und Kleinkindern –hinterfragt und in einer gewissen Weise modifiziert. Insofern tritt Bettelheim auch mit diesem Buch als ein kritischer, vorsichtiger »Erneuerer« vorherrschender wissenschaftlicher Lehrmeinungen in Erscheinung. So betrachtet Bettelheim die frühe Trennung von Säuglingen von ihren Eltern nicht unbedingt als schädlich; das Aufwachsen in einer Gruppe von Gleichaltrigen sowie die gewährleistete Kontinuität der Zuwendung wirke sich Bettelheim zufolge keineswegs traumatisierend aus, sondern ermögliche das Heranwachsen einer wirklich neuen Generation. Bettelheim orientiert sich hierbei erneut – wie bereits in »Die Geburt des Selbst« (Bd. I) – schwerpunktmäßig an Eriksons (1980) Modell der Identitätsentwicklung und analysiert ausführlich die verschiedenen Phasen der Identitätsentwicklung von Kibbutz-Kindern. Viele dieser Kibbutz-Kinder verfügten über ein erstaunlich stabiles Identitätsgefühl, welches vor allem durch ein »kollektive(s) Über-Ich« (S. 124) geprägt zu sein schien. Auffallend war für Bettelheim, daß diese israelischen Jugendlichen in sehr viel geringerem Maße unter neurotischen Schwierigkeiten litten als noch ihre Eltern – und erst recht als amerikanische Jugendliche. Andererseits beschreibt Bettelheim eine Tendenz hin zur Konformität, eine gewisse emotionale Verflachung bei diesen israelischen Jugendlichen (Bd. XII, S. 263). Bettelheim schließt keine voreiligen Schlußfolgerungen, er stellt nur Hypothesen auf. Die Vorteile der israelischen Form der Gemeinschaftserziehung scheinen für Bettelheim jedoch zu überwiegen: »Mein Besuch überzeugte mich davon, daß dieses Erziehungssystem ebenso lebensfähig ist wie viele andere« (S. 267). Und in dem Unterkapitel »Für manche eine vorzügliche Lösung« (Bd. XII, S. 265–269) betont Bettelheim:

»Ohne Zweifel hindert das System manche Kibbuzniks an einer maximalen Entwicklung. (...) Aber sie werden zahlenmäßig von jenen weit übertroffen, die viel geringere Leistungen hervorgebracht hätten, wären sie nicht in den Genuß der großzügigen Unterstützung der Gruppe und des Erziehungssystems gekommen. Überdies kann es im Kibbuz nie geschehen, daß infolge sozialen oder wirtschaftlichen Notstandes der Eltern ein Kind nicht zumindest ein Minimum an menschlicher Entwicklung erreicht.

Im Kibbuz gibt es keine vernachlässigten Kinder, keine, für deren körperliche Bedürfnisse nicht in Gesundheit und Krankheit gesorgt würde, keine, die in der Schule versagen, weil sie Hunger leiden oder keinen ordentlichen Platz zum Schlafen haben. Es versagt auch kein Kind, weil der Wettbewerbs- und Leistungsdruck zu groß ist. Im Kibbuz gibt es keine betrunkenen Eltern, die ihre Kinder schlagen. Diesen Schutz kann der Kibbutz nur gewähren, weil ihm die Mitglieder eine so weitgehende Kontrolle ihres Lebens einräumen.« (S. 265)

Und an anderer Stelle hebt Bettelheim, erkennbar im Kontext seiner eigenen Arbeit an der Orthogenic School, hervor, was ihm persönlich besonders zugesagt hat: »Andererseits war ich tief beeindruckt von der rührenden Pflege, die die Kubbutzniks geistig zurückgebliebenen oder hirngeschädigten Kindern angedeihen lassen. Lehrer wie Metapelets nehmen alle erdenkliche Rücksicht und tun ihr möglichstes, um eine Einordnung dieser Kinder in das Kibbuzleben zu ermöglichen. (...) Ich möchte das ganz besonders hervorheben, weil es wirklich beeindruckend war, zu beobachten, wie liebevoll sie diese geschädigten Kinder und Erwachsenen in ihre Gemeinschaft aufnahmen.« (S. 250 f.)

Ausführlicher diskutiert wird diese Studie in den Aufsätzen von Gunnar Heinsohn (1994) sowie Rudolf Ekstein (1969a). Der Soziologe Heinsohn hatte mehrere Jahre lang über die Kibbutzerziehung geforscht. 1979 hatte er in einer WDR-Sendung eine Diskussion mit Bettelheim über dessen Kibbutz-Studie geführt. In seinem Beitrag »Bruno Bettelheims Mütter und Kinder des Kibbutz« (1994) zeichnet Heinsohn die historischen Gründe für die Entstehung und Entwicklung der Kibbutzim nach. Er skizziert die sich wandelnde Einstellung der Kibbutzim zu der sehr frühen Trennung der Kleinkinder von ihren Eltern während der Schlafenszeit – heute seien nahezu alle Kibbutzim zum Schlafen der Kleinkinder im Elternhaus übergegangen (1994, S. 179). Heinsohn stellt die These auf, daß »der scharfsinnige Psychologe« (S. 181) dem soziologischen Denken zu sehr mißtraut habe, so daß er nicht alle Aspekte des emotionalen Lebens in den Kibbutzim hinreichend erkannt habe. Diese spezifische Sozialform der Gemeinschaftserziehung bewirke, daß die Kinder von allen Erwachsenen »nicht nur als emotional Erwünschte, sondern auch als dringend Benötigte angesehen« würden (S. 182). Infolgedessen wird die Benachteiligung oder Vernachlässigung eines einzelnen Kindes vom ganzen Kibbutz als eine objektive »Schädigung« erlebt, so daß dieses sehr viel stärker vor emotionalen beziehungsweise gesundheitlichen Schädigungen geschützt werde als ein beispielsweise amerikanisches oder deutsches Kind, welches nahezu ausschließlich von der Lebenswelt seiner Eltern geprägt werde:

»Die besondere Gesellschaftsstruktur des Kibbutz durchschlägt die unbestreitbaren Nachteile der Kollektiverziehung und neutralisiert sie nicht unerheblich. Es ist diese aus sozialer Wertschätzung erwachsende Sicherheit, die Bruno Bettelheim beim Schauen auf die ihm prekär erscheinende direkte taktile und emotionale Sicherheit des Kibbutznachwuchses in den Kinderhäusern nicht in den Blick kommen konnte.« (Heinsohn 1994, S. 182)

Der Beitrag »The Full Fortress« von Rudolf Ekstein, bereits 1969 verfaßt, ist von besonderem Interesse für die vorliegende Studie, findet sich hierin doch eine tiefgründige Interpretation von Bettelheims Forschungsergebnissen vor dem Hintergrund ihrer wechselseitigen Identifizierung mit Israel, wie auch ihrer gemeinsamen milieutherapeutischen Arbeit. Ekstein unternimmt einen verstehenden Versuch, die sowohl publizierten als auch in gemeinsamen Besprechungen mit israelischen Kollegen vorgestellten Interpretationen seines Freundes auch lebensgeschichtlich zu lesen – und zugleich die Irritationen und Verärgerungen, die Bettelheims Studie in Israel hervorgerufen hatte, aufzulösen. Eksteins Analysen stellen – wie ich bereits in meinem Ekstein-Kapitel gezeigt habe – eine für ihn typische Verknüpfung von individueller und gesellschaftlicher Erfahrung, von anteilnehmender, identifizierender Sympathie und gleichzeitiger kritischer Distanzierung und Wiederannäherung dar. Ekstein nimmt sowohl lebensgeschichtlich als auch theoretisch an den gelegentlich herausfordernden Ausführungen seines Freundes und Kollegen teil und versucht hierbei, Bettelheims verschiedentlich durchschimmernde kritische Distanz gegenüber einzelnen Aspekten der Kibbutzerziehung seinen israelischen Freunden und Kollegen nachvollziehbarer zu machen.

Einleitend stellt Ekstein seine bereits durch den Aufsatztitel »The Full Fortress« angedeutete inhaltliche Nähe zu Bettelheims zwei Jahre zuvor erschienener Autismus-Studie »The Empty Fortress« (Bd. I) her. Wie bereits diese Studie löste auch die neue Studie gerade in dem Land heftige Kontroversen aus, dem eigentlich Bettelheims Zuneigung galt – in Israel:

»Bettelheim is indeed a charismatic man, but his charisma can go both ways: positively or negatively. Certainly he knows that Love Is Not Enough, and he is not afraid of hate. He has strong opinions, and he often invites strong reactions, but neither his book nor his program at the Orthogenic School is empty. They may be besieged by outside criticism and attack, but they are strong fortressed filled with the thoughts and labors of this provocative man.« (Ekstein 1969a, S. 2)

Ekstein veranschaulicht einige autobiographische Erfahrungen, welche ihm Bettelheims Kibbutz-Buch auch lebensgeschichtlich nahebrachten: Unmittelbar nach Bettelheims siebenwöchigem Studienaufenthalt in Israel reiste Ekstein erstmals wieder zurück nach Österreich – und anschließend nach Israel. Er traf dort, nach 25 Jahren, alte Wiener Freunde wieder, die nach Israel emigriert waren. Und er besuchte den gleichen Kibbutz, »Atid«, in dem Bettelheim schwerpunktmäßig geforscht hatte – und erlebte unmittelbar die Kontroversen, die Bettelheim eben dort ausgelöst hatte. Seine israelischen Freunde machten ihm in ihren im vertrauten Wiener Dialekt geführten Gesprächen nachdrücklich die außerordentlichen Pionierleistungen dieser ersten Kibbutzim bewußt, die mit schwerster Arbeit, unter der unmittelbaren existentiellen Bedrohung durch arabische Feinde, »deren Programm nicht weniger verlangte als ihre Vernichtung« (Heinsohn 1994, S. 178), einen utopisch anmutenden Lebensort schufen. Dementsprechend betont Ekstein, die biographischen, kulturellen Wurzeln der Kibbutz-Erziehung fokussierend:

»In addition, however, this visit of Bettelheim's was of an entirely different nature. My own experience testifies to that. The kibbutz is not a society of wild Stone Age tribesmen somewhere in inner Africa. On the contrary, it is a highly sophisticated society, the roots of which go back in European history to the struggle of the youth movements, the rise of Marxism, the rise of the democratic republics, and the rise of Fascism. When I went where I was thrown intimately into a world that was not new and strange but actually familiar, a world I could catch up with in a short time. Moreover, I could so readily identify with the life and struggle of the people in the kibbutz that when another shooting incident occured – the Arabs shooting from the Syrian heights – I was quite ready to join the comrades taking the children to safety in the shelters and defending the border. It was difficult simply to be an objective observer; the pull to identify, to become part of it, was very strong.« (Ekstein 1969a, S. 4)

Diese Erfahrungen erleichterten es Ekstein, im Gespräch mit israelischen Kollegen sowohl Bettelheims gelegentlich als distanziert-kritisch erlebten Interpretationen wie auch deren eigene schwierige Position sowohl aus einer »intimen«, anteilnehmenden, als auch aus einer objektivierend-distanzierten Position zu beleuchten. In diesem Prozeß wurde Ekstein erneut zu einem Brückenbauer, einem Wanderer zwischen verschiedenen Welten. Weder die kulturell-geographische noch die zeitliche Distanz von 25 Jahren hatten ihn von seinen nach Israel geflohenen Wiener Freunden getrennt. Und doch erleichterte es ihm diese Distanz zugleich, eine Brücke zwischen Bettelheims Forschungen und der täglichen Arbeit seiner sehr konkret im Kibbutz tätigen Kollegen zu bauen. Deshalb hebt Ekstein, durchaus im Sinne von Heinsohn (1994) (s.o.), die Besonderheit von Bettelheims Erkenntnisposition hervor: »The limited visit, the defined purpose, the fact that he would be leaving, made it possible for Dr. Bettelheim to achieve this desirable combination of objective neutrality and sympathetic understanding« (1969a, S.4). Ekstein gibt der Verführung nicht nach, Partei für Bettelheim oder aber für seine israelischen Freunde zu ergreifen. Er unternimmt einen Versuch einer dialektischen Synthese, indem er erneut die stimulierende Kraft des utopischen Denkens betont:

»Educators – deeply involved educators – somewhere must remain dreamers. However, the results of their educational attempts are not always what they dreamed about. Yet without these dreams – without the Utopias of the mind – the kibbutz, that precarious stronghold of freedom, could not have been maintained. Perhaps the American dream favors too much individual liberty, while the Israeli dream stresses too much communality. If each educational system were to learn from the other we might create a new dream of a society in which individual liberty and communal responsibility would be the ethos of education. Perhaps that will be the dream of our children.« (Ekstein 1969a, S.8)

Ich möchte hierzu abschließend ein persönliches Erlebnis wiedergeben: Im Frühjahr 1998 war ich Teilnehmer des seit 20 Jahren bestehenden deutsch-israelischen Seminars zwischen der *Gewerkschaft Erziehung und Wissenschaft* und ihrer israelischen Partnerorganisation *Histadrut Hamorim*.[30] Ich referierte dort über Bettelheims, Federns und Eksteins Biographie und Werk. Natürlich kamen wir auch auf Bettelheims soeben skizzierten Studienaufenthalt in Israel zu sprechen. Mein Vortrag erregte bei den israelischen Kollegen Interesse und Begeisterung. Wie der Zufall es wollte, hatten zwei der israelischen Teilnehmer, Dr. Zvi Karniel sowie Dr. Avraham Rocheli, Bettelheim seinerzeit kennengelernt. Zvi Karniel war Sohn einer aus Galizien stammenden, zeitweise in Wien lebenden deutschsprechenden Mutter, die gemeinsam mit dem Kreis um Eliahu Rappaport (s.o.) in das damalige Palästina emigriert war und zu den Mitbegründern *Ramat Yohanans* gehörte. Dort hatte Bettelheim 1964 einen Teil seiner Forschungen unternommen; auch war er seinerzeit häufig Gast im Haus seiner Eltern. Zvi Karniel zeigte sehr nachdrücklich und überzeugend auf, daß Bettelheim in *Ramat Yohanan* zwar Kontroversen ausgelöst hatte, daß seine Studien jedoch heute in Israel Verbreitung und Anerkennung gefunden haben. Es mußten Jahre vergehen, um eine »Synthese« zwischen diesen unterschiedlichen Ausgangspositionen, Erfahrungen und Schlußfolgerungen zu ziehen. Einige Monate später, 1999, erschien in der israelischen Tageszeitung *Ha'aretz* ein umfangreicher, bebilderter Beitrag über Bettelheims Einfluß auf die Kibbutzerziehung, der aus Anlaß des 35. Jahrestages seines Besuches in *Ramat Yohanan* verfaßt worden war. Im September 2000 erschien ein weiterer umfangreicher – englischsprachiger – Beitrag über Bettelheim in der gleichen Zeitung (Uriya Shavit 2000).

8.7 Der Weg aus dem Labyrinth. Leben lernen als Therapie

1974, unmittelbar nach seinem Abschied von der Orthogenic School, schloß Bettelheim seine Studien zur *Orthogenic School* mit dem lange geplanten, voluminösen Buch »Der Weg aus dem Labyrinth« (Bd. VIII) ab.

Diese über 500 Seiten umfassende Studie besteht aus vier Oberkapiteln. Im ersten Kapitel stellt Bettelheim »Die Idee des psychiatrischen Krankenhauses« vor; der zweite Abschnitt handelt vom Leben sowie der räumlichen Ausgestaltung der Orthogenic School; danach folgen Reflexionen zur »Schaffung des therapeutischen Milieus«; den Abschluß bilden Gedanken über die Auswahl der Mitarbeiter sowie deren Motivationen und spezifischen Kompetenzen.

»Im Anfang wohnt das Ende and the end is the beginning...«, diese von Bettelheim entlehnte Sentenz, die wohl ein »geflügeltes Wort« in der *Orthogenic School* gewesen ist, ist auch auf diese Studie anwendbar. Denn Bettelheim eröffnet die milieutherapeutische Studie mit einer Anklage gegen die lebensunwürdigen Zustände, in denen viele psychisch kranke Menschen leben müssen – und diese moralische Empörung, die in vielen Äußerungen, gelegentlich auch in einigen Publikationen Bettelheims durchschimmert, mag auch eines der Motive für Bettelheims Beginn an der Orthogenic School gebildet haben. Bettelheim eröffnet sein Buch mit den Worten:

»Einen wirklichen Grund oder eine Entschuldigung für die entsetzlichen Orte, an denen man geisteskranke Patienten unterbringt, hat es niemals gegeben; weder für die Vernachlässigung noch für die ausgesprochene Mißhandlung dieser Patienten, die sich als Therapie tarnt. Unsere Anstalten für Geisteskranke sind beschämende, eitrige Wunden der Gesellschaft, die ab und zu schockartig in das Bewußtsein der Öffentlichkeit einbrechen und schnell wieder vergessen werden, bevor sie unser Gewissen ernsthaft beunruhigen. (...) Die Behandlung dieser unglückseligen Menschen ist auch heute nicht besser, obwohl alle ein bis zwei Jahre einmal öffentliche Entrüstung laut wird, wenn in irgendeiner Anstalt die furchtbare Erniedrigung von psychisch kranken Patienten ans Licht kommt – als wären derartige Verhältnisse nicht typisch für psychiatrische Krankenhäuser in der ganzen Welt.« (Bd. VIII, S. 9)

Bettelheim beläßt es jedoch nicht bei dieser moralischen Anklage, sondern fügt sogleich eine analytische Deutung über die menschliche Ambivalenz hinzu, die in dieser Empörung erkennbar ist:

»Das alles kann nur mit der Zwiespältigkeit unserer Einstellung zu Geistesgestörten erklärt werden, deren Wurzel in unserer eigenen Angst vor der Geisteskrankheit liegt. Wir wollen, daß der geistig oder seelisch gestörte Mensch human behandelt wird, aber wir wollen auch, daß der Friede unserer Seele nicht durch Gedanken an psychische Krankheiten gestört wird. Die Art, in der solche Menschen zu existieren gezwungen sind, erschüttert uns. Wir können nicht so gut schlafen, wenn wir an ihr Schicksal denken, denn unsere Träume sind ihren Handlungen zu ähnlich.« (ebd.)

Einen Schwerpunkt in Bettelheims Studie bilden Reflexionen und ausführliche, beschreibende Passagen zu der Bedeutung der räumlichen Ausgestaltung von Behandlungsinstitutionen, deren »stumme Botschaften«, für die Behandlung. Welche Bedeutung solche symbolischen Mitteilungen – wie sie die konkrete, pädagogisch reflektierte Ausgestaltung seiner Lebenswelt wie auch die Beziehungsgestaltung durch seine pädagogischen Bezugspersonen darstellen – insbesondere für psychisch kranke Kinder haben, mag in folgender Überlegung deutlich werden:

»Je gestörter ein Mensch ist, um so weniger glaubt er, was wir sagen, um so mißtrauischer ist er gegen das, was wir tun. Aufgrund eigener früherer Erfahrungen mit doppeldeutigen Botschaften kann er uns nicht trauen. Da der Patient weiß, er lügt, um seine wahren Gefühle zu verbergen, ist er um so mehr davon überzeugt, daß er dem, was jemand anderes sagt, nicht wirklich trauen darf. Eher traut er unseren Handlungen und unserer Art, mit ihm umzugehen. Am ehesten aber glaubt er dem, was er selbst mit eigenen Augen, durch Berührungen und vor allem durch eigenes Tun erlebt.« (Bd. VIII, S. 105)

Bettelheim hat häufig darauf hingewiesen, daß sich das Selbst – sowohl in der pädagogisch gestalteten Erziehung als auch im therapeutischen Prozeß – nicht primär durch eine Deutung unbewußter Konflikte, sondern durch ein konkretes Handeln, eine Auseinandersetzung mit, eine Aneignung der konkreten sozialen Umwelt heranbildet und weiterentwickelt. Auch wäre es ein grundlegendes Mißverständnis des Wesens der Psychoanalytischen Pädagogik, vom Pädagogen in seinem Alltagshandeln verbal vorgetragene psychoanalytische Deutungen (oder aber ein aus theoretischer Reflexion abgeleitetes Handeln) zu verlangen – dies wäre nicht nur dem Alltagshandeln des Pädagogen unangemessen, würde eine Verwechslung der – häufig idealtypisch verstandenen – analytischen Situation im Behandlungszimmer mit der pädagogischen Praxis darstellen, sondern bliebe letztlich auch wirkungslos. Die psychoanalytische Deutung sollte erst später, etwa im Rahmen der Supervision, hinzukommen, um die »pädagogische Szene« im nachhinein angemessener zu verstehen und das eigene pädagogische Handeln so zu professionalisieren. Bettelheim drückt diesen Sachverhalt folgendermaßen aus:

»Dem Patienten wirklich dabei zu helfen, seine seelisch-geistige Gesundheit wiederzuerlangen, erfordert eine noch größere Kunst, die viel Wissen und Erfahrung voraussetzt. Doch so wichtig das alles ist – je größer die Notsituation, um so weniger nützt die formale Bildung. Wenn sofort etwas geschehen muß, dann dauert eine sorgfältige Analyse zu lange. *Die Situation verlangt spontanes Erfassen durch Einfühlung:*

Ist der Vorfall vorbei, kann der Fachmann sehr hilfreich sein, um die Gründe für das Entstehen des Notstandes zu erläutern: was dahinter lag; warum das, was man aus spontaner Erkenntnis tat, so gut einschlug oder warum es nicht zu den gewünschten Resultaten führte, sondern die Dinge verschlimmerte. Das ist nützliches Wissen, aber im Grunde nicht mehr als genau das. Tritt die nächste Alarmsituation ein, hat man keine Zeit, sich daran zu erinnern; dann steht nur das, was ins Unbewußte Eingang gefunden hat und durch einen Akt der Autonomie zum Teil der eigenen Persönlichkeit gemacht wurde, blitzartig zur Verfügung. Damit der Betreuer zu jeder Zeit mit dem Patienten umgehen kann, *muß man ihm helfen, seine eigenen Hilfs- und Kraftquellen einzusetzen* und nicht solche, die er vom Fachmann entliehen hat.« (Bd. VIII, S. 295 f., Hervorhebung R. K.)

In einem weiteren Kapitel präzisiert Bettelheim die spezifischen Anforderungen, die an die MitarbeiterInnen eines milieutherapeutisch arbeitenden Projekts gestellt werden. Es wird spürbar, welche Härten jene auf sich nehmen müssen, wobei die Belastungen und Gefahren ihrer Tätigkeit offen thematisiert werden. Zugleich zeigt Bettelheim jedoch auch auf, welchen persönlichen, biographischen Gewinn PädagogInnen aus einer solchen anstrengenden und belastenden Tätigkeit ziehen können. Heilung ist ein dialektischer Prozeß zwischen zwei lebendigen Subjekten, so könnte man sein Resümee formelhaft zusammenfassen. Bettelheim betont:

»Die erfolgreichsten Betreuer waren (...) diejenigen, die von Anfang an spürten, daß ihnen die Arbeit eine einzigartige Gelegenheit bot, einige ihrer eigenen Probleme zu lösen. Diese wußten, daß sie gezwungen sein würden, etwas in sich selbst durchzuarbeiten, um für ihre Patienten von größerem Nutzen zu sein. Der sicherste Hinweis auf die Eignung waren der tiefe Wunsch, persönliche Autonomie zu erreichen, und die Erkenntnis, daß dies möglich ist, indem man seine persönlichen Schwierigkeiten löst. Derjenige Mitarbeiter, der sich am ehrlichsten bemühte, sich selbst gegenüber wahrhaftig zu sein – herauszufinden, was das beinhaltet und es durch konstruktives Tun entschlossen in der Realität zu verwirklichen, war stets am besten geeignet, die gleichen Fähigkeiten bei den Patienten zu entwickeln. Nicht nur verfügte er über ein großes Einfühlungsvermögen in das Bedürfnis des Patienten nach Selbständigkeit, sondern er wußte auch aus eigener Erfahrung, wie schwierig und wichtig das ist. Nur der Mitarbeiter, der den Mut hat, in sich selbst hineinzuschauen, hat das moralische Recht, das auch von einem Patienten zu erwarten.« (S. 275 f.)

Und Bettelheim fügt an einer anderen Stelle hinzu:
»Im Laufe der Jahre kamen wir zu dem Ergebnis, daß jeder Mitarbeiter, der wirklich erfolgreich schwerstgestörten Patienten helfen konnte, Erfahrungen hinter sich hatte, die aus irgendeinem Grund diese Art Arbeit für ihn so anziehend machte, daß er die damit verbundenen extremen Härten akzeptieren konnte. Wo andere vielleicht versagt hätten, konnte er helfen.« (Bd. VIII, S. 15)

Dieses Bemühen, die Motive seiner Patienten mittels der Introspektion besser zu verstehen, sollte jedoch nicht mit einer schlichten Identifikation mit diesen verwechselt werden. Deshalb betont Bettelheim: »Nur diejenigen konnten dem Patienten zu seiner Autonomie verhelfen, die darauf ausgerichtet waren, den Patienten mit etwas zu versehen, das dessen Leben fehlte« (S. 321). Die Prinzipien seiner »humanistischen Behandlungsphilosophie« verdeutlicht Bettelheim mit folgender Formulierung:

»Die einzige Möglichkeit, mit diesen schwierigen und anstrengenden Patienten nicht die Geduld zu verlieren, besteht darin, sie in allem, was sie tun, ernst zu nehmen. (...) Wenn wir in dem Wunsch, ihnen zu helfen, in das Dunkel ihrer Seele eindringen, können wir nicht vermeiden, auch Licht in die versteckten Winkel unserer eigenen Seele zu bringen.« (Bd. VIII, S. 447f.)

Ein gemeinsamer Wachstumsprozeß erfordert die Kultivierung eines Beziehungssystems, durch das eine persönlichkeitsspezifische Weiterentwicklung bei beiden Partnern ermöglicht, eine höhere Stufe der Integration erreicht wird.

Es erfordert einigen Zeitaufwand wie auch Geduld, sich auf Bettelheims Ausführungen einzulassen – wer dies jedoch tut, gewinnt vielfältige Anregungen für seine eigene pädagogische Tätigkeit. Insofern ist dieses Buch vor allem für »Praktiker« verfaßt: Die in ihm versammelten Vorschläge, Konzeptionen und Forderungen stellen eine nur schwer negierbare Herausforderung an heutige psychiatrische Institutionen dar. Zugleich beleuchtet es die wechselseitige Abhängigkeit zwischen pädagogischer und psychoanalytischer Tätigkeit – auch in diesem Punkt erweist sich Bettelheim als Psychoanalytischer Pädagoge par excellence.

Schäfer (1991) hat mit »Erziehung an den Grenzen – Bruno Bettelheim« einen lesenswerten Beitrag vorgelegt. Von Bülow-Faerber (1990)[31] wurde eine Rezension publiziert.

8.8 Liebe als Therapie. Gespräche über das Seelenleben des Kindes (mit Daniel Karlin)

1975 erschien »Liebe als Therapie« von Bettelheim und Karlin (Bd. XIV, dt. 1983). Es ist entstanden aus den verschriftlichten Protokollen der Fernsehaufnahmen eines von Daniel Karlin[32] geleiteten französischen Fernsehteams, welches von Bettelheim in seiner Abschiedsphase von der Orthogenic School eine Dreherlaubnis erhalten hatte. Dies stand in deutlichem Gegensatz zu seinem Prinzip, zum Schutze der psychisch kranken Kinder und aus Respekt vor deren Wahnvorstellungen keinen Fremden in seine Schule hineinzulassen. Die Fernsehaufnahmen wurden im französischen Fernsehen zur besten Sendezeit in vier Folgen ausgestrahlt. Sie erregten in der Öffentlichkeit großes Aufsehen.[33]

Das Buch besteht aus einer Mischung aus Interviews, aus Gesprächen mit Kindern der Orthogenic School sowie aus kommentierenden Begleittexten. Wegen seiner Verständlichkeit und Sprachkraft ist es sehr dafür geeignet, auch interessierten Laien ein gewisses Verständnis für das Leben in der Orthogenic School zu vermitteln. Zugleich artikuliert sich in ihm ein leidenschaftliches Plädoyer für eine Respektierung der psychischen Realität sowie der gelegentlich bizarr anmutenden Symptome gestörter, leidender Kinder und Jugendlicher.

8.9 Kinder brauchen Märchen

Hat Bettelheim in »Der Weg aus dem Labyrinth« das enge Zusammenspiel von pädagogischer und psychoanalytischer Kompetenz im Interesse des emotional beeinträchtigten Subjekts herausgearbeitet – und sich hierbei als »klassischer« Vertreter der Psychoanalytischen Pädagogik exponiert – so entfaltet er »als Erzieher und Therapeut« (Bd. VII, S. 10) in seinem erfolgreichsten und populärsten Buch, in »Kinder brauchen Märchen« (Bd. VII, 1976), den erzieherischen Sinn von Märchen.

Mit diesem Buch fand Bettelheim großen Anklang, insbesondere weil er sich hierbei erneut und konsequent einer lebendigen, allgemeinverständlichen Sprache bediente, die die Herzen der Leser unmittelbar ansprach. Aufgrund seines stilistischen Talents wurde Bettelheim nun nicht nur in pädagogischen und psychoanalytischen, sondern auch in literaturwissenschaftlichen Kreisen intensiv rezipiert.[34] Sein Märchenbuch wurde in den USA mit zwei Literaturpreisen – dem »National Book Award« und dem »Book Circle Award« – ausgezeichnet.

Auch zeigte dieses Buch erneut Bettelheims Gespür für gesellschaftliche Diskussionsthemen, standen die Märchen doch, bedingt durch die Ausläufer der gesellschaftskritischen 68er Protestbewegung, unter dem Verdacht, Kinder mit gewalttätigen, überdies noch »apolitischen« und »gesellschaftsblinden« Themen zu konfrontieren, zu schädigen.

In Märchen, so führt Bettelheim aus, gehe es immer »um universelle menschliche Probleme« (Bd. VII, S. 12); sie sprechen, u. a. mittels der Kontrastierung in »gute« und »böse« Märchenfiguren, »alle Ebenen der menschlichen Persönlichkeit gleichzeitig an« (S. 11 f.), so daß sie das noch unentwickelte Kind genauso wie den Erwachsenen erreichen. Die eigenartige und zugleich beeindruckende Wirkung von Märchen erklärt Bettelheim so: In den Märchen kommen die schweren inneren Spannungen und Schwierigkeiten des Kindes so zum Ausdruck, daß es diese unbewußt versteht – und zugleich ein Beispiel dafür angeboten bekommt,

Bettelheim mit Zuhörern

»wie bedrückende Schwierigkeiten vorübergehend oder dauerhaft gelöst werden können« (S. 12). Indem das Kind als Reaktion auf seine unbewußten Spannungen über entsprechende Elemente aus Märchen »nachgrübelt, sie neu zusammensetzt und darüber phantasiert« (S. 13), formt es unbewußte Inhalte zu bewußten Phantasien. Diese ermöglichen es ihm, sich mit diesen, für seine jetzige Situation so bedeutsamen Inhalten auseinanderzusetzen. Bettelheim betont: Märchen haben einen »unschätzbaren Wert, weil sie der Phantasie des Kindes neue Dimensionen eröffnen, die es selbst nicht erschließen könnte« (S. 13). Es sei charakteristisch für Märchen, daß sie »ein existentielles Dilemma kurz und pointiert« feststellten (S. 15). Sowohl die Form als auch die Gestalt der Märchen bieten dem Kind Bilder, Metaphern an, mittels derer es seine Tagträume ausbildet und so eine bessere Orientierung im Leben, Wege aus seinem »existentiellen Dilemma« (S. 13) finden kann. So erleichtern sie es dem Kind, auch die Schattenseiten des Lebens wahrzunehmen und zu akzeptieren, ohne sich von ihnen überwältigen zu lassen. Es würde den Rahmen dieser Besprechung überschreiten, auf die zahlreichen Beispiele in diesem Buch einzugehen. Deshalb möchte ich auf die differenzierte Rezension von Frederick Wyatt[35] verweisen, die einen Zugang zu der pädagogischen und psychoanalytischen Dimension dieses Werkes erleichtert. Gidion, Schwarz, Updike haben Rezensionen, Hoeppel (1994), Bottigheimer, Bruns, Kaufhold sowie Rosenkötter haben diesbezügliche Diskussionsbeiträge veröffentlicht.[36]

Aus biographischer Perspektive scheint es mir so, daß Bettelheim mit diesem anrührenden, scheinbar altmodischem Buch an seine Wiener Kindheit anzuknüpfen, zu ihr zurückzukehren versucht. Er schlägt eine Brücke zwischen seinem »zweiten Leben« in den USA sowie seinem »ersten Leben« in Wien, aus dem ihn die Nazis vertrieben hatten. Insofern war es der Versuch eines »Entwurzelten«, die Wunden des Holocaust zu lindern und die verbrecherische Vergangenheit sowohl individuell als auch gesellschaftlich zu »bearbeiten«.

8.10 Erziehung zum Überleben. Zur Psychologie der Extremsituation

1979 veröffentlichte Bettelheim seine Aufsatzsammlung »Erziehung zum Überleben« (Bd. III), deren Themenspektrum von den aus seinen Lagererfahrungen erwachsenen Studien zu einer Psychologie der Extremsituation bis hin zu allgemeinpädagogischen Fragestellungen reicht. Dieser Band enthält auch seine 1942 verfaßte sowie im Oktober 1943 publizierte Studie »Individuelles und Massenverhalten in Extremsituationen«[37] sowie seinen 1956 veröffentlichten Text »Schizophrenie als Reaktion auf Extremsituationen«; in ihm arbeitet er die psychologischen Gemeinsamkeiten zwischen schizophrenen Kindern sowie ehemaligen Konzentrationslagerhäftlingen heraus. Ich möchte – als für das Buch repräsentative Passage – aus seinem kurzen Text »Unbewußte Beiträge zur eigenen Vernichtung« (Bd. III, S. 247–251) zitieren, in dem Bettelheim leidenschaftlich gegen alle bewußten und unbewußten Versuchungen »anschreibt«, sich von den Folgewirkungen der Destruktion, der er und schrecklich viele andere letztlich wehrlos ausgesetzt waren, überwältigen zu lassen. Man könnte auch sagen: Bettelheim versucht herauszufinden, welche Beziehung wir heute – 1977 – zwischen unserer eigenen Person und den Opfern der nationalsozialistischen Verbrechen herzustellen vermögen – denn: »Nur wenn es uns gelingt, diesen Opfern ganz nahe zu kommen, werden wir lernen, was der Mensch ist – und was der Mensch sein könnte« (Mehlhausen 1991, S. 801).

Und zugleich macht Bettelheim in diesem Essay noch etwas Zweites: Er wendet seine Erkenntnisse bzgl. einer schrittweisen Integration von traumatischen, entwurzelnden Erlebnissen auch auf traumatisierte Kinder an, betont, ungeachtet aller Differenzen, die Parallelität bzgl. der psychischen Bewältigungsanforderungen zwischen diesen. Bettelheim schreibt:

»Wenn wir beispielsweise einem Kind helfen wollen, mit den destruktiven Folgen der Mißhandlung durch Vater oder Mutter fertig zu werden, genügt es in den meisten Fällen nicht, dafür zu sorgen, daß die Mißhandlungen aufhören. Es ist ebenso nötig, dem Kind zur Überwindung der durch die Mißhandlung entstandenen Schädigung seines emotionalen Wohlbefindens und seiner Persönlichkeit zu verhelfen. Die Hilfe muß zum Ziel haben, daß das Kind den erlittenen psychischen Schaden meistert und somit integriert. (...) Unsere Bemühungen, dem Kind zur Überwindung des Erlebnisses der Mißhandlung von seiten eines Elternteils zu verhelfen, bleibt erfolglos, wenn das Kind nicht selbst daran arbeitet. So muß sich das Kind beispielsweise von den Unzulänglichkeits- und Wertlosigkeitsgefühlen befreien, die es wahrscheinlich infolge der so sehr schmerzenden Zurückweisung durch den Menschen, der sein Beschützer sein sollte, entwickelt hat. (...)

Als ich den Aufsatz ›Individuelles und Massenverhalten in Extremsituationen‹ schrieb und veröffentlichte, wollte ich damit eine weiter verbreitete Kenntnis fördern – nicht so sehr der abscheulichen Mißhandlungen von Insassen der deutschen Konzentrationslager, sondern vielmehr der Gründe, die zu dieser Behandlung führten. (...) Übereinstimmend mit dem, was oben gesagt wurde, war das Schreiben des besagten Aufsatzes ein Versuch, etwas mit meiner Erfahrung anzufangen – direkt, da ich die Lagerwirklichkeit anderen zur Kenntnis brachte, und indirekt, da ich den Gedanken verbreitete, der Geist, der das Lager geschaffen hatte, müsse für immer ausgerottet werden.

Dazuhin war das Schreiben über diese Dinge auch unbewußt ein Versuch, meine Erlebnisse dadurch beiseite zu legen, daß ich mich von ihnen distanzierte und intellektuelle Herrschaft über sie gewann. Dazu war jedoch mehr nötig als ein bloßer Erlebnisbericht. Es erforderte ein umfassendes Integrationsbemühen, das, was mir und vielen anderen zugestoßen war, einigermaßen zu verstehen und meine Leser zum Handeln anzustacheln in Richtung darauf, die Wiederholung dieser Geschehnisse zu verhindern.« (Bd. III, S. 247–249)

Da ich in einigen weiteren, später folgenden Studien ausführlich auf dieses Aufsatzsammlung eingehen werde, erscheint mir an dieser Stelle eine weiterreichende Darstellung nicht notwendig.

8.11 Kinder brauchen Bücher: Lesen lernen durch Faszination (mit Karen Zelan)

1981 publizierte Bettelheim gemeinsam mit Karen Zelan, die zuvor acht Jahre lang an der *Orthogenic School* gearbeitet hatte, »Kinder brauchen Bücher« (Bd. XV, dt. 1982). Es ist eine Studie zu den in den USA vorherrschenden Lesefibeln sowie zugleich ein Versuch, seine bereits an der *Orthogenic School* erworbenen Erfahrungen zu einem psychodynamischen Verständnis von Leseschwierigkeiten auch auf nicht-behinderte Kinder bzw. Schulanfänger zu übertragen. Inhaltlich schließt Bettelheim an sein Märchenbuch (Bd. VII) an, wie auch an frühere Aufsätze zu seinem psychodynamischen Verständnis von Lernstörungen.[38] Insofern kann man diese Studie als einen weiteren originären Beitrag Bettelheims zur Schulpädagogik beziehungsweise zur Psychoanalytischen Pädagogik lesen.

Welche Rahmenbedingungen und pädagogischen Methoden wirken sich vorteilhaft auf den Leselernprozeß von Schulneulingen aus? Bettelheim hebt die Vorbildfunktion der Bezugspersonen der Kinder hervor: Kinder werden am ehesten zum Lesen motiviert, wenn sie erleben, daß das Lesen für Erwachsene, insbesondere für ihre Eltern, bedeutungsvoll ist. Dementsprechend schreibt Bettelheim:

»Tatsächlich lernen nicht wenige Kinder lesen, bevor sie in die Schule kommen, oder kurz danach, ohne daß man ihnen das Entziffern von Wörtern oder ähnliches beigebracht hätte. Sie lernen es daheim mehr oder weniger unabhängig davon, was man ihnen in der Schule beibringt. Solche Kinder haben sich ihre Freude am Lesen dadurch erworben, daß man ihnen vorgelesen hat. Es ist beeindruckt vom Interesse der Eltern am Lesen und von ihrer Freude am Vorlesen und studiert mit regem Interesse die Geschichten, die es faszinieren. Ganz von sich aus fängt es an, bestimmte Wörter herauszulesen, und es lernt sie mit Hilfe der Eltern oder seiner älteren Geschwister erkennen. Auf diese Weise bringt sich ein Kind das Lesen selber bei.« (Bd. XV, S. 17)

Bettelheim kritisiert solche Leselernmethoden, die das mechanische Zusammenfügen (Synthese) einzelner Buchstaben zum Schwerpunkt machen. Besonders heftig kritisiert er den Inhalt von Lesefibeln, in denen für das Kind bedeutungslose Sätze wiedergegeben werden. Sie unterforderten viele Schüler und zeigten ihnen, daß der Lehrer sie für nicht begabt halte. Exemplarisch hierfür folgende Ausführung Bettelheims:

»Es macht großen Spaß und befriedigt außerordentlich, wenn man gelernt hat, ein paar Wörter zu lesen. Das Kind ist stolz darauf, daß es das kann. Aber die Begeisterung darüber schwindet bald, wenn die Texte, die das Kind lesen muß, es zwingen, das gleiche Wort immer und immer wieder zu lesen. Das Erkennen von Wörtern wird rasch zu einem leeren, mechanischen Lernen, wenn es nicht unmittelbar zum Lesen eines sinnvollen Inhalts hinführt.« (Bd. XV, S. 15)

Diese Erfahrung verletze das kindliche Selbstwertgefühl, unterdrücke seine kreative kindliche Phantasie und treibe ihm so sein »natürliches« Interesse für das Lesen aus (Bd. XV, S. 25). Entscheidend sei es, die Fähigkeiten und Phantasien von Schulkindern nicht zu unterschätzen, sondern diese auch unterrichtlich aufzugreifen. Besonders geeignet seien hierzu Märchen bzw. märchenhafte Erzählungen, die im Unterricht in den Leselernprozeß »eingearbeitet« werden sollten. Dies heißt für Bettelheim übrigens auch, das Grundschulkind schon sehr früh mit den »Werken der großen Literatur« (Bd. XV, S. 30) bekanntzumachen.

8.12 Zurück zu Freud: Freud und die Seele des Menschen

»Als Kind einer assimilierten jüdischen Familie der Mittelschicht in Wien wurde ich in einer Umgebung aufgezogen und erzogen, die in vieler Hinsicht mit der Welt, aus der Freud kam, identisch war. (...) So war es nur natürlich, daß ich Freud las, seit ich selbständig zu denken anfing. Nachdem ich seine frühen Schriften studiert hatte, las ich begierig seine neuen Werke jeweils dann, wenn sie erschienen (...) Das Verständnis der Schriften Freuds wurde mir wesentlich dadurch erleichtert, daß ich auf diese Weise verfolgen konnte, wie er das Gebäude der Psychoanalyse vollendete, mit dem er einige Jahre vor meiner Geburt begonnen hatte.« (Bd. V, S. 13)

Mit diesen autobiographisch getönten Worten beginnt das 1982 vollendete schmale Büchlein »Freud und die Seele des Menschen« (Bd. IV) von Bettelheim – und mit ihnen ist die Intention des Zeitzeugen Bettelheim bereits umrissen: Der 1939 in die USA emigrierte Bettelheim weist anhand zahlreicher Beispiele die durch Übersetzungsfehler begünstigten groben Verfälschungen des humanistisch-aufklärerischen Gehalts der Freudschen Lehre in den USA nach. Gerade Freuds poetische Sprache – die, wie Schmauch (1977, 1994) zutreffend bemerkt hat, Bettelheim in seinen Werken weiterzuentwickeln vermochte – ermöglicht es dem aufgeschlossenen Leser, sich nicht nur intellektuell, sondern auch emotional auf die Psychoanalyse einzulassen. Bettelheim betont:

»Nur wenn man Freuds Schriften auf beiden Ebenen (auf der bewußten wie auch der unbewußten Ebene, R.K.) begreift, ist es möglich, sie ganz und gar zu erfassen, in all ihrer Subtilität und Fülle, und das ist entscheidend für ein richtiges Verständnis der Psychoanalyse.« (Bd. IV, S. 20)

Diese Passage verweist noch auf eine andere Dimension dieses Buches: Es ist eine gelungene, in ihrer gelassenen Grundhaltung bestechende Einführung in die kulturkritische Dimension der Freudschen Lehre – einschließlich der auch unter Psychoanalytikern umstrittenen Hypothese von der Macht des Todestriebes. Zugleich ermöglicht diese Schrift einen raschen Einstieg in den »Geist« der Psychoanalyse. Ich möchte Bettelheim ausführlicher zu Wort kommen lassen:

»Die Tatsache, daß wir uns der tragischen Grenzen gewahr sind, die unserem Dasein durch unsere Sterblichkeit und unsere zerstörerische Natur gesetzt sind, veranlaßt uns dazu, uns zu wünschen, daß wir nach uns das Leben weitergehen sehen. Die Kenntnis der dunklen Seiten des Lebens macht uns eindringlich bewußt, wie notwendig es ist, daß wir denen, die wir lieben, und denen, die nach uns kommen – nicht nur unseren eigenen Kindern, sondern der nächsten Generation insgesamt –, ein besseres Leben sichern. (...) Die Liebe zu anderen – das Wirken des ewigen Eros – findet ihren Ausdruck in den Beziehungen, die wir mit denen gestalten, die uns wichtig sind, wie auch in dem, was wir unternehmen, um ihnen ein besseres Leben, eine bessere Welt zu schaffen. Das Ziel ist nicht ein unmögliches Utopia, wo es kein Unbehagen in der Kultur mehr gibt, sondern eine Kultur, die immer mehr den Preis des Unbehagens rechtfertigt, den wir für die Vorteile zahlen, die sie uns gewährt. Ein gutes Leben ist Freuds Ansicht nach ein Leben, das sinnvoll ist durch die dauerhaften, uns aufrechterhaltenden, wechselseitig befriedigenden Beziehungen, die wir mit denen, die wir lieben, aufzubauen vermögen, und durch die Befriedigung, die wir aus dem Wissen ziehen, daß wir eine Arbeit tun, die uns und anderen zu einem besseren Leben verhilft. Ein gutes Leben leugnet weder seine realen und oft schmerzhaften Schwierigkeiten noch die dunklen Seiten unserer Psyche; es ist vielmehr ein Leben, das es unseren Nöten nicht gestattet, uns in Verzweiflung zu stürzen, und das es unseren dunklen Trieben nicht erlaubt, uns in ihre chaotische und oft zerstörerische Bahn zu ziehen.« (Bd. IV, S. 124 f.)

Bettelheims überdauernde Hoffnung lautet: Wenn wir die wahre Natur unseres Unbewußten und die Rolle, die es in unserer Seele spielt, erkennen und anzunehmen vermögen, können wir vielleicht zu einem Dasein gelangen, in dem der Eros letztlich seine Überlegenheit gegen die zerstörerischen und gewalttätigen Anteile unseres Seelenlebens behalte.

Dieses Buch stellt – wie es der englische Historiker und Essayist Michael Ignatieff (1994, S. 112) formuliert hat – »eine großartige Verteidigung der humanistischen Intentionen des Meisters gegen die Technokraten seiner eigenen Lehre« dar. Konsequenterweise stellt Bettelheim diesem Buch ein Zitat aus einem Brief von Freud an C.G. Jung voran, wonach »Psychoanalyse eigentlich eine Heilung durch Liebe« sei.

Zu der Resonanz, die dieser »jewel of an essay« (Fisher 1991, S. 147) hervorgerufen hat, bemerkte Bettelheim 1987 auf der österreichischen Konferenz »Vertriebene Vernunft«:

»Es hat mir große Freude bereitet, daß zum Beispiel zwei Nobelpreisgewinner – (...) und außerdem der Mathematiker, der derzeit den Newtonien Lehrstuhl für Mathematik innehat – mir spontan geschrieben haben, daß meine Darlegung, was Freud wirklich gemeint hat, ihnen zum ersten Male erlaubte zu verstehen, wie groß die Bedeutung der Freudschen Lehre für unsere gesamte Kultur ist. Das kann man wohl auch als einen kleinen Beitrag der Emigration zum Verständnis der Psychoanalyse in Amerika betrachten.« (Bettelheim 1988, S. 220)

Fisher, Kermode, Kurzweil, sowie Ornston haben Rezensionen dieses Buches veröffentlicht.[39]

8.13 Ein Leben für Kinder: Erziehung in unserer Zeit. Das Spiel als Tor zum bewußten und unbewußten Seelenleben des Kindes[40]

»Wir sollten immer davon ausgehen, daß ein Kind für alles, was es tut, seine guten Gründe hat, auch wenn es dem oberflächlichen Betrachter noch so befremdend und töricht erscheinen mag. (...) Wenn Erwachsene dagegen wichtige Beschäftigungen ihrer Kinder als dumme Kinderstreiche abtun oder wenn sie sie daran hindern oder dafür bestrafen, sollten sie sich nicht wundern, wenn Jugendliche, die so erzogen wurden, auf dem Standpunkt stehen, daß niemand über dreißig vernünftige Ansichten hat.« (Bruno Bettelheim, Bd. V)

Im Alter von 84 Jahren veröffentlichte Bettelheim sein 400seitiges Buch: »Ein Leben für Kinder. Erziehung in unserer Zeit« (Bd. V, 1990).[41] Kein Zweifel, Bettelheims Leben war ein Leben für Kinder, vor allem für emotional schwergestörte autistische, psychotische und dissoziale Kinder und Jugendliche. Wer nun jedoch eine biographische Abhandlung erwartet, wird vielleicht enttäuscht sein: Auf 400 engbedruckten Seiten hat er 29 Essays niedergeschrieben, die in drei Oberkapiteln zusammengefaßt werden.

Im ersten Kapitel »Eltern und Kind« schreibt der Psychoanalytische Pädagoge Bruno Bettelheim über Schulleistungen und Disziplin, die Sinnlosigkeit und Schädlichkeit von Strafen und die Motive von Kindern, über Empathie und die Notwendigkeit für den Pädagogen, seine eigene Lebensgeschichte zu erforschen, so er Kindern wirklich gerecht werden will. Eigene Lebenserfahrungen arbeitet Bettelheim wohl gelegentlich in anschaulicher Form ein, sie bilden jedoch keineswegs das Zentrum dieses Buches.

Im zweiten Kapitel »Die Entwicklung des Selbst« handelt er aus anthropologischer, entwicklungspsychologischer und psychoanalytischer Perspektive die Entwicklung von Identität heraus, wobei die zahlreichen Aspekte des kindlichen Spiels und Sports in einer anspruchsvollen Form vorgestellt und analysiert werden.

Im dritten Kapitel »Familie, Kind, Gemeinschaft« untersucht Bettelheim die im Verlauf der letzten Jahrhunderte wechselnden Aufgaben und Funktionen der Familie sowie die Rolle des seinen Platz suchenden Kindes, wobei ein gewisser nostalgischer Unterton mitschwingt. Er beendet sein Buch mit Betrachtungen zur Bedeutung von Feiertagen für das emotionale Leben von Kindern. Entsprechend betitelt er seine dieses Buch abschließenden Essays mit »Gibt es den Nikolaus?« und »Der ›wirkliche‹ Nikolaus, der Osterhase und der Teufel«.

Ich möchte im folgenden wesentliche Überlegungen Bettelheims skizzieren. In ihnen entfalten sich die pädagogischen und psychoanalytischen Lebenserkenntnisse, die Bettelheim in seinem vielleicht eindrucksvollsten Buch versammelt hat.

Parteinahme, Engagement und Empathie

Bettelheim betont immer wieder, daß er mit seinem Buch keine »Handlungsanweisungen« beziehungsweise Rezepte für Eltern geben möchte. Wenn es in der Beziehung zum Kind einen moralischen Rigorismus geben kann, so nur den, jedes Kind seinen eigenen Weg finden zu lassen. Nur wer in aller Konsequenz darauf verzichtet, Kinder nach seinem Wunsch zu formen, sie zum Träger seiner eigenen Lebensmaximen und -wünsche zu machen, der kann Kinder in Freiheit aufwachsen lassen.

Jede Situation ist unterschiedlich, jedes Kind kann andere Bedürfnisse haben und jedes Kind muß vielfältige Situationen und Probleme selbst meistern, um so zu entdecken, wer es sein möchte. Wenn Eltern ihren Kindern helfen wollen, so sollten sie in der Interaktion mit dem Kind die Welt nicht vorrangig aus ihrer Perspektive betrachten. Vielmehr komme es darauf an, zu fragen, wie ihr Kind eine Situation sieht. Wenn das Kind glaubt, einen Weg aus einer konflikthaften Lage gefunden zu haben, so sollen die Eltern es hierin unterstützen und ihm Sicherheit bieten.

Bettelheim betont, daß die Taten des Erwachsenen entscheidend sind und nicht seine Worte. Das Kind spürt, wenn seine Eltern sich mit ihm beschäftigen und wirkliches Interesse an ihm haben – was sie hierbei für Motive vorschieben, ist letztendlich belanglos. Wenn sie dagegen pädagogisch auf ihr Kind einwirken wollen, oder auch überängstlich sind, so spürt es nur diese Angst (die es verunsichert) und die Ablehnung seiner persönlichen Weltsicht und damit seiner Person.

Das Konzentrationslager, Aggressionen und Kriegsspiele

Bettelheims Biographie ist eng mit seinem theoretischen Werk verbunden. Ein wesentlicher Bezugspunkt zum Verständnis seines Gesamtwerkes und der beeindruckenden Konsequenz seines Denkens findet sich in den Vernichtungslagern der Nationalsozialisten. Sein ganzes Leben lang hat er sich immer wieder mit diesem schwersten Trauma seines Lebens auseinandergesetzt.

In »Ein Leben für Kinder« schneidet Bettelheim diesen Themenkomplex in dem Essay »Wenn Eltern aus ihrem Leben erzählen« an: Was geschieht, wenn die Eltern durch den Holocaust andere, schmerzhaftere Erfahrungen gemacht haben als ihr Kind? Das Kind spürt, daß etwas zwischen ihm und seinen Eltern steht, so daß es hierdurch unruhig und unsicher wird. Bettelheim merkt hierzu an:

»Wenn die Eltern, um ihr Kind zu schützen, mit ihm nicht über den Holocaust reden, (...) interpretiert das Kind dieses Schweigen dahingehend, daß seine Eltern es vor der wichtigsten Periode ihres Lebens ausschließen wollen – und es wird sich wundern und sich den Kopf darüber zerbrechen. (...) So schweigen die Eltern über einen wichtigen Teil ihrer Vergangenheit, um ihr Kind zu schützen, während das Kind wahrscheinlich meint, sie hielten es dieses Vertrauens nicht für würdig. Um sich dafür zu rächen, versucht es dann vielleicht seinerseits, wichtige Aspekte seines Lebens vor ihnen geheimzuhalten.«

Wenn sie dagegen mit ihrem Kind über ihre furchtbaren Erlebnisse sprechen, wird dem Kind auf jeden Fall bewußt werden, wieviel besser es ihm im Leben geht – so glaubt es vielleicht, seine Eltern hierfür entschädigen zu müssen, was unmöglich ist. Wenn es seine Eltern betrübt, bekommt es sofort ein schlechtes Gewissen, so daß seine Beziehung zu seinen Eltern hierdurch gestört wird. Wenn sie ihrem Kind zu einem falschen Zeitpunkt von ihren Erlebnissen erzählen, glaubt das Kind durch seine egozentrischen Weltsicht vielleicht sogar, sie seien neidisch auf sein gutes Leben oder wollten es für schlechtes Benehmen mit diesen schlimmen Erzählungen bestrafen.

Bettelheim betont die Dualität der menschlichen und animalischen Natur. Es ist nicht nur sinnlos, sondern sogar schädlich, wenn man die kindlichen Aggressionen unterdrückt und mit Schuld belädt. Durch ein aggressionsfeindliches, repressives Über-Ich werden die destruktiven Kräfte der Kinder nur verdrängt, ins Unbewußte zurückgestoßen, so daß sie durch ihre Anhäufung um so gefährlicher, zerstörerischer und unkontrollierbarer wirken. Wichtig ist es deshalb, daß Kinder ihre Aggressionen symbolisch ausagieren dürfen, ein Ventil für sie finden, so daß sich das Bedürfnis nach Entladung nicht vergrößert. Kriegsspielzeuge stellen für das Kind ein Hilfsmittel dar, mittels dessen es sich von seinen Aggressionen zu distanzieren vermag. Sofern das Kind also selbst nach Kriegsspielzeug verlangt, sollten auch pazifistisch gesinnte Eltern ihm dieses nicht vorenthalten. Pazifismus sei eine hohe moralische Grundhaltung, von der ein Kind jedoch völlig überfordert sei, formuliert Bettelheim. Was aber tun, wenn ein Kind gegen seine Eltern sehr aggressiv ist?

»Wenn wir nicht richtig reagieren, dann geben wir ihm zu verstehen, daß wir weder es selbst noch seine Aggressionen wirklich ernst nehmen. (...) Aber sollten die Eltern ›zurückschießen‹, wenn das Kind auf sie schießt? Ganz gewiß nicht! Die Gegenaggression eines Erwachsenen – im Spiel oder im Ernst – hat sich noch nie für das Kind als gut erwiesen. Trotzdem hilft es ihm auch nicht weiter, wenn wir zulassen, daß es uns ›totschießt‹, ohne entsprechend darauf zu reagieren.«

Deshalb empfiehlt der psychoanalytische Pädagoge Bettelheim:

»Nur wenn wir unverzüglich feststellen, was sein Motiv war, können wir entscheiden, ob es die beste Reaktion wäre, sein tapferes Vorgehen zu bewundern – was es für ein tapferer Krieger ist! – oder uns auf dramatische Weise auf den Boden fallen zu lassen oder Angst zu bekunden oder auch das Kind zu fragen, wie es wohl zurechtkommen wolle, wenn wir nicht mehr vorhanden sind.« (BV, S. 231)

Und er fügt hinzu:

»Übrigens kann eine Frage wie diese, wenn sie im richtigen Moment gestellt wird, das Kind viel besser davon überzeugen, daß Schießen und Töten sein Wohlergehen gefährden würde, als theoretische Diskussionen über das Unheil von Krieg und Gewalt. Das kommt daher, daß das Kind in der unmittelbaren Gegenwart und innerhalb des arg begrenzten Bereichs seiner direkten Erfahrungen lebt. Kriege, selbst die, welche es im Fernsehen sieht, spielen sich in weiter Ferne ab und haben für das Kind keine Bedeutung, die es begreifen könnte.« (ebd.)

Respekt vor der kindlichen Wirklichkeit: der Turmbau

Bettelheim betont, daß *jedes* Spiel eines Kindes eine Bedeutung hat. Diese können wir jedoch nur verstehen, wenn wir den Beschäftigungen der uns anvertrauten Kinder mit aufrichtigem Respekt begegnen. Pointiert hat er seine Grundüberzeugung in der diesem Aufsatz vorangestellten Bemerkung zusammengefaßt: Wenn man wichtige Beschäftigungen von Kindern nie ernst genommen, sondern als dumme Kinderstreiche abgetan habe, möge man sich später nicht wundern, wenn Jugendliche, die so erzogen wurden, der Überzeugung seien, daß niemand über dreißig vernünftige Ansichten habe.

Ein Bereich, wo der Respekt vor den kindlichen Betätigungen besonders angezeigt sei, seien Phantasiespiele: In diesen Spielen baut das Kind eine Brücke zwischen der Welt des Unbewußten und der äußeren Realität. Das Kind lernt in seinen Spielhandlungen die Grenzen der Wirklichkeit kennen. Bettelheim fügt hinzu:

»Gleichzeitig wird die Wirklichkeit reicher, humaner und persönlicher, weil unbewußte Elemente in sie eindringen, die aus den letzten Tiefen unseres Innenlebens stammen. In der Phantasie, in Träumen, im Unbewußten ist alles möglich. Nichts muß eine bestimmte Reihenfolge einhalten, nichts steht im Widerspruch zu etwas anderem.« (S. 196)

Wenn jedoch das Unbewußte von der Wirklichkeit unbeeinflußt bleibe, so bleibe es asozial und chaotisch. Die Realität andererseits bleibe ohne diese Phantasieelemente herb, kalt und emotional unbefriedigend. Nur wenn wir Innen- und Außenwelt miteinander in Einklang bringen, vermögen wir langfristig ein zufriedenes und erfülltes Leben zu führen.

Das autistisch-psychotische Kind

Bettelheim ist in der Öffentlichkeit vor allem durch seine über 30jährige Arbeit mit autistischen und psychotischen, aber auch mit verhaltensauffälligen Kindern bekannt geworden. Es wurden in der Schule nur solche Kinder aufgenommen, bei denen bereits vorher – erfolglos – »traditionelle« Behandlungsversuche durchgeführt worden waren. Bettelheim und seine MitarbeiterInnen haben hierbei nach eigenen Angaben eine Heilungsrate von über 85 Prozent erreicht.[42]

Bettelheims Grundsatz bei dieser Arbeit war – ganz im Sinne seines Lehrmeisters Freud –, daß der Unterschied zwischen dem »Wahnsinnigen« und dem »Normalen«, zwischen »Krankheit« und »Gesundheit«, gar nicht so groß sei – der Geistesgestörte habe nur sehr viel mehr gelitten und sich wegen seiner übermächtigen Schmerzen von seinen Mitmenschen abgewendet, Zuflucht in einer privaten, scheinbar unsinnigen Welt gesucht. Den »Weg der Heilung« hat Bettelheim einmal, sich von letztendlich manipulierenden und entmenschlichenden verhaltenstherapeutischen »Dressurtechniken« distanzierend, in einer Metapher herausgearbeitet. Er resümiert:

»Der Verhaltenstherapeut zwingt das Kind, über eine Brücke zu uns herüber zu kommen. Ich sage, wir müssen hinüber gehen in das Land der Psychotiker und mit ihnen dort leben. Dort müssen wir eine Beziehung anknüpfen und die so hergestellte Beziehung dazu benutzen, dem Kind freizustellen, ob es aus eigenem

Willen über diese Brücke gehen will. Das dauert natürlich viel länger, und es kostet viel mehr Arbeit.« (Bettelheim 1976d, S. 16)

Entsprechend ist die Grundhaltung, die man gegenüber diesen emotional schwergestörten Kindern, aber auch gegenüber »gesunden« Kindern einnehmen soll, ähnlich: Der Erwachsene soll die Welt des Kindes von dessen eigenen Bezugspunkten aus betrachten, er soll sich der psychischen Realität des Kindes anpassen und auch ein oftmals schwer verständliches, schwer zu ertragendes Verhalten bedingungslos respektieren. Hierzu vermag er jedoch nur die Kraft und das Einfühlungsvermögen aufzubringen, wenn er immer wieder über seine eigene Kindheit nachdenkt und sich fragt: Was hat mich früher vielleicht veranlaßt, derartige, für die Erwachsenen vielleicht unverständliche Verhaltensweisen zu zeigen? Wann habe ich so überwältigende Ängste gehabt, daß mir nur noch der Ausweg in ein »gestörtes« bzw. »störendes« Verhalten blieb? Oftmals werden uns, wie Bettelheim in mehreren geruhsam geschilderten Beispielen herausarbeitet, erst über dieses Nachsinnen unserer früheren, verdrängten Ängste und Sorgen bewußt – so daß es uns nun möglich wird, diesen tiefen Gefühlen unserer Kinder aufrichtigen Respekt zu zollen.

Bereits in den 30er Jahren hatte Bettelheim über wohl knapp sechs Jahre hinweg ein, zeitweise sogar zwei autistische Kinder in seine Familie aufgenommen. In dem Essay »Spiel als Problemlösung« beschreibt er erstmals, wie er dem achtjährigen autistischen Mädchen, das schon vor langer Zeit verstummt war, u. a. über monatelange Spiele (»Wo ist das Baby?«) einen Weg aus dessen Isolation zu finden verhalf.

Bettelheim respektierte den Wunsch dieses Kindes, in Ruhe gelassen zu werden und bot sich nur unaufdringlich und liebevoll als Versorger an. Erst nach über einem Jahr ließ das autistische Kind erstmals Körperkontakt zu, wenn es auch immer noch nicht darauf reagierte. Es ergab sich, daß Bettelheim mit dem Mädchen ein Spiel entwickelte: Immer wieder tat er so, als ob er sie nicht sehe, »suchte« nach ihr und tat bei ihrem Entdecken seiner Freude deutlich Ausdruck. Hierdurch entstand ein Kommunikationsprozeß: Das Mädchen erlebte, daß sich jemand aufrichtig für sie als Person interessierte – und vermochte nach über einem Jahr sogar Umarmungen zuzulassen. Bettelheim beschreibt diesen Prozeß folgendermaßen: »Als wir dieses Spiel eine Zeitlang gespielt hatten, erlaubte sie mir, sie zärtlich an mich zu drücken. Darauf gab ich meiner Freude, sie gefunden zu haben, noch lauteren Ausdruck – und meine Freude darüber war ja auch groß und echt, besonders darüber, daß sie den engen körperlichen Kontakt zugelassen hatte, ohne sofort zurückzuschrecken. Wir spielten dieses Spiel immer wieder, und sie ließ sich auch weiterhin umarmen. Als ich sie eines Tages so in den Armen hielt, sprach sie zum ersten mal einen ganzen Satz – den ersten Satz ihres Lebens, sie sagte nur, was sie wollte (...)«. (S. 217)

Über das Spiel lernte dieses von ihrer Umwelt und ihrem eigenen Körper so sehr entfremdete Mädchen erstmals, zwischen Innen und Außen, Hart und Weich, Selbst und Nicht-Selbst zu differenzieren. Sie wagte es, ihren übermächtigen, unvorstellbaren Mangel – den sie vorher durch ihren autistischen Rückzug und ihre Stereotypien hatte leugnen müssen – zuzulassen, verletzlich zu werden (ohne hieran zu sterben). Sie machte erste Schritte in die bedrohliche Welt – um gleich darauf wieder an einen »Ort des Rückzugs« (Maud Mannoni) zurückzukehren, der ihr vertraut war. Mittels dieses monatelangen Spiels hatte sie erstmals ein rudimentäres Selbst entwickelt.

Das Spiel als Brücke zur Wirklichkeit

Im zweiten Kapitel, das er mit »Die Entwicklung des Selbst« überschrieben hat, setzt Bettelheim sich mit den dynamischen und strukturellen Prozessen auseinander, die zur Entwicklung von Identität führen. Das Endziel übertitelt Bettelheim in dem dieses Kapitel abschließenden Essay »Ein zivilisierter Mensch werden«: Im Kampf des Bösen (die antisozialen Tendenzen des Es) mit dem Guten (das diametral entgegengesetzte beschützende Über-Ich) hat das Gute nach langen und heftigen Kämpfen schließlich doch die Oberhand behalten. Trotz aller Auseinandersetzungen – zwischen dem Kind und seinen Eltern, aber auch (von den Eltern vielleicht gar nicht bemerkt) in der Seele des Kindes – sind Eltern und Kind nicht auseinandergegangen, hat das Kind nicht Teile von sich selbst in tendenziell psychotischer Weise abspalten müssen, ist es zu einer Versöhnung des Unbewußten mit der Realität gekommen. Es gelang dem Ich, den Sieg des Über-Ich auf eine Weise sicherzustellen, die die eigene Selbstachtung, den eigenen Selbstrespekt erhöhte.

Bettelheim führt diesen Gedanken weiter: Im Spiel drückt das Kind aus, wie es die Welt sieht und was es sein möchte. Im kindlichen Spiel manifestiert sich die verborgene Sprache des Unbewußten, entfaltet der Diskurs seine Wahrheit. Dieser Sprache gilt es absoluten Respekt zu zollen, auch wenn wir sie nicht zu verstehen vermögen. Solange wir uns in das Spiel nicht einmischen, dem Kind nicht unsere Sicht der Welt aufdrängen, wird es schon zu einer Lösung seiner Probleme gelangen und so Vertrauen zu seiner Welt entwickeln – dies ist Bettelheims optimistische Grundüberzeugung. Zugleich wird das Kind die Erfahrung machen, daß Geduld und Disziplin sich auszahlen, so daß es auch später, in konflikthaften Lebenssituationen, auf dieses erworbene Grundvertrauen zurückzugreifen vermag.

Die von Bettelheim in diesem Buch – das man durchaus als sein »Alterswerk« verstehen kann – angeführten Beispiele sind in ihrer Fülle gelegentlich übermächtig, in ihrer inneren Konsequenz überzeugend und in ihrer Parteilichkeit für die subjektive Weltwahrnehmung und die Bedürfnisse des Kindes bewegend.

Der Tübinger Kinderpsychiater Reinhart Lempp bemerkte in einer Rezension zu Bettelheims »Ein Leben für Kinder«: »Ein wegen seiner Ausführlichkeit nicht ganz leicht zu lesendes, aber ein konsequentes, beeindruckendes und in seiner Grundhaltung bewundernswertes, ja ein gewaltiges Buch.«[43]

8.14 Themen meines Lebens. Essays über Psychoanalyse und Kindererziehung. Die Lebensbilanz des jüdischen Psychoanalytikers Bruno Bettelheim[44]

Am 13. März 1990 ist Bruno Bettelheim freiwillig aus dem Leben geschieden. Unmittelbar zuvor war sein letztes Buch »Freud's Vienna and Other Essays« erschienen, das abzuschließen Bettelheim ein großes Anliegen gewesen war (vgl. Sutton 1996, S. 586). Im gleichen Jahr, jedoch erst posthum, erschien dieses Buch auf Deutsch unter dem Untertitel »Essays über Psychoanalyse, Kindererziehung und das jüdische Schicksal« (Bd. VI).

»Themen meines Lebens« ist der Titel dieser autobiographisch getönten Sammlung von Essays, in denen sich noch einmal die Breite seines pädagogischen und wissenschaftlichen Engagements widerspiegelt. Die Essays stammen aus dem Zeitraum von 1956 bis 1990; ein Teil von ihnen ist bisher noch nicht ins Deutsche übersetzt worden oder wurde für dieses Buch verfaßt.

Liebe und Eifersucht

Bettelheim wollte mit dieser Essaysammlung keine Biographie schreiben, hat jedoch – im Gegensatz zu früheren Veröffentlichungen – in sehr viel stärkerem Ausmaß biographisches, zum Teil sehr persönliches Material eingearbeitet.

In dem Essay »Wie ich zur Psychoanalyse kam« schildert er, daß er 1917, während des Ersten Weltkrieges, als 13jähriger dem sozialistischen und pazifistischen Wiener »Jung-Wandervogel« beitrat. Hierbei verliebte er sich zum ersten Mal. Eines Tages tauchte ein älterer Jugendlicher auf – Otto Fenichel, der später ein bekannter marxistischer Analytiker wurde.

Fenichel hörte zu jener Zeit die Vorlesungen Freuds an der Wiener Universität. Er war so begeistert von diesen revolutionären Gedanken, daß er in der Jugendgruppe häufig davon berichtete. Bettelheims Freundin entwickelte rasch Interesse für Otto, was bei dem jungen Bruno Eifersucht hervorrief. Da es sein verletzter Narzißmus nicht zuließ, das erwachende Interesse seiner Freundin auf die Person Ottos zurückzuführen, schrieb er seinen Erfolg allein dessen Kenntnissen über die noch junge Wissenschaft Psychoanalyse zu. Bettelheim kommentiert diesen schmerzhaften Vorgang:

»Wieder daheim, ließ mich mein Groll auf die Psychoanalyse keinen Schlaf finden, bis ich gegen Morgen dann auf eine Lösung kam. Ich meinte, wenn Otto

F., wie er im Kreis des Jung-Wandervogels genannt wurde, mich bei meiner Freundin durch sein Reden über die Psychoanalyse ausstach, konnte ich ihn vielleicht mit seinen eigenen Waffen schlagen und mein Mädchen so zurückerobern. Ich brauchte mir also nur noch ausreichendes psychoanalytisches Wissen anzueignen. Nachdem dieser Entschluß gefaßt war, schlief ich ein.« (Bd. VI, S. 37)

Am nächsten Morgen besorgte er sich bei der einzigen Buchhandlung, die Freuds Werke führte, einige Bücher. Diese las er angesichts seiner sittenstrengen Eltern jedoch nicht zu Hause, sondern lieber in der Schule – die er im Vergleich dazu langweilig fand. So wurde er mit der Psychoanalyse bekannt. Beim nächsten Treffen seiner Jugendgruppe verbreitete er sein neuerworbenes Wissen. Seine Freundin erklärte ihm jedoch, diese Psychoanalyse sei für einen Sonntag ja ein ganz nettes Thema – aber damit sei es auch genug. Sie sollten lieber von sich reden. Bettelheim bemerkt hierzu im Abstand eines langen Lebens: »So bestand für mich kein Grund mehr, mich meines Mädchens wegen weiter mit der Psychoanalyse zu beschäftigen. Doch ich kam davon nicht mehr los: Eine Woche völliger Konzentration auf die Psychoanalyse, und ich war ihr fürs ganze Leben verfallen« (S. 38).

Zur Geschichte der Psychoanalyse

Diese Episode illustriert das für sein Werk kennzeichnende Grundverständnis der Psychoanalyse: Im Gegensatz zur heute vorherrschenden Psychoanalyse, die »zu einer institutionalisierten Wissensdisziplin geworden« sei (S. 39), seien die »Pioniere« (S. 38) der Psychoanalyse zwar auf ganz unterschiedliche, aber doch eben persönliche und sehr emotionale Weise zu ihr gekommen. Diesen Unterschied und seine Auswirkungen sowohl auf die therapeutische Praxis wie auch auf die theoretische Weiterentwicklung der Psychoanalyse aufzuzeigen, sei für ihn der Grund gewesen, in diesem Buch erstmals auch mehrere sehr private Episoden aus seiner Lebensgeschichte preiszugeben.

In dem Kapitel »Zwei Freud-Porträts« vergleicht er die dreibändige Freud-Biographie von Ernest Jones (1984) mit der schmalen Freud-Biographie von Erich Fromm. Die in der Öffentlichkeit häufig rezipierten Jones-Bände erscheinen Bettelheim als wenig zufriedenstellend: Als Anekdotensammlung seien sie gewiß höchst verdienstvoll, als Biographie des Menschen Freud wiesen sie viele Schwächen auf, als Geschichte der psychoanalytischen Bewegung seien sie sehr einseitig und als Aussage über die Gesellschaft und die Zeit, aus der Freud und seine Psychoanalyse erwuchs, könne man sie vergessen. Aus Fromms Buch hingegen gehe Freud »nicht als ein Held« (S. 68), jedoch »lebendig und für uns hochinteressant« hervor (S. 60).

Kinder, Bücher und Märchen

»Über Kinder und mich selbst« ist das zweite Kapitel betitelt. Anhand zahlreicher autobiographischer Schilderungen analysiert Bettelheim die kindliche Wahrnehmung der Stadt. Die Bedeutung des Fernsehens vermag er – im Widerspruch zu heute vorherrschenden Auffassungen – keineswegs nur negativ zu sehen: in Fernsehfilmen könnten Kinder Zuflucht für ihre Phantasie finden, und diese böten ihnen gleichzeitig – im Gegensatz zu den Bedingungen seiner eigenen Jugend – unvergleichliche Möglichkeiten, Dinge über die Welt zu erfahren, die ansonsten nicht in ihrem unmittelbaren Erlebnisbereich lägen. Entscheidend sei es, daß wir möglichst viel Zeit dafür aufwenden, um mit unseren Kindern über diese Fernsehfilme zu sprechen.

Fränzchen, ein psychotischer Junge

Bettelheims jahrzehntelanges Engagement für autistisch-psychotische Kinder ist noch in Wien durch seine Begegnung mit einem autistischen Mädchen inspiriert worden. Diese veranlaßte ihn zu einer Aufnahme dieses Kindes in seine Familie. Dieses »pädagogische Experiment« hat einen »Vorläufer« gehabt, dessen »sozialer Ort« die Praxis seines eigenen Analytikers, Richard Sterba, bildete. Dessen Ehefrau, Editha Sterba, arbeitete seinerzeit analytisch mit Kindern. Bettelheim beschreibt im vorliegenden Buch eine bisher nicht bekannte Episode aus seinem Leben, die uns die Wurzeln seiner Faszination für die kindliche Psychose näher bringen könnte.

1929 begab sich Bettelheim, 26jährig, selbst in eine Analyse bei Richard Sterba. Im Wartezimmer lernte er einen psychotischen Jungen namens Fränzchen kennen. Fränzchen wurde zur gleichen Tageszeit behandelt wie er selbst. Durch sein total verschlossenes Wesen und sein wunderliches Verhalten lud dieser Junge keineswegs zur Kommunikation ein. Dennoch versuchte Bettelheim ihm von Zeit zu Zeit ein paar freundliche Worte zu sagen. Fränzchen ging jedoch darauf kaum ein.

Eine der beängstigenden Gewohnheiten von Fränzchen war, sich von einem Kaktus, der im Wartezimmer stand, ein Blatt abzupflücken und auf ihm herumzukauen. Gelegentlich blutete er deswegen. Nach etwa zwei Jahren konnte Bettelheim diesem Vorgang nicht mehr länger zuschauen und sagte zu dem Jungen: »Fränzchen, ich weiß zwar nicht, wie lange du schon zu Frau Dr. Sterba kommst, aber doch wohl schon zwei Jahre, denn so lange kenne ich dich bereits, und noch immer kaust du diese Kaktusblätter!« (S. 43). Daraufhin sprach der Junge seinen ersten ganzen Satz aus. Voller Geringschätzung meinte er: »Was sind schon zwei Jahre gegen die Ewigkeit?« (ebd.).

Erst nach einiger Zeit wurde Bettelheim die ganze Dimension des ersten vollständigen Satzes dieses psychotischen Jungen deutlich: Während er anfangs noch geglaubt hatte, seine Bemerkung an Fränzchen sei aus »edlen«, selbstlosen Motiven erfolgt, erkannte er in der Analyse rasch, daß sein Zweifel daran, ob ihm seine eigene Analyse etwas bringe, das eigentliche Motiv für diese Frage bildete.

»Unbewußt hatte ich gehofft, Fränzchens Antwort würde entweder bestätigen, daß wir beide hier nur unsere Zeit vergeuden, oder mich aber überzeugen, daß seine Analyse, auch wenn er nach wie vor Kaktusblätter kaue, ihm guttue und folglich mir die meine ebenfalls, obwohl ich nichts davon bemerkte. Das schweigend durchdacht zu haben, half mir, meinen starken Widerstand gegen ein Aussprechen meiner Zweifel am Nutzen der Analyse für mich zu überwinden, und ich wollte untersuchen, was dahinter steckte.« (ebd.)

Gleichzeitig machte ihm Fränzchen durch seinen Satz die Fragwürdigkeit seines eigenen Zeitbegriffes deutlich. Bettelheim fügt hinzu: »Dies, sowie auch die Prägnanz, mit der er das in Worte gefaßt hatte, ließen mich Geduld lernen, erst in bezug auf meine eigene Analyse und später in bezug auf die Zeit, die andere für die Umformung ihrer Persönlichkeit brauchten« (S. 44). Dies hatte er zwar vorher schon theoretisch gelernt; jedoch erst über diese »verwirrende Erfahrung« (S. 44) vermochte diese Theorie zu persönlichem Wissen zu werden. Bettelheims Bemerkung an Fränzchen hatte sie auf gleichen Fuß gesetzt. Sie gingen beide zu einem Analytiker, um für sich etwas zu gewinnen. Deshalb hatte sich zwischen ihnen – wie es Bettelheim selbst formuliert – »das Band gemeinsamen Menschseins« (S. 46) entwickelt. Im Hinblick auf die Arbeit mit psychotischen Kindern betont er deshalb nachdrücklich:

»Hat man mit einem Psychotiker eine echte Kommunikation erreicht, bedarf er seiner Symptome nicht. Das tritt ein, wenn er bei dem Gespräch derjenige ist, der etwas zu sagen hat. (...) Mein Glaube, daß er über eine sehr wichtige Sache mehr wisse als ich, gab Fränzchen zumindest für den Augenblick so viel Sicherheit, daß er während unseres Wortwechsels auf sein Symptom verzichten konnte.« (S. 46)

Im Laufe der nächsten Jahre zog Bettelheim zusätzlichen Gewinn aus seiner ersten Begegnung mit diesem psychotischen Jungen. So lehrte ihn Fränzchen, den tiefen Sinn von selbstverletzenden Verhaltensweisen zu begreifen. Die besondere Form des Schmerzes, die sich dieser Junge zufügte, verwies Bettelheim nicht nur darauf, daß dessen Trauma ursprünglich oral gewesen sein mußte. Indem Fränzchen sich erneut ähnliche Qualen zufügte, versuchte er, die quälenden Bilder in seinem Kopf durch noch stärkere Schmerzen zumindest für den unmittelbaren Augenblick zu löschen – was geradezu als »Erlösung« (S. 48) empfunden werden mußte.

Zugleich versuchte Fränzchen sich einzureden, daß er nun nicht mehr wehrlos einem äußeren Schmerz ausgeliefert sei, sondern »über einen Schmerz bestimmen könne, über den er vorher keine Macht gehabt hatte« (S. 47). Indem er passives Leiden in aktives verwandelte, schien er, um mit Freud zu sprechen, erstmals »Herr im eigenen Haus« zu werden. Durch die Selbstverstümmelung, die von einer uneinfühlsamen Umwelt als Beweis seiner Verrücktheit aufgefaßt werden mochte, vermochte er durch eine nicht bloß symbolische Äußerung seine dringendsten Bedürfnisse zu artikulieren.

Bettelheim hebt als tiefen Sinn von selbstverletzenden Verhaltensweisen hervor: »Selbstzugefügter Schmerz ist in der Stärke und der Dauer begrenzt, wohingegen es bei den Geistesqualen des Psychotikers keine grad- und zeitmäßige Beschränkung gibt. Am wichtigsten aber: Wenn mein Schmerz selbstzugefügt ist, bin ich Herr über ihn, kann ihn anfangen und aufhören lassen; Geistesqualen, über die ich keine Kontrolle habe, bin ich dagegen auf Gnade und Ungnade ausgeliefert.«

Über Juden und die Konzentrationslager

Der dritte Teil seiner Essaysammlung beschäftigt sich mit dem Verhalten der Juden und den Folgen der deutschen Konzentrationslager. Sechzehn Jahre, nachdem er aus der modernen Hölle entkommen war, kehrte er 1955 nach Deutschland

zurück. In dem Essay »Ein Besuch in Dachau« schildert und analysiert er seine Eindrücke. Einerseits fand er einfache Verdrängung, wie er es erwartet hatte:
»Auf meiner Reise nach Dachau stieg ich in einem der besten Münchner Hotels ab, trug mich als amerikanischer Staatsbürger ein und sprach absichtlich nur Englisch. Als ich mich erkundigte, wie ich das Gelände des Konzentrationslagers in Dachau besuchen könne, beschäftigte sich der Angestellte am Empfang, der bis dahin sehr höflich und hilfsbereit gewesen war, plötzlich mit einem anderen Hotelgast. Als ich nicht lockerließ, behauptete er, er wisse nicht, ob und wie man Dachau besuchen könne, außerdem sei dort sowieso nichts übriggeblieben, das von Interesse wäre.« (S. 250)

Der Besucher fand andererseits aber auch das genaue Gegenteil, nämlich den Taxifahrer, der redselig über die Verbrechen berichtete. »Er beschrieb die Ermordung von Häftlingen in den Jahren 1938 und 1939 und die unglaublich gefühllose Haltung der beteiligten SS-Männer – genau das, was ich selbst so viele Male miterlebt hatte. Ich fing gerade an, mich darüber zu wundern, wie dieser Mann die Wahrheit über die Konzentrationslager so gelassen akzeptieren konnte, als er mir des Rätsels Lösung gab, oder vielmehr einen Hinweis darauf. Er hörte plötzlich auf, von Dachau zu erzählen, und ging über zu Erinnerungen an seine vier Jahre lange Kriegsgefangenschaft in Sibirien; er schilderte, wie er gegenüber den russischen Wachen und angesichts der Kälte, des Schmutzes und des Hungers um sein Leben hatte fürchten müssen (...) Dieser Deutsche war überzeugt, daß er unter Hitler genauso viel gelitten hatte wie jene, die in Hitlers Konzentrationslagern saßen. Deshalb fühlte er sich frei von Schuld.« (S. 251 f.)

Die verdrängende ebenso wie die geschwätzig-schuldlose Variante des Umgangs mit den nationalsozialistischen Verbrechen in Deutschland führen, so Bettelheim, zum gleichen Ergebnis, nämlich zu dem Gefühl: es ist nichts passiert, wir müssen uns nicht ändern, es kann uns auch in Zukunft nichts passieren.

Typisch für Bettelheim ist jedoch, daß er selbst einen Lernprozeß begann. Er war zunächst konsterniert, das Lager völlig verändert zu sehen: US-amerikanische Truppen hatten das Gelände belegt, in einigen Baracken hatte man Flüchtlinge aus dem Osten untergebracht. Er hatte spontan gewünscht, das Lager so erhalten zu sehen, wie es bei der Befreiung gewesen war. Doch dann erinnerte er sich, daß man in Buchenwald genau dies gemacht hatte; damit aber war die Vergangenheit konserviert, aus dem Strom der Geschichte herausgenommen.

»Also war das eine Lektion, die ich lernte: daß man kein Mahnmal der Verkommenheit eines Systems errichten kann, indem man die Gräber seiner Opfer sorgfältig pflegt (...) *Dem, was man selbst erlitten hat und andere ebenfalls, kann nur abgeholfen werden, indem man lebt und handelt.*« (S. 258, Hervorhebung R. K.)

Die konservierend-moralische Abkapselung des Unrechts, wie sie in der ehemaligen DDR und von vielen Kommunisten praktiziert wurde, hat Bettelheim damit weitsichtig schon in den 50er Jahren als falsch charakterisiert. Freilich blieb er skeptisch gegenüber der extremen Art im Westteil Deutschlands, die Vergangenheit vollständig in der Hektik der Gegenwart zu ertränken. »Mit aller Kraft wendet sich das heutige Deutschland von der Vergangenheit ab und widmet sich wie besessen dem Aufbau der Gegenwart und Zukunft. Ja, die Deutschen tun es mit dem Willen und einer Kraft, als müßten sie die Vergangenheit einschließlich Dachaus verdecken, vergessen und ungeschehen machen. Bis jetzt offenbart sich nur wilde Aktivität. Wird sie in eine bessere Zukunft führen?« (S. 260)

Kinder des Holocaust

»Das schreckliche Schweigen von Kindern, die gezwungen sind, das Unerträgliche zu ertragen! Trotz ihrer Qualen sind sie stumm, denn sie müssen all ihre Kraft aufwenden, in den Tiefen ihrer Seele eine Wunde zu überdecken, einen Schmerz, der sie nie verläßt, ein Leid, das so grausam ist, daß es jeder Beschreibung spottet.« (S. 231)

Damit charakterisiert Bettelheim die psychische Situation von jüdischen Kindern, die, abrupt von ihren Eltern getrennt, die deutsche Besetzung Frankreichs überlebten, aber über deren Schicksal nie mehr genaueres erfuhren. Ihre damalige Lebenssituation war »von einem überwältigenden Gefühl permanenter Bedrohung« gekennzeichnet (S. 245).

Bettelheim verfaßte das Nachwort zu dem 1979 veröffentlichten Buch der französischen Psychoanalytikerin Claudine Vegh: »Ich habe ihnen nicht auf Wiedersehen gesagt«. In diesem Buch wird in 17 Gesprächen mit untergetauchten, vom Tode verschonten Kindern deportierter Juden der Versuch unternommen, die Folgen der gewaltsamen Trennung von den Eltern zu erfassen. Claudine Vegh war selbst ein solches Kind gewesen.

Die äußere Not ertrugen diese Kinder in der Hoffnung auf ein glückliches Wiedersehen. Ihr eigentliches Leiden begann erst nach dem Krieg, als die Eltern beziehungsweise ein Elternteil nicht mehr zurückkehrten. Bettelheim stellt dar, daß es vor allem die Unmöglichkeit zu trauern war, die das gesamte Leben dieser Menschen mit einem Gefühl von Selbstentfremdung, Leere und Hoffnungslosigkeit überdauernd beeinträchtigen sollte.

»Diese Verwundung schmerzt dermaßen, sie ist so allgegenwärtig, so grenzenlos, daß es unmöglich erscheint, über sie zu reden, selbst wenn ein ganzes Leben vergangen ist seit ihrer Entstehung. Für jene, die immer noch an dieser Verwundung leiden, ist es kein Geschehen der Vergangenheit; der Schmerz ist nach vielen Jahren so gegenwärtig, so real wie am ersten Tag. Für diese Opfer zurückliegender Ereignisse ist es trotz allem gegenwärtigen äußeren Anschein nicht möglich, in der Gegenwart ein normales Leben zu führe.« (S. 230)

Der wichtigste Grund hierfür liegt darin, daß sie in ihrem Unterbewußten weiterhin den Glauben hegen mußten, der verschwundene Elternteil sei nicht für immer weggegangen und könne durch ein Wunder zurückkehren. Der schmerzhafte Trauerprozeß konnte auch nicht aufgenommen werden, weil keine Unterstützung durch Andere und durch entsprechende Rituale vorhanden war. Auch gab es keinen greifbaren Beweis für den Tod ihrer Eltern. Schließlich benötigten die jüdischen Waisen all ihre emotionale Kraft, um das Überleben in einer neuen Umgebung zu bewältigen.

Zusammenfassend hält Bettelheim vom analytischen Standpunkt aus fest, daß diese jüdischen Waisen ihre Erfahrungen zurückweisen und abspalten mußten, als gehörten sie überhaupt nicht zu ihnen. Dies führte dazu, daß diese letztlich die Herrschaft über sie gewannen.

Befreiung vom Gettodenken

Der Jude Bettelheim setzte immer wieder an, die oft gestellte Frage zu beantworten: Warum haben Juden so massenhaft und widerstandslos an ihrer eigenen Vernichtung mitgewirkt? In den Konzentrationslagern hatte er beobachtet, wie Juden Hilfsdienste bei der SS übernahmen, für einen »ordnungsgemäßen Ablauf« mitsorgten, sogar angesichts rauchender Verbrennungsöfen die Existenz der nur einige hundert Meter entfernten Gaskammern leugneten.

Bettelheim versucht dies mit dem traditionellen »Gettodenken« zu erklären: Die jahrhundertelange Einschließung in Gettos hatte zu Trägheit geführt, man suchte sich beim Feind und Verfolger einzuschmeicheln, hielt am gewohnten alltäglichen Lebensablauf, religiösen Ritualen, Berufsausübung und Besitzstand fest. Dies schien in einer unsicheren Welt Sicherheit zu geben. Vor allem aber: man fühlte sich unschuldig und war deshalb überzeugt, daß einem nichts passieren könne.

Betteheim und Ekstein 1988 mit dem österreichischem Generakonsul in Los Angelles

Bettelheim sieht das »Gettodenken« keineswegs auf die Juden beschränkt. Im abschließenden Aufsatz »Befreiung vom Gettodenken« analysiert er das Gettodenken der westlichen Welt. Sehr kritisch äußert er sich zu der Glorifizierung des »Tagebuchs der Anne Frank«. Die Familie Frank, die sich in einem Amsterdamer Hinterhaus wie in einer Falle gegen die nationalsozialistischen Besatzer verbarrikadierte, hat sich nach Bettelheim ein neues Getto geschaffen, »mit geistiger Empfindsamkeit, aber nichtsdestoweniger ein Getto« (S. 289).

»Ich möchte noch einmal betonen, daß ich an der Familie Frank nichts auszusetzen habe, am allerwenigsten an der armen Anne. Ich finde jedoch die Gettodenkweise sehr kritikwürdig, die nicht nur bei jüdischen Intellektuellen, sondern auch in der gesamten freien Welt Anhänger gefunden hat. Es hat den Anschein, als fänden wir menschliche Größe in der passiven Unterwerfung unter das Schwert, im Beugen des Nackens, das doch, wie Simone Weil so treffend sagte, ein menschliches Wesen zu einem bloßen Ding erniedrigt.« (S. 289)

Bettelheim hat diese Denkweise auch im aktuellen und globalen Maßstab kritisiert. »Wenn wir nicht aufpassen, wird sich die abendländische Welt der Weißen, die bereits eine Minorität der Menschheit darstellt, mit Hilfe der sogenannten Abschreckung in ihrem eigenen Getto einmauern. Viele denken daran, sich hinter einem derartigen Schutzgürtel – der auch einengt – in ihre Bunker zurückzuziehen. Wie den Juden, die im Osten selbst nach der Ankunft der Nazis in ihren Gettos blieben, scheint auch uns nur wichtig zu sein, daß die Geschäfte in unserem großen Shtetl florieren, und die übrige Welt ist uns gleichgültig.« (S. 290)

8.15 Kinder brauchen Liebe. Gespräche über Psychotherapie (mit A. A. Rosenfeld)

»Ich kann Sie nicht lehren, Psychotherapie zu betreiben, (...) das können nur Sie selber. Ich kann Sie nur lehren, über Psychotherapie nachzudenken.«
Bruno Bettelheim (Bd. XVI, S. 24)

1993, zwei Jahre nach Bettelheims Freitod, erschien in den USA das von Bettelheim gemeinsam mit Alvin A. Rosenfeld herausgegebene Buch »The art of the Obvious, Developing Insight for Psychotherapy and Everyday Life«; im gleichen Jahr wurde es auf Deutsch unter dem Titel »Kinder brauchen Liebe. Gespräche über Psychotherapie« (Bd. XVI) publiziert. Es basiert auf über 100 Protokollen aus gemeinsamen Seminar- bzw. Supervisionssitzungen zwischen Bettelheim sowie dem 42 Jahre jüngeren Kinderpsychologen Alvin A. Rosenfeld. Rosenfeld war 1977 zum Leiter der kinderpsychiatrischen Ausbildung an der Stanford Medical School ernannt worden und lud Bettelheim für fünf Jahre zu wöchentlichen Fallbesprechungen ein. Rosenfeld wurde im Rückblick die Bedeutsamkeit dieser psychoanalytisch fundierten Gespräche deutlich; er erachtete die spezifische Form, in der Bettelheim mittels Fragen, Deutungsvorschlägen und Interventionen eine Szene beziehungsweise ein klinisches Problem zu verstehen versuchte, als ein bedeutsames Erkenntnis- und Behandlungsprinzip.

Rosenfeld freundete sich mit Bettelheim an; hieraus erwuchs dieses letzte Buchvorhaben, welches Bettelheim nicht mehr abschließen konnte. Das Buch beinhaltet eine längere Einführung sowie vier Kapitel, in denen die Fallvorstellungen sowie Bettelheims Kommentare wiedergegeben werden.

In der Einleitung wird erneut Bettelheims gelegentlich »konfrontativer« Diskussions- und Deutungsstil deutlich, mittels dessen Bettelheim die subjektive

Situation des Kindes gegen unseren eigenen inneren Widerstand zu verdeutlichen versuchte: »Wenn Dr. B. den Scheinwerfer auf diese Haltung richtete, reagierte der Betreffende wütend oder defensiv. Viele Teilnehmer machten einen konstruktiven Gebrauch von dieser schmerzlichen Konfrontation mit der eigenen Person und der eigenen Kindheit« (Bd. XVI, S. 21), so Rosenfeld. An dieser Stelle begegnen wir einer Stellungnahme Bettelheims bezügich seines Vermittlungsstils. Bettelheim führt aus: »Wenn ich über das psychoanalytische Denken spreche, zumal in der Psychotherapie, dann mache ich die Dinge in den ersten paar Sitzungen besonders schwierig, so daß im Schnitt 15 bis 20 Prozent der Studenten allmählich wegbleiben. Ich bin überzeugt, daß das für sie wie auch für mich besser ist. Wenn man Psychoanalytiker werden will, muß man erhebliche persönliche Unannehmlichkeiten auf sich nehmen, und wenn man damit nicht umgehen kann, tut man besser daran, gar nicht erst in dieses Gebiet einzusteigen.« (Bd. XVI, S. 22)

Nur eine Konfrontation mit den eigenen schmerzhaften Erfahrungen ermögliche das notwendige Maß von Empathie, das man für eine Arbeit mit schwer belasteten Kindern benötige. Wenn den Studenten »diese anfängliche Prüfung« zuviel werde, könnten sie immer noch die Ausbildung abbrechen. Bettelheim führt in der ihm eigenen Weise weiter aus: »Psychoanalyse ist nun einmal keine einfache Sache. Sie war auch nie einfach gemeint. Freud erwartete gar nicht, daß die Psychoanalyse etwas für jedermann sei. Sie hilft nur denen, die sie für sich selbst wollen und die ertragen können, was der Prozeß und was die psychoanalytischen Einsichten einem Menschen abverlangen. (...) Wenn jemand sie nicht will, dann gibt es für ihn nichts Besseres, als auszusteigen und dabei noch die Möglichkeit zu haben, auf jemanden wütend zu sein – in diesem Fall auf mich. Im Anschluß an diese Erfahrung wird ein solcher Student der Meinung sein, daß es meine ›Gemeinheit‹ und nicht seine eigene Angst und Unruhe war, die ihn zum Aussteigen veranlaßte. Für solche Leute ist es sehr viel besser zu glauben, daß sie zu Recht wütend auf mich seien, als sich sagen zu müssen, daß sie den der Psychoanalyse inhärenten Schmerz nicht ertragen können (...)« (Bd. XVI, S. 23)

Es will mir scheinen, daß diese Grundüberzeugung leitmotivisch über Bettelheims jahrzehntelanger klinischer Tätigkeit stehen könnte.

Die folgenden, anschaulich gehaltenen Diskussionsbeiträge handeln von der ersten Begegnung mit dem Patienten, Voraussetzungen, Möglichkeiten und Grenzen einer Behandlung, der entscheidenden Bedeutung der Beziehungsgestaltung für eine Behandlung (»Heilung findet in der Psychotherapie nur statt, wenn wir unsere Beobachtungsgabe in den Dienst unserer Beziehung zum Patienten stellen« (S. 45) sowie von Empathie und emotionaler Offenheit. Rosenfeld gibt ausreichend Raum, um den Gesprächsfaden innerhalb der Fallbesprechungen sich entfalten zu lassen. Die Annäherungsversuche an das konkrete Problem beziehungsweise Thema sind nachvollziehbar und ermutigen zum Erkennen und Wertschätzen der je eigenen Kompetenz.

8.16 Die Aktualität von Bettelheims Werk in der heutigen Pädagogik

8.16.1 Lesenlernen im 1. und 2. Schuljahr nach Mauthe-Schonig beziehungsweise Bruno Bettelheim

Ich sprach einleitend von dem originären psychoanalytisch-pädagogischen Beitrag, den Bettelheims Überlegungen zu einem psychodynamischen Verständnis von Beeinträchtigungen beim Leselernprozeß stellen. In der schulpädagogischen Fachliteratur existiert eine von der früheren Berliner Grundschullehrerin und heutigen Kindertherapeutin Doris Mauthe-Schonig[45] erstellte Leselernfibel, welche sich ausdrücklich, unter vielfacher Zitation aus Bettelheims beiden Studien, auf Bettelheim als theoretischen Orientierungsrahmen bezieht. Diese für das 1. Schuljahr konzipierte Leselernfibel heißt »Die kleine weiße Ente«; für das 2. Schuljahr hat die Autorin mit den Geschichten vom »Gulli aus dem Gully« eine weitere, den Ansatz fortführende Fibel verfaßt. Diese Fibeln schließen unterrichtlich nutzbares Begleitmaterial ein (Lehrerhandbuch, Fibel, Arbeitsheft), wodurch sie eine gewisse Verbreitung gefunden haben.

Zur schulpädagogischen Einordnung dieser Fibel: Neben der psychoanalytischen Fundierung dieses Ansatzes ist diese Fibel innerhalb der Leselerndidaktik am ehesten mit den Leselernansätzen kompatibel, die als *Spracherfahrungsansatz* (Brügelmann, Bergk) bezeichnet werden. Gemeinsam ist den Autoren, die diesem Ansatz zuzuordnen sind, die Grundannahme, daß Schulkinder sehr unterschiedliche Wege des Schriftspracherwerbs beschreiten, die es zu respektieren und individuell zu fördern gelte. Beim Leselernprozeß im ersten beziehungsweise zweiten Schuljahr solle man von den jeweils in einer Schulklasse vorhandenen konkreten sprachlichen Vorerfahrungen des einzelnen Schülers ausgehen.

Biographische Erfahrung und wissenschaftliche Entwicklung treffen gelegentlich zusammen. Was sich früh in der Seele niederschlug, wird später unter Umständen kreativ aufgegriffen und kultiviert. Dies kann sich produktiv auswirken. Für Bettelheim, das habe ich an verschiedenen Stellen dieser Studie gezeigt, trifft dies zu: So verknüpfte er seine eigenen Erfahrungen als Schüler sehr viel später mit seinen psychoanalytischen Erkenntnissen. Auch verband er seine Arbeit mit schwergestörten Kindern später mit allgemeinpädagogischen Erkenntnissen beziehungsweise eben Theorien zum Leselernprozeß. Für die Autorin der »Kleinen weißen Ente« gilt dies gleichermaßen. So bemerkt sie: »Als ehemalige Lehrerin und heutige Kindertherapeutin interessiert mich die Möglichkeit einer Verknüpfung von psychoanalytischen mit schulpädagogischen Konzepten, oder, persönlicher gesagt, die Verbindung zweier beruflicher Identitätselemente« (Mauthe-Schonig 1996a, S. 307).

Diese Darstellung gilt für mich in vergleichbarer Weise. So habe ich diesen Leselehrgang drei Schulbesuchsjahre lang (Eingangsklasse, 1. und 2. Schuljahr; 1996 bis 1999) in einer Klasse der Schule für Sprachbehinderte durchgeführt und wende ihn nun in meiner neuen Eingangsklasse erneut an. Die Ausführungen von Mauthe-Schonig bzw. Bettelheim haben sich hierbei mit meinen eigenen unterrichtlichen Erfahrungen getroffen. Ich möchte deshalb diesen Leselehrgang entsprechend meinen eigenen Erfahrungen beschreiben.

8.16.2 Geschichten von der »Kleinen weißen Ente«. Aufbruchversuche: Freunde finden und Gefahren bewältigen

Ausgangspunkt dieser 30 Geschichten ist Loni, die kleine weiße Ente. Sie symbolisiert die Lebenssituation, die Ängste des Schulneulings, welcher, vielleicht erstmals in seinem Leben, täglich für mehrere Stunden von seinen Eltern getrennt ist und sich zugleich auf neue Bezugspersonen – Lehrer und Mitschüler – einstellen muß. Die weiße Ente – die nach Mauthe-Schonig (1996a, S. 309) in zahlreichen Märchen vorkommt – steht »als Metapher für das Hin- und Herwandern zwischen innerer und äußerer Realität« (Mauthe-Schonig 1996a, S. 309).

Die Einschulung berührt im Schulneuling das unbewußte Thema der Trennung und Individuation und ruft deshalb häufig heftige Angstgefühle hervor. Die erste Geschichte von der kleinen weißen Ente thematisiert diese Ängste des Schulneulings und spricht zugleich eine konstruktive »Aufbruchsituation« (Mauthe-Schonig 1996a, S. 311, 1996b, S. 16) an: Die kleine Ente wohnt in einem fernen

Land, in Schweden, in einem großen See. Sie kennt nur eine kleine Bucht dieses Sees, verspürt aber in sich den Wunsch, sich eine größere Umwelt anzueignen. Sie träumt und begegnet hierbei einem kleinen roten Männchen, Otto, welcher über magische Kräfte verfügt und zugleich ein kleiner, liebevoller Angeber ist. Später findet sie einen weiteren Freund, Lino, ein Kaninchen.

Gemeinsam machen sich Loni, Lino und Otto auf in die Welt, durchstehen Abenteuer und gefährliche Situationen. Die ihnen noch fremden Menschen, repräsentiert durch die Freunde Ute und Simon, möchten sich mit ihnen befreunden. Und doch wird dieses Beziehungsangebot von unseren drei Freunden als bedrohliche Gefahr erlebt: Sie werden getrennt, Loni muß bei Simon und Lino bei Ute leben. Otto bleibt die ganzen Geschichten lang von den Kindern unentdeckt, und doch vermag er seinen beiden Freunden immer wieder zu helfen, sie schließlich zu befreien. Am Ende der Geschichten finden die fünf Protagonisten zusammen. Sie haben ihre jeweils eigene Lebenssphäre und fühlen sich doch innerlich verbunden. Sie haben gewissermaßen einen inneren Reifungsprozeß durchgemacht, wie sich ja auch der Schulneuling vom Kindergartenkind hin zu einem eigenständigen, lernfähigen »richtigen« Schulkind entwickeln soll.

Die pädagogisch-organisatorischen Rahmenbedingungen dieses Leselehrgangs sollen diesen kindlichen Entwicklungsprozeß erleichtern. So habe ich jeden Dienstag in den ersten zwei Stunden meines Unterrichts eine feste Lesezeit: Ich lese in der Eingangsklasse sowie im ersten Schuljahr wöchentlich die jeweils folgende Geschichte von der kleinen weißen Ente vor, ergänzt durch weitere Märchen. Auch wenn viele Kinder der Sprachbehindertenschule unruhig sind, konnten sich doch alle Kinder bereits nach kurzer Zeit problemlos auf eine circa 30minütige Vorlesezeit einlassen. Zu Störungen kommt es nahezu nie.

Diese Geschichten wurden durch einzelne, situationsangemessene Spielszenen unterbrochen; im Lehrerhandbuch hat Mauthe-Schonig (1993a, b) zu jeder einzelnen Geschichte Anregungen gegeben. Im Anschluß an die Geschichten haben die Kinder Bilder gestaltet, in denen die Geschichten bearbeitet wurden (vgl. Mauthe-Schonig 1996a, S. 316f.). Die Erzählstimme des Lehrers wirkt sich für die Kinder bereits nach kurzer Zeit vertrauensstiftend aus. Die Kinder verfügen nun über einen vertrauten, stabilen schulischen Rahmen, der sich angstabwehrend auswirkt (vgl. Mauthe-Schonig 1996b, S. 21–23). Die Bilder der Fibel, ergänzt durch kurze Lesestücke, ermöglichen eine Verknüpfung zwischen der durch die Geschichten wachgerufenen Phantasie und dem neu einzuführenden Lesetext. Die gemalten Bilder brauchen nicht identisch mit der vorgelesenen Geschichte zu sein, sondern werden durch die individuelle Verarbeitung der Geschichte mit privater Phantasie angereichert (vgl. Mauthe-Schonig 1996b, S. 26–32). Das Schulkind ist nun nicht mehr allein. Es ist nicht mehr auf die körperliche Anwesenheit seiner Eltern bzw. Mutter angewiesen, aber auch nicht mehr auf die unmittelbare Zuwendung des Lehrers. Sowohl beim Vorlesen als auch beim späteren gemeinsamen Betrachten der gemalten Bilder tritt es unmittelbar in Beziehung zu seinen Mitschülern, ist Teil einer Klassengemeinschaft. Es hat einen Entwicklungsprozeß durchgemacht, den Bettelheim folgendermaßen beschrieben hat:

»Schließlich wird das Kind soweit kommen, daß es sich zur Bewältigung der Lebensaufgaben mit den Altersgenossen zusammentut, anstatt sich ausschließlich auf die Eltern zu verlassen. Oft kann sich das Schulkind noch nicht vorstellen, daß es jemals in der Lage sein wird, mit der Welt ohne Eltern fertig zu werden. Deshalb möchte es sich noch länger als nötig an sie klammern.« (Bd. VII, S. 190f.)

8.16.3 Gulli aus dem Gully: Ein mythisches Geschöpf befreit von der (Schul-) Angst

Hauptfigur dieser 15 Geschichten für das zweite Schuljahr ist Gulli: Ein mythisches Wesen, welches unterirdisch, unter einem Gullydeckel lebt, von dem in jeder Geschichte dieser Fibel die Rede ist. Ein Wesen, welches die Phantasien und das Handeln der beteiligten Protagonisten der Erzählungen – wie auch der Schulkinder – beflügelt und das doch auf keinem einzigen Bild der Lesefibel abgebildet ist. Wie mag Gulli aussehen? Gibt es ihn überhaupt? Aber er hat doch einen Freund, der gemeinsam mit ihm unter der Erde lebt: Beppo, eine Ratte. Nun taucht ein Junge auf, mit dem sich viele Schüler identifizieren können: Ingo, ein Schüler, der unter vielen Ängsten leidet: Er hat Angst vor einem alten Haus, welches auf seinem Schulweg liegt. Wir erkennen rasch, daß dies eine verschobene Angst ist. Denn Ingo hat auch reale Angst: Er hat Angst vor der Schule, schiebt in seiner Not sein Lesebuch in einen Gullydeckel und schwänzt den Unterricht. Er sucht Schutz bei einem türkischen Mitschüler, Ahmet. Von der Autorin wird damit ein weiteres Kind – ein ausländischer Junge – eingeführt, welcher unsere soziale Wirklichkeit widerspiegelt. Ingo steht zu seinem Freund, auch wenn er die Diskriminierung seines Freundes bewußt miterlebt und hierunter leidet. Und Ingo muß erleben, daß auch seine berufstätige, alleinerziehende Mutter von diesen Vorurteilen nicht frei ist, sich deshalb um ihren Sohn Sorge macht. Seine innere Ambivalenz, seine Ängste, werden noch bedrängender.

Ingo hat eine jüngere Schwester, Nele, die nicht so viel Sorgen wie Ingo zu haben scheint. Gulli aus dem Gully findet Ingos Lesebuch und möchte es ihm zurückgeben. Er schreibt in Geheimschrift einen Brief an Ingo, welchen wiederum Nele zusammen mit ihrer Freundin findet. Oder ist dieser Brief von Herrn Korte geschrieben worden, Ingos verständnisvollem Lehrer, der dessen Schulschwänzen als ein Notsignal zu lesen vermag? Ingo findet in der Person von Herrn Weiße unverhofft zusätzliches Verständnis.

Nele und ihre Freundin klettern mutig in den Gully, um den Absender des Briefes zu finden. Später folgt ihnen Ingo. Sie verirren sich und werden von Herrn Weiße sowie dessen Hund gerettet. Während dieser Zeit begegnen uns immer wieder Gulli und sein Freund Beppo, die in den unterirdischen Abwasserkanälen leben und gemeinsam ein Floß bauen.

Meine Schüler des zweiten Schuljahrs sind diesen Geschichten mit dem gleichen Interesse gefolgt wie bereits den Geschichten von der kleinen weißen Ente. Das Arbeitsheft mit den begleitenden Lernangeboten (Bilder und Lesetexte) haben sie interessiert bearbeitet. Am Ende des Schuljahres konnten sie alle fremde Texte flüssig erlesen. Als langweilig haben sie den durch die Gulligeschichten vermittelten Leselernstoff eindeutig nicht empfunden. Das Spiel mit dem Wechsel zwischen Realität und Phantasie sprach sie ersichtlich an. Folgende Überlegung Bettelheims, in der er die Bedeutung der kindlichen Phantasie für die Identitätsentwicklung von Grundschulkindern hervorhebt, hat sich mir als berechtigt erwiesen. Bettelheim schreibt:

»Wenn einem Kind nur ›wirklichkeitsgetreue‹ Geschichten (die also wichtige Teile seiner inneren Realität nicht getreu schildern) erzählt werden, kann es zu dem Schluß kommen, seine innere Wirklichkeit sei für seine Eltern weiterhin unannehmbar. Viele Kinder entfremden sich deshalb von ihrem inneren Leben und werden dadurch ärmer.« (Bd. VII, S. 77)

9 Abschied von Bruno Bettelheim

9.1 Der Freitod eines Überlebenden

Bettelheims letzten Lebensjahre waren von sehr viel Dunkelheit, gelegentlich abgrundtiefer Verzweiflung überschattet. 1985 starb seine Frau Trude; dies löste bei ihm Gefühle von Verlassenheit und Einsamkeit aus, die er nur durch seine gleichbleibende Arbeitsdisziplin einzuschränken vermochte. Circa 1986 siedelte er von Nordkalifornien nach Santa Monica über und wohnte mit einer seiner Töchter – Bettelheim hatte zwei Töchter und einen Sohn – sowie deren Kindern zusammen in einer noblen Eigentumswohnung. Dieses Zusammenleben war jedoch nur von kurzer Dauer: Nach knapp zwei Jahren, im Frühjahr 1988, wurde das Haus verkauft und Bettelheim zog alleine in ein im fünften Stockwerk gelegenes Appartement in Santa Monica mit Blick auf den Ozean. Das Scheitern dieses gemeinsamen Zusammenlebens war sehr schmerzhaft und desillusionierend für Bettelheim.

Sein gesundheitlicher Zustand wurde zunehmend schlechter. Er hatte zwei Schlaganfälle, von denen er sich kaum noch erholte. Wegen dieser vermochte er nur noch unter großen Schwierigkeiten zu schreiben. Er war jedoch nicht bereit, seine Gedanken von einer Sekretärin aufzeichnen zu lassen. Für einen Menschen wie Bettelheim, für den das Schreiben immer eine so mächtige konstruktive, kommunikative Kraft dargestellt hatte, war dies sehr schwer zu ertragen. Auf Anraten von Freunden machte er noch einmal eine Therapie bei einem aus Europa stammenden, etwa gleichaltrigen Analytiker. Nach eigenen Angaben hat er hieraus Gewinn gezogen (Fisher 1994b).

Bettelheim nahm eine Zeit lang an einem Diskussionskreis von emeritierten Hochschullehrern teil, die sich regelmäßig zum Mittagessen trafen. Teilnehmer war u. a. der ebenfalls aus Wien stammende Psychoanalytiker Fritz Redlich,[1] der an der Yale University ein renommierter Psychiater gewesen war und der Psychoanalyse insbesondere in der Nachkriegszeit wertvolle Impulse gegeben hat. Da Bettelheim wegen seiner Erkrankung nicht mit dem Auto fahren konnte, waren diese Treffen für ihn mit großem Aufwand verbunden. Schließlich zog er sich von den Diskussiontreffen ganz zurück.

Am 18. Mai 1989 wurde Bruno Bettelheim auf Vermittlung von David James Fisher Ehrenmitglied des Los Angeles Psychoanalytic Society and Institute: eine Ehrung, die sehr bedeutsam für ihn war, insbesondere weil die beiden Gründer dieses Institutes, Otto Fenichel und Ernst Simmel, früher Freunde von ihm gewesen waren. Bei dem Empfang, der ihm zu Ehren gehalten wurde, las er seinen autobiographischen Text »How I became a Psychoanalyst«.[2]

Bettelheim zog sich wegen seines zunehmenden körperlichen Verfalls immer mehr von seiner Umwelt zurück. Er machte zwar noch gelegentlich Supervisionen, vermochte jedoch kaum noch Vorträge zu halten. Sein engster Freund war in dieser Zeit Rudolf Ekstein, mit dem er sich etwa einmal pro Woche traf. Im Zeitraum von April 1988 bis Januar 1989 traf er sich gelegentlich mit dem Analytiker David James Fisher. Er führte mit ihm sehr persönliche, dichte Gespräche, in denen er über sein intensives Nachdenken über die Möglichkeit des Freitodes sprach. Er verband dies mit der Auflage, daß diese Gespräche erst nach seinem Tod veröffentlicht werden dürften (vgl. Fisher 1993, 1994a,b). Der Wunsch zu sterben, wurde bei Bettelheim immer größer. Er fürchtete sehr, bewußt miterleben zu müssen, körperlich vollständig zu verfallen. Bruno Bettelheim hat in seinen Studien zum Konzentrationslager öfters mit Schrecken von den »Muselmännern« in den Lagern gesprochen: Sie hatten jegliche Hoffnung auf ein menschenwürdiges Leben verloren und übergaben sich wehrlos dem Sterben.[3] Was konnte es Schlimmeres für den Überlebenden von Dachau und Buchenwald geben, als selbst im Alter ein lebender Leichnam, ein »Muselmann« zu werden?

Was ihn bis Anfang 1990 am Leben hielt war sein Wunsch, die Geburt eines weiteren Enkelkindes zu erleben, sowie das Erscheinen seines letzten Buches »Freuds Vienna and Other Essays« (dt.: Themen meines Lebens, Bd. VI). Auf Fishers direkte Frage nach seiner Einstellung zum Alter und zum Tod antwortet Bettelheim:

»Werden Sie nicht alt! (...) Was ich erlebt habe, ist ein Verfall physischer Kraft und Energie, den ich nur sehr schwer ertragen kann. Es ist deprimierend. Ich sehe keinen Ersatz dafür, außer man hat den Wunsch oder das Verlangen, seine Enkel aufwachsen zu sehen – denn ich bin neugierig auf sie. Ich weiß, daß ich zu alt bin, um sie aufwachsen zu sehen, und so werde ich nicht erfahren, was sie einmal tun werden. (...) Ich glaube, daß ich in meinem Leben das Meine getan habe, und ich bin ganz zufrieden damit. Aber ich verspüre eine Schwäche, die es mir sehr schwer, wenn nicht unmöglich macht, auf die gleiche Art weiterzumachen, wie ich

es gewohnt war. Und das ist die große narzißtische Wunde, mit der ich nur sehr schwer fertig werde. Das ist nichts Ungewöhnliches oder Unerwartetes. (...)
Was ich mir wirklich wünsche, ist ein schneller und leichter Tod. Es ist leicht, sich das zu wünschen.« (Fisher 1993, S. 334f., vgl. auch Fisher 1994b)

»Ja also, in meinem Alter und in meinem Leben sieht man dem Tod ziemlich gleichmütig entgegen, nicht wahr, wenn man so alt ist wie ich, hat er eher eine freundliche Figur. Warum, weil ich fühle, daß ich eben so viel angefangen hab' als ich anfangen konnte. War nicht sehr viel, richtig, aber es war eben so viel als ich konnte. Damit muß man wohl zufrieden sein. Ich bin überzeugt davon, daß das menschliche Leben ohne die Idee des Todes überhaupt keinen Sinn hat. Die Idee, daß man für ewig leben könnte, ist ein Alptraum für mich, daß es kein Ende hat. Daß es ein Ende hat, das ist eben die Herausforderung, das Leben vernünftig zu benützen. (...) Denn es ist sicherlich sehr traurig, wenn der Tod kommt und man nicht weiß, was man in seinem Leben angefangen hat. (...)

Ja das ist – der Gedanke, noch zweimal das durchzumachen, das ist doch ein, ein sehr bedrückender Gedanke. Ich glaube, ich war eigentlich sehr glücklich, ich war glücklich, daß ich das Konzentrationslager überlebt habe, ich war glücklich, daß ich in der Emigration erfolgreich war, ich war besonders glücklich in der Auswahl meiner Gattin, und ich war sehr glücklich in der Auswahl meiner Kinder. Na, mehr gibt's nicht.« (ebd.)

Im Januar oder Februar 1990 zog Bruno Bettelheim von Santa Monica nach Maryland. Er verabschiedete sich von seinem Freund Rudolf Ekstein und dessen Frau Ruth. Am 13. März 1990 fand man ihn in seiner Wohnung tot auf. Er hatte eine Plastiktüte über dem Kopf gezogen, in seinem Blut fand man Reste von Schlafmitteln. Der 13. März war der 52. Jahrestag des Einmarsches der deutschen Nationalsozialisten in Österreich.

Es hat nach Bruno Bettelheims Freitod viele Gerüchte und zum Teil abstoßende Spekulationen gegeben. Wenige Monate später gab es den Versuch, seinen Ruf sowie sein beeindruckendes Lebenswerk in Frage zu stellen.

In verschiedenen Beiträgen in »Annäherung an Bruno Bettelheim« (Kaufhold 1994) wird auf seinen Freitod eingegangen. Fritz Redlich hat zu seinem Freitod angemerkt: Obwohl ihn Bettelheims Freitod »verwirrt« habe, könne er respektieren, daß er eine letzte Entscheidung getroffen habe: »he died with tremendous determination (...) he died as he lived, with colossal commitment« (Morrison 1990).

In seinem Text »The suicide of a survivor: some intimate perceptions of Bettelheim's suicide« (1992)[4] hat Fisher seine heftigen, häufig erschöpfenden Gefühle beschrieben, die er in seinen intensiven Gesprächen mit Bettelheim empfand. Zu den Angriffen gegen Bettelheim bemerkt Fisher:

»Despite being privy to these intense revelations with Bettelheim, I must add that I still felt an enormous sense of shock, loss and personal deprivation when I learned definitively of his suicide. I was surprised, but I was devastated nonetheless. Abandonment is easy to grasp intellectually, but disruptive emotionally. I am convinced, though it is beyond the scope of this paper, that the assault on Bettelheim's clinical and intellectual reputation since his suicide stems, at least in part, from the rage and outrage triggered by feeling of abandonment – both on the part of his detractors and defenders, myself included.« (Fisher 1992, S. 12)

In seinem Aufsatz »Der schwankende Preis des Lebens« (Bd. II, S. 256–286) hat Bettelheim die tragische Geschichte eines weiblichen Konzentrationslagerhäftlings geschildert, die Bettelheims Freitod vielleicht noch eher verständlich werden läßt: Diese Frau stand mit einer Gruppe von nackten Häftlingen vor der Gaskammer bereit. Der kommandierende SS-Offizier hatte erfahren, daß sie eine Tänzerin gewesen war und befahl ihr, für ihn zu tanzen. Sie tat dies, näherte sich ihm dabei, bemächtigte sich seiner Pistole und schoß ihn nieder. Sie selbst wurde daraufhin sofort erschossen.

Bettelheim beschreibt diese Szene als ein eindrucksvolles Beispiel einer Widerstandshandlung. Die Tänzerin verwandelte eine Situation extremster Brutalität und Entmenschlichung für einen Moment in eine aktive Verlebendigung ihres früheren Selbst. Bettelheim kommentiert die Szene – die ein Symbol des vitalsten, treibendsten Grundmotives seines Lebens sein mag – mit den Worten:

»Leistete keiner von denen, deren Tod bestimmt war, Widerstand? Wollte keiner von ihnen sterben, nicht indem er sich fügte, sondern indem er sich behauptete und gegen die SS kämpfte? (...) Vielleicht kann eine andere seltene Begebenheit, ein Beispiel höchster Selbstbehauptung, Licht auf diese Fragen werfen. Eine Gruppe von nackten Häftlingen stand vor der Gaskammer bereit. Irgendwie hatte der kommandierende SS-Offizier erfahren, daß einer der weiblichen Häftlinge Tänzerin gewesen war. Er befahl ihr, für ihn zu tanzen. Sie tat es, und dabei näherte sie sich ihm, bemächtigte sich seiner Pistole und schoß ihn nieder. Sie selbst wurde sofort erschossen.[5]

Ist es nun nicht möglich, daß trotz der grotesken Szenerie, in der sie tanzte, ihr Tanz sie wieder zu einer Person werden ließ? *Indem sie tanzte, wurde sie als Einzelperson ausgesondert und aufgefordert, das zu tun, wozu sie sich einmal berufen gefühlt hatte.* Sie war nicht mehr länger eine Zahl, ein namenloser, entpersönlichter Häftling, sondern die Tänzerin, die sie früher war. So umgeformt, wenn auch nur vorübergehend, *reagierte sie wie ihr altes Selbst, und sie vernichtete den Feind, der ihre Vernichtung wollte, selbst wenn sie dabei den Tod fand. Trotz der Hunderttausenden von lebendigen Toten, die sich ruhig auf ihre Gräber zubewegten,* zeigt dieses eine Beispiel – und es gab mehrere –, daß die alte Persönlichkeit sofort wieder erlangt werden kann, daß die Zerstörung der Persönlichkeit aufgehoben wird, wenn wir selbst uns dazu entschließen, nicht mehr Einheiten eines Systems sein zu wollen.

Indem die Tänzerin *sich ihrer letzten Freiheit bediente,* die ihr nicht einmal das Konzentrationslager nehmen konnte – nämlich zu entscheiden, was man über seine eigenen Lebensbedingungen zu denken und zu fühlen wünscht –, entledigte sich die Tänzerin ihres wirklichen Gefängnisses. Sie konnte dies tun, weil sie *bereit war, das Leben zu riskieren, um noch einmal die Herrschaft über sich selbst zu erlangen. Wenn wir das tun, dann können wir wenigstens als Menschen sterben, selbst wenn wir nicht als solche leben können.*« (Bd. II, S. 284–286, Hervorhebung R. K.)

9.2 Bewältigungsversuche eines Überwältigten. Eros und Thanatos in der Biographie und im Werk von Bruno Bettelheim[6]

»Die Schicksalsfrage der Menschheit scheint mir zu sein, ob und in welchem Maße es ihrer Kulturentwicklung gelingen wird, der Störung des Zusammenlebens durch den menschlichen Aggressions- und Selbstvernichtungstrieb Herr zu werden. In diesem Bezug verdient vielleicht gerade die gegenwärtige Zeit ein besonderes Interesse. Die Menschen haben es jetzt in der Beherrschung der Naturkräfte so weit gebracht, daß sie es mit deren Hilfe leicht haben, einander bis auf den letzten Mann auszurotten. Sie wissen das, daher ein gut Stück ihrer gegenwärtige Unruhe, ihres Unglücks, ihrer Angststimmung. Und nun ist zu erwarten, daß die andere der beiden ›himmlischen Mächte‹, der ewige Eros, eine Anstrengung machen wird, um sich im Kampf mit seinem ebenso unsterblichen Gegner zu behaupten. Aber wer kann den Erfolg und Ausgang voraussehen?« (Sigmund Freud (Das Unbehagen in der Kultur, 1930/1972, S. 128 f.))

»In Amerika gibt es eher einen Wunsch, sich selbst zu bessern, seinen Wert zu erhöhen, als sich selbst zu verstehen. Selbsterkenntnis könnte enttäuschend sein, deprimierend sogar. Aber Freud war daran interessiert, die innere Welt des Menschen zu verstehen. Freud fürchtete, die Psychoanalyse könnte in den USA oberflächlich akzeptiert werden, ohne wirklich verstanden zu werden. (...)

Der amerikanische Kritiker und Romancier Lionel Trilling verstand die Psychoanalyse sicherlich sehr tief. Er war sehr kritisch gegenüber der oberflächlichen Art, in der das liberale Element der Psychoanalyse akzeptiert wurde ohne eine wirkliche Akzeptanz, z. B., der Todestendenz, welche sehr wichtig für Freuds Gedanken ist. Um ein dynamisches System der menschlichen Psyche zu erschaffen, benötigt man zwei gegeneinander gerichtete Kräfte: die Libido oder den Überlebenstrieb auf der einen Seite und den Todestrieb auf der anderen Seite.

Der Tod ist etwas, was in der amerikanischen Kultur verleugnet wird. Menschen sterben nicht, sie ›gehen hinweg‹ oder sie ›reisen ab‹. Sie sterben nicht. Aber es ist der Tod, in vielfältiger Weise, der dem Leben seine tiefste Bedeutung gibt. Und dies ist, denke ich, das Fehlende – diese Tiefe des Verstehens.« (Bettelheim/Ekstein 1994, S. 54 f.)

Der dies sagte, war Bruno Bettelheim, am 10. Januar 1990 in Los Angeles, zwei Monate vor seinem Freitod. Bettelheim betonte in diesem letzten Gespräch mit Rudolf Ekstein die existentielle Bedeutung des Todestriebes.

Das Leben von Bruno Bettelheim hatte sich zu diesem Zeitpunkt seinem Ende genähert. Er hatte sein großes pädagogisch-therapeutisches und wissenschaftliches Werk abgeschlossen. Nach dem Tode seiner Frau fünf Jahre zuvor sowie nach zwei Schlaganfällen, die ihn nahezu arbeitsunfähig gemacht hatten, suchte er nach einem Weg, sein Leben in Würde zu beenden. Im klaren Bewußtsein seiner existentiellen Grenzsituation, von Erinnerungen an die deutschen Konzentrationslager überflutet, war Bettelheim dennoch sehr darum bemüht, im Gespräch mit seinem engen Freund und Kollegen Rudolf Ekstein seiner Nachwelt die Frucht seines so produktiven Lebens weiterzureichen.

»Im Anfang wohnt das Ende and the end is the beginning« – so oder ähnlich hat sich Bettelheim häufig ausgedrückt. In seinem Gespräch mit Rudolf Ekstein betont Bettelheim, daß seine auch von diesem nachdrücklich geteilte Überzeugung von der existentiellen Bedeutsamkeit des Todestriebes (vgl. Bettelheim/ Ekstein 1994) nicht nur vor dem Hintergrund seiner existentiellen Grenzsituation als alternder Überlebender der nationalsozialistischen Konzentrationslager zu lesen sei. Der Todestrieb spielte bereits in seiner Jugend eine zentrale Rolle im kulturellen Leben Wiens. Demgemäß hebt Bettelheim im Gedankenaustausch mit Ekstein hervor: »Freud war Zeit seines Lebens mit dem Tode beschäftigt. Er erwartete, daß er zu einem bestimmten Zeitpunkt sterben würde. Er dachte, er würde früher sterben als er letztendlich starb (...); er wurde immer verfolgt von der Idee des Todes, und was danach geschehen würde. Die Allgegenwärtigkeit unserer Sterblichkeit war ein Teil der Wiener Kultur. In der Mitte unseres Lebens wurden wir begleitet von dem Tode: Der Kronprinz, zum Beispiel, beging Selbstmord, nachdem er einen Mord begangen hatte unmittelbar nach einem sexuellen Akt. Diese enge Beziehung zwischen Tod und Sex wurde beschrieben in der Wiener Kultur.« (Bettelheim/Ekstein 1994, S. 56)

Bettelheim mit Rudof und Ruth Ekstein, 1990

Die kulturkritischen, pessimistisch getönten Überlegungen zu Eros und Thanatos wurden von Sigmund Freud 1930 in »Das Unbehagen in der Kultur« bewußt spekulativ formuliert. Am Vorabend der nationalsozialistischen Machtergreifung ergänzte Freud seinen Entwurf durch die Frage, ob »man nicht zur Diagnose berechtigt sein (soll), daß manche Kulturen – oder Kulturepochen –, möglicherweise die ganze Menschheit – unter dem Einfluß der Kulturstrebungen ›neurotisch‹ geworden sind?« (Freud 1930/1972, S. 127).

Eros und Thanatos waren für Bruno Bettelheim niemals bloß akademische Begriffe, wissenschaftliche Konstrukte. Es sind für ihn vielmehr reale innere Erfahrungen, »psychische Armeen«. In Erinnerung an seine Grenzerfahrungen während seiner knapp elfmonatigen Inhaftierung in den deutschen Konzentrationslagern Dachau und Buchenwald faßt Bettelheim sein biographisches, kulturkritisches Erbe, die Frucht seines Lebens, in seinem letzten Gespräch mit Rudolf Ekstein abschließend folgendermaßen zusammen:

»Ich hoffe, daß die Menschen sehr viel seriöser über die destruktiven Tendenzen im Menschen nachdenken werden: woher sie kommen; was gegen sie getan werden kann; wie wir sie meistern können – so daß, um Freud zu zitieren, in dem ewigen Kampf zwischen den zwei inneren Armeen, Eros und Thanatos, Eros gewinnen wird, zumindest für die Zeit unseres Seins. Jedoch, zum Schluß gewinnt Thanatos immer. Wenn wir dies seriös annehmen, wird das Leben sehr viel bedeutungsvoller für uns werden. Dies glaube ich.« (Bettelheim/Ekstein 1994, S. 60)

Wenn man die Schriften Bettelheims – die sich, wie von Stork (1994, S. 227) und Reich (1994a, S. 151) zutreffend bemerkt wurde, in einer für ihn kennzeichnenden Weise durch eine gewisse theoretische Unschärfe, einen theoretischen Skeptizismus, auszeichnen – systematisch durchschaut, so wird eines rasch deutlich: Die Begriffe Eros und Thanatos erhalten für Bettelheim vor allem durch seine lebenslange, biographisch gespeiste Beschäftigung mit den nationalsozialistischen Vernichtungslagern eine grundlegende Bedeutung, eine beunruhigende Aktualität.

Bettelheims legendäre Studie »Individuelles und Massenverhalten in Extremsituationen« (Bd. III), kurz nach seiner Freilassung aus Buchenwald in einer bewußt distanzierten, sachlichen Diktion geschrieben, war von seiner neuen amerikanischen Heimat anfangs bekanntlich nicht mit sonderlichem Interesse aufgenommen worden (vgl. Bd. II, 1980a, S. 22 f.). Es vergingen eineinhalb wertvolle Jahre, bis eine amerikanische Fachzeitschrift bereit war, sie überhaupt zu drucken. 1987 hat Bettelheim auf der österreichischen Konferenz »Vertriebene Vernunft« hierzu bemerkt:

»Nach meiner Ankunft in den Vereinigten Staaten schien es mir wichtig, die Schrecken der Konzentrationslager weitgehend bekanntzumachen. Hierbei stieß ich auf großen Widerstand. Man wollte mir nicht glauben, daß ein Kulturvolk wie die Deutschen solche unmenschlichen Grausamkeiten verüben konnte. Man war überzeugt, daß ich die Dinge sehr übertrieb, daß ich nur aus meinem Haß gegen die Nazis solche Greuelmärchen verbreiten wollte, ja man beschuldigte mich, daß meine Berichte auf meinen Verfolgungswahn zurückzuführen seien. Ich war aber überzeugt, daß die einzige Möglichkeit, die Nazis davon abzuhalten, weiter mit den Verbrechen in den Konzentrationslagern fortzufahren, war, die Westmächte zu bewegen, gegen diese Greuel einzuschreiten. Meine wahren Berichte über das, was in den Lagern vorging, verfehlten es, zu überzeugen. So mußte ich versuchen, auf eine andere Art Glauben zu erhalten.« (Bettelheim 1988, S. 217)

Wir wissen nicht, inwieweit die Metaphern von Eros und Thanatos für Bettelheim bereits in den 40er und 50er Jahren von unmittelbarer Bedeutung gewesen sind. Ich vermute, daß seine damalige psychologische Situation des Neuanfangs, sein verzweifelter Versuch, von den furchtbaren Erfahrungen loszukommen, sich im amerikanischen Exil, das seine neue Heimat werden sollte, ein neues Leben aufzubauen, solche Überlegungen an den Rand drängten. Auch hätten solche theoretischen Erklärungsversuche im »optimistischen«, die destruktiven Tendenzen im Menschen naiv und radikal verleugnenden Amerika keinerlei Anklang gefunden (vgl. Bettelheim/Ekstein 1994, S. 54–56). Insofern erging es Bettelheim wie den meisten seiner vor den Nationalsozialisten in die USA emigrierten analytischen Kollegen: Sie vermochten sich zwar teilweise in den Vereinigten Staaten, trotz des dort vorherrschenden »Medicozentrismus« (Paul Parin), unter großen Mühen beruflich und gesellschaftlich zu etablieren, jedoch nur unter Preisgabe des gesellschafts- und kulturkritischen Anteils der Analyse. Sie wurden in die amerikanische Kultur »eingeschmolzen« (Ernst Federn).

Erstmals angerissen wird die Dualität von Eros und Thanatos von Bettelheim 1960 in »Aufstand gegen die Masse« (Bd. II). Dieses Buch bildet eine gewisse Zäsur in Bettelheims Leben. Der 57jährige hat sich in seiner neuen Heimat etabliert. Seine milieutherapeutische Arbeit in der Orthogenic School steht auf einem stabilen Fundament. Bettelheim hat öffentliches Ansehen gewonnen. Besonders im einleitenden Kapitel dieses Buches wird sein Versuch einer Neuorientierung deutlich. Er sinnt über seine Jugend in Wien nach[7], beschreibt seine »Suche nach Gewißheit« (Bd. II, S. 12) angesichts einer sich verändernden Welt sowie seine eigene Position in der kleinen Gruppe der psychoanalytischen Pioniere im Wien der 20er und 30er Jahre. Die kulturkritische Stimme, das Beharren auf der radikalen, kulturrevolutionären Substanz (Dahmer 1989) des Freudschen Werkes, klingt erstmals an. Er spricht von der »Erörterung des Unbehagens an unserer Zivilisation« (Bd. II, S. 8). Und Bettelheim schreibt über die Konzentrationslager.

In diesem Kontext thematisiert er erstmals die Grenzen einer unpolitischen, »privatisierenden« Psychoanalyse, die den Fokus ihrer Aufmerksamkeit ausschließlich auf das Individuum richtet. Seine Enttäuschung über die Psychoanalyse drückt er so aus: Diese habe ihm im Lager nicht den geringsten Nutzen im Überlebenskampf gebracht, er habe im Konzentrationslager nur wenige Strategien sinnvollen Handelns in Extremsituationen voraussagen können.[8] Wenn Bettelheims verstreute Äußerungen zum Beitrag der Psychoanalyse zum eigenen Überleben auch ambivalent, scheinbar widersprüchlich blieben[9], so hebt er doch hervor: Im Konzentrationslager hatte er erlebt, welchen mächtigen Einfluß äußere Lebensumstände auf die psychische Struktur des Einzelnen hatten. Wenn man im Lager überleben wollte, mußte man sich in einer gewissen Weise den radikal veränderten Lebensumständen anpassen. Bettelheim bemerkt 1960: »Die Psychoanalyse, wie ich sie kannte, war mir bei dieser überaus wichtigen Entscheidung keinerlei Hilfe. Das Erstaunliche ist, daß die Psychoanalyse keinerlei Antwort auf die Frage hatte, wie ich die Lagerhaft überleben, und zwar halbwegs anständig überleben konnte« (Bettelheim II, S. 22).

Unter der Überschrift »Business as usual« – die in der Folge ein geflügeltes Wort werden sollte –, bespricht Bettelheim in »Aufstand gegen die Masse« (Bd. II) erstmals ausführlich die Rezeption des Tagebuches von Anne Frank. Der weltweite Erfolg jenes Buches deute an, wie verbreitet die Tendenz zur Verleugnung des Holocaust[10] sei. Doch eben dieses Leugnen, die Abkehr von der furchtbaren, zerstörerischen Realität habe damals die eigene Vernichtung beschleunigt. Bettelheim schreibt bereits 1960:

»Es ist bedrückend, eine so menschliche und rührende Geschichte zu zerlegen, die so viel Mitgefühl mit Anne Frank hervorrief. Doch ich glaube, daß der weltweite Erfolg des Tagebuches nicht erklärt werden kann, wenn wir nicht unseren Wunsch erkennen, die Gaskammern vergessen und ein extremes Privatverhalten, ein Festhalten an der üblichen Verhaltensweise, selbst bei einer Massenvernichtung, glorifizieren zu wollen.« (Bd. II, S. 272)

Diese Position, die Bettelheim viel Kritik, zum Teil tiefen Haß auch von anderen Überlebenden der Konzentrationslager einbringen sollte (vgl. Sutton 1996, S. 386 bis 404), möchte ich hier nicht weiter diskutieren (vgl. die Studien von Reich 1993, 1994a). In den 60er und 70er Jahren sollte er sie, unter Hinzufügung des Theorems des »Gettodenkens«, in Varianten wiederholen, noch radikalisieren. Er brachte sie im gleichen Aufsatz auf die Formel: Die Geschichte von Anne Frank »wurde ein so großer Erfolg, denn sie leugnet auch für uns, daß Auschwitz je existierte. Wenn alle Menschen gut sind, dann hat es niemals ein Auschwitz gegeben« (Bd. II, S. 275; Hervorhebung R. K.).

Wichtig erscheint mir für unser Thema die Einsicht, daß Bruno Bettelheim das Thema des Überlebens fortan immer wieder aufgreifen sollte. Und genau an diesem Punkt führt Bettelheim bereits im Jahr 1960 (Bd. II, S. 275) die Freudsche Dualität von Eros und Thanatos ein, anfangs noch mit wechselnder Begrifflichkeit.[11] So schreibt er: »So war schließlich der Gang zur Gaskammer nur die letzte Konsequenz der Philosophie des ›Business as usual‹. Es war ein letzter Schritt, der dem Todesinstinkt nicht mehr trotzte und den man als Prinzip der Trägheit bezeichnen könnte. Der erste Schritt war getan, lange bevor man das Todeslager betrat.« (Bd. II, S. 280 f.)

Und wenig später bemerkt er: »Ich glaube, sie – die Häftlinge – handelten so, weil sie allen Lebenswillen aufgegeben hatten, weil sie zugelassen hatten, daß ihr Todesinstinkt überhandnahm« (Bd. II, S. 281). In dem großen Aufsatz »Befreiung vom Gettodenken« (Bd. VI, S. 261–290), drückt Bettelheim es noch präziser aus:

»Ich glaube, es lag daran, daß sie den Lebenswillen verloren hatten und sich von ihrem Todestrieb überwältigen ließen. Die Folge war, daß sie sich stärker mit der SS identifizierten, die sich der Ausführung destruktiver Tendenzen widmete, als mit jenen Mithäftlingen, die noch am Leben festhielten und denen es so gelang, dem Tod zu entrinnen.« (Bd. VI, S. 272)

Die gedankliche Vehemenz, in der sich Bettelheim ab den 60er Jahren um die Aufarbeitung der nationalsozialistischen Verbrechen engagierte, wie er »daraus einen persönlichen Kampf gegen die Gleichgültigkeit des Vergessens, gegen die Verdrängung und die Abwehr damit zusammenhängender Emotionen machte – was ihn als moralisierenden Menschen erscheinen ließ, der Mitarbeitern und Kollegen oft die Meinung sagte und dabei auch schroffe Formen wählen konnte« (Reich 1994a, S. 140 f.), erscheint mir als ein Indiz für die Stärke seines Überlebenswillens, seines Eros. Es waren Bewältigungsversuche eines Überwältigten, der sowohl in der täglichen pädagogisch-therapeutischen Arbeit mit schwerbehinderten Kindern und Jugendlichen als auch während seiner gewöhnlich nächtlichen theoretischen Arbeit leidenschaftlich versuchte, den eigenen Thanatos, der vor allem aus seiner erlittenen Inhaftierung in Dachau und Buchenwald, wohl auch aus seiner lebenslangen Depression erwachsen war, zu bekämpfen. So wie ihm im Lager seine psychoanalytischen Beobachtungen – die er mit Ernst Federn sowie dem Arzt Alfred Fisher austauschte – insofern das Leben retteten, als er seine erlittenen Mißhandlungen, seine aufgezwungene Passivität in konstruktive Aktivität zu verwandeln vermochte, so schützten ihn später seine leidenschaftliche Forschungs- und Aufklärungsarbeit und seine legendäre Arbeitsdisziplin in einer gewissen Weise vor der Überwältigung durch seine eigenen selbstzerstörerischen Anteile, die die Nazis geweckt hatten. Bettelheim erlangte so seine Würde, seine Selbstachtung zurück. Er fand wieder Kontakt zu Eros.

Es gibt noch eine weitere Ebene, in der Bettelheims verzweifelter Versuch, die Folgen der nationalsozialistischen Verbrechen »aufzuarbeiten«, Eros zu stärken, deutlich wird. Daß dies ein entscheidendes Motiv zum Beispiel für seine Arbeit mit autistisch-psychotischen Kindern war, hat Bettelheim selbst verschiedentlich bemerkt. Ich erinnere an seine Studie »Schizophrenie als Reaktion auf Extremsituationen« aus dem Jahre 1956 (Bd. III); an seine Begegnung mit dem Mädchen Anna in der *Orthogenic School,* welches ihn an die Überlebenden der Konzentrationslager erinnerte (vgl. Bd. I, S. 7, S. 490–494). Das gleiche gilt für sein Nachwort zu Claudine Veghs Buch »Ich habe ihnen nicht auf Wiedersehen gesagt« (Bettelheim 1981c). Besonders denke ich jedoch an den kleinen, anrührenden Essay »Wenn Kinder aus ihrem Leben erzählen«[12] in »Ein Leben für Kinder« (Bd. V) – gewiß sein Alterswerk, in dem er sich mit der Welt, so wie sie nun einmal ist, versöhnt. Eindrücklich schildert er hierin die schwierige, konflikthafte Beziehung zwischen Eltern, die in einem Konzentrationslager gefangen gehalten worden sind, und deren später geborenen Kindern. Wie immer Eltern mit diesem eigenen Trauma umgehen, die Beziehung zu den eigenen Kindern ist immer gefährdet. Das Trauma, allen verzweifelten »Bewältigungs«versuchen zum Trotz, lebt auch in der zweiten und dritten Generation unvermindert fort.

Es dürfte deutlich geworden sein, daß Bettelheim bei all diesen geruhsam dargebotenen Reflexionen und Analysen immer wieder auf eigene biographische Erfahrungen zurückgreift. In der Studie von Sutton (1996) sowie in einigen Aufsätzen, die ich in »Annäherung an Bruno Bettelheim« (Kaufhold 1994) veröffentlicht habe, wird darüber berichtet, wie verheerend sich der Bruch zwischen Bettelheim und seiner ältesten Tochter, mit der er in seinem letzten Lebensabschnitt knapp zwei Jahre zusammengewohnt hat, für Bettelheim ausgewirkt hat. Ich bin ein wenig skeptisch, ob uns diese privaten Dinge wirklich etwas angehen. Dessen ungeachtet hat Bettelheim verschiedentlich bestätigt, daß sich seine Erfahrungen in Dachau und Buchenwald nachteilig auf die Atmosphäre in seiner Familie ausgewirkt haben. In seinen Gesprächen mit dem amerikanischen Psychoanalytiker David James Fisher (Fisher 1993, 1994a, vgl. auch Fisher 1994b) sprachen sie u. a. über die therapeutische Arbeit mit Kindern von Überlebenden. Bettelheim ermutigte Fisher nachdrücklich, geduldig zu sein und vor allem, die häufig heftigen negativen Übertragungsgefühle auszuhalten – um dann nach einer Pause mit dem Schock einer schmerzhaften Erkenntnis zu sagen: »*Sie wissen, meine Kinder sind Kinder eines Überlebenden des Holocaust*« (Fisher 1994a, S. 98).

1973/74 beendete Bettelheim, 70jährig, aus Altersgründen seine Arbeit an der *Sonia Shankman Orthogenic School*. Dieser Abschied war ein überaus schmerzhafter Trennungsprozeß für ihn, mußte er sich doch von dem Liebesobjekt trennen, das seinem Leben einen tiefen Sinn gegeben, das einen Lebensauftrag dargestellt und zugleich den *Beweis einer unzerstörbaren Humanität* gebildet hatte. Es war natürlich auch ein Versuch, seine »Überlebensschuld« gegenüber den von den Nazis willkürlich ermordeten Menschen »abzutragen«. Die *Orthogenic School* war Bettelheims Lebenswerk, erwachsen aus seiner erschütternden Begegnung mit den nationalsozialistischen Vernichtungslagern. Diese Trennung bildete einen *Tod im Leben*.[13]

So wie Bettelheim am Ende seiner aktiven Tätigkeit in der Orthogenic School immer wieder bewegende Metaphern über die Brücke kreierte, die wir bauen müssen, wenn wir ins Land der Psychotiker gelangen wollen[14], so unternimmt er einige Jahre später, insbesondere 1976/77, den verzweifelten Versuch, eine Beziehung, eine Brücke zu bauen zwischen den Überlebenden und den Ermordeten der Nazis, den »Hunderttausenden von lebendigen Toten, die sich ruhig auf ihre Gräber zubewegten« (Bd. II, S. 285).

Bevor ich hierauf in einem abschließenden Kapitel zu sprechen komme, möchte ich noch an ein Buch erinnern, in dem Bettelheim sein – beziehungsweise Freuds – Theorem von der Dualität von Eros und Thanatos zur Vollendung brachte. 1982 veröffentlicht Bettelheim seine Streitschrift »Freud und die Seele des Menschen« (Bd. IV). Bestimmt war sie vor allem für »sein« Amerika, dem er sein Überleben verdankte – und dessen oberflächliche, narzißtische Kultur ihn doch zugleich abstieß.[15] Er versucht hierin, das humane, kulturkritische Substrat der Freudschen Analyse vor »Verwässerungen«, zu schützen. Dieser Essay wurde von

Michael Ignatieff (1994, S. 112) als »eine großartige Verteidigung der humanistischen Intentionen des Meisters gegen die Technokraten seiner eigenen Lehre« bezeichnet. Und David James Fisher bemerkt hierzu: »In this jewel of an essay Bettelheim restores the concept of the soul to the psychoanalytic corpus« (Fisher 1991, S. 147). Bettelheim – der diesem Essay bezeichnenderweise eine Bemerkung von Sigmund Freud aus einem Brief an C. G. Jung vom 6. Dezember 1906 vorangestellt hatte: »Psychoanalyse ist eigentlich eine Heilung durch Liebe« – spricht nun sehr souverän über »Eros« und »Thanatos«. Man spürt seine Verpflichtung gegenüber Freuds radikaler Kulturkritik, die in einer unaufgeregten, illusionslosen Menschenliebe wurzelt. So wie sein Buch »Kinder brauchen Märchen« (Bd. VIII) seine Sehnsucht nach seinem kindlichen Wien artikulierte, ihn wieder seiner alten Heimat, aus der ihn die Nazis vertrieben hatten, nahebrachte, so bringt ihn »Freud und die Seele des Menschen« (Bd. IV) ins Freudsche Wien seiner Jugend- und Studentenzeit zurück. Die Aufgabe des »Kulturmenschen« sei es, Eros und Thanatos zu legieren. Dann vermöge er auch ein »gutes Leben« zu führen. Bettelheim schreibt:

»Der Sexualtrieb drängt auf unmittelbare Befriedigung; weder kennt er noch sorgt er sich um die Zukunft. Eros und Psyche tun dies. Die Tatsache, daß wir uns der tragischen Grenzen gewahr sind, die unserem Dasein durch unsere Sterblichkeit und unsere zerstörerische Natur gesetzt sind, veranlaßt uns dazu, uns zu wünschen, daß wir nach uns das Leben weitergehen sehen. Die Kenntnis der dunklen Seiten des Lebens macht uns eindringlich bewußt, wie notwendig es ist, daß wir denen, die wir lieben, und denen, die nach uns kommen – nicht nur unseren eigenen Kindern, sondern der nächsten Generation insgesamt –, ein besseres Leben sichern. Unsere Liebe zu anderen und unsere Besorgtheit um die Zukunft derer, die wir lieben, hatte Freud im Sinn, als er vom ›ewigen Eros‹ sprach. Die Liebe zu anderen – das Wirken des ewigen Eros – findet ihren Ausdruck in den Beziehungen, die wir mit denen gestalten, die uns wichtig sind, wie auch in dem, was wir unternehmen, um ihnen ein besseres Leben, eine bessere Welt zu schaffen. (...) Ein gutes Leben ist Freuds Ansicht nach ein Leben, das sinnvoll ist durch die dauerhaften, uns aufrechterhaltenden, wechselseitig befriedigenden Beziehungen, die wir mit denen, die wir lieben, aufzubauen vermögen, und durch die Befriedigung, die wir aus dem Wissen ziehen, daß wir eine Arbeit tun, die uns und anderen zu einem besseren Leben verhilft. Ein gutes Leben leugnet weder seine realen und oft schmerzhaften Schwierigkeiten noch die dunklen Seiten unserer Psyche; es ist vielmehr ein Leben, das es unseren Nöten nicht gestattet, uns in Verzweiflung zu stürzen, und das es unseren dunklen Trieben nicht erlaubt, uns in ihre chaotische und oft zerstörerische Bahn zu ziehen.« (Bd. IV, S. 124f.)

Am Ende seiner Streitschrift »Freud und die Seele des Menschen« (Bd. IV) knüpft Bruno Bettelheim unmittelbar an Freuds »Unbehagen in der Kultur« an. Seine – bzw. Freuds – Vorstellungen vom »Zusammen- und Gegeneinanderwirken beider Urtriebe Eros und Todestrieb« (Freud 1930, passim Bd. IV, S. 126) haben nun ihre reifste Ausformung erhalten. Der damals 79jährige Bettelheim formuliert:

»Der Konflikt zwischen Eros und Thanatos in unserer Seele kann das Schlimmste und das Beste in unseren Gedanken und Taten hervorbringen. Freud erkannte die schlimmsten Möglichkeiten – die Vernichtung der gesamten Menschheit. Das brachte ihn zu seiner tragischen Lebensanschauung. Aber die besten Möglichkeiten, die unserer Seele innewohnen, erhielten ihn noch im tiefsten Unglück aufrecht und machten ihm das Leben nicht nur erträglich, sondern lebenswert und zuweilen wahrhaft befriedigend. Freud kannte wenige Zeiten völligen Wohlbehagens in seinem Leben. Er erkannte, daß er wie alle empfindsamen Menschen unter Gefühlen des Unbehagens zu leiden hatte, und er akzeptierte es als kleinen Preis, den er dafür zahlen mußte, daß er in der Lage war, die Vorteile der Kultur zu genießen, die die höchste Errungenschaft des Menschen ist.

Wir sollten solches Unbehagen nicht als etwas Ungewöhnliches betrachten. Goethe sagte, daß er in seinen fünfundsiebzig Jahren vier Wochen eigentlichen Behagens gehabt habe. Eine unvermeidliche Traurigkeit gehört zum Leben jedes denkenden Menschen, doch ist sie nur ein Teil – keinesfalls das Ganze – des Lebens. *Am Ende gewinnt Thanatos, aber solange Leben in uns ist, können wir dafür sorgen, daß Eros den Sieg über Thanatos behält. Das ist unerläßlich, wenn wir gut leben wollen. Die erste Vorbedingung dafür ist, daß wir wirklich lieben und so leben, daß wir von denen, die uns am wichtigsten sind, wirklich geliebt werden. Tun wir das, behält Eros die Oberhand, und Psyche ist voll Freude.«* (Bd. IV, S. 126f., Hervorhebung R. K.)

Ich komme zu einem sehr bedrückenden Abschnitt meines Beitrages. In seinen letzten Lebensjahren, in denen Bettelheim von Depressionen, von Sterbenswünschen geradezu überschwemmt wurde, hat er gegenüber Freunden sehr offen über seinen Wunsch zu sterben gesprochen. Man spürt sein inneres Ringen, den Zeitpunkt in seiner Biographie zu bestimmen, an dem der Freitod ein letzter, lebendiger Akt von Würde und Autonomie ist. Ich denke, man wird Bettelheims lebenslangem Kampf gegen die (selbst)zerstörerische Energie des Todestriebes nicht gerecht, wenn man diesen Anteil in Bettelheims Biographie verleugnet.

In einem Gespräch mit dem französischen Filmemacher Daniel Karlin – der 1973/74 die Filme über die *Orthogenic School* gedreht hatte, die in der französischen Öffentlichkeit einen so nachhaltigen Eindruck hervorgerufen haben (vgl. Bd. XIV) – hebt Bettelheim hervor, wie schmerzhaft für ihn die Trennung von der Orthogenic School gewesen ist. Bettelheim betont: »Es fällt mir jetzt viel schwerer, einen Sinn in meinem Leben zu finden. Das war früher nie ein Problem, als ich noch die Schule leitete« (Karlin 1994, S. 68).

Bettelheim legt dar, daß er gerade im Alter zunehmend stärker unter der Erinnerung an die Lager zu leiden hat, von den zerstörerischen Erinnerungen an das Leiden und an die Ermordeten überschwemmt wird:

»*Karlin:* Das Lager ist Teil Ihres Lebens geworden. Sie sind niemals wirklich davon gerettet worden?

Bettelheim: Das ist wahr. Und das ist der Grund, weshalb so bemerkenswerte Menschen wie Primo Levi schließlich Selbstmord begangen haben. Weil sie ihre Angst nicht loswerden konnten. Der Schrecken der Konzentrationslager blieb, auch wenn sie äußerlich in Freiheit lebten, als anerkannte Schriftsteller.

DK: Aber immer zwischen Stacheldraht lebten.

BB: So ist es.

DK: Und was Sie daran gehindert hat, sich umzubringen...

BB: Bis jetzt, bis jetzt! Warten wir es ab.

DK: ...war doch, daß Sie Leben gerettet haben?

BB: Ja, aber andererseits wird man seine schwere Vergangenheit niemals los. Einmal muß man dann Schluß machen, um endlich frei zu sein. Um selbst über sein Schicksal entscheiden zu können. Im Konzentrationslager war kein Platz für irgend etwas. Aber wenn jemand sich umbringen wollte, war das sehr einfach: es genügte, sich in den elektrischen Stacheldraht zu werfen. Viele haben das getan.

DK: Ist auch Ihnen der Gedanke an Selbstmord im Lager gekommen?

BB: Im Lager durfte man es sich nicht leisten, an Selbstmord zu denken – sonst hätte man es getan.

DK: Wann haben Sie an Selbstmord gedacht?

BB: Erst viel später konnte ich es mir erlauben, daran zu denken.

DK: Das ist paradox: Sie konnten erst an Selbstmord denken, als Ihr Leben einen Wert bekommen hatte?
BB: Ja, weil ich so nicht in Gefahr stand, den Selbstmord auch zu vollziehen. Weil viele Dinge mir Lust gemacht haben zu leben.
DK: Sie haben genau beschrieben, weshalb sich Menschen umbringen oder nicht. Ich muß diese Frage stellen: Wenn Sie nach dem Tod Ihrer Frau so einsam sind und das Leben Ihnen schwer fällt, warum haben Sie bis heute beschlossen, sich nicht umzubringen?
BB: Ich glaube, es gibt noch einige Dinge, die ich machen kann, einige Sachen, die für mich einen Wert haben. Mit Ihnen dieses Gespräch führen, zum Beispiel. Ich will weiterleben.« (Karlin 1994, S. 69f.)

Es gelingt Bettelheim immer weniger, einen Sinn im Leben zu finden. Die Kraft seiner lebenslangen Bewältigungsbemühungen scheint aufgebraucht zu sein. Wenn er nach Österreich reist, so nimmt er zuerst einmal die Wahlplakate des Kriegsverbrechers Kurt Waldheim wahr. »Die Österreicher verdienen ihren Kurt Waldheim!«, vermag er nur noch lakonisch zu bemerken. Und als sich Herlinde Koelbl im Rahmen des Buchprojektes »Jüdische Porträts« an ihn wendet, hat er keine Hoffnung mehr. Wozu Geschichtsaufarbeitung? Welche Wirkung haben seine zahlreichen Studien zur Ausrottung der Juden gehabt? Gibt es heute noch eine Verantwortung für die Judenverfolgung, für die willkürlich-sinnlose Ermordung von Millionen von Menschen?

»Nein, ich glaube, es ist keine Verantwortung«, antwortet Bettelheim. »Ich glaube nicht an Gesamtschuld. Ich glaube, jeder Mensch ist nur für das eigene Leben verantwortlich, nicht für das Leben der Eltern oder der älteren Generation. Ich will Sie nicht desillusionieren, aber ich glaube auch, daß ein solches Buch gar keinen Einfluß hat. Denn diejenigen, die am stärksten beeindruckt werden, brauchen es nicht, die wissen es ohnedies. Und diejenigen, die beeindruckt werden sollten, weil sie noch nicht begriffen haben, an denen rinnt das wie Wasser ab. *Der Wunsch zu vergessen ist so stark, daß es für sie schlechtes Benehmen ist, sie daran zu erinnern.*« (Koelbl 1994, S. 61f.; Hervorhebung R. K.)

In seinem im Oktober 1989 geführten Gespräch mit Fremon spricht Bettelheim erneut sehr offen über seinen Todeswunsch. An religiöse Überlegungen nicht gebunden, betont er: »Für mich ist der Tod das Ende der Straße. (...) So ist es« (Fremon 1994, S. 102). Bettelheim muß an die »Muselmänner« in den Lagern und an diejenigen denken, die sich noch in den Lagern das Leben genommen haben: »Soweit ich es verstehe, ist es eine Erfahrung, die einen den Glauben in die Menschheit verlieren läßt. Wenn ich an diejenigen denke, die in den Lagern Selbstmord begingen – wovon es sehr wenige gab – würde ich sagen, daß sie nicht nur den Glauben an den Sinn des Lebens verloren hatten, sie hatten sich auch von ihren libidinösen Objekten, von ihren Liebesobjekten gelöst. Warum sie sich gelöst hatten, weiß ich nicht. Aber solange wir jemanden lieben, versuchen wir zu überleben und wieder mit ihm vereinigt zu sein. So einfach ist das.« (Fremon 1994, S. 107)

An der Schwelle des Todes stehend erinnert Bettelheim erneut an den Kampf zwischen Eros und Thanatos: »So lange der Lebenstrieb, oder die Libido, die Herrschaft hat – sicher so lange, wie wir sexuell aktiv sind und zeugen wollen – wollen wir leben. Aber es kann auch ein Zeitpunkt im Alter kommen, wo wir akzeptieren müssen, daß wir unsere Libido zurückziehen, weil wir sonst dem Tod nicht begegnen könnten. Für mich ist es eine Frage des Gleichgewichts zwischen Thanatos und Libido oder Eros. Solange der Eros den Kampf gewinnt, sind wir froh zu leben.« (Fremon 1994, S. 108)

Bruno Bettelheim blickt auf sein Leben zurück: »Mein Ziel war, das zu sagen, was ich sagen wollte, und das, so gut ich konnte. Und es ziemlich leicht verständlich zu machen. Ich versuche, allgemein verständlich zu schreiben. Ich weiß nicht, ob ich es geschafft habe, aber ich habe es versucht.« (Fremon 1994, S. 110)

Und auf die Frage, ob es noch irgendetwas Unerledigtes in seinem Leben gäbe: »›Ein guter Tod‹, sagte er weich. ›Das ist noch unerledigt‹« (ebd.).

Der englische Historiker und Essayist Michael Ignatieff ist in seinem bewegenden Essay »Die Einsamkeit der Überlebenden« (Ignatieff 1994) der bedrückenden Frage nachgegangen, welche Motive einen so erfolgreichen, sich seiner so sicheren Menschen wie Bruno Bettelheim bewogen haben mögen, seinem Leben aus eigener Kraft ein Ende zu setzen. Die Angst, die Beunruhigung oder auch die Schuld, die eine solche Motivsuche auslösen mag, verweist auf die existentielle Frage nach dem Sinn jeglichen Lebens überhaupt. Das Bestürzende an Bettelheims Freitod war, daß mit ihm ein Mensch starb, der den Menschen in den deutschen Vernichtungslagern von seiner schlimmsten Seite kennengelernt hatte – und aus diesen verheerenden Erfahrungen dennoch scheinbar ungebrochen hervorging. Bettelheim ließ sich von der faschistischen Todeswelt nicht zerstören, sondern versuchte mit ungebrochenem Überlebenswillen, mittels seiner Arbeit mit schwerstgestörten Kindern zu verstehen, wie Menschen mit so schlimmen Erfahrungen dennoch ein befriedigendes und sinnvolles Leben führen können – und nahm sich zum Schluß, da er scheinbar schon »gesiegt« hatte, dennoch das Leben. So wenig wir das Recht haben und fähig sind, die letzten Motive für einen Freitod zu erfahren, so sehr sind wir doch verpflichtet, dieser letzten Wahl mit Respekt zu begegnen. Ignatieff endet mit den Worten:

»Wollen wir die Überlebenden des Holocaust ehren, dann ist Schweigen das Mindeste, was wir tun können, und es bleibt uns nur noch, jenem Geheimnis Respekt zu zollen, das sich hinter der Frage verbirgt, warum sich einige für das Leben und andere für das Sterben entschieden haben. Denn dies ist letzten Endes die Last, die wir Überlebenden zu tragen haben, wenn sich jemand das Leben nimmt: wir können niemals mit Gewißheit sagen, ob sein letzter Schrei ein Schrei um Hilfe oder ein Schrei der Erlösung war.« (Ignatieff 1994, S. 115)

Wie bereits erwähnt, vollendete Bettelheim 1979 seine Studien zu den nationalsozialistischen Verbrechen (Bd. III). Der Abschied von seiner *Orthogenic School,* so schmerzhaft er auch war, setzte Energien frei, sich der erschütternden Grenzerfahrung seines jüdischen Volkes zu stellen. Bettelheims Stil ist nun souverän. Er läßt sich nicht mehr zu unbedachten Äußerungen verleiten oder in heftige Auseinandersetzungen verwickeln. Durch seine innere Arbeit hat Bruno Bettelheim endlich seinen Platz gefunden, den einzigen, der in seinen eigenen Augen nicht Verrat ist: Aufrichtig, frei von billiger Sentimentalität, verteidigt er das Andenken an die Toten (Sutton 1996, S. 410). Zugleich fühlt er sich schuldig: da er doch überlebte, wo so viele, die »gleich gut« waren wie er, vielleicht besser, willkürlich ermordet worden sind.

Er ist ihnen nahe – sehr viel näher als jenen, die teilnahmslos geschwiegen haben, die einen Kurt Waldheim wählen, *weil* sie wissen, daß er an Naziverbrechen beteiligt war. Er erinnert sich an seinen Vetter, dessen Mißhandlung im Konzentrationslager er passiv zuschauen mußte, dem er nicht helfen durfte – weil er selbst überleben wollte (vgl. Fisher 1993, S. 37 f.). Ja, er sehnt sich zurück in die Gemeinschaft der Ermordeten, »nimmt Abschied und geht freiwillig zu den Opfern, an denen er sich so lange ›als fühlender Mensch‹ schuldig gefühlt hatte« (Mehlhausen 1990, S. 797).

Um den engen, unauflösbaren Zusammenhang zwischen Leben, Werk und Tod Bruno Bettelheims[16] deutlich zu machen, lasse ich Bettelheim zum Abschluß selbst zu Wort kommen.

In »Erziehung zum Überleben« (Bd. III) zitiert Bettelheim aus Paul Celans »Todesfuge« und weiteren Gedichten (Bd. III, S. 96–125) und bemerkt:

»Die Überlebenden zählen nicht; sie haben nie gezählt. Sie werden am besten vergessen. ›Sehen Sie denn nicht, daß sie eine Peinlichkeit sind?‹ Wenn es sie nicht gäbe, wäre alles viel einfacher. (...)

Oft denke ich so wie Elie Wiesel: daß nur der Rückzug ins Schweigen etwas nutzt. Ich glaube, Theodor Adorno hat das gleiche gemeint, als er schrieb, daß es nach Auschwitz keine Gedichte mehr geben könne. Doch wenn wir stumm bleiben, tun wir genau das, was die Nazis wollten: wir verhalten uns so, als sei nichts geschehen. Wenn wir schweigen, dann lassen wir es zu, daß die Geschichtsfälscher von einem der tragischsten Kapitel der jüngeren Geschichte eine falsche Vorstellung vermitteln. (...) (Bd. III, S. 109f.)

Was für eine Beziehung können wir heute herstellen zwischen unserer eigenen Person und diesen abscheulichen Verbrechen? Der deutsche Dichter Paul Celan war einer der Häftlinge in den KZs gewesen; seine Eltern sind in den Todeslagern umgekommen. Er selbst versuchte dieser schrecklichen Erfahrung nicht aus dem Weg zu gehen, sondern stellte sich ihr auch im Nachhinein und verlieh ihr poetische Wirklichkeit. (...) Er versammelte die ganze furchtbare Erfahrung in einem seiner unbetitelten Gedichte – die Erfahrung, meine ich, die wir versuchen müssen zu verstehen und die Erbarmen und Mitleid in uns wecken muß, denn nur so können wir die schrecklichen Geschehen begreifen und durch unsere Gefühlsreaktionen transzendieren. (...) (Bd. III, S. 111)

Der Abgrund der Todeslager, das sind die zerstörerischen Möglichkeiten des Menschen, in die Tat umgesetzt. Wir können die Natur und Hintergründe der Todeslager nur dann voll begreifen, wenn wir vor einer Auseinandersetzung mit den zerstörerischen Neigungen im Menschen nicht zurückschrecken. (...) (S. 112)

Die Nazis haben die Juden Europas ermordet. Darin aber, daß die Juden selbst zwar betroffen waren, sich die übrige Welt, die USA eingeschlossen, nicht betroffen fühlte, ist der Grund dafür zu suchen, weshalb die Lebenstriebe der Juden den Kampf gegen die Todesneigungen verloren haben. Hier liegt auch der Grund, weshalb die Lagerinsassen ihr Leben bereits aufgegeben hatten, als sie ihre eigenen

Gräber gruben, und weshalb, wie der Dichter es ausdrückt, ›Erde in ihnen war‹. Die äußerste Agonie besteht in dem Gefühl, ein für alle Mal im Stich gelassen worden zu sein.

Mörder können nur töten; sie haben aber nicht die Macht, uns den Wunsch, leben zu wollen, zu rauben, oder auch die Fähigkeit, um dieses Leben zu kämpfen. Erniedrigung, Erschöpfung, Krankheit und Mißhandlungen – natürlich schwächen alle diese Dinge ernsthaft unseren Wunsch zu leben, und sie untergraben unsere Lebenstriebe und öffnen dem Todestrieb allmählich Tür und Tor. Doch wenn solche Daseinsbedingungen noch verschlimmert werden durch das Bewußtsein, von der übrigen Welt im Stich gelassen worden zu sein, dann werden wir gänzlich der Kraft beraubt, die wir brauchen, um die Mörder zu bekämpfen, um uns zu weigern, unser eigenes Grab zu schaufeln. (...) Wie von jenseits des Grabens – aber selbst Gräber wurden diesen Opfern vorenthalten – spricht der Dichter mit ihren Stimmen zu uns: ›O du, / Wohin gings, da's nirgendhin ging?‹ Erst wenn wir – entgegen unserer Bequemlichkeit und zu unserem bleibenden Nachteil – aufhören, das zu verleugnen, was der Holocaust tatsächlich war, wird der Weg nicht mehr ›nirgendwohin‹ gehen, werden wir wissen, wohin es damals wirklich ging.

Unsere Verpflichtung – nicht gegenüber den Toten, sondern uns selbst und denjenigen gegenüber, die noch am Leben sind – unsere Verpflichtung besteht darin, die Lebenstriebe zu stärken, damit sie, wenn wir es in irgendeiner Weise verhindern können, nie wieder bei so vielen Menschen so total zerstört werden, schon gar nicht durch die Macht eines Staates. Ein echtes Verständnis des Holocaust sollte den festen Entschluß in uns wachsen lassen, es nie wieder zuzulassen, daß Menschen, überwältigt von ihrer Verzweiflung und im Todestrieb versklavt, so in den Tod gehen, wie ihre Mörder es wünschen.

Mit der Hilfe des Dichters kann ich genauer erklären, was unerläßlich ist. Celan schrieb: O du gräbst und ich grab, und ich grub mich dir zu, und am Finger erwacht uns der Ring.

Wenn wir uns mit Einfühlung und Mitleid jenen entgegengraben, die die Hoffnung so sehr aufgegeben haben, daß ›Erde in ihnen ist‹, dann wird uns das zusammenbinden (so wie der Ring eine Verlobung verbindet) und wir werden beide erwachen: jene aus ihrem Tod bei lebendigem Leibe und wir aus unserer Gleichgültigkeit gegenüber ihrem Leiden. (S. 115 f.) ... Es gibt nichts, was unseren Einblick in die Übel eines solchen Totalitarismus akuter und umfassender machen könnte als der Versuch, uns jenen Millionen zuzugraben, die so grausam, so sinnlos, so willkürlich vernichtet wurden. Das ist das Beste, was wir tun können, um zwischen uns und den Opfern ein festes Band zu knüpfen. Die Toten werden zwar nicht wach davon, aber vielleicht erwachen wir selbst dadurch zu einem sinnvolleren Leben.« (Bd. III, S. 116 f.)

Und Michael Ignatieff (1994, s.o.) bemerkt in seinem Aufsatz weiter:
»Es ist also nicht verwunderlich, daß der Selbstmord eines Menschen, den wir liebten, eine solche Wut in uns hinterläßt. Er scheint uns sagen zu wollen: was immer du auch getan hast, es war nicht genug. Schlimmer noch, nichts von dem, was deinen Glauben an das Leben trägt, macht es tatsächlich lebenswert. Selbstmord ist viel schlimmer als ein Hilferuf; er ist das nicht mehr zu beantwortende Urteil des Toten über das Leben und die Lebenden.

Mit Bettelheims Selbstmord kommt das Urteil von einem, der den Menschen in seiner scheußlichsten und entwürdigendsten Gestalt gesehen hat, in Dachau und in Buchenwald. Es fällt nicht schwer, sich vorzustellen, daß er mit seinem Selbstmord auch einen scharfen Verweis gegen eine Welt der Lebenden ausgesprochen hat, in der so etwas geschehen konnte. Zeuge dieser Niedertracht gewesen zu sein, wäre allein schon Grund genug für hellsichtige Verzweiflung. (...)

Die gleiche Frage kann man angesichts des Selbstmords von Primo Levi stellen, diesem unvergleichlichen italienischen Chronisten von Auschwitz, der sich 1987 umgebracht hat. Ihre Tode, so wurde behauptet, bewiesen, daß all ihre Einsicht und ihr Verstehen letztlich nicht ausgereicht habe, die Wunden des Holocaust zu heilen. Aus diesem Grund hinterläßt der Tod dieser beiden weisen Männer ein besonderes Gefühl des Verlassenseins in uns allen.

Ich bin mir nicht sicher, aber ich glaube, die Tatsache, daß beide, Levi und Bettelheim, sich so lange Jahre nach ihren Leiden in den Lagern zum Sterben entschlossen, sagt uns etwas über die zunehmende Einsamkeit der alternden Überlebende dieser Verbrechen aus. Wenn es in den Voraussetzungen für Selbstmord etwas Gemeinsames gibt, dann ist es Einsamkeit, dieses Gefühl, daß es zwischen einem selbst und dem Rest der Welt einen unüberwindlichen Graben gibt. Man denke nur an die Einsamkeit der Überlebenden der Konzentrationslager. Sie sind Reisende, die aus einem grauenhaften Land zurückkehrten. Sie erzählen ihre Geschichte, und niemand kann die Schrecken ihrer Berichte nachvollziehen. Jahr um Jahr schrumpft der Tod die Zahl derjenigen, die verstehen können – die anderen Überlebenden. (...)

Es könnte sein, daß die tröstlichste Stimme, die ein Überlebender in dieser zunehmenden Einsamkeit hört, die Stimme der Toten ist. Wer jemals einen geliebten Menschen verloren hat, weiß, wie hartnäckig die Stimmen der Toten locken können. *Und dann stelle man sich vor, wie es sein muß, wenn die Millionen des eigenen Volkes flehen, man möge sich zu ihnen gesellen. Man stelle sich vor, man habe so lange mit der Erinnerung an den Tod gelebt, daß er seinen Schrecken verloren hat. In solchen Momenten wird der Selbstmord zur Flucht aus der Einsamkeit des Überlebens, eine Reise der Rückkehr in die Gesellschaft der Dahingegangenen.«* (Ignatieff 1994, S. 113 f., Hervorhebung R. K.)

Es wird auf diesem Kongreß[17] auch kritische Stimmen geben, vielleicht moralisierende Kritik, oder Anklagen. All dies liegt außerhalb meines Interesses. Ich empfinde dies als einen Mißbrauch Bettelheims für sehr anders gelagerte Motive und Interessen.

Ernst Federn benennt in seinem Erinnerungsbeitrag »Bruno Bettelheim und das Überleben im Konzentrationslager« (Federn 1994) einige fachliche Differenzen zwischen ihnen, unter anderem bezüglich der Möglichkeiten des Widerstandes im Konzentrationslager. Abschließend betont er:

»Die Kritik an der Art seines Selbstmordes ist für mich völlig unverständlich. Krank, alt und arbeitsunfähig, tat Bettelheim meiner Meinung nach das einzig Richtige. Ich glaube, daß die breite Öffentlichkeit niemals die seelischen Zustände der Opfer des Nationalsozialismus nachvollziehen kann und sie daher auch niemals wirklich verstehen wird. Der Holocaust war ein Ereignis von historischer Außergewöhnlichkeit, weil er in einem hochzivilisierten Land geschah. Der Rückfall einer Gesellschaft wie die deutsche auf die Einstellung des Altertums, in dem Völker ohne Bedenken ausgerottet wurden, ist einfach unmöglich. Bettelheim versuchte es noch in einer Weise zu erklären, die verständlich war, daher sein großer Erfolg.« (Federn 1994, S. 127)

Ganz in diesem Sinne formuliert Stephan Becker, der seit vielen Jahren in vergleichbarer Weise wie Bettelheim für eine psychoanalytisch-milieutherapeutische Arbeit mit autistischen und psychotischen Kindern und Jugendlichen engagiert ist: »Vor Bettelheims Selbstmord am Ende seines Lebens, d. h. nach dem Weggang von der Orthogenic School und nach dem langen Sterben seiner Frau an Krebs plus einem ihn stark einschränkenden Schlaganfall habe ich größten Respekt. Ich weiß, daß Bettelheims Werk an der Orthogenic School ohne die vielfältigen Wir-

10 Zur Psychologie der Extremsituation: Das Trauma der Verfolgten

10.1 Bruno Bettelheims Beitrag zur Psychologie der Extremsituation bzw. des »Terrors« (Ernst Federn): Die Ohnmacht der Sprache

»Der Autor hatte sich früher eingehend mit dem pathologischen Bild befaßt, das durch bestimmte Kategorien abnormen Verhaltens entsteht. In den ersten Tagen im Gefängnis und vor allem in den ersten Tagen im Lager entdeckte er, daß er sich anders verhielt als sonst. Zunächst rationalisierte er diese Beobachtungen, indem er besagte Verhaltensänderungen lediglich als oberflächliche Phänomene und als das logische Ergebnis seiner speziellen Situation interpretierte. Doch bald erkannte er, daß diese Spaltung seiner Person in einen Beobachter und einen passiv Erfahrenden nicht als normal bezeichnet werden konnte, sondern ein typisches psychopathologisches Phänomen war. *So aber fragte er sich: ›Werde ich verrückt oder bin ich bereits verrückt?‹«*

»(...) Trotzdem erinnert er sich noch genau an die Gedanken und Gefühle, die er während des Transportes hatte. So fragte er sich zum Beispiel die ganze Zeit, ob der Mensch so viel aushalten kann, ohne Selbstmord zu begehen oder wahnsinnig zu werden.« (Bruno Bettelheim, 1943. Bd. III, S. 62, S. 72; Hervorhebung R. K.)

Bruno Bettelheim hat zahlreiche Studien zur Psychologie der Extremsituation sowie zur Vorurteilsforschung veröffentlicht. Auf Deutsch publiziert wurden sie vor allem in »Aufstand gegen die Masse« (Bd. II), »Erziehung zum Überleben« (Bd. III) sowie »Themen meines Lebens« (Bd. VI). Der biographische Ausgangspunkt dieser sein gesamtes Leben »nach Dachau und Buchenwald« überspannenden Aufarbeitungsbemühungen, seines sehr persönlichen Kampfes gegen Persönlichkeitszerstörung und Entmenschlichung,[1] bildete seine Verschleppung durch die deutschen Nationalsozialisten. Seine 1943 veröffentlichte Studie »Individuelles und Massenverhalten in Extremsituationen« war die weltweit erste psychologische Studie über die deutschen Konzentrationslager, die in der Fachliteratur als ein Grundlagenwerk zur Psychologie der Extremsituation bezeichnet wird (Federn

1994, D. Becker 1989, 1992, 1993, Fisher 1994a, b, Reich 1993, 1994a, Sutton 1996, Wunsch 1997, S. 53–83).[2]

Der Begriff der *Extremsituation* beziehungsweise des *Terrors* (Federn 1999b), von Bettelheim gemeinsam mit seinen Mithäftlingen Ernst Federn sowie Alfred Fischer ursprünglich als Überlebensversuch zum Verständnis ihrer eigenen verstörenden, existentiell entwurzelnden Erfahrungen in Dachau und Buchenwald entwickelt, bildete für Bettelheim – wie auch für Federn – rasch eine *pädagogische und soziologische Grundkategorie* zum Verständnis der vielfach gefährdeten Situation des Individuums in der modernen »Massengesellschaft« (Bd. II).

Bettelheim und Federn nahmen in ihren Befragungen und Analysen die wissenschaftliche Position des »exzentrischen Beobachters« ein – und waren doch zugleich unmittelbar betroffen, bedroht durch die terroristische Gefahr. Sie interpretierten den erlittenen Terror sowie die damit einhergehenden Abwehr-[4], Verdrängungs- und Verleugnungsprozesse aus psychoanalytischer Sicht als Ausdruck für die »Abgründe der menschlichen Seele« (Federn 1999b, S. 37). Sie setzten den nationalsozialistischen Terror in den Kontext unseres Zivilisationsprozesses, welcher bekanntlich auch nach 1945 zahlreiche terroristische, staatlich organisierte Verbrechen hervorgebracht hat. Insofern stehen ihre Analysen auch Jahrzehnte später für »das Eingeständnis der modernen Zivilisation, daß die Unmenschlichkeit Teil des Zivilisationsprozessesgeblieben war. Der moderne Mensch war nicht in der Lage, seine Grausamkeit zu beherrschen« (Reich 1994a, S. 154). Bettelheim und Federn ergänzten sich in ihren »klinischen« Beobachtungen, wenn sie sich auch in ihren Herleitungen und Interpretationen zum Teil widersprachen (vgl. Reich 1993, 1994a).

Diesen Schritt hin zur Übertragung seiner Erfahrungen als »Opfer« einer übermächtigen Bedrohung, gegen die man sich kaum zu schützen vermochte, auf gesamtgesellschaftliche Prozesse der »Massengesellschaft« vollzog Bettelheim spätestens 1960 mit seiner sozialpsychologischen Essaysammlung »Aufstand gegen die Masse. Die Chance des Individuums in der modernen Gesellschaft« (Bd. II).

Etwa im gleichen Zeitraum, ab 1956, ging Bettelheim noch einen Schritt weiter: Er wandte seine Beobachtungen zur Psychologie der Extremsituation sowie die hieraus abgeleiteten theoretischen Erkenntnisse auch auf seine eigene klinische, pädagogisch-therapeutische Tätigkeit mit psychotischen beziehungsweise emotional schwer traumatisierten Kindern und Jugendlichen an. In seiner 1956 im *Ame-*

rican Journal of Orthopsychiatry veröffentlichten Studie »Schizophrenie als Reaktion auf Extremsituationen« (Bd. III, S. 126–139) – die man zu Recht als einen Schlüsseltext zum Verständnis seines Gesamtwerk verstehen kann – vollzog er diesen Schritt nur zögernd, unter Preisgabe seiner eigenen inneren Ambivalenz, seiner inneren Unruhe. Bettelheim läßt den Leser in einer für die Wissenschaft durchaus untypischen Art und Weise an seinem inneren wie auch wissenschaftlichen Erkenntnisprozeß teilnehmen. Er hebt die Bedeutung der Introspektion[5] – gerade in der Arbeit mit psychotischen Kindern – sowohl für die Behandlung, die eigene Identitätsbildung als Pädagoge und Therapeut, als auch für die Theoriebildung hervor, und führt aus:

»Diese Überprüfung meiner eigenen Beweggründe brachte mich sehr bald darauf, daß meinem Wunsch, desintegrierten Personen zu neuerlicher Integration zu verhelfen, eine sehr spezielle Erfahrung zugrunde lag – die Erfahrung, die ich in den KZs gemacht hatte. (...) Die Teilhabe an der neuerlichen Integration von bislang völlig desintegrierten Menschen und die eigene aktive Förderung einer solchen Integration entsprach einer nachträglichen Kompensation jener anderen Desintegration, die ich in den KZs selbst erlitten hatte, sowie der KZ-Erfahrung, die darin bestanden hatte, daß ich hilflos und untätig zusehen mußte, wie die Persönlichkeit von Menschen dadurch, daß sie unter schrecklichsten Bedingungen leben mußten, völlig zerstört wurde. (...) Ohne meine die Persönlichkeit desintegrierenden Erfahrungen in den Lagern und ohne die Reaktionen, die ich bei anderen auf solche Erfahrungen erlebte, wäre ich wohl nie darauf gekommen, daß es zwischen den Bedingungen im Lager und den psychotischen Bedingungen des gestörten Menschen Parallelen gibt.

Nun aber wußte ich, daß die Hilfe, die ich schwerstgeschädigten Menschen angedeihen ließ, eine Möglichkeit war, auf die Erfahrungen im KZ und ihre Folgen zu reagieren. Doch es dauerte viele Jahre – Jahre der langwierigen und sorgfältigen Beobachtung psychotischer Kinder – bis ich die vielen Parallelen sah, die zwischen den beiden Phänomenen existieren: dem Phänomen, daß diese Kinder zu keiner altersgemäßen Integration gelangt waren, und dem Phänomen, daß die Gefangenen einen derartigen Persönlichkeitszerfall durchmachten. Diese Parallelen kamen für mich unerwartet und sie waren so erstaunlich, daß ich eine ganze Zeitlang zögerte, etwas darüber zu veröffentlichen. Doch am Ende erwiesen sich meine Befunde als derart überzeugend, daß ich meinte, sie müßten auch anderen zugänglich gemacht werden.« (Bd. III, S. 127 f.)

Elf Jahre später, in »Die Geburt des Selbst« (Bd. I), sollte er seine Beobachtungen und Schlußfolgerungen bzgl. der Gemeinsamkeiten, aber auch der Unterschiede zwischen der psychischen Realität von KZ-Opfern sowie der von autistisch-psychotischen Kindern fortführen (s. u.).[6] So konstatiert Bettelheim:

»Im übrigen entspricht dem, was für den KZ-Häftling äußere Realität war, beim autistischen Kind eine innere Realität. Beide gelangen, wenn auch aus unterschiedlichen Gründen, zu einer parallelen Erfahrung dieser Welt. Das autistische Kind hält seine Erfahrung für eine wahre Repräsentation der Welt, da es innere und äußerliche Realität nicht getrennt, sondern mehr oder weniger als ein und dasselbe erfährt. Und der ›Muselmann‹, den die SS-Leute nicht nur physisch, sondern auch emotional in den Griff bekamen, verinnerlichte die SS-Einstellung, die besagte, daß er kein Mensch sei, daß er nicht in eigenem Namen handeln dürfe, daß er keinen eigenen Willen besitze. Indem er also seinen inneren Erfahrungsbereich so umformte, daß er mit der äußeren Realität übereinstimme, gelangte er schließlich, wenn auch aus völlig anderen Gründen, zu einer Einstellung sich selbst gegenüber und zu einer Sicht der Welt, die der des autistischen Kindes stark ähnelte.« (Bd. I, S. 85)

Der Begriff der Extremsituation beziehungsweise des Terrors (Ernst Federn) diente Bettelheim auch dazu, beim Leser beziehungsweise beim pädagogischen Mitarbeiter seiner Orthogenic School eine introspektiv geschulte Phantasie dafür zu wecken, wie die psychische Realität von autistischen Kindern – die sie zu ihrem letztlich entmenschlichendem dialektischen autistischen Rückzugsprozeß veranlaßte – aussehen könnte. Der Leser beziehungsweise Mitarbeiter soll ein Gefühl dafür entwickeln, welche extremen Erfahrungen, welche biographischen Motive ihn selbst dazu veranlassen könnten, sich von seiner Umwelt in einem letztlich selbstzerstörerischen Maße zurückzuziehen. Insofern stellt der Begriff der Extremsituation *auch* eine Brücke dar zwischen der klinischen Arbeit mit den Opfern höchst unterschiedlicher Gewaltformen,[7] einschließlich der Opfer staatlich organisierter politischer Repression und Folter, wie sie der deutsch-chilenische Psychotherapeut David Becker (1992) ausgearbeitet hat. Diese Einsicht wiederum bildet das theoretische Verbindungsglied zu David Beckers Studien zur Psychologie von Extremtraumatisierungen, die ich an einem anderen Ort vertiefend referiert habe.[8]

Beckers Studien sind – neben ihrer klinischen Fundierung – vor allem aus der kritischen Rezeption von Bettelheims und Federns Terror-Beiträgen erwachsen und stellen zugleich eine Anwendung ihrer psychoanalytischen Erkenntnisse zur Psychologie des Terrors auf einen weiteren, für die Psychoanalytische Pädagogik bedeutsamen gesellschaftlichen beziehungsweise therapeutischen Bereich dar: eine psychoanalytisch orientierte Arbeit mit Folteropfern.

Meine Ausführungen zu Federns Terror-Beiträgen zugrundelegend, diskutiere ich im Folgenden einige hierfür relevante Aspekte zu Bettelheims Begriff der Extremsituation.

10.1.1 Bettelheims und Federns Begriff der Extremsituation

»Ein benachteiligtes Kind ist krank, und es ist nie so einfach, daß die Wiederherstellung einer guten Umwelt aus einem kranken Kind ein gesundes macht. Bestenfalls zeigt das Kind, das sich einen einfachen Wechsel der Umwelt zunutze machen kann, Zeichen der Besserung, und während die Gesundung fortschreitet, wird das Kind immer mehr fähig, über die frühere Deprivation wütend zu sein. Irgendwo hat es einen Haß auf die Welt, und die Gesundheit ist nicht wiederhergestellt, bevor dieser Haß empfunden worden ist.«
Donald W. Winnicott (aus: Das benachteiligte Kind und wie man es für den Verlust an Familienleben entschädigen kann, 1984, S. 191 f., Hervorhebung R. K.)

Ich sprach soeben davon, daß Bettelheim (gemeinsam mit Federn und Fischer) der Begründer des Begriffs der *Extremsituation* ist, der seitdem als weitgehend akzeptierter Fachbegriff in die Psychologie eingegangen ist (vgl. Becker 1992, S. 130).[9] Da dieser Begriff von zentraler Bedeutung für Bettelheims – wie auch für David Beckers – Denken ist, möchte ich ihn in einem eigenen Unterkapitel referieren.

Hierbei sollten wir uns noch einmal vergegenwärtigen, daß Bettelheim und Federn diesen Begriff nicht theoretisch erdacht, sondern als Überlebensstrategie auf eine existenzbedrohliche Lebenssituation entwickelt haben. Eine Lebenssituation, in die sie letztendlich völlig überraschend hineingeworfen wurden, die sie anfangs psychisch überwältigte und deren Ende in keiner Weise absehbar war. Diese Einsicht sollte uns zu einer behutsamen Annäherung an Bettelheims Ausführungen veranlassen, da wir als Leser vermutlich niemals einer derartigen Extremsituation ausgesetzt gewesen sind.

Insofern schließe ich mich den Ausführungen von Reich (1993, 1994a) an, der auf ein diesem Begriff inhärentes Paradoxon[10] hingewiesen hat: Man könnte es als einen Widerspruch in sich bezeichnen, extreme Erfahrungen – wie sie mit dem Begriff der Extremsituation, des Terrors beziehungsweise des Holocaust formuliert zu werden versuchen – in allgemeinverständlichen Begriffen wiederzugeben.[11] Reich bemerkt hierzu:

»Wer sich mit Dämonen und Geisterwelten beschäftigt, die die Menschheit vor allem in früherer Zeit in Angst und Schrecken zu versetzen imstande waren, der weiß, daß bereits die Namensgebung eine erste Form der Distanzierung des Schreckens (...) war. (...) Bereits die Wiedergabe des Namens oder Begriffes, den wir finden, ersetzt uns das unheimliche oder bedrückende Gefühl, das wir empfinden. Wenn wir heute den Begriff Holocaust für die Schrecken der Naziherrschaft benutzen, ›nehmen wir das Ereignis intellektuell, denn die ungeschminkte Wirklichkeit würde uns emotional überrollen.‹« (Bd. III, S. 103) (Reich 1994a, S. 135)

Und wenig später fügt er hinzu: »Wer überhaupt soll von einer Extremsituation, von einem Konzentrationslager im besonderen, schreiben, wenn er nicht dabei gewesen ist? Es beschleicht uns Unbehagen, wenn jemand es versuchen würde, der es nicht direkt erfahren hat.« (Reich 1994a, S. 140)

Der Versuch einer Begriffsbildung über die nationalsozialistischen Verbrechen stellt bereits eine Form der inhaltlichen und emotionalen Distanzierung von dem unser Vorstellungsvermögen übersteigenden Geschehen dar. Deshalb formuliert Reich (1994a, S. 136): »Wir reden von historischen Ereignissen. Vielleicht ist es uns auch unbegreiflich, was geschah«, um gleich hierauf, die zeitliche Ungebundenheit und Aktualität dieser historisch einmaligen Verbrechen fokussierend, hinzuzufügen: »Nun sind Extremsituationen aber keine historischen Ereignisse (...)«. Sie können uns jederzeit erneut bedrohen. Bettelheim und Federn war dies immer gegenwärtig; ihre Schriften zur Psychologie der Extremsituation waren auch eine leidenschaftliche Gegenwehr gegen diese stets latent vorhandene Gefahr, die sie bereits einmal existentiell überwältigt hatte.[12] In »Die Geburt des Selbst« (Bd. I) kennzeichnet Bettelheim den Begriff der Extremsituation folgendermaßen:

»Am bezeichnendsten an dieser Situation war ihre Unausweichlichkeit, ihre ungewisse Dauer (mit der Aussicht, ein ganzes Leben lang zu dauern), die Tatsache, daß nichts an ihr vorhersagbar war, daß das Leben des Betroffenem in jedem Augenblick bedroht war und daß dieser nichts dagegen unternehmen konnte. Diese Erfahrung war so ungewöhnlich, daß ich einen neuen Begriff brauchte, um sie zu beschreiben. Ich wählte den Begriff Extremsituationen. Ich beziehe mich hier auf meine Auseinandersetzung mit den deutschen Konzentrationslagern (1943, 1960) (Bd. III) und deren radikale Auswirkungen auf die Persönlichkeit der Häftlinge.« (Bd. I, S. 83)

Ernst Federn (1999b) hat ein Jahr nach seiner Befreiung in seiner Studie »Versuche zur Psychologie des Terrors« in systematisierender Form die Grundmerkmale und Methoden einer Psychologie der Extremsituation entworfen, die er mit dem Begriff des Terrors zu fassen versuchte. Er unterscheidet hierin zwischen *physischer Folter* (Hunger, Durst, Überarbeitung, Schlafentzug, körperliche Mißhandlungen usw.) und *psychischer Folter* (Scheinhinrichtungen, Ermordung von Verwandten und Freunden, ständige Demütigungen, das Gezwungensein, selbst Gewalt gegen Mithäftlinge auszuüben sowie gegen eigene moralische Grundsätze zu handeln). Die Verknüpfung von physischem mit psychischem Terror sind kennzeichnend für das System der Konzentrationslager als »höchstentwickelte« Form der zynischen Barbarei.

In »Erziehung zum Überleben« (Bd. III) sowie insbesondere in seiner ersten, 1943 veröffentlichten Studie »Individuelles und Massenverhalten in Extremsituationen« (Bd. III, S. 58–95) diskutiert Bettelheim ausführlich seinen Begriff der Extremsituation anhand seiner eigenen Erfahrungen in Dachau und Buchenwald: Wir befinden uns in einer Extremsituation, wenn uns unerwartet und unvorbereitet eine Lebenssituation aufgenötigt wird, »in der unsere alten Anpassungsmechanismen und Wertvorstellungen nicht mehr helfen, ja wo sogar einige von ihnen unser Leben gefährden, anstatt es wie früher zu schützen« (Bd. III, S. 20). Eine Zerstörung seines Abwehrsystems stellten für Bettelheim im Frühjahr 1938 seine Inhaftierung in einem Gefängnis sowie der anschließende Transport nach Dachau dar, während dessen er – wie alle Gefangenen – gezielt mißhandelt und gefoltert wurde. Bettelheim hatte hierbei, im Gegensatz zu den meisten seiner Mithäftlingen, das unerwartete Glück, daß ihm ein SS-Arzt aufgrund einer ihm zugefügten schweren Wunde drei Tage völliger Ruhe sowie eine Woche Schonung gewährte (Bd. III, S. 21). Diese Ruhepause ermöglichte ihm, sich von seiner ersten Traumatisierung etwas zu erholen und seine inneren Abwehrkräfte zu stärken:

»Was mir, auf Dauer gesehen, noch mehr geholfen haben dürfte, war, daß ich nun Gelegenheit hatte, diese ganze Erfahrung zu überprüfen und mir Gedanken darüber zu machen, wie diese Zwangslage sich auf mich und meine Kameraden auswirkte. (...) Wäre ich – wie meine Kameraden – sofort in die schrecklich zerstörerische Maschinerie aus tödlichen Mißhandlungen und schwerster Sklavenarbeit hineingeraten, ich wüßte nicht, ob es mir im gleichen Maße gelungen wäre, einige Mechanismen meines psychischen Schutzsystems wiederherzustellen.« (Bd. III, S. 21)

Bettelheim zeigt im Folgenden auf, wie sich die Dauer der Inhaftierung in einem Konzentrationslager als eine *kumulative Sequenz von Traumatisierungsprozessen* auswirkte, die die Gefangenen nötigte, sich zunehmend stärker von der Außenwelt, d. h. auch von ihrem Leben »vor« dem Lager, sowie von den Erinnerungen an ihre Verwandten abzuwenden, so sie überleben wollten. Ihre gesamte psychische Energie wurde von dem Bemühen beansprucht, »sich auf den verzweifelten Kampf (einzulassen), den Tag zu überleben, und darauf, depressive Stimmungen abzuwehren, den Widerstandsgeist lebendig zu halten, winzige Vorteile zu ergattern, die das eigene Überleben ein bißchen wahrscheinlicher machten« (Bd. III, S. 21).

Ernst Federn hingegen betont sehr viel stärker als Bettelheim die Notwendigkeit, sich dieser terroristischen Wirklichkeit anzupassen – so man, vielleicht, mit sehr viel Glück, überleben wollte. In Rösings Film (1992) führt Federn aus:

»Es gab keinen Widerstand, es gab nur Anpassung. Es gab gegen das Konzentrationslager keinen Widerstand. Ich meine, es kommt darauf an, was man unter Widerstand versteht. Innerlich mußte man derselbe bleiben, der man war. Aber es gab nur Anpassung. Das Problem war anzupassen, was immer gekommen ist. Also mir war sehr bald klar, hier bin ich ein Sklave und kann nur überleben, wenn ich als Sklave nützlich bin. Erst einmal habe ich alles gemacht, was man so machen muß, schwere Schachtarbeiten (...)«. (Rösing, 1992, S. 2)

Zugleich hebt Federn, in Übereinstimmung mit Bettelheim sowie David Becker, die Bedeutung der politischen Grundüberzeugung des jeweiligen Gefangenen für das eigene Überleben hervor. Der politische Widerstandskämpfer war kein hilfloses, willkürlicher Gewalt unterworfenes »Opfer«; er wußte, wofür er kämpfte:

»Das ist der große Unterschied. Die aus politischen Gründen eingesperrt worden sind, haben das mehr oder weniger erwartet. Und es ist Teil dessen, was man als Kämpfer gegen den Faschismus in Kauf nehmen mußte. Man war also kein Opfer insofern. Das war der Gegner. Und das ist psychologisch ein ganz großer Unterschied zu denen, die völlig ahnungslos, bloß weil sie Juden waren, verhaftet worden sind. (...) für mich war das eine klare Folge meiner revolutionär-sozialistischen Einstellung.« (ebd.)

Auch nach der Befreiung waren die Gefangenen keineswegs innerlich »frei«; ihre psychische Energie wurde davon beansprucht, sich eine neue Identität aufzubauen beziehungsweise die traumatischen Erfahrungen abzuwehren, abzuspalten. Bettelheim differenziert zwischen drei verschiedenen Reaktionen auf die erlebte »extreme Traumatisierung«: Man könnte sagen, »daß die eine Gruppe von Überlebenden sich von ihren Erlebnissen zerstören ließ, eine andere den Geschehnissen jegliche fortdauernde Wirkung absprach und die dritte sich in eine lebenslange Auseinandersetzung einließ, um sich all dessen bewußt zu bleiben und mit den entsetzlichsten, aber trotzdem gelegentlich verwirklichten Dimensionen der menschlichen Existenz fertigzuwerden.« (Bd. III, S. 37)

Bettelheim ordnet sich selbst der dritten Gruppe zu; bereits seine erste große Studie (1943) stellte einen inneren Aufarbeitungs- und Bewältigungsversuch dar. Seine hierbei gewählte distanzierte, um »Objektivität« und »Wissenschaftlichkeit« bemühte Darstellungsform diente auch als intellektuelle Abwehr gegen die Gefahr, von den eigenen zerstörerischen Erinnerungen überrollt, überwältigt zu werden. Im Rückblick analysiert Bettelheim seine anfänglichen inneren Motive und Bewältigungsstrategien so:

»Mein Wunsch, die Leute zum Begreifen zu bringen, erhielt einen entscheidenden Antrieb durch mein Bedürfnis, selbst zu ergründen, was mit mir in den Lagern geschehen war, denn nur so konnte ich diese Erfahrung intellektuell bewältigen.

Unbewußt jedoch, und das habe ich damals nicht erkannt, stellten meine Bemühungen den Versuch dar, diese niederschmetternde Erfahrung nicht bloß intellektuell, sondern auch emotional zu bewältigen, *denn ich war nach wie vor – und viel mehr als ich mir bewußt eingestehen wollte – der Gefangene dieser Erfahrung.* Trotz der Alpträume, die ich damals Nacht für Nacht von den Lagern hatte, trotz der großen Angst, die mich Tag für Tag überfiel, wenn ich an das Schicksal der anderen dachte, denen in den Lagern die Folter, der Hunger, der Tod drohte (einer Tatsache, der ich mir durchaus bewußt war), versuchte ich mir einzureden, daß die Tatsache, als Häftling in einem KZ gewesen zu sein, keine bleibenden psychischen Folgewirkungen haben würde. Erleichtert wurde mir diese Selbsttäuschung durch die Tatsache, daß ich selbst freigekommen war, und daß auch die Menschen, die mir am liebsten waren, die deutschen Grenzen hinter sich gebracht hatten. Unbewußt hoffte ich wahrscheinlich, daß ich als Folge auf die Niederschrift und Veröffentlichung dieses Artikels in der Lage sein würde, die Lagererfahrungen hinter mich zu bringen, um mich dann emotional weniger belastenden Themen zuzuwenden.« (Bd. III, S. 23 f., Hervorhebung R. K.)

Die Bewältigung dieser traumatischen Erfahrungen blieb eine Lebensaufgabe, die Bettelheim für den Rest seines Lebens nicht mehr losließ, und die maßgeblich zu seinem Freitod beigetragen haben dürfte. Seine – sowie auch Ernst Federns – pädagogisch-therapeutische Arbeit mit autistisch-psychotischen und auf sonstige Weise psychisch schwer gestörten Kindern, die von seinem radikalen Engagement, von probeweisen Identifizierungsprozessen mit dem Leid der ihm anvertrauten Kinder geprägt war, bildete einen Reparationsversuch (D. Becker) für etwas, was sich letztlich nicht reparieren ließ und doch repariert werden mußte. Seine Arbeit stellte zugleich einen Bewältigungsversuch für eine Schuld dar, die natürlich auch biographische Anteile hatte, für die die deutschen Nationalsozialisten jedoch die Verantwortung tragen.

Anmerkungen

Geleitwort

1 R. Ekstein (1971a): »Reflections on and translation of Paul Federns ›The Fatherless Society‹«, Reiss-Davis Clinic Bulletin, 8 (1), S. 2–33; s. auch: R. Ekstein (1972): »Introduction to the English Edition of ›Society Without the Father‹« by A. Mitscherlich. New York, Jason Aronson, S. XIII–XXIX.

Vorwort

1 Vgl. auch die 1995 erschienenen literarischen Erinnerungen Jurgensens an ihre durch einen Autounfall ums Leben gekommenen zwei Kinder, in denen sie Bettelheims spontane, verständnistiefe, lebensbejahende Reaktion auf diese grausame Tragödie wiedergibt (1995, S. 9, 114f., 134, 158f.).

2 In »Aufstand gegen die Masse« kennzeichnet Bettelheim sein Hauptanliegen folgendermaßen: »(...) Hier nähere ich mich nun dem Wesentlichen meines Lebenswerks: der Anwendung der Psychoanalyse auf soziale Probleme und im besonderer der Erziehung des Kindes.« (Bd. II, S. 17) Und in »Themen meines Lebens« erinnert sich Bettelheim im autobiographischen Rückblick an einige ihm als besonders bedeutsam erscheinende Bücher seiner Jugendzeit: »(...) Daher enthielten die ersten Bücher, die auf mich wirklich befreiend wirkten, Kritik am bestehenden Erziehungssystem; sie stützten meine Überzeugung, daß es für die Jugend bessere Erziehungsmethoden geben müsse.« (Bd. VI, S. 116)

3 Vgl. Kap. II, in dem ich diesen Brief vollständig wiedergebe.

4 Vgl. Ekstein/Motto 1963a, Ekstein 1961a, 1962, 1964b, 1966, 1966, 1973, Bettelheim/Motto 1963a, Bettelheim/Ekstein 1994, Bittner/Rehm 1964, Bittner 1972, Bernfeld 1969/70, Cremerius 1971, Ammon 1973, Meng 1973, Fürstenau 1974, Leber 1972, 1975, 1984, 1985, Leber/Trescher 1987, Becker/Leber 1989, Füchtner 1979, Körner 1980, Datler 1990, Trescher 1985, Reiser/Trescher 1987, Bittner/Ertle 1985, Gerspach 1987a, b, 1994, 1997, B. Müller 1989, P. W. Müller 1993, Perner 1991, Fatke/Scarbath 1995.

5 Vgl. mein Interview mit Ekstein und Federn, in dem Federn formuliert: »Die Psychoanalyse konnte als Heilmethode überleben, die Psychoanalytische Pädagogik wurde in Deutschland von den Nazis vernichtet und entstand erst wieder nach etwa 20 Jahren.« (Kaufhold 1993a, S. 14, s. auch Federn 1993a, 1999, S. 248–250)

6 Kaufhold (Hg., 1993): Pioniere der Psychoanalytischen Pädagogik: Bruno Bettelheim, Rudolf Ekstein und Ernst Federn; Kaufhold (Hg., 1994): Annäherung an Bruno Bettelheim. Vgl. auch: Kaufhold (Hg., 1999): Ernst Federn: Versuche zur Psychologie des Terrors.

7 Vgl. das letzte Gespräch zwischen Bettelheim und Ekstein (Bettelheim/Ekstein 1994), in dem sie die Wiener Psychoanalytische Pädagogik ausdrücklich als eine soziale Bewegung von Pionieren beschreiben, in die sie zutiefst involviert waren. Aus diesem Gespräch stammt das vierte Motto, welches ich dieser Studie leitmotivisch vorangestellt habe.

8 Zu nennen sind vor allem die österreichische Forschergruppe um Johannes Reichmayr, Karl Fallend und Elke Mühlleitner mit ihren gründlichen biographisch-historischen Forschungen, die sich vor allem auf »fortschrittliche« Psychoanalytische Pädagogen und Psychoanalytiker (u. a.

Bernfeld, Fenichel, Reich, Paul Federn, Meng und Friedjung) beziehen. Im Kontext der Studentenbewegung hatten Lutz von Werder und Reinhart Wolff 1969 Bernfelds psychoanalytisches, pädagogisches und soziologisches Gesamtwerk »wiederentdeckt« und gesellschaftlich zugänglich gemacht. Bittner/Rehm, Cremerius und G. Ammon hatten in den 60er und Anfang der 70er Jahre in Sammelbänden einzelne Schriften aus der Zeitschrift für Psychoanalytische Pädagogik neu aufgelegt. Reinhard Fatke engagierte sich für eine Übersetzung der Schriften des Psychoanalytischen Pädagogen Fritz Redl ins Deutsche.

9 Vgl. seine Studie »Bedenken gegen Anpassung« (1995).

10 In welchem Maße Federn von den Wiener Psychoanalytischen Pädagogen der ersten Generation – die regelmäßig in seinem Elternhaus freundschaftlich verkehrten – geprägt worden ist, spiegelt sich in seinen zahlreichen Verweisen auf deren Wirken wieder. So finden sich in »Ein Leben mit der Psychoanalyse« (Federn 1999) zahlreiche Auseinandersetzungen mit Aichhorn, Bernfeld, Meng, Zulliger, Winnicott, Redl, Anna Freud und Bettelheim – eine Liste, die sich entlang seiner weiteren Publikationen sowie der Publikationen von Ekstein und Bettelheim beliebig erweitern ließe. An einer Stelle fordert Federn ausdrücklich dazu auf, »Bernfeld wiederzuentdecken« (Federn 1999, S. 249).

11 In diesem Sinne habe ich Parins Vorwort zu Reichmayrs »Spurensuche in der Geschichte der Psychoanalyse« (1990) verstanden, in dem er mit Freuds Worten formuliert: »Man versteht die Psychoanalyse immer noch am besten, wenn man ihre Entstehung und Entwicklung verfolgt« (Parin 1990, S, 7). Und Parin fügt, eine Spezifität der Psychoanalyse sowie der Psychoanalytischen Pädagogik fokussierend, hinzu: »Es ist nicht zu leugnen, daß die Psychoanalyse in ihrer Therapie, aber auch in ihrer Theorie immer vom menschlichen Leiden ausgeht, daß sie einem radikalen Humanismus verpflichtet ist. Ein unüberwindbarer Widerspruch ist die Folge des hartnäckigen fortgesetzten Versuchs, sie ›wertfrei‹ zu halten. (...) Trotz oder gerade auch wegen des umfassenden Werks ihres Begründers ist es nötig, die Wissenschaft als Prozeß, wie sie sich bis heute entwickelt hat, mit ihren potentiellen Möglichkeiten zu begreifen.« (Parin 1990, S. 9, Hervorhebung R. K.)

12 Diese Studie wurde in einer erheblich umfassenderen Fassung als Promotionsschrift vom Fachbereich Erziehungswissenschaft der Universität Hamburg angenommen. Um den Umfang des vorliegenden Buches auf ein akzeptables Maß zu begrenzen bzw. Doppelveröffentlichungen zu vermeiden, wurden von mir erhebliche Kürzungen am Manuskript vorgenommen. Die gestrichenen Kapitel können im Internet abgerufen werden unter der Adresse (URL): www.psychosozial-verlag.de/kaufhold

Kapitel 1: Zur Geschichte der Psychoanalyse und der Psychoanalytischen Pädagogik

Teile dieses Textes sind in einer modifizierten Form erschienen in päd. extra & demokratische erziehung 11&12/1989, S. 25–31. Dieses von mir gemeinsam mit W. Rügemer zusammengestellte Themenschwerpunktheft stand unter dem Thema »Psychoanalytische Pädagogik«. Das Unterkapitel »Frühe Impulse und Aufbruchbewegungen der Psychoanalytischen Pädagogik« wurde von mir neu geschrieben.

1 »A. Aichhorn (...) hatte in amtlicher Stellung als Leiter städtischer Fürsorgeanstalten lange Jahre gewirkt, ehe er mit der Psychoanalyse bekannt wurde. Sein Verhalten gegen die Pflegebefohlenen entsprang aus der Quelle einer warmen Anteilnahme an dem Schicksal dieser Unglücklichen und wurde durch eine intuitive Einfühlung in deren seelische Bedürfnisse richtig geleitet. Die Psycho-

analyse konnte ihn praktisch nichts Neues lehren, aber sie brachte ihm die klare theoretische Ein-sicht in die Berechtigung seines Handelns und setzte ihn in den Stand, es vor anderen zu begründen. (...) Ich schließe noch eine Folgerung an (...) Wenn der Erzieher die Analyse durch Erfahrung an der eigenen Person erlernt hat und in die Lage kommen kann, sie bei Grenz- und Mischfällen zur Unterstützung seiner Arbeit zu verwenden, so muß man ihm offenbar die Ausübung der Analyse freigeben und darf ihn nicht aus engherzigen Motiven daran hindern wollen«, bemerkte Freud (GW XIV, S. 565–567).

2 Oskar Pfister (1873–1956) gehört nach Federn (1993a, S.72, 75) zu den Pionieren der Psychoanalytischen Pädagogik. Vgl. auch P.W. Müller (1993, S.35–45) sowie Perner (1991). Eckart Nase (1993) hat eine theologisch orientierte Werkstudie über Pfister veröffentlicht: »Oskar Pfisters analytische Seelsorge«, Berlin/New York.

3 Vgl. Fallend/Reichmayr 1992, Erich 1994, Reichmayr 1990, Federn 1994a, Plänkers/Federn 1992, Perner 1991, Richter 1963, 1986, 1995, Wolffheim 1947, 1952; vgl. auch die folgenden biographisch-werktheoretischen Studien über Ekstein und Federn.

4 Im Vorwort zur dritten Auflage (1923) seines Buches bemerkte Pfister: »Ein Pädagoge, der die Psychoanalyse nicht kennt, würde an den meisten Orten nicht mehr als auf den Höhen des gegenwärtigen Wissens anerkannt« (nach Perner 1991).

5 Diese Affidavits waren bis ca. 1938 eine der Voraussetzungen für eine Einreisegenehmigung in die USA, wohin die Mehrzahl der damaligen österreichischen bzw. deutschen Psychoanalytischen Pädagogen und Psychoanalytiker geflohen sind.

6 Eduard Hitschmann war in Wien der Lehranalytiker von Rudolf Ekstein.

7 Josef Karl Friedjung (1871–1946) studierte in Wien Medizin und arbeitete während seines Studiums als Erzieher. Sein besonderes Interesse galt dem Seelenleben des Kindes. Er war bereits als Schüler mit P. Federn und E. Hitschmann befreundet und war von 1909–1938 Mitglied der WPV. Er arbeitete als Kinderarzt und versuchte als erster die Psychoanalyse auf die Kinderheilkunde anzuwenden. Er war seit 1927 Mitherausgeber der Ztschr. f. psy. Päd. und veröffentlichte zahlreiche pädagogische Publikationen: »Die sexuelle Aufklärung der Kinder«, 1909; »Erziehung der Eltern«, 1916; »Die geschlechtliche Aufklärung im Erziehungswerke. Ein Wegweiser für Eltern, Erzieher und Ärzte«, 1922; »Sexualität des Kindes«, 1923; »Zur Frage des Kinderselbstmordes«, 1930. 1930 nahm er am 4. Kongreß der Weltliga für Sexualreform teil. 1938 emigrierte er nach Palästina, reiste durch das Land und betreute Kinder und Jugendliche, die sich vor dem Faschismus hatten retten können (Mühlleitner 1992, S.109–111).

8 Wera Schmidt (1923): »Psychoanalytische Erziehung in Sowjetrußland. Bericht über das Kinderheim-Laboratorium in Moskau.« 1927/28 publizierte sie in der Ztsch. f. Psy. Päd. (S.153–157) den Beitrag »Onanie bei kleinen Kindern«, 1930 in »Imago« (S.246–289) die Fallstudie »Die Entwicklung des Wisstriebes bei einem Kind«. Vgl. hierzu auch P.W. Müller (1993, S.70–79) sowie den Beitrag von Mühlleitner (1992, S.275f.) über die aus St. Petersburg stammende Tatiana Rosenthal (1885–1921), die von 1911–1921 der WPV angehörte und maßgeblich bei der Etablierung der Psychoanalyse in Rußland mitwirkte. 1905, während der Revolution, »ergriff sie Partei für die Arbeiterbewegung und wurde zur Vorsitzenden der Studentenverbände sämtlicher Mädchenoberschulen Moskaus« (Accerboni 1992, S.104). 1920 übernahm sie die Leitung einer Anstalt für »neuropsychopathische Kinder« und begann, ihre Mitarbeiter psychoanalytisch auszubilden. Mühlleitner (1992, S.275f.) bemerkt (nach Neiditsch 1921): »Auf dem ersten allgemeinen russischen Kongreß für Kinderfürsorge, der im August 1920 in Moskau stattfand, hielt sie den Vortrag ›Die Bedeutung der Freudschen Lehre für die Kindererziehung‹. ›Die Diskussionen über

den Vortrag waren sehr lebhaft und im zustimmenden Tone gehalten. Eine Resolution von Dr. Rosenthal drückte den lebhaften Wunsch aus, daß alle Ärzte und Pädagogen, die sich mit der Erziehung von Kindern befassen, mit der Psychoanalyse vertraut sein sollen.‹

9 Hermine Hug-Hellmuth (1871–1924) gilt als eine der Begründerinnen der Kinderanalyse. Sie hatte eine Lehrerinnenausbildung gemacht und promovierte in Philosophie. 1910 ließ sie sich vom Lehrerberuf pensionieren, publizierte 1911 einen Aufsatz über die »Analyse eines Traumes eines fünfeinhalbjährigen Knaben«, sprach 1914 vor der WPV über »Kinderspiele« und 1916 im Wiener Frauenbildungsverein zum Thema »Neue Wege zum Verständnis der Kinderseele«. 1919 veröffentlichte sie anonym das autobiographische »Tagebuch eines halbwüchsigen Mädchens«, das vielfach rezensiert wurde. Ab 1919 führte sie an der heilpädagogischen Abteilung der Wiener Kinderklinik Analysen durch und beschrieb 1920 ihre Erfahrungen in dem Vortrag »Zur Technik der Kinderanalyse«. 1924, kurz nach der Fertigstellung ihres Werkes »Neue Wege zum Verständnis der Jugend. Psychoanalytische Vorlesungen für Eltern, Lehrer, Erzieher, Schulärzte, Kindergärtnerinnen und Fürsorgerinnen«, wurde sie von ihrem 18jährigen Neffen ermordet (Mühlleitner 1992, S. 163 f.).

10 Vgl. die nachfolgende Studie über Bettelheim, in der weitere biographische Details von Editha und Richard Sterba sowie ihr nachhaltiger Einfluß auf den jungen Bettelheim beschrieben werden. Vgl. auch Sterba (1985).

11 Peter Blos war ein enger Jugendfreund von E. H. Erikson und Teilnehmer des Ausbildungsganges für Psychoanalytische Pädagogik. Er hatte den vier Kindern von D. Burlingham zuerst Privatunterricht erteilt und Erikson 1927 dazu bewogen, nach Wien zu kommen und mit ihm gemeinsam diese Versuchsschule aufzubauen. Nach seiner Emigration in die USA setzte er seine kindertherapeutische Arbeit fort und wurde ein enger Freund und Kollege Rudolf Eksteins. Seine pädagogischen Erkenntnisse sind dargestellt in seinem Buch »Adoleszenz. Eine psychoanalytische Interpretation« (1978).

12 Vgl. den Beitrag von Göppel (1991), in dem weitere Einzelheiten über dieses frühe pädagogisch-therapeutische »Modellprojekt« geboten werden.

13 Edith Jackson (1895–1977), eine amerikanische Ärztin, kam 1930 nach Wien und machte bei S. und A. Freud sowie H. Deutsch ihre Lehranalyse. 1937 bis 1938 war sie außerordentliches Mitglied der WPV. Ihre Kinderkrippe war die erste Institution, »bei der die systematische außeranalytische Beobachtung von Säuglingen und Kleinkindern in ihrer Entwicklung und schrittweisen sozialen Anpassung im Mittelpunkt des Interesses standen« (nach Huber [1979] in Mühlleitner [1992, S. 168 f.]). Diese Krippe wurde nach dem Einmarsch der Nazis geschlossen. Jackson wurde für ihre Verdienste im Bereich der Prävention von emotionalen Störungen bei Kindern in den USA – wohin sie 1936 zurückgekehrt war – geehrt. Auch reiste sie regelmäßig zu Forschungszwecken nach London zu der von Anna Freud geleiteten Hampstead Clinic. Siehe Mühlleitner (1992, S. 168 f.).

14 Wie ich im Federn-Kapitel zeigen werde, besuchte Ernst Federn die Lehrgänge für Pädagogen nicht, sondern studierte im Kontext seines gesellschaftspolitischen Interesses Jura und Volkswirtschaftslehre. Er wurde jedoch über seinen Vater in die Psychoanalyse eingeführt und verkehrte im Familienkreis mit allen wichtigen Vertretern der Psychoanalytischen Pädagogik Wiens.

15 Marie Kramer wurde in den USA eine bekannte Kunsttherapeutin.

16 Vgl. Menaker (1998).

17 Judith Silberpfennig-Kestenberg (später nur Kestenberg) wurde in den USA eine angesehene Kindertherapeutin, die sich vor allem durch ihre Forschungen zu den Nachwirkungen des Holocaust

auf die Kinder der zweite und dritten Generation einen Namen gemacht hat (vgl. Kestenberg 1974, 1993). Sie ist eine emeritierte Professorin für Psychiatrie an der Universität New York und gehört zu den Gründern des Projekts »Jerome Riker International Study of the Organized Persecution of Children« und zu den Mitarbeitern der »Group for the Psychoanalytic Study of the Effect of the Holocaust on the Second Generation«. In den USA veröffentlichte sie gemeinsam mit der Zeichnerin Vivienne Koorland ein Kinderbuch über den Holocaust, welches 1986 ins Deutsche übersetzt wurde und als eines der wenigen uneingeschränkt gelungenen Kinderbücher zum Holocaust gilt (vgl. den Beitrag »Der Holocaust – ein Thema für Bilderbücher?« von H. Freiling in psychosozial 1/2001: Deutsch-israelische Begegnungen.

18 Frances Deri (1881–1971) wuchs in Wien auf, studierte dort Psychologie und arbeitete in Berlin als Sozialarbeiterin. Sie machte eine Analyse und hielt Kurse in Sozialfürsorge ab. Sie nahm an Fenichels »Kinderseminar« teil und gehörte nach ihrer Emigration im Jahre 1933 nach Prag zu den Empfängern der von Otto Fenichel organisierten »Geheimen Rundbriefe« (vgl. Reichmayr/ Mühlleitner 1998). 1936 emigrierte sie nach Los Angeles, wo sie 1938 Otto Fenichel wiedertraf, und setzte sich sehr für vom Faschismus bedrohte Kollegen ein.

19 Vgl. meinen nachfolgenden Text über Ekstein, in dem ich weitere Details über Pellers späteres Wirken in den USA biete.

20 Diese Verfolgungsmaßnahme war – gemeinsam mit der kurzzeitigen Inhaftierung der sich in analytischer Ausbildung befindenden Marie Langer – Anlaß für das von Paul Federn angeregte Verbot für Analysanden, sich zeitgleich neben der Analyse im politischen Widerstand zu engagieren; eine Entscheidung, die beispielsweise von Ernst Federn bis heute verteidigt wird, die aber auch – nach meinem Dafürhalten berechtigterweise – entschiedene Kritik hervorgerufen hat (vgl. u. a. D. Becker 1992).

21 Vgl. auch meine folgenden Studien über Ekstein und Bettelheim, in denen ich ausführlicher Buxbaums Bedeutung für Bettelheim sowie für die Psychoanalytische Pädagogik in den USA schildere.

22 Muriel Gardiner war eine amerikanische Psychoanalytikerin, die in Wien gemeinsam mit ihrem Mann Joseph Buttinger – der seit 1935 Präsident des Zentralkomitees der revolutionären Sozialisten war – im Untergrund bei den verbotenen Revolutionären Sozialisten arbeitete. Diesen gehörten auch Anny Angel-Katan sowie Ernst Federn an. Reichmayr (1990, S.139 und 147) gibt zwei eindrückliche Schilderungen Muriel Gardiners wieder, in der diese gefährliche Untergrundtätigkeit in dichter Form zum Ausdruck kommt.

23 Über das Stottern aus psychoanalytisch-pädagogischer Sicht haben weiterhin Alfhild Tamm, Bernhard Dattner (1887–1952) sowie Ada Müller-Braunschweig gearbeitet. 1912 veröffentlichte Dattner »Eine psychoanalytische Studie an einem Stotterer« im Zentralblatt (1912, 2, S.18–26). Müller-Braunschweig, eine in Berlin tätige Schülerin von Hermine Hug-Hellmuth, publizierte 1928 in der Zeitschrift der Schulreformer einen Beitrag, »wie stotternden Kindern durch Psychoanalyse respektiv durch psychoanalytisch orientierten Pädagogen geholfen werden könne« (Wolffheim 1952, S.312). Eine materialreiche historische Studie über »Die Rezeption der Psychoanalyse in der heilpädagogischen Bewegung der Weimarer Republik« hat Göppel (1989) veröffentlicht, vgl. auch die informative Studie von Leber/Gerspach (1996) über die Geschichte der psychoanalytischen (Heil-) Pädagogik in Frankfurt.

24 Es dürfte deutlich geworden sein, daß diese Diskussion für die Geschichte und heutige Ausformung der Psychoanalytischen Pädagogik – und erst recht für meine vorliegenden Beschäftigungen mit Bettelheim, Ekstein und Federn – auch deshalb von grundlegender Bedeutung war und ist, weil sie nach ihrer nahezu vollständigen Zerstörung durch den Faschismus im amerikani-

schen Exil wieder neu erstand – welches wiederum von der radikalen Ablehnung der »Laienanalyse« geprägt wurde. Selbst ein Paul Federn mußte nach seiner Emigration in die USA, 67jährig, mehrere – vergebliche – Versuche unternehmen, sein medizinisches Studium anerkennen zu lassen bzw. die Medizinprüfung noch einmal neu zu bestehen. Es gelang ihm – wie auch einem größeren Teil der europäischen Emigranten – schließlich dennoch, sich mühsam kleine Nischen zu erobern, in denen sie die Analyse praktizieren konnten.

25 Mühlleitner (1992, S. 7) bemerkt hierzu in ihrem »Biographischen Lexikon der Psychoanalyse« – das neben den »Protokollen« von Nunberg/Federn (1967–1975) als das wichtigste Quellenwerk zur Erforschung der Geschichte der Psychoanalyse gelten kann: »Die Mehrzahl der Mitglieder der Wiener Psychoanalytischen Vereinigung waren jüdischer Herkunft und teilten die Geschichte der Juden in der österreichisch-ungarischen Monarchie, in der Ersten Republik und in der Zeit des Austrofaschismus, bis hin zur Vertreibung und Ermordung durch die Nationalsozialisten. Diese Arbeit versteht sich auch als Beitrag zu Dokumentation und Erforschung des wissenschaftlichen Exils.« Bis 1938 war bereits ein größerer Teil der Mitglieder der Wiener Psychoanalytischen Vereinigung (WPV) emigriert. Über das Jahr 1938 schreibt Mühlleitner (1992, S. 395): »Zwischen Mai und Juli 1938 verließ die Mehrzahl der Wiener Psychoanalytiker Österreich. Von den 50 ordentlichen und außerordentlichen Mitgliedern (mit Wiener Wohnsitz) der WPV gingen nach dem ›Anschluß‹ sämtliche außer August Aichhorn, Alfred Winterstein und Richard Nepalleck in das Exil.«

26 In den Studien von Dahmer 1989, Reichmayr 1990, Mühlleitner 1992 und Lohmann 1994 werden folgende von den Nationalsozialisten ermordete Psychoanalytiker genannt: Alfred Bass (1867–194? Getto Lodz), Adolf Deutsch (1867–1943 Getto Theresienstadt), Margarethe Hilferding (1871–1942 Getto Theresienstadt/Maly Trostinee), Salomea Kempner (1880–194? Getto Warschau), Karl Landauer (1887–1945 KZ Bergen-Belsen), Alfred Meisl (1868–1942 Getto Theresienstadt), David Ernst Oppenheim (1881–1943 Getto Theresienstadt), Isidor Sadger (1906–1942 Getto Theresienstadt), Nikola (Nicolaus) Sugar (1897–1945 Getto Theresienstadt), Otto Brief (Ausschwitz), Paul Hoffmann. Siehe hierzu die entsprechenden biographischen Studien in Mühlleitner (1992). Nähere biographische Angaben über M. Hilferding, D. E. Oppenheim und K. Landauer finden sich in dem von Federn/Wittenberger (1992) herausgegebenem Band zur »Wiener Psychoanalytischen Vereinigung«; Hermanns (1997, S. 122) sowie Brainin/Kaminer (1982/1984, S. 95) nennen weitere Opfer der nationalsozialistischen Verfolgung: Paul Bernstein, Blaßberg, Therese Bondy, Geza Dukes, Josef M. Eisler, Miklos Gimes, Erzsebet Petö-Kardos, Janos Kerenyi, Laszlo Revesz, John F. Rittmeister, Sabina Spielrein, und August Waterman. Haynal (1989, S. 53) schreibt über die Situation bei den Budapester Analytikern, daß sechs der 26 Analytiker sowie zwei der elf Ausbildungskandidaten als Opfer des Nationalsozialismus starben.

27 Vgl. hierzu u. a. Bettelheims äußerst vehemente Kritik an der Verhaltenstherapie. In einem sehr lesenswerten Interview (Bettelheim 1976d, S. 15) führte Bettelheim in der ihm eigenen, gelegentlich als provozierend empfundenen Deutlichkeit aus: »(...) Deswegen liebt der Verhaltenstherapeut den Psychotiker und das autistische Kind; er zwingt es, ihm ins Gesicht zu sehen, um dadurch Kontakt herzustellen. Ich will ja gar nicht sagen, daß das Kind aus Verzweiflung nicht doch Kontakt aufnimmt, aber es ist ein Kontakt der Verzweiflung und nicht der Freiheit.«

28 Vgl. das von der Werkstatt für Gesellschafts- und Psychoanalyse herausgegebene »Werkblatt« sowie den von der »Institutsgruppe Psychologie der Universität Salzburg« herausgegebenen Band »Psychoanalyse jenseits der Couch«, der in der Gründung besagter »Werkstatt« ihre Fortsetzung fand

Anmerkungen 269

Kapitel 2: Biographie Ernst Federns

In diesen Text sind folgende Veröffentlichungen von mir eingeflossen: »Ernst Federn: Sozialist, Psychoanalytiker, Pädagoge. Eine Annäherung an sein Leben und Werk«, Jahrbuch für Psychoanalytische Pädagogik 6, Mainz 1994, S. 108–131, sowie die gemeinsam mit Bernhard Kuschey (Wien) verfaßte Studie »Das Überwinden der Todesdrohung. Ernst und Hilde Federn zwischen Vernichtung und humanem Engagement«, in: Becker, S. (Hg., 1995): Helfen statt Heilen, Gießen, S. 189–219. Weiterhin: »Die Bewältigung des Unfaßbaren«, psychosozial Nr. 53 (I/1993), S. 57–70; »Psychoanalytiker, Sozialreformer, Historiker. Zum 80. Geburtstag von Ernst Federn (Wien)«, Behindertenpädagogik 2/1995, S. 157–170; Kaufhold/Rügemer (1992): »Psychoanalyse der Gewalt«, Sozialistisches Forum Nr. 26, S. 27–30; »Ein Pionier der psychoanalytischen Pädagogik und Sozialarbeit. Der österreichisch-amerikanische Sozialtherapeut Ernst Federn wurde 80 Jahre alt«, päd. extra 9/94, S. 38–40. Schließlich liegt dieser Studie noch der von mir sowie B. Hofner im November 1992 herausgegebene Reader »Texte zum Leben und Werk von Ernst Federn« zugrunde.

1 Ich danke Bernhard Kuschey herzlich für das zur Verfügung gestellte wissenschaftliche Material.
2 Unter »wir« ist Bernhard Kuschey mit eingeschlossen.
3 In »Ein Leben mit der Psychoanalyse« (Federn 1999) gibt Federn hierzu eine frühe autobiographische Erinnerung an Aichhorns Persönlichkeit sowie dessen Einfluß auf seine eigene Entwicklung wieder: »Ich verstand (...) sehr früh, daß ein Freund meines Vaters, August Aichhorn, jungen Menschen half, die in Not waren; das hat mich so tief beeindruckt, daß ich den Wunsch hatte, auch einen solchen Beruf zu ergreifen. In der Schule, in der ich seit meinem zwölften Lebensjahr Klassensprecher war, demonstrierte ich, daß meine Identifizierung mit Aichhorn durch mein Verhalten einer Identifizierung mit meinem Vater gleichkam. Einmal, so erinnere ich mich, bezeichnete ich das Verhalten eines Lehrers einem Mitschüler gegenüber als ›unpädagogisch‹. Die daraus resultierende Diskussion zwischen dem Lehrer und mir ersparte der ganzen Klasse eine gefürchtete Prüfung. Bei einer anderen Gelegenheit versuchte ich, das unangebrachte Lächeln eines Klassenkameraden als ein Zeichen von Nervosität zu erklären und nicht als Mangel an Respekt, wie der Lehrer dachte. Meine psychologischen Interventionen dieser und ähnlicher Art trugen dazu bei, daß ich für die Dauer der restlichen fünf Schuljahre Klassensprecher blieb« (Federn 1999, S. 326 f.). Über die Schwierigkeit, in den USA eine an Aichhorn orientierte psychoanalytisch-sozialtherapeutische Arbeit im Rahmen vorhandener Institutionen bzw. Standesverbände zu praktizieren, bemerkt Federn: »In den Fünfziger Jahren wurde mir klar, daß die soziale Casework Therapie eine Anwendung von Erkenntnissen August Aichhorns ist. Ich beantragte daher bei meinem Verband, ein Aichhorn-Seminar zu organisieren. Es wurde abgelehnt mit der Begründung, daß Aichhorn eine Methode zur Behandlung delinquenter Jugendlicher entwickelt hat, mit denen der Verband nicht arbeitet. Daraufhin hielt ich für zwei Jahre ein Seminar über August Aichhorn ab« (Federn 2000, S. 120).
4 In »Ein Leben mit der Psychoanalyse« (Federn 1999) fordert Federn ausdrücklich dazu auf, »Bernfeld wiederzuentdecken« (1999, S. 249). Seine starke Identifikation mit Bernfeld mag auch in folgenden Äußerungen deutlich werden: »Er war der brillanteste Schüler Freuds, ein charismatischer Redner, ein überzeugter Sozialist und Zionist und der Urheber dessen, was wir heute Freud-Biographik nennen. 1929 veröffentlichte er in Imago einen Artikel mit dem Titel ›Der soziale Ort und seine Bedeutung für Neurose, Verwahrlosung und Pädagogik‹. Bernfeld war ein Anhänger dessen, was inzwischen als Austromarxismus bekannt ist. (...) ich wollte Ihre Aufmerk-

samkeit auf die Tatsache lenken, daß es Siegfried Bernfeld war, der diese Ideen, die heutzutage selbstverständlich sind, als erster entdeckte und formulierte« (Federn 1999, S. 248 f.).

5 Vgl. den von Marianne Kröger (1997) herausgegebenen Band »Etta Federn: Revolutionär auf ihre Art«.

6 Vgl. hierzu den stark autobiographisch getönten Beitrag »Von König Laios und Ödipus: Erinnerungen an eine Kindheit im Banne Sigmund Freuds« (Federn 1999, S. 319–329), zugleich der Abschluß zu Federns (1999) »Ein Leben mit der Psychoanalyse«. Hierin finden sich zahlreiche prägnante autobiographische Erinnerungen Federns, die meine folgenden Darstellungen komplettieren.

7 In besagtem autobiographischen Aufsatz »Von König Laios und Ödipus...« hebt Federn diesen Aspekt als vorteilhaft für seine eigene kindliche Identitätsentwicklung hervor. Er bemerkt: »Die wichtigste Auswirkung der Psychoanalyse auf unsere Erziehung aber war eindeutig die Toleranz unserer Sexualität gegenüber – Masturbation eingeschlossen –, dies war zu jener Zeit eine seltene Einstellung. Ich kann mich nicht erinnern, je gedacht zu haben, daß Sexualität etwas Schlechtes sei. Wenn ich mich mit meinen Freunden vergleiche, kann ich feststellen, daß ich mehr Glück gehabt habe als sie.« (Federn 1999, S. 325)

8 Christian Broda gehörte damals der »Janda-Gruppe« an, einer Gruppe von Jungkommunisten, die den politischen Kurs der kommunistischen Partei Österreichs (KPÖ) von links her kritisierte und deshalb auch ausgeschlossen wurde (Oberläuter 1985, S. 36). Auch Rudolf Ekstein hatte im Kontext der politischen Repression durch den Faschismus zeitweise dem Kommunistischen Jugendverband (KJV) angehört.

9 In »Von König Laios und Ödipus...« erinnert sich Federn: »Ich kann also behaupten, daß ich die Arbeit meines Vaters akzeptierte und mich mit dieser schon in einem relativ frühen Alter identifizierte. Freuds Bücher habe ich erst mit Anfang Zwanzig gelesen, als ich Sekretär meines Vaters wurde. In den frühen dreißiger Jahren erlaubte ein relativer Wohlstand es meinem Vater, für Mitglieder der Psychoanalytischen Vereinigung Dinnerparties zu geben. Wir hatten schon immer eine gute Köchin gehabt, und das Essen bei diesen Gelegenheiten war besonders gut. Für mich erweckt die Psychoanalyse deshalb nur die angenehmsten oralen Assoziationen. Freuds Autorität hielt ich für fehlerlos wie auch die seiner Tochter Anna, die uns oft besuchte; die Psychoanalyse wurde so ein Teil meines Lebens. Obwohl ich Freud nie persönlich begegnete, waren sein Geist und seine Arbeit omnipräsent« (Federn 1999, S. 327).

10 Persönliche Mitteilung von Ernst Federn, 1994; vgl. auch Plänkers/Federn 1994, S. 210.

11 Bernhard Kuschey wird diese bisher noch unbekannten Aspekte aus Hilde Federns Biographie in seinem Forschungsprojekt aufarbeiten.

12 Vgl. Federn (1971, 1974) sowie seine Beiträge »Die therapeutische Persönlichkeit, erläutert am Beispiel von Paul Federn und August Aichhorn (Federn 1999, S. 154–170) sowie »Eine lebenslange Zusammenarbeit« (Federn 1999, S. 272–318).

13 Carl Furtmüller (1880–1951) war über Adler zur Wiener Psychoanalytischen Vereinigung gestoßen, der er jedoch nur von 1909–1911 angehörte. Er war ein politisch sehr engagierter Mittelschullehrer, Mitglied des Sozialwissenschaftlichen Bildungsvereins und später Mitglied der Reformabteilung des Schulministeriums. Von 1920–1933 war er Herausgeber der Zeitschrift des Stadtschulrats Wiener Schule (Mühlleitner 1992, S. 114–116).

14 Vgl. meine Besprechungen der englischsprachigen sowie deutschsprachigen Ausgabe dieses Buches (Kaufhold 1993b, 2000a, Kaufhold/Rügemer 1992b).

15 Persönliche Mitteilung von Ernst Federn.
16 Sein Bemühen, die historische Wahrheit über die Geschichte Buchenwalds – einschließlich des Terrors der mehrheitlich kommunistischen Häftlingsselbstverwaltung gegenüber Stalingegner – aufzuarbeiten und öffentlich bekannt zu machen, setzt Federn bis heute fort: Anläßlich eines Prozesses um das Buch »Zwischen NKWD und Gestapo« von Hans Schaffraneck (1993), das eben diese Verfolgung gegen Stalingegner aufarbeitet und dokumentiert, sagte Ernst Federn als Zeitzeuge vor einem Frankfurter Gericht gegen die veröffentlichte Version von Emil Carlebach (Lagergemeinschaft Buchenwald – Dora der BRD (Hg., 1986): Buchenwald. Ein Konzentrationslager. Bericht der ehemaligen KZ-Häftlinge Emil Carlebach, Paul Grünewald, Hellmuth Röder, Willy Schmidt, Walter Viehauer, Frankfurt/M. 1993) aus. Carlebach war ein einflußreicher kommunistischer Funktionär im KZ Buchenwald gewesen, der später in der Bundesrepublik Deutschland durch seine an der DKP sowie der VVN (Vereinigung der Verfolgten des Nazi-Regimes) orientierten Aktivitäten eine gewisse Bekanntheit erlangen sollte.
17 Auch wenn Ernst Federns Anmerkungen inhaltlich zutreffend sind, so erscheinen sie mir doch insofern irreführend, als Bettelheim in seinen Ausführungen bzgl. der Entstehung des Autismus sowie der Gemeinsamkeiten zwischen der Erfahrungswelt autistischer Kinder und jener von KZ-Häftlingen (Bd. I, S. 7 f., 74, 84, 87–90; Bd. III) niemals eine Identität zwischen beiden postuliert hat. So schreibt Bettelheim (Bd. III, S. 130 f.): »Der Unterschied zwischen der Zwangslage des KZ-Häftlings und den Bedingungen, die beim Kind zu Autismus und Schizophrenie führen, besteht natürlich darin, daß das Kind nie die Gelegenheit hatte, auch nur einen Schatten von Persönlichkeit zu entwickeln. Doch scheint das Kind, das der Schizophrenie zum Opfer fällt, genau die gleichen Gefühle gegenüber sich selbst und seinem Leben zu entwickeln wie der KZ-Häftling: es fühlt sich der Hoffnung beraubt und völlig ausgeliefert den zerstörerischen irrationalen Mächten, die ihm dadurch, daß sie es rücksichtslos für ihre eigenen Ziele benutzen, jeglichen Freiraum nehmen. (...) Zwar gibt es entscheidende Unterschiede zwischen dem Leben eines KZ-Häftlings und dem Leben eines Kindes, das schizophren wird, und wir dürfen diese Unterschiede nicht außer acht lassen. Doch hindert das nicht, daß die emotionalen Reaktionen der beiden auf äußerlich völlig unterschiedliche Situationen eine erstaunliche Ähnlichkeit aufweisen. Wesentliche Unterschiede existieren natürlich auch im Hinblick auf andere psychologische Aspekte, zum Beispiel die geistige und emotionale Reife (...)«.

Und in »Die Geburt des Selbst« (Bd. I, S. 89) schreibt Bettelheim: »(...) Die wichtigste Ähnlichkeit findet sich jedoch vermutlich in dem Gefühl sowohl des Häftlings als auch des autistischen Kindes, daß es hoffnungslos ist, die Dinge zum Besseren verändern zu wollen, in jenem völligen Mangel an Hoffnung, der die ›Muselmänner‹ von den restlichen Häftlingen unterschied. (...) Ich möchte noch einmal den wesentlichen Unterschied hervorheben zwischen der Zwangslage dieser Häftlinge und den Bedingungen, die bei Kindern zu Autismus und Schizophrenie führen; dieser Unterschied besteht darin, daß das Kind nie die Gelegenheit hatte, auch nur einen Schatten von Persönlichkeit zu entwickeln. Daher kam es auch nicht in den Genuß irgendeiner geistigen Reife. Um Kindheitsschizophrenie zu entwickeln, genügt es folglich, den Säugling dahingehend zu überzeugen, daß sein Leben gefühllosen, irrationalen Mächten unterworfen ist, die sein Leben und seinen Tod absolut kontrollieren (...)«

18 Siehe meinen weiter unten folgenden Text »Bewältigungsversuche eines Überwältigten...«.
19 Ich bin in dieser Studie verschiedentlich auf das Thema des Schuldgefühls – welches Bettelheim in seinen Studien, insbesondere in denen über die Konzentrationslager, immer wieder diskutiert hat – eingegangen. Natürlich war Bettelheim bewußt, daß ein – bewußtes oder unbewußtes –

Schuldgefühl immer auch in der eigenen frühkindlichen Biographie verwurzelt ist. So gibt Sutton (1996, S. 410) Bettelheim mit den Worten wieder: »Auf der Grundlage meiner eigenen Erfahrung glaube ich, daß das Schuldgefühl nicht vom Tod des anderen kommt, sondern von dem Gefühl, das dieser in einem selbst auslöst.« Am Ende seines 1968 verfaßten Beitrages »Die äußerste Grenze« (Bd. III, S. 11–27) führt Bettelheim aus, wie sehr seine erste frühe Studie über die deutschen Konzentrationslager eine sowohl bewußte als auch unbewußte Bewältigungsform seiner traumatischen Erfahrungen wie auch seiner hieraus erwachsenen Schuldgefühle darstellte. Ausdrücklich setzt er seinen eigenen ersten Versuch in den Zusammenhang mit der Literatur anderer Überlebender, für die in der Fachliteratur die Formulierung des »innere(n) Zwang(es), Zeugnis abzulegen« (Bd. III, S. 23) geprägt wurde. Bettelheim hebt die existentielle Dimension dieser Diskussion hervor und wendet sie zugleich »kurativ« in eine Sinnstiftung um. Dementsprechend führt Bettelheim in seinem 1963 verfaßten Essay »Überleben« (Bd. III, S. 285–330) aus:

»Es geht darum, daß der Überlebende als das vernunftbegabte Geschöpf, das er ist, genau weiß, daß er nicht schuldig ist, so wie ich selbst zum Beispiel weiß, daß ich nicht schuldig bin; das aber ändert nichts an der Tatsache, daß sich der Überlebende als Person und als fühlender Mensch schuldig fühlt, weil er sich schuldig fühlen muß. Das aber ist ein ganz entscheidender Aspekt der Problematik des Überlebens. Man kann das Konzentrationslager nicht überleben, ohne sich schuldig zu fühlen, weil man dieses unglaubliche Glück hatte, während Millionen anderer Menschen – und das in vielen Fällen vor den eigenen Augen – untergingen.« (Bd. III, S. 311 f.) »(...) Unsere Erfahrung (...) hat uns gelehrt, daß dieses Leben einen Sinn hat, auch wenn dieser Sinn noch so schwer zu begreifen ist – einen viel tieferen Sinn als dieses Leben für uns zu der Zeit hatte, als uns diese Art des Überlebens noch unbekannt war. Und unsere Schuldgefühle darüber, daß wir das Glück hatten, die Hölle des Konzentrationslagers zu überleben, bilden einen wesentlichen Teil dieses neugewonnenen Sinnes – es ist dies der Beweis für eine Humanität, die sogar durch die Greuel der Konzentrationslager nicht zerstört werden kann« (Bd. III, S: 330).

20 Gemeinsam mit Bernhard Kuschey verfaßt
21 Siehe meinen Beitrag über Federns Studien zur Psychologie des Terrors (Kaufhold 1999).
22 Persönliche Mitteilung von Ernst Federn, 1992.
23 Persönliche Mitteilung von Ernst Federn, 1994. Vgl. auch Federn 1976, 1987b.
24 »Die Paul Federn Study-Group war in den Vereinigten Staaten die erste Gruppe, die sich die Aufgabe gesetzt hatte, Sozialarbeiter psychoanalytisch weiterzubilden. (...) In einem gewissen Sinn war es der Beginn der psychoanalytischen Sozialarbeit; sie hat daher eine historische Bedeutung«, führt Federn in seinem historischen Beitrag »Die Paul Federn Study-Group« (Federn 2000, S. 120 f., vgl. auch Federn 1993a, b, Plänkers/Federn 1994, S. 179–209, S. Becker 1993, 1994) aus.
25 Bzgl. der standespolitischen Gegenkräfte, die diese vereinzelten Bemühungen europäischer Emigranten in den USA hervorriefen, führt Federn ein eindrückliches Beispiel an: »Zuerst trafen wir (die Paul Federn Study-Group, R. K.) uns für einige Jahre im Hause von Lilly Peller, aus dem wir vertrieben wurden, weil Mrs. Peller zu große Angst hatte, mit der Psychoanalytischen Vereinigung in Schwierigkeiten zu geraten.« (Federn 2000, S. 118 f.)
26 Vgl. Fisher (1993, S. 36).

Anmerkungen 273

Kapitel 3: Zu Ernst Federns wissenschaftlichen Studien

1 Vgl. hierzu das Buch »Ernst Federn: Versuche zur Psychologie des Terrors« (Kaufhold 1999), Kaufhold 1997 sowie das Kapitel »In Dachau und Buchenwald (1938–1945)« in Plänkers/Federn 1994, S. 149–178.

2 Vgl. hierzu auch mein Interview mit Ernst Federn (Kaufhold 1995), in dem er sich zu dieser Thematik vertiefend äußert.

3 Ernst Federn hat in diesem Kontext eine Stellungnahme Freuds wiedergegeben, in der dieser seinen eigenen inneren Widerstand gegen eine Behandlung psychotischer Patienten offen benennt – und hiermit indirekt die Bedeutung von Paul Federns Beitrag zur Psychosenbehandlung würdigt. Dieses Dokument erscheint mir als so bemerkenswert, daß ich es wiedergeben möchte. Sigmund Freud schrieb am 4. Oktober 1928 an den ungarischen Psychoanalytiker Istvan Hollós, nachdem dieser ihm sein Buch »Hinter der gelben Mauer« (1928) – eine der ersten psychoanalytischen Studien zur Psychose – geschickt hatte:

»Lieber Herr Doktor,

Aufmerksam gemacht, daß ich es unterlassen habe, mich für Ihr letztes Buch zu bedanken, will ich hoffen, daß es nicht zu spät ist, das Versäumnis gutzumachen. Es entstammt nicht dem Mangel an Interesse für den Inhalt oder für den Autor, den ich hier als Menschenfreund schätzen lernte, sondern ergab sich als Folge unabgeschlossener Gedankengänge, die mich nach der Lektüre lange beschäftigten, die wesentlich subjektiver Natur waren. Bei uneingeschränkter Anerkennung ihrer Gefühlswärme, Ihres Verständnisses und Ihrer Tendenz fand ich mich doch in einer Art von Opposition, die mir nicht leicht verständlich wurde. Ich gestand mir endlich, es komme daher, daß ich diese Kranken nicht liebe, daß ich mich über sie ärgere, sie so fern von mir und allem Menschlichen empfinde. Eine merkwürdige Art von Intoleranz, die mich gewiß zum Psychiater untauglich macht.

Im Laufe der Zeit habe ich aufgehört, mich selbst interessant zu finden, was gewiß analytisch inkorrekt ist, und bin darum in der Erklärung dieser Einstellung nicht weiter gekommen. Können Sie mich besser verstehen? Benehme ich mich dabei wie frühere Ärzte gegen die Hysteriker, ist es die Folge einer immer deutlicher gewordenen Parteinahme für den Primat des Intellekts, den Ausdruck einer Feindseligkeit gegen das Ich? Oder was sonst?

Mit nachträglichem herzlichen Dank u. vielen Grüßen Ihr Freud.«

(nach: Plänkers/Federn 1994, S. 88, Hervorhebung R. K.)

4 Persönliche Mitteilung von Ernst Federn, 1994.

Kapitel 4: Biographie Rudolf Eksteins

In diesen biographisch-werktheoretischen Text sind folgende Veröffentlichungen von mir eingegangen: »›... und meine Arbeit geht weiter‹«, psychosozial Nr. 53, 16. Jg., S. 4553; »Der rote Rudi. Rudolf Ekstein, ein Pionier der Psychoanalytischen Pädagogik, wird 85«. psychosozial Nr. 69, 20. Jg., S. 115–118; »Rudolf Ekstein, österreichisch-amerikanischer Psychoanalytiker und Pädagoge, wird 85 Jahre alt«. Behindertenpädagogik 3/97, 36. Jg., S. 318–327. Eine unverzichtbare Hilfe war mir die gründliche Studie »Rudolf Ekstein – Leben und Werk. Kontinuität und Wandel in der Lebensgeschichte eines Psychoanalytikers« der Österreicherin Dorothea Oberläuter (1985). Siehe auch die Beiträge von Wiesse (1993, 1994, 1994a), Pelinka (1985, 1992) sowie Berger/Springer-Kremser (1996).

1 Vgl. hierzu mein Interview mit Ekstein und Federn (Kaufhold 1993a), in dem Ekstein die Bedeutung dieses frühen Erlebnisses für seine weitere persönliche sowie später berufliche Arbeit hervorhebt.
2 Ich danke Frau Inge Scholz-Strasser (Wien) für die freundliche Erlaubnis, aus diesem unveröffentlichten Interview (1992) mit Rudolf Ekstein zu zitieren.
3 Ekstein: »Der Siegfried Bernfeld war, was soll ich sagen, eine Art frecher Revolutionär« (Scholz-Strasser 1992, S. 7). Und: »Der eindrucksvollste psychoanalytische Schriftsteller war für mich Siegfried Bernfeld« (Oberläuter 1985, S. 244).
4 Nach seiner Emigration nahm Rudolf Ekstein bald wieder brieflich Kontakt mit August Aichhorn auf. So sandte ihm Aichhorn am 5. Oktober 1948 ein Antwortschreiben, in dem er ihm u. a. für das »Bulletin of the Menninger Clinic« einen Beitrag zusagte.
5 Briefe Anna Freuds an Ekstein vom 4.7.1952, 21.9.1952, 18.6.53, 1.2.1954, 9.5.1955, 16.7.1956, 12.12.1965, 2.1.1966, 29.12.1969, 10.10.1970 und 7.6.1971. Vier dieser Briefe wurden handschriftlich, die anderen mit der Schreibmaschine angefertigt. Neben einem sehr freundlich-allgemein gehaltenen Austausch über ihre persönliche und berufliche Entwicklung sowie Versuchen, sich auf Konferenzen wiederzutreffen, werden einige wenige konkrete gemeinsame Interessen erwähnt. Von besonderem Interesse sind für Anna Freud Eksteins Fallstudien über das psychotische »Raumkind« (Ekstein 1956b, 1973), sowie über Psychoanalytische Pädagogik. So schreibt sie am 4.7.1952: »(...) We shall use the case for discussion in one of our seminars here and I am grateful for the stimulation which it provides.« Und am 18.6.1953 hebt sie bzgl. einer weiteren Studie Eksteins über das »Raumkind« hervor: »(...) which I read with great interest. In my new Clinic here we have now become very interested in this borderline case, too, have taken several into analysis and hope to report on results in time. If there should be any interim reports availible for reading, I will see that you get them so that we can continue to share these interests.« Von besonderer Freude ist für sie Eksteins erste deutschsprachige Publikation nach seiner Emigration »Der Einfluß Freuds auf die amerikanische Psychiatrie« (Ekstein 1956a). Am 29.12.1969 sowie am 10.1.1970 gratuliert sie ihm nachdrücklich zu dem von ihm herausgegebenem grundlegenden Sammelband »From learning of love to love of learning« (Ekstein/Motto 1969) über die Psychoanalytische Pädagogik, in welchem es Ekstein gelungen war, Beiträge von nahezu allen renommierten, in die USA emigrierten Psychoanalytischen Pädagogen zu versammeln: »I am very glad that the application of psychoanalysis to education has such a good friend in you« (29.12.1969). Und: »I wonder sometimes: now that we have an American Association for Child Psychoanalysis, should not there be also a body looking officially after the application of psychoanalysis to education? It would strengthen the position in the various societies« (10.1.1970).

Kapitel 5: Berufliche Stadionen Eksteins

1 Die Bedeutung der Menninger Foundation für die emigrierten Psychoanalytischen Pädagogen ist von Ernst Federn in der ihm eigenen Plastizität und Deutlichkeit beschrieben worden: »In den 20er Jahren hat einer von diesen amerikanischen Ärzten, Karl Menninger, sein Geld eingesetzt, um eine medizinische Schule zu gründen. Und das in einer Gegend, wo, wie man bei uns sagt, der Teufel gute Nacht sagt, wo nichts wächst als über hunderte von Meilen nur Weizen. Das war in Topeka (Kansas) und wurde die größte psychiatrische Lehr- und Treatment-Anstalt außerhalb der Universität in der Welt: die Menninger-Foundation. (...) Dort zu arbeiten bedeutet Verzicht auf alles, was Kultur heißt. Dort gibt es nur Psychiatrie. Man muß mal dort gewesen sein! (...) Die

Menninger-Clinic ist deswegen von großer Bedeutung, weil Menninger der einzige amerikanische Analytiker war, der Nicht-Mediziner psychoanalytisch ausgebildet hat. Dort wurde auch psychoanalytische Sozialarbeit akzeptiert. Ich war der erste und wahrscheinlich einzige Sozialarbeiter, der bei Menninger einen Vortrag gehalten hat. Das war 1962.« (in: Plänkers/Federn 1994, S. 190f.)

2   Diesen Wunsch nach Kooperation mit kleinen Forschungs- und Behandlungsinstitutionen, die in vergleichbarer Weise wie er mit autistisch-psychotischen Kindern arbeiten, realisierte er in seiner Kooperation mit Bettelheim sowie mit dem Rottenburger Verein für psychoanalytische Sozialarbeit.

3   Einen Eindruck von der wissenschaftlichen Produktivität Rudolf Eksteins insbesondere in diesen Jahren vermittelt die Lektüre der bis zum Jahr 1984 reichenden Werkbiblio-graphie in Oberläuter (1985) sowie in Wiesse (1994). Sie umfaßt ca. 500 Publikationen.

4   Erikson, 1902 in Frankfurt geboren, hatte bereits 1927 auf Anregung von Peter Blos (welcher wiederum mit Ekstein befreundet war) an der Wiener Burlingham-Rosenfeld-Schule gearbeitet, welche heute als ein frühes psychoanalytisch-pädagogisches Modellprojekt gilt. Er wurde von Anna Freud und Aichhorn in die Kinderanalyse eingeführt und wurde 1933 Mitglied der Wiener Psychoanalytischen Vereinigung. Im gleichen Jahr publizierte er in der Ztschr. f. psy. Päd. den Aufsatz »Die Zukunft der Aufklärung und die Psychoanalyse«. 1933 emigrierte er über Kopenhagen nach Boston. Von Conzen wurde er als »der erste Kinderanalytiker in Amerika« bezeichnet (nach Mühlleitner 1992, S. 87). Er war – wie Ekstein – zeitweise an der Menninger Foundation tätig.

5   Eksteins Aufarbeitung von Bernfeld kommt in folgenden Studien zum Ausdruck: Ekstein 1962, 1963, 1964, 1966a, 1973a, 1973b, 1978b, Ekstein/Fallend/Reichmayr 1988, Scholz-Strasser 1992. Oberläuter (1985, S. 244) bemerkt dementsprechend: »Wie ich später zeigen werde sind Eksteins spätere Arbeiten über Erziehung zutiefst von Bernfelds Einfluß gekennzeichnet; es existiert auch kaum eine Arbeit über dieses Thema, in dem nicht Bernfelds ›Sisyphos‹ im Text zitiert wird oder im Literaturverzeichnis aufscheint.«

Über die Einordnung von Bernfelds breitgefächerten Schriften in die psychoanalytische, pädagogische sowie gesellschaftspolitische Diskussion hat es insbesondere innerhalb der Psychoanalytischen Pädagogik einen lebhaften Diskurs gegeben. Exemplarisch hierfür mögen die Beiträge aus dem Jahrbuch für Psychoanalytische Pädagogik 5 stehen, wie auch die zahlreichen Beiträge von Fallend/Reichmayr (1992) über Bernfeld (vgl. auch Erich 1992, 1993). Bernfelds Ausbildungskonzept eines »freien« psychoanalytischen Institutes, 1949 in San Francisco vorgestellt (in: Fallend/Reichmayr 1992, S. 317–327, s. auch Adler, 1992), dient vielen Autoren, die die hierarchisch reglementierte und medizinalisierte Institutionalisierung der Psychoanalyse kritisieren, als geistiger Orientierungspunkt.

6   In der Beschäftigung mit und Interpretation von Bernfelds Werk sowie dessen grundlegender Bedeutung für die psychoanalytisch-pädagogische Bewegung treffen sich Eksteins und Federns Interessen und frühen biographischen Prägungen. So bemerkt Federn zu Bernfeld: »(...) Folglich lenkte Bernfeld die Aufmerksamkeit psychoanalytischer Fragesteller auf die Tatsache, daß der Mensch immer ein soziales Wesen ist. Ich beeile mich zu unterstreichen, daß dies keine neue Entdeckung war. (...) Aber vor Bernfeld – und wie ich fürchte, noch immer trotz ihm – ist der entscheidende Faktor des sozialen Elements bei psychoanalytischen Forschungen und Behandlungen vernachlässigt worden. Hätten die historischen Entwicklungen die Psychoanalyse in Europa nicht zerstört, hätten Bernfelds Ideen gut ein Teil der Freudschen Psychoanalyse werden können. Die Entdeckung der Abhängigkeit vom sozialen Ort einer Person wurde in verschiedenen Formen

von anderen wiederentdeckt, die der Freudschen Psychoanalyse die Vernachlässigung der sozialen Seite des Menschen vorwarfen. Daß dies ursprünglich nicht der Fall war, beweist Bernfelds Artikel.« (Federn 1999, S. 248 f., Hervorhebung R. K.; vgl. auch S. 209, 248–250, 259 f., 275.)

7 Neben den vorhergehend bereits genannten Publikationen Pellers nennt Ekstein (1967b, S. 8) folgende Veröffentlichungen: »Eingewöhnungsschwierigkeiten im Kindergarten« 8/1933 sowie »Zur Kenntnis der Selbstmordhandlung«, Imago, 22, 1936, S. 81 ff. Weiterhin führt Ekstein 23 englischsprachige Studien Pellers auf; auch wird ein Foto von Peller diesem Themenheft vorangestellt. Eine Fortführung ihres Beitrages zu den psychoanalytischen »Theorien des Spiels« leistete Peller 1954 mit dem Beitrag »Libidinal Phases, Ego Development, and Play«, der 1954 in The Psychoanalytic Study of the Child (Nr. 9, S. 178–199) erschien; dieser Beitrag erschien 1969 in dem von Bittner/Schmid-Cords herausgegebenen Sammelband »Erziehung in früher Kindheit« auch auf Deutsch.

8 Ernst Federn erinnert sich in vergleichbarer Weise an Pellers Wirken: »Diese hervorragende Kinderanalytikerin widmete ihre Arbeit (...) vor allem dem Kinde der Vorschulzeit« (Federn 1993a, S. 76); die Paul Federn Study Group (1950–1960), deren Leitung Ernst Federn gemeinsam mit den Emigranten Martin Bergmann sowie H. Nunberg auf Anregung von Lilly Peller nach dem Tod seines Vaters im Jahre 1950 übernommen hatte, tagte häufig in Pellers Wohnung (Plänkers/Federn 1994, S. 193 f., Federn 2000).

9 Bettelheim hatte bereits 1949 Mitscherlichs frühe Studien über die Verantwortung von Medizinern für die Beteiligung an nationalsozialistische Verbrechen, die dieser gemeinsam mit Mielke publiziert hatte, in einer soziologischen Fachzeitschrift rezensiert (Bettelheim 1949a).

10 »›Sisyphos oder die Grenzen der Erziehung‹ war für mich das erste Buch, das eine Synthese herzustellen suchte zwischen Psychoanalyse und marxistischem Denken«, betonte Ekstein (in: Oberläuter 1985, S. 51).

11 Federn: »Ich habe Bernfeld noch gekannt, weil er bei uns zu Gast war. Er war ein ungeheuer charismatischer, brillanter Mann. Er war hager und hat ausgesehen, als ob er am nächsten Tag an Tuberkulose sterben würde. Er war unglaublich gescheit und dynamisch (...) In den 20er Jahren war Bernfeld eine Zeitlang in Wien eine Art Kultfigur, er sprach oft vor mehr als 100 Leuten und war sehr populär« (Plänkers/Federn 1994, S. 120–122).

12 Siehe hierzu meinen Beitrag »Zur Geschichte und Aktualität der Psychoanalytischen Pädagogik: Interviews mit Ernst Federn und Rudolf Ekstein« und hierin besonders meine 15. Frage (Kaufhold 1993a).

13 Nennen möchte ich: An Introduction to S. Bernfeld (Ekstein 1962); »On Psychoanalytic Training« (Ekstein 1962a); Sisyphos or the Boundaries of Education (1966); Der Einfluß der Psychoanalyse auf Erziehung und Unterricht (1973a); Dialog über Sexualität: Distanz gegen Intimität (1973b); »Ich brauch' diesen Kampf« (1978b); »Too late to start life afresh«. Siegfried Bernfeld auf dem Weg ins Exil (zus. mit Fallend/Reichmayr, 1988c). Grubrich-Simitis (1981, S. 12) verweist darauf, daß sich im Bernfeld-Archiv (Library of Congress, Washington, D.C.) ein Manuskript einer von Ekstein zusammengestellten, umfassenden Bernfeld-Bibliographie befindet.

14 Horst-Eberhard Richter (1985, S. 24 f.), der durch sein Engagement an einer Berliner Erziehungsberatungsstelle sowie einer Gießener Obdachlosensiedlung zu einer Verknüpfung von Psychoanalyse und Pädagogik inspiriert wurde, bemerkt über Bernfeld, Fenichel, Bettelheim, Ekstein und Federn: »Siegfried Bernfeld engagierte sich in der Schulreformbewegung, und gründete schon als Zwanzigjähriger ein ›Akademisches Komitee für Schulreform‹. Noch bevor er als Psychoanalytiker zu praktizieren begann, probierte er eine neue Schulerziehung mit jüdischen Kriegswaisen in

einem von ihm gegründeten Kinderheim. In den Bildungseinrichtungen sollten nach seinen Forderungen Unterschiede der Geschlechter und der sozialen Herkunft keine Rolle mehr spielen. Er wurde dann zu einer leitenden Figur der Wiener Jugendkulturbewegung und Wegweiser für das später zu großer Breitenwirkung gelangende Modell der antiautoritären Erziehung. (...) Bruno Bettelheim, der einmal einer der bedeutendsten psychoanalytischen Pädagogen werden sollte, kam aus dem ›Jung Wandervogel‹, der sich von einer ursprünglich eher nationalistischen in eine linksorientierte pazifistische Bewegung gewandelt hatte, als ihn Fenichel für die Psychoanalyse warb. Der aktive Sozialist Paul Federn hatte schon eine Arbeit über die ›Reform des ärztlichen Spezialdienstes‹ geschrieben, ehe er die Bekanntschaft Freuds machte. In der Psychoanalyse erblickte er eine wichtige Hilfe, die Gesellschaft positiv zu verändern. (...) Der jüngere Rudolf Ekstein, Pädagoge und Pionier der psychoanalytischen Sozialarbeit, schloß sich den ›Roten Falken‹, später dem ›Kommunistischen Jugendverband‹ an. Wie manch andere wurde er durch die Ideen Bernfelds zu dem Entschluß ermutigt, sich psychoanalytisch ausbilden zu lassen.«

15 Diese 1973 publizierte Aufsatzsammlung, die zwar in der Literatur gelegentlich als frühes Werk der »neuen« Psychoanalytischen Pädagogik genannt wird, jedoch nach meinem Kenntnisstand nirgends angemessen aufgearbeitet worden ist, erscheint mir trotz des zeitlichen Abstandes als ein weiterhin lesenswertes und anregendes Werk. Es enthält neben den zwei Aufsätzen von Rudolf Ekstein Beiträge von Anna Freud und Donald W. Winnicott; weiterhin mehrere Beiträge von amerikanischen Psychoanalytikern. Schließlich finden sich hierin drei Studien von Edith Buxbaum. Buxbaum war eine Cousine Bettelheims und zugleich wohl seine engste Jugendfreundin: »Wir sind wie Geschwister aufgewachsen. (...) Bruno und ich mochten einander sehr gern«, gibt Sutton (1996, S. 65 f.) deren unveröffentlichten Erinnerungen wieder. Und: »Manche Vorlesungen besuchte er (Bettelheim, R. K.) gemeinsam mit seiner Cousine Edith Buxbaum, die im selben Jahr ihr Studium begonnen hatte, sich aber weniger für Kunst und mehr für Geschichte interessierte. Die beiden waren unzertrennlich, Bruno verbrachte mehr Zeit bei ihr als bei seinen Eltern. (...) Später lernte er bei den Buxbaums auch den glänzenden, ungestümen Wilhelm Reich kennen, der Ediths beste Freundin Annie Pink erst analysierte und dann heiratete« (S. 98). Aufgrund ihres von Reich sowie Bernfeld inspirierten vehementen sozialistischen Engagements (so war sie in der Leitung der von Wilhelm Reich und Marie Frischauf 1928 in Wien gegründeten Sozialistischen Gesellschaft für Sexualberatung und Sexualforschung und mit Annie Reich befreundet) sowie einer kurzzeitigen Inhaftierung aus politischen Gründen und ihrer Relegation aus dem Schulbetrieb floh sie Ende August 1937 nach New York; ihre erneute Verhaftung hatte wohl unmittelbar bevorgestanden. In New York arbeitete sie als Psychoanalytikerin sowie als Beraterin für verschiedene Wohlfahrtsorganisationen. Nach Bettelheims Inhaftierung setzte sie sich entschieden für Bettelheims Freilassung ein, und es gelang ihr sogar, »die Amerikanische Psychoanalytische Vereinigung zur Unterstützung des Vorhabens zu mobilisieren, Bruno Bettelheim nach Amerika zu holen« (Sutton 1996, S. 232). Sie lehrte von 1944 bis 1947 an der New School for Social Research und hat in den USA mehrere Studien zur Psychoanalytischen Pädagogik bzw. zum Verständnis von Lernstörungen veröffentlicht, sowie auch zur Kibbutzerziehung (Buxbaum 1966, 1973a,b).

16 Ekstein, der Bernfeld in den USA noch zumindest einmal wiedergetroffen hat, erinnert sich an Bernfeld folgendermaßen: »Als ich ihn dann in Amerika, im Exil wiedertraf, war sein Optimismus der revolutionären Wiener Jugend verschwunden. Er erschien mir als ein pessimistischer, wenn auch scharfdenkender Mensch.« (vgl. mein Interview mit Bettelheim und Ekstein (Kaufhold 1993a), vgl. auch Ekstein 1966a, Hermanns 1992, S. 290).

17 U.a. in seinen 1905 publizierten »Drei Abhandlungen zur Sexualtheorie«, Std.A., Bd. V, S. 37–145, sowie in seine Schriften »Zur sexuellen Aufklärung der Kinder« (1907), »Die ›kulturelle‹ Sexualmoral und die moderne Nervosität« (1908) sowie »Über infantile Sexualtheorien« (1908), gemeinsam veröffentlicht in dem Fischer-TB »Sigmund Freud: Drei Abhandlungen zur Sexualtheorie«, 1961.

18 Bereits 1967, in seiner Autismus-Studie »Die Geburt des Selbst«, hat Bettelheim zustimmend auf einige entsprechende Publikationen Eksteins zum frühkindlichen Autismus verwiesen (Bd. I, S. 93, 390, 609).

19 Ekstein lud Bettelheim gegen Ende dessen Lebens, als dieser von einer Todessehnsucht geradezu überschwemmt wurde, ein, in seinem Haus zu wohnen, was dieser jedoch ablehnte. Ekstein erinnert sich: »Wir trafen uns beinahe wöchentlich, nur gelegentlich durch berufliche Verantwortlichkeiten, die wir beide hatten, unterbrochen. Wir sprachen über die alte Zeit, das Kaiserreich, den verlorenen Krieg (...) Für einige Monate fühlte er, daß er es nicht mehr schaffen könne oder sollte, alleine in seinem Appartement mit ein wenig Hilfe zu leben, und er begann über einen Ort nachzudenken, wohin er gehen könne. Wir wollten nicht, daß er einsam war und luden ihn ein zu kommen und in unserem Haus zu leben. Er zog dies nicht ernsthaft in Erwägung, und wir begannen, uns darauf vorzubereiten, uns auf-Wiedersehen zu sagen (...)« (Ekstein 1994a, S. 93).

20 Von dieser Kritik nehme ich die umfangreiche und gründliche Studie »Rudolf Ekstein – Leben und Werk. Kontinuität und Wandel in der Lebensgeschichte eines Psychoanalytikers« der Österreicherin Dorothea Oberläuter (1985) aus. Ihr verdanke ich zahlreiche wertvolle Anregungen insbesondere zu Eksteins englischsprachigen Veröffentlichungen.

21 So schrieb Bernfeld (1925/1933, S. 32) in seinem »Sisyphos«: »Wer immer über Kindheit oder Jugend denkt, steht unter einer psychischen Konstellation, die das reine Denkergebnis affektiv gefährden will. Ein Kind kennt er mit unvermeidlicher Aufdringlichkeit und Lebendigkeit: sich selbst als Kind.«

22 Auch wenn ich mir, ganz im Sinne der Studien von Leber (1972, 1977, 1984, 1985a, b) sowie Gerspach (1989, 1997), der Problematik des Begriffs der »Behinderung« bewußt bin, übernehme ich zur Vereinfachung diesen in der heil- bzw. sonderpädagogischen Literatur verbreiteten Begriff. Seine kritische Diskussion wäre ein eigenes, den vorliegenden Rahmen sprengendes Thema, welches u.a. von Leber und Gerspach geführt worden ist. Siehe auch Kaufhold 1989, 1990, 1990c, 1998c, Kaufhold/Roedel 1998a.

23 Siehe hierzu die eindrücklichen Fallbeschreibungen von Jimmy (Ekstein 1973, S. 230–233) sowie von Helene (S. 233–236), die beide sehr psychotisch waren und trotz ihres schwierigen und bizarren Verhaltens kontinuierlich in einer Regelschule unterrichtet werden konnten. Ekstein bemerkt abschließend zu »Jimmy«: »(...) Aber die Tatsache, daß trotz seiner Krankheit ein normaler Schulunterricht durchgeführt werden kann, ist ein sicherer Beweis für die konstruktive Rolle, die die Volksschule im Leben dieses Kindes spielt.« (S. 233)

24 Mit dieser Begrifflichkeit einer »totalen Behandlungssituation« nähert sich Ekstein im Jahre 1973 wieder Bettelheim an. Ich vermute, daß diese begriffliche Akzentverschiebung bei Ekstein durch seine Auseinandersetzung und zunehmende Identifizierung mit Bettelheims Werk und Persönlichkeit bedingt wurde.

25 Vgl. das Gespräch zwischen D. J. Fisher und B. Bettelheim (Fisher 1993, vgl. auch Fisher 1994a, b).

Kapitel 6: Biographie Bruno Betteheims

26 In diese Studie sind folgende Publikationen von mir eingegangen: »Werkübersicht zu Bruno Bettelheim« in: Jahrbuch für Psychoanalytische Pädagogik Nr. 6 (1994), S. 270–278; »Engagement als Lebensprinzip. Erste Annäherungen an das Leben und Werk Bruno Bettelheims«, in: Kaufhold, R. (Hg., 1994), S. 26–48; »Psychoanalyse, Kindererziehung und das Schicksal der Juden. Die Lebensbilanz des jüdischen Psychoanalytikers Bruno Bettelheim«, in: Kaufhold (Hg., 1994), S. 71–86, Das Spiel als Tor zum bewußten und unbewußten Seelenleben des Kindes. Einführung in Bettelheims Buch »A Good Enough Parent«, in: Kaufhold (Hg., 1994), S. 220–232.

1 David James Fisher: A Final Conversation with Bruno Bettelheim. In: D. J. Fisher: Cultural theory and psychoanalytic tradition, S. 159–173. Die Übersetzung dieses Gespräches ist veröffentlicht in: Kaufhold (Hg. 1993): »Pioniere der Psychoanalytischen Pädagogik: Bruno Bettelheim, Rudolf Ekstein und Ernst Federn«, psychosozial Nr. 53 (1/93), S. 34–44.

2 Diese Szene habe ich in Kapitel 5.2.14 ausführlicher geschildert.

3 Richard Sterba (1898–1989) wuchs in Wien auf. Mit 17 Jahren wurde er zum Militärdienst eingezogen und wohnte dabei Diskussionen von einigen Gebildeten im Militärdienst bei. »Unter anderem wurde Sigmund Freud und seine revolutionären Entdeckungen lebhaft diskutiert. Diese veranlaßten mich, Freud zu lesen«, schrieb Sterba (1985) in seinen »Erinnerungen eines Wiener Psychoanalytikers«. Er promovierte in Medizin und machte seine Analyse bei Eduard Hitschmann – der auch Eksteins Lehranalytiker gewesen war. 1925 wurde er Mitglied der Wiener Psychoanalytischen Vereinigung. 1926 heiratete er Editha Sterba (1895–1986), eine engagierte Psychoanalytische Pädagogin, die ab 1928 die Erziehungsberatungsstelle der Wiener Vereinigung geleitet und gemeinsam mit August Aichhorn Beratungen an Wiener Schulen durchgeführt hatte. Weiterhin arbeitete sie eng mit Anna Freud sowie Willi Hoffer zusammen und übernahm im Oktober 1934 die Leitung des Anfängerseminars für Kinderanalyse. Sie veröffentlichte in der Ztschr. f. psy. Päd. vier Studien zu psychoanalytisch-pädagogischen Themen: »Nacktheit und Scham«, 1929, 3, S. 48–67; »Aus der Analyse einer Hundephobie«, 1933, 7, S. 433–452; »Ein abnormes Kind«, 1933, 7, S. 5–38, S. 45–82; »Schule und Erziehungsberatung«, 1936, 10, S. 141–201. Nach ihrer gemeinsamen Emigration entwickelte sie in Detroit für den Jewish Family Service Methoden zur Behandlung von Jugendlichen, die den Holocaust überlebt hatten; im Journal of social Casework 1949, 30, S. 175–181 publizierte sie die diesbezügliche Studie »Emotional problems of displaced children«.

Paul Parin hat einmal angemerkt, daß Richard Sterba nach seinem Wissen der einzige bekanntere »nicht-jüdische« Psychoanalytiker gewesen ist, der aus Solidarität mit seinen jüdischen Kollegen vor den Nazis ins Exil emigrierte (s. auch Oesterle-Stephan (1999), S. 4f.). Brainin/Kaminer bemerken hierzu: Er sei »als Nichtjude der Gefahr der Anpassung noch viel stärker ausgeliefert gewesen als die Juden. Dieser Gefahr wollte er sich nicht aussetzen. Er erkannte die prinzipielle Unvereinbarkeit psychoanalytischer Tätigkeit mit den Anforderungen nach Anpassung unter einem Terrorregime und zog daraus die Konsequenzen.« Sterba mußte Österreich nach dem Einmarsch der Nazis auf das Schnellste verlassen, solange die Grenzen noch nicht geschlossen waren. Seine Patienten – darunter auch Bettelheim – vermochte er nur noch telefonisch zu informieren. Sterba erinnert sich: »(...) Ich mußte das Risiko auf mich nehmen, an der Grenze aufgehalten zu werden. Wir mußten natürlich allen unseren Analysanden mitteilen, daß wir Wien verließen. Da viele von ihnen zur Ausbildung am Lehrinstitut nach Wien gekommen waren, war es ihnen verständlich, daß ich das Land verließ, in dem Psychoanalyse nicht mehr gelehrt werden konnte. Den anderen konnten wir das Trauma des plötzlichen Abbruchs ihrer Analyse nicht ersparen« (1985, S. 165 f.).

4 Sutton (1996) ist in ihrer Studie hierauf mehrfach eingegangen; s. auch meine Rezension ihrer Studie (Kaufhold 1996), in der ich insbesondere diesen Ausführungen gegenüber eine gewisse skeptische Distanz formuliere.

Kapitel 7: Berufliche Entwicklung

1 Persönliche Mitteilung von Fritz Redlich, einem in Wien aufgewachsenen Psychoanalytiker und Psychiater, der in die USA emigrieren mußte und an der Yale University Psychiatrie lehrte. Nach seiner Emeritierung zog er nach Los Angeles und gehörte eine Zeit lang gemeinsam mit Bettelheim und Ekstein einem Diskussionskreis von emeritierten Hochschullehrern an.

2 Siehe hierzu auch meine Studie über Bettelheims Orthogenic School als milieutherapeutischem Modellprojekt, in der ich diese Phase seiner beruflichen Etablierung in seiner neuen Heimat, den USA, ausführlicher schildere (Kaufhold/Krumenacker 1993).

3 Siehe meine Studien zum Briefwechsel zwischen Bettelheim und Ekstein sowie Bettelheim und Federn (Kaufhold 1994a, 1999a).

4 Sutton hat diesen Brief in der französischsprachigen Originalausgabe (1995) ihrer Bettelheim-Biographie als Dokument abgedruckt.

5 Diese Studie wurde 1964 in einer erweiterten Fassung (337 S.) noch einmal neu aufgelegt.

Kapitel 8: Sinnstifter des Sinnlosen – Werkübersicht zu Bruno Bettelheim

In diese Werkstudie habe ich zahlreiche meiner Publikationen eingearbeitet: »Werkübersicht zu Bruno Bettelheim«, in: Jahrbuch für Psychoanalytische Pädagogik Nr. 6 (1994), S. 270–278; »Engagement als Lebensprinzip. Erste Annäherungen an das Leben und Werk Bruno Bettelheims«, in: Kaufhold (Hg., 1994), S. 26–48; »Bruno Bettelheim: Heilende Umwelt aufbauen«, in: Päd. extra & demokratische erziehung 11/1990, S. 30–32; »Bruno Bettelheim: Eine Verehrung des Kindes«, in: Zwischenschritte, 2/1990, S. 97–100. »›Ich muß in deine Welt eintreten‹: Zum Tod des Kinderanalytikers Bruno Bettelheim«, Päd. extra & demokratische erziehung, 4/1990, S. 18–21.

1 Andriessens: »Rezension von Bettelheim: ›So können sie nicht leben‹«, in: Unsere Jugend, 26 (4), S. 188 f.; Bleidick: »Rezension von Bettelheim: ›So können sie nicht leben‹«, in: Zeitschrift für Heilpädagogik 24 (1974), S. 69; Bonnard: »Review of Bettelheim: ›Truants from Life‹«, in: International Journal of Psycho-Analysis, 37 (1955), S. 493 f.; Cohen: »Rezension von Bettelheim: ›So können sie nicht leben‹«, in: The American Sociological Review, 20 (1955), S. 591 f.; Cohn: »Rezension von Bettelheim: ›So können sie nicht leben‹«, in: Psychoanalysis Journal of the National Psychological Association for Psychoanalysis, 3 (4) (1955), S. 77 f.; Gnielka: »Rezension von Bettelheim: ›So können sie nicht leben‹«, in: Praxis der Psychotherapie, 19 (1974), S. 173 f.; Kirson Weinberg: »Rezension von Bettelheim: ›So können sie nicht leben‹«, in: The American Journal of Sociology, 62 (1955), S. 241 f.; Kutter: »Rezension von Bettelheim: ›Liebe allein genügt nicht‹«, in: Psyche, 25 (1971), S. 74–77; Saloga: »Rezension von Bettelheim: ›So können sie nicht leben‹«, in: Praxis der Kinderpsychologie und Kinderpsychiatrie, 35 (1986), S. 25; Schacht: »Rezension von Bettelheim: ›Liebe allein genügt nicht‹«, in: Psyche, 30 (1976), S. 286–294.

2 Siehe Bettelheims Aufsatz über Summerhill, den er in »Erziehung zum Überleben« (Bd. III) aufgenommen hat (S. 190–206). Bettelheim kritisiert hierin die seinerzeit populäre Kritik an der Disziplin; Selbstdisziplin des Erziehers sei ein entscheidendes pädagogisches Element. Alexander Neills unzweifelhafter pädagogischer Erfolg sei nicht so sehr durch seine theoretischen Ausführungen, sondern durch seine eindrucksvolle Persönlichkeit zu erklären.

3 So hat W. Gottschalch – der mehrere Publikationen veröffentlicht hat, die unmittelbar dem Arbeitsgebiet der Psychoanalytischen Pädagogik zuzuordnen sind – zwei Publikationen vorgelegt: Gottschalch (1984): Der Gebärneid der Männer. In: Gottschalch, W.: Geschlechterneid. Berlin, S. 28 ff und passim; Gottschalch (1985): »Bruno Bettelheims Beitrag zur Sozialisationsforschung«, in: Studien zur Kinderpsychoanalyse, 5, S. 43–58. Weiterhin: Aberle, D. F. (1955): »Review of Bettelheim: ›Symbolic Wounds‹«, New York 1954, in: The American Sociological Review, 20 (2), S. 248; Anselm, S. (1978): »Rezension von: Bettelheim: ›Die symbolischen Wunden‹«, in: Psyche, 32 (6), S. 280–282; Khan, M. M. R. (1955): »Review of Bettelheim: ›Symbolic Wounds‹«, International Journal of Psychoanalysis, 36, S. 416; Muensterberger, W. (12955): »Review of Bettelheim: ›Symbolic Wounds‹«, in: Psychoanalytic Quarterly, 24, S. 593–595; Riesman, D. (1954): »Review of Bettelheim: ›Symbolic Wounds‹«, in: Psychiatry, 17, S. 300 ff.; Schendler, D. (1955): »Review of Bettelheim: ›Symbolic Wounds‹«, in: Psychoanalysis, Journal of the National Psychological Association for Psychoanalysis, 2 (4), S. 64–68; Schneider, D. M. (1957): »Review of Bettelheim: ›Symbolic Wounds‹«, in: The American Anthropologist, 57, S. 390–392; Spiro, M. E. (1955): »Review of Bettelheim: ›Symbolic Wounds‹«, in: The American Journal of Sociology, 61 (2), S. 163 f.

4 Ich möchte an dieser Stelle zur Relativierung von Bettelheims Position nicht unerwähnt lassen, daß Ernst Federn, der sieben Jahre lang in Dachau und Buchenwald inhaftiert war, trotz seiner furchtbaren Erfahrungen hierzu eine völlig andere Position hat. Andererseits spricht Bettelheim wenig später von »der riesigen geistigen Schuld, in der ich bei der Psychoanalyse stehe.« (S. 40)

5 Ich erinnere an Bettelheims vorhergehend von mir dargestellter vehementer Kritik an der 68er Protestbewegung sowie seine Unterstützung der Wahl Ronald Reagans zum amerikanischen Präsidenten.

6 Ich denke hierbei an Publikationen von Krumenacker (u. a. in psychosozial Nr. 53, 1/1993), die bei Bettelheim eine Abwendung von gesellschaftlichen Fragestellungen zu erkennen glauben. Dieser Standpunkt erscheint mir als oberflächlich und nicht haltbar.

7 Siehe hierzu auch Richters (1995) Studie »Bedenken gegen Anpassung«, in der er Bettelheims diesbezüglichen Reflexionen ganz im Sinne von Horn sehr zustimmend in seine gesellschaftspolitischen Ausführungen einarbeitet.

8 Persönliche Mitteilung von Michael Löffelholz vom 26.4.1997.

9 Roiphe, H. (1963): »Review of Bettelheim: ›Dialogues with Mothers‹«. In: Psychoanalytic Quarterly, 32, S. 268 f.

10 Levine, M.D. (1967): »Review of Bettelheim: ›Dialogues with Mothers‹«. In: Psychoanalytic Review, 54, S. 714.

11 Siehe hierzu Schmauch (1977, 1994).

12 Siehe meine Kapitel über Rudolf Ekstein. Ernst Federn, der einigen Positionen Bettelheims durchaus nicht unkritisch gegenüberstand, bemerkt in seinem sozialpolitischen Aufsatz »Herausforderungen und Fallen der Milieutherapie« (Federn 1999, S. 171–185): »Es ist eine Ausnahme, daß jemand so isoliert lebt, daß es keinen Weg gibt, mit ihm in Kontakt zu treten. Hierzu ist es inter-

essant, Bettelheims Arbeit mit autistischen Kindern (Bettelheim 1967) zu lesen; sie zeigt nämlich, wieviel er von sich selbst investierte. Bettelheim zeigt außerdem, wie sich ein Kind, das sich erst einmal nur für ein gewisses Ding interessierte, in einem nächsten Schritt einem Tier, dann einer Person, dann zwei Personen und so weiter zuwendet; es geht Schritt für Schritt, und es ist eine langsam voranschreitende Art von Arbeit« (Federn 1999, S. 180).

13 Stork (1994, S. 226), der seinerzeit in Frankreich gearbeitet hatte, beschreibt sehr eindrücklich die von Faszination geprägte Rezeption von Bettelheims Autismus-Studie in Frankreich. Siehe hierzu auch den Beitrag von Karlin (1994) sowie die weitblickende Rezension von Suttons Bettelheim-Biographie durch Roland Jaccard (1995). Jaccard hatte sich 1983 im deutschsprachigen Bereich durch seine wortgewaltige, antipsychiatrisch getönte Essaysammlung »Der Wahnsinn« einen Namen gemacht. In seiner Buchbesprechung zu Sutton (1995/dt. 1996) bezeichnet er Bettelheims »Empty Fortress« ausdrücklich als »his most celebrated« Werk (Jaccard 1995, S. 16).

14 In diesem Zusammenhang bemerkt Stork zur Rezeption dieser Studie im deutschsprachigen Raum: »Es ist jedoch bemerkenswert, daß kaum eine deutsche Veröffentlichung, die sich von psychiatrischer Seite mit dem frühkindlichen Autismus beschäftigt, dieses Buch, das erstmals vor genau zehn Jahren erschien und von dem Übersetzungen in alle wichtigen Sprachen vorliegen, erwähnt, geschweige denn sich mit den Ergebnissen kritisch auseinandersetzt – was ebenso auch für andere Veröffentlichungen psychoanalytischer Autoren über den frühkindlichen Autismus gilt. Kann man hierin nicht eine besonders subtile Form der Ablehnung – welche Ironie, eine Ablehnung durch Nicht-Annahme der Existenz, wie sie Bettelheim bei autistischen Kindern beschreibt – sehen? Einen Versuch, totzuschweigen, was unliebsam und lästig ist. Verliert eine Wissenschaft nicht an Glaubwürdigkeit, wenn sie vermeidet, auch ihren Ansichten widersprechende Erfahrungen zu diskutieren?« (Stork 1977, S. XV)

15 Siehe S. Becker 1994, Dalferth 1990, Ekstein 1968, 1969a, 1989a, 1994, 1994a, Geissmann 1993, Hocke 1994, Jäger/Scholz 1994, Kaufhold 1990, Lehmann 1994, Rödler 1983, Schmauch 1977, 1994, Stork 1977, 1994, 1994a, b, Stork/Eder 1996a, Stork/Schlarb-Gollart 1995, Stork/Thaler 1996b, Zimmerman 1991. Der größte Teil dieser Studien ist in der von Stork herausgegebenen Fachzeitschrift Kinderanalyse publiziert worden.

16 Vgl. hierzu auch Bd. I, S. 12f. sowie Bettelheim 1976d, wo er die ausweglos anmutende Situation des autistisch-psychotischen Kindes in vergleichbaren Metaphern darstellt.

17 Bereits 20 Jahre zuvor hatte Stork in seinem vorausblickendem Vorwort zu »Die Geburt des Selbst« diesen bedrückenden, sachlich nicht akzeptablen Aspekt nachdrücklich betont: »Der Problemkreis der Schizophrenie – im allgemeinen aller psychotischer Erkrankungen – hat immer extreme Positionen provoziert und eine Polarisierung bewirkt, die eine wissenschaftliche Fragestellung erschwerte. (...) Warum aber führt gerade die Auseinandersetzung über den Themenkreis der psychotischen Erkrankungen zu solchen extremen Ansichten? Diese Frage läßt sich gewiß mit der unmittelbaren Faszination und mit der Anziehung beantworten, die von diesem Thema ausgeht, und zu der auch der Gegensatz, die strenge Verleugnung der psychischen Existenz als eines originären Elementes bei der Entstehung der Psychosen gehört. Wie sollen wir sonst die Geringschätzung, die Verachtung und manchmal sogar den Haß verstehen, der auftritt, wenn die psychische Verursachung von Psychosen zur Sprache kommt? Die totale Ablehnung oder Verleugnung spricht von der Angst, sich vernünftig mit diesen Problemen auseinanderzusetzen, von der Angst vor der Anziehungs- und Überzeugungskraft, die es schließlich und endlich haben könnte« (Stork 1977, S. X; s. auch S. XI).

18 »Schizophrenia as a Reaction to Extreme Situations« (Bettelheim 1956, s. Bd. III, S. 126–138).

19 Siehe u.a. folgende Studien: M. Dornes (1993): Der kompetente Säugling. Frankfurt/M.; J. Lichtenberg (1991): Psychoanalyse und Säuglingsforschung. Berlin; Stork (1994).
20 Zu Bettelheims Begriff der »autistischen Anlage« siehe Bd. I, S. 49f., 59, 202.
21 Siehe auch das Kapitel »Der sehnsüchtige Wunsch des Menschen nach Ordnung« (Bd. I, S. 109–113, s. auch S. 117) (s.u.), in dem diese Überlegungen weitergeführt werden.
22 Siehe hierzu S. Beckers (1994, S. 239–241) Beschreibungen von Behandlungs- und Reifungsprozessen bei autistischen Kindern, die sich vor allem auf der Ebene eines handelnden, lustvollen Umgangs mit dem eigenen Kot sowie mittels Wasser- und Sandspielen ereignen: »Je mehr ein Kind einen Nachholbedarf auf einer bestimmten frühen Stufe der Entwicklung hat, desto mehr können wir erleben, daß es seinen Kot einerseits als Produkt von sich selbst erlebt, gleichzeitig aber als Etwas, was nicht es selbst und außerdem ein unbelebtes Objekt ist; gerade diese Differenz kann sehr starke Ängste hervorrufen, wie diese, daß das Objekt Kot ein Teil des eigenen Körpers ist und daß dieser Teil, wenn er das Klo hinuntergespült wird, unter Umständen leidvoll vermißt werden kann, wie ein plötzlich abgerissener Körperteil. Deshalb muß die Differenz, um erträglich zu werden, vorübergehend total, dann zunehmend weniger verleugnet werden (...)« (S. 239). Siehe auch das von Hélène Marchadier verfaßte Kapitel »Die Wasserspiele« in Mannoni (1978), S. 112–121, in dem sich vergleichbare geistesverwandte Schilderungen finden. An anderer Stelle bemerkt Mannoni (1978, S. 263) hierzu in maßgeblicher Übereinstimmung: »Manche dieser vom Schrekken beherrschten Kinder machen den Eindruck, als seien sie taub und blind. In bestimmten Momenten lassen sie sich vom Urin, den Exkrementen und den Tränen überschwemmen. Ehe man mit ihnen spricht, muß man lernen, ihre Gesten zu lesen und zu verstehen, was in ihrer Sprache ohne gesprochenes Wort gesagt wird. Diese Kinder brauchen vor allem ›Wasser- und Hautspiele‹. Von dort aus findet man Zugang zu all dem, was hinter dem Schein des Todes von ihnen lebendig geblieben ist.«
23 Vgl. die von Tustin (1988) sowie Mannoni (1994) vorgenommenen Differenzierungen zwischen dem primären und dem sekundären Autismus.
24 Ich erinnere an den dieser Arbeit leitmotivisch vorangestellten Ausspruch Bettelheims, den ich als Grundmatrix seines Lebens verstehe: »Dem, was man selbst erlitten hat und andere ebenfalls, kann nur abgeholfen werden, indem man lebt und handelt« (Bd. VI, S. 258).
25 Maud Mannoni bezeichnet diesen schwierigen und dramatischen Sachverhalt in maßgeblicher Übereinstimmung mit Bettelheim (vgl. Roedel/Wagner 1994, S. 185) folgendermaßen: »In unserer Beziehung zu autistischen Kindern stoßen wir uns an der Tatsache, daß die Realität für diese Kinder in der ersten Zeit nicht symbolisierbar ist. Man kann sogar sagen, daß es für sie eine Art und Weise ist, sich vor der Beunruhigung zu schützen, wenn sie nach einem Leben im unberührten Zustand der Realität trachten. Denn sobald sich das Subjekt auf die Suche nach Bezugspunkten macht, kommt die Unruhe auf; deshalb bemüht es sich, möglichst ohne Affekte zu leben. Die Wende in der Evolution des autistischen Kindes vollzieht sich, wenn es die Möglichkeit wiedergefunden hat, mit Affekten zu leben, ohne daß diese die Gefahr der Vernichtung mit sich bringen. Aber in dem gleichen Augenblick, in dem das Kind seine Panzerung verliert, besteht auch das Risiko von Selbstmordepisoden.« (Mannoni 1978, S. 258)
26 In der von mir verarbeiteten Literatur findet sich sowohl die Schreibweise »Kibbutz« als auch »Kibbuz«. Diesem Umstand ist es geschuldet, daß ich in diesem Kapitel zwei verschiedene Schreibweisen verwende.
27 Auf Deutsch publiziert in »Erziehung zum Überleben« (Bd. III, S. 348–365 sowie S. 366–379).

28 Siehe Koelbl (1994), Sutton (1996, S. 192f., S. 477, S. 521–524, S. 550f.) sowie meine Besprechung von Suttons Bettelheim-Studie (Kaufhold 1996). Siehe auch Kaufhold/Lieberz-Groß (2001).

29 Nach Heinsohn (1994, S. 176) ist der eigentliche Begründer der Kibbutzerziehung übrigens Eliahu Rappaport, »ein Wiener Mathematiklehrer und Bewunderer des Kinderheims Baumgarten, das der Psychoanalytiker Siegfried Bernfeld leitete (...) Er übte dort den Beruf des Schusters aus. In der Werkstatt lehrte er die Kinder und wurde über dieser Aufgabe und mit seinem spezifischen Wiener Hintergrund der Initiator der neuen Erziehung.« Insofern läßt sich auch bei diesem Engagement Bettelheims eine unmittelbare Anknüpfung an seine frühen Wiener Erfahrungen nachweisen.

30 Siehe hierzu meinen kleinen Erinnerungsbeitrag »Begegnungen« (In: Gewerkschaft Erziehung und Wissenschaft (Hg., März 1998): Diskussionen und Unterrichtsprojekte. 18. Deutsch-Israelisches Seminar der Gewerkschaft Erziehung und Wissenschaft und der Histadrut Hamorim, Frankfurt/M., S. 116f.) über diese Tagung, sowie psychosozial 1/2001: »Deutsch-israelische Begegnungen« (Kaufhold/Lieberz-Groß, 2001).

31 Bülow-Faerber, C. V. (1990): »Rezension von Bettelheim: ›Der Weg aus dem Labyrinth‹«, in: Praxis der Kinderpsychologie und Kinderpsychiatrie, 37 (1990), S. 100.

32 Siehe hierzu auch das Gespräch zwischen Karlin und Bettelheim (Karlin 1994) sowie die Anmerkungen Suttons über Karlin (Sutton 1996, S. 517–520).

33 Jochen Stork erinnert sich dieser Faszination so: »Als dieses Buch (Bd. I) veröffentlicht wurde, lebte ich in Paris und ich werde nie vergessen, welche Wellen von Begeisterung und Faszination es damals in Frankreich (wie übrigens auch in verschiedenen anderen europäischen Ländern) ausgelöst hat. (...) Die schon damals ebenfalls in dieser Richtung arbeitenden französischen Psychiater waren für diese Fragen ebenso empfänglich, wie das große Publikum über sein Engagement begeistert war« (Stork 1994, S. 225). Auch Maud Mannoni wurde durch Bettelheims Wirken sowie die genannten Filme Karlins über dessen Arbeit maßgeblich inspiriert und ermutigt. Sie bemerkt in der ihr eigenen Klarheit und Entschiedenheit: »Das Publikumsinteresse an den Filmen von Bettelheim enthüllt nicht zuletzt den Wunsch der französischen Patienten, anders behandelt zu werden. Daß Bettelheim in Amerika und Melanie Klein in England die beiden Persönlichkeiten sind, die die wichtigsten Beiträge zur Psychosentherapie bei Kindern geleistet haben (obwohl beide Nicht-Mediziner sind), mag gewisse französische Ärzte beunruhigen; doch das Publikum der Patienten, das nach einem neuen Ansatz in Hinsicht auf sein Problem verlangt, wird hierdurch mit Hoffnung erfüllt. Die Autoritätskonflikte (zwischen Medizinern und Nicht-Medizinern) erscheinen diesem Publikum angesichts der Fülle ungelöster Fragen, die es hier und jetzt für Tausende von psychotischen Kindern zu lösen gilt, lächerlich (oder gar deplaziert).« (Mannoni 1978, S. 253, Hervorhebung R. K.).

34 Hiermit gehört Bettelheim – neben Sigmund Freud, Horst-Eberhard Richter sowie Paul Parin – zu den wenigen psychoanalytisch orientierten Autoren, die es vermocht haben, mit ihren Erkenntnissen aus der engen – und somit in einer gewissen Weise wirkungslosen – fachlichen Nische herauszutreten und psychoanalytisch-pädagogischen Erkenntnissen eine wirkliche gesellschaftliche Bedeutung zu verleihen.

35 Wyatt, F. (1981): »Rezension von B. Bettelheim: ›Kinder brauchen Märchen‹«. In: Psyche 35, S. 662–669. Wyatt war ein bekannter Psychoanalytiker, der in die USA emigrieren mußte, später dann nach Freiburg zurückkehrte und dort an der Universität Psychologie lehrte. Er hatte Bettelheim nach eigenen Angaben bereits in Wien gekannt und hatte die Entstehung von dessen Pro-

motion als befreundeter Studienkollege miterlebt (persönliche Mitteilung von F. Wyatt aus dem Jahre 1992). Frederick Wyatt stand mit Bettelheim sowie Ekstein bis zu seinem Tod in freundschaftlicher Verbindung. Ich hatte ihn im Jahre 1992 um einen Beitrag für mein geplantes Buch »Annäherung an Bruno Bettelheim« gebeten. Er sagte diesen Beitrag auch gerne zu und wollte sich hierbei insbesondere zu Bettelheims bisweilen »schwieriger« Persönlichkeit äußern. Die posthumen Angriffe gegen Bettelheim empfand er als unangemessen und empörend. Eine schwere Krankheit verhinderte seinen Buchbeitrag.

36 Gidion, H.: »Die Wahrheit der Phantasie. Über Bruno Bettelheims ›Kinder brauchen Märchen‹«, in: Die Neue Sammlung, 17 (1977), S. 357–360; Schwarz, M. M.: »Psychoanalysis in Fairy Land: Notes on Bruno Bettelheim as Interpreter«, in: Literature and Psychology, 61 (2) (1977), S. 163 f; Updike, J.: »Review of Bettelheim: ›The Uses of Enchantment‹«, The New York Times Book Review, May 23, 1981, S. 1 f; Bottigheimer, R. B.: »Bettelheims Hexe: Die fragwürdige Beziehung zwischen Märchen und Psychoanalyse«. In: Psychotherapie und medizinische Psychologie, 39, 1989, S. 294–299; Bruns, B.: »Märchen in den Medien«. In: Ztschr. f. Pädagogik 26 (3), 1980, S. 331–352; Kaufhold, R.: »Unterrichtsreihe ›Wir führen ein Märchen auf‹«. In: Lernen konkret, 4, 1991, S. 18 f; Rosenkötter, R. M.: »Das Märchen – eine vorwissenschaftliche Entwicklungspsychologie«. In: Psyche, 34 (2), 1980, S. 168–207. Siehe auch den in psychosozial 1/2001 »Deutsch-israelische Begegnungen« erscheinenden Beitrag »Kinder brauchen Märchen – aber keine Märchenfilme. Zum Problem der Abwehr der Erkenntnisse Bruno Bettelheims« der Kinderanalytikerin Ute Benz.

37 In den kürzlich erschienenen »geheimen Rundbriefen« von Otto Fenichel ist nachzulesen, daß der fortschrittliche Analytiker Otto Fenichel, angeregt durch eine Rezension des emigrierten Analytikers Martin Grotjahn, die Bedeutung von Bettelheims erster Konzentrationslagerstudie bereits im Jahre 1945 (!) erkannte. Fenichel bemerkte »about a very interesting paper by Bettelheim«: »The author's conclusion is: What thus happens in an extreme fashion to the prisoners in concentration camps, also, in a somewhat less exaggerated form, happens to the inhabitants of the great concentration camp called Greater Germany.« Und Fenichel fügte hinzu: »I should like to add that Bettelheim's paper is not only moving because of its contents but is an excellent piece of psychological work, very stimulating, and in need of discussion by ›sociologically oriented analysts‹« (Reichmayr/Mühlleitner 1998, Bd. I, S. 143 f.).

38 Von den ins Deutsche übersetzten und in Buchform erhältlichen Publikationen beziehe ich mich hierbei auf folgende Bettelheim-Essays: »Erziehung und Realitätsprinzip«; »Der Entschluß zu scheitern«; »Über Summerhill«; »Gewalt: eine gern verleugnete Verhaltensweise«, alle in Bd. III, S. 143–223. Bettelheim steht hiermit ganz in der Tradition u. a. seiner Cousine Edith Buxbaum, die eine bedeutende Vertreterin der Psychoanalytischen Pädagogik war und mit ihrem Beitrag »Die Rolle der Eltern bei der Ätiologie von Lernstörungen« einen frühen Beitrag zu einem psychoanalytischen Verständnis von Lernstörungen gab.

39 Fisher, D. J.: »Review of Bettelheim: ›Freud and Man's Soul‹«, in: Los Angeles Psychoanalytic Bulletin, Vol. 1, No. 4 (1983), S. 20–26; Kermode, F.: »Freud is better in German. Review of Bettelheim: ›Freud and Man's Soul‹«, in: The New York Times Book Review, February 6 (1983), S. 9 und 25; Kurzweil, E. (1985): »Rezension von: ›Freud und die Seele des Menschen‹«, in: Psyche, 39, 1985, S. 375–377; Ornston, D.: »Review of Bettelheim: ›Freud and Man's Soul‹«, in: Journal of the American Psychoanalytic Association, 33 (1985), S. 189–200.

40 Diese Studie ist in einer sehr viel ausführlicheren Fassung erschienen in: Kaufhold (Hg., 1994): Annäherung an Bruno Bettelheim, Mainz, S. 220–232.

41 Alle nicht näher gekennzeichneten Seitenangaben stammen im folgenden aus diesem Buch.
42 Da es zu dieser publizierten Heilungsrate von 85 Prozent in der Öffentli-chkeit häufig Spekulationen und Mißverständnisse gegeben hat möchte ich an dieser Stelle Bettelheims eigene Darstellungen hierzu wiederg-eben: Diese hohe Heilungsrate bezieht sich nicht speziell auf die Arbeit mit autistischen Kindern – Bettelheim hat in diesen 30 Jahren insgesamt 40 autistische Kinder behandelt –, sondern auf alle 240 Kinder, die in diesen 30 Jahren seiner Leitungstätigkeit in der Orthogenic School gelebt haben. Für autistische Kinder hat er in »Die Geburt des Selbst« (Bd. I) seine Angaben dahingehend spezifiziert, als »die Mehrheit der eindeutig autistischen Kinder, die wir durch Jahre hindurch behandelt haben, in die Gesellschaft zurückkehren konnten« (S. 541). An anderer Stelle (S. 545) spricht er von einem Behandlungserfolg von 57 Prozent, wobei die Prognose bei sprechenden autistischen Kindern i. d. R. erfolgversprechender sei als bei nichtsprechenden Kindern. Bettelheim fügt hinzu: »Siebzehn Kinder (...) können im Grunde als ›geheilt‹ betrachtet werden. Die meisten unter ihnen weisen zwar nach wie vor gewisse ›Eigenarten‹ auf, aber keine dieser »Eigenarten« konnte sie daran hindern, daß sie in unserer Gesellschaft zu dem erforderlichen Maß an Anpassung gelangt sind« (Bd. I, S. 545 f.; s. auch S. 122 f.).
43 Lempp, R. (1988): »Gemeinsamkeiten erschließen und Erinnerungen wecken«. In: Bild der Wissenschaft 1/1988, S. 116 f.
44 Dieser Beitrag, den ich gemeinsam mit W. Rügemer verfaßt habe, erschien in einer geringfügig veränderten Fassung in: Kaufhold (Hg., 1994): Annäherung an Bruno Bettelheim, S. 71–86. Eine modifizierte Fassung dieses Beitrages wurde am 27.12.1990 von WDR III, 22.30–23 Uhr in der Sendung »Am Abend vorgestellt« ausgestrahlt. Weiterhin erschien in »die tageszeitung« (taz), 23.3.1991 unter dem Titel »Befreiung aus dem Gettodenken« eine von mir gemeinsam mit Rügemer verfaßte Besprechung.
45 Mauthe-Schonig hat diese Leselernfibel gemeinsam mit dem Erziehungswissenschaftler Bruno Schonig sowie der Lehrerin Mechthild Speichert verfaßt. Bruno Schonig hat hierbei die Geschichten von der »kleinen weißen Ente« sowie vom »Gulli« (s. auch Schonig 1982, 1993) geschrieben. Da Mauthe-Schonig als Hauptherausgeberin fungiert und hierüber hinaus in letzter Zeit weitere Begleitstudien (u. a. Mauthe-Schonig 1996a, b) verfaßt hat, nenne ich im Folgenden zur Vereinfachung immer nur ihren Namen.

Kapitel 9: Abschied von Bruno Bettheim

1 Redlich gehörte zu den Kandidaten bzw. zu den Teilnehmern an den Lehrgängen für Pädagogen am Wiener Psychoanalytischen Lehrinstitut 1937/38 (s. Reichmayr 1990, S. 158).
2 Auf Deutsch publiziert unter dem Titel »Wie ich zur Psychoanalyse kam« in Bd. VI, S. 35–49.
3 Bettelheim: »Es gibt ein Erlebnis, das mich mehr und mehr belastet – die ›Muselmänner‹. Sie waren lebende Leichname, unfähig, selbständig zu handeln; sie alle starben sehr schnell. Was ich in einigen Altenpflegeheimen gesehen habe, gleicht den Lagern so sehr, dieselben psychologischen Bedingungen.« (in: Fisher 1993, S. 38)
4 Diese Studie wurde in der Kinderanalyse 4/94 veröffentlicht, einschließlich einer längeren Einführung von mir (Fisher 1994b, Kaufhold 1994d).
5 Zitiert nach: Eugen Kogon: Der SS-Staat, Frankfurt/M. 1946, S. 132.
6 In diesen Essay sind zwei Studien eingegangen: »Bewältigungsversuche eines Überwältigten: Eros und Thanatos in der Biographie und im Werk von Bruno Bettelheim«, erschienen in »Neue

Sammlung« 1/1997, S. 95–113; sowie »Leben und Sterben von Bruno Bettelheim«, erschienen in Kinderanalyse 4/94, S. 428–446.

7 Siehe hierzu auch Bettelheims kleinen, 1986 auf französisch erstmals veröffentlichten anrührenden Aufsatz »Das Wien Sigmund Freuds«, zugleich die Einführung zu seinem stark autobiographisch geprägten Spätwerk »Themen meines Lebens«, in dem Bettelheims enge Verbundenheit mit dem Wien seiner Kinderzeit überdeutlich spürbar ist. Der durch die Vertreibung bedingte Verlust seines geliebten Wiens hinterließ eine unheilbare Wunde, ein Gefühl der Verzweiflung und des Grolls, welches ihn sein Leben lang nicht mehr loslassen sollte. Ganz in diesem Sinne formuliert der holländische Kinderanalytiker Sjef Teuns in seinem Nachruf auf Bettelheim (1991, S. 88): »Bettelheim beschreibt ›Freuds Wien‹ als ein Paradies, aber als ein immer schon verlorenes. In einer merkwürdigen Un-Zeit der Geschichte angesiedelt, ist es zugleich wirklich und doch wie ein Traum, der bald genug zum Alptraum wurde. Im gleichen Augenblick vollkommen und dem Untergang geweiht, ist dieses Wien, wie Bettelheim es zeichnet, zugleich eine Utopie künftiger Versöhnung und eine Allegorie unwiederbringlicher Vergänglichkeit: Diese Spannung zwischen erlittenem Verlust und aufgeschobener Versöhnung hat das ganze Leben Bettelheims gezeichnet, das sich wie ein unablässiges Bemühen darstellt, ein einmal verlorenes Paradies wiederzugewinnen. Nicht seines, sondern das anderer.«

8 In späteren Schriften sollte Bettelheim sich über die Grenzen der psychoanalytischen Sichtweise unter Extremsituationen etwas vorsichtiger, abwägender äußern. Seine Bemerkung im Gespräch mit D.J. Fisher (Fisher 1993, S. 40) sche-int mir am treffendsten: »Der Erklärungswert der Psychoanalyse steht außer Frage, in jedem Fall. Andere Aspekte der Psychoanalyse, die Selbstbeobachtung, die Selbstkritik, sind nicht sehr von Nutzen in einer Ausnahmesituation. Der Erklärungswert ist immer vorhanden.«

9 Siehe meinen vergleichenden Exkurs zu den unterschiedlichen Bewältigungsversuchen ihrer Lagererfahrung von Bettelheim und Federn in meinem vorhergehenden Federn-Kapitel.

10 Für Bettelheim war diese Verleugnung nicht nur bei den Deutschen und Österreichern, sondern auch bei den Amerikanern beobachtbar: »Die Amerikaner verleugnen die Realität der Vernichtungslager, weil dies die einfachste Möglichkeit war, einer unangenehmen Wahrheit nicht ins Auge sehen zu müssen. Als sie sich nicht länger blind stellen konnten gegenüber dem, was Tausende mit ihren eigenen Augen gesehen hatten, begannen sie feinere und raffiniertere Abwehrmechanismen zu entwickeln, um nur ja nicht sehen zu müssen, wie der Holocaust wirklich gewesen war. Ihn sich vorzustellen, hätte bedeutet, ihn bis zu einem gewissen Grad selbst erleben zu müssen.« (Bd. III, S. 103)

11 In diesem Sinne führt Sjef Teuns in seinem Nachruf auf Bettelheim aus, daß man »Bettelheims Tod von seinem Leben her zu verstehen« versuchen muß (1991, S. 86) und betont: »Der Holocaust als Inbegriff der vollkommenen Zerstörung der aufgeklärten Kultur Europas ist die Triebfeder von Bettelheims Arbeit, vielleicht seines Lebens überhaupt, geblieben.« (1991, S. 89)

12 Siehe meine vorhergehende Besprechung dieses Essays.

13 Sjef Teuns formuliert dies in vergleichbarer Weise: »Unwillkürlich mußte ich mich (...) fragen, ob nicht alles, was Bruno Bettelheim nach 1939 gerade für die am schwersten gezeichneten Kinder getan hat, in deren verschlossenes Leben er an der Orthogenic School ein kleines Stück Himmel bringen wollte, eine Rechtfertigung seines Lebens war. Ich meine damit nicht die gewöhnliche Rechtfertigung gegenüber Selbstzweifeln und Schuldgefühlen, sondern vielmehr eine Form existentieller Rechtfertigung, die einem fundamentalen Verlust antwortet, dem Verlust des Rechtsgrundes unseres Daseins in der Welt« (Teuns 1991, S. 89).

14 So beschrieb Bettelheim 1974 in einem Vortrag in Frankfurt die therapeutische Beziehung zu einem psychotischen Kind folgendermaßen: »Stellen wir uns eine Brücke über einem Abgrund vor, von einem Land zum anderen, wobei das eine Land jenseits des Abgrunds die psychotische Welt und das Land diesseits das wirkliche Leben ist.

Die Brücke müssen wir bauen, wir müssen den Psychotiker besuchen und sein Leben als wichtig und würdig erachten – erst dann wird er uns gelegentlich über die Brücke hinweg in unserem Land, der Realität, besuchen, und zwar nur freiwillig. Vorher sind unsere Hinweise auf die Realität nur Beweis dafür, daß wir die Psychose, sein ureigenes Geschöpf, nicht ernst nehmen, sie sind Attentate gegen das was ihn schützt. Denn er will lieber Krüppel im eigenen Leben als Gefangener im fremdbestimmten Leben sein. Die Symptome sind seine wertvollste Schöpfung, und nur aus ihr gewinnen wir das Material für den Neubeginn; daher müssen wir den Symptomen gegenüber unbedingten Respekt zeigen. Das Kind hat ausgezeichnete Gründe, eben seine Lebenserfahrungen, die es zu diesen Symptomen zwingen und die für seine Störung der einzige und beste Ausweg waren.« (Schmauch 1994, S. 133; vgl. auch Schmauch 1977).

15 Bettelheim hat seine entschiedene, persönlich motivierte Ablehnung der »optimistischen«, übertrieben narzißtischen amerikanischen Massenkultur – die unmittelbar mit den von ihm analysierten Fehlübersetzungen und Fehldeutungen Freuds in den USA korrespondiert (vgl. Bd. IV) – gelegentlich schonungslos deutlich formuliert (vgl. Bettelheim/Ekstein 1994; Bettelheim, Bd. IV, S. 116 f.). In »Freud und die Seele des Menschen« bemerkt er: »Sich vorzustellen, wie viele Amerikaner es tun, die Psychoanalyse ermögliche es, ein befriedigendes Leben allein auf irgendeinen Glauben an den Sexual- oder Lebenstrieb zu gründen, heißt, Freud völlig mißzuverstehen. Ebenso wie eine ausschließliche Beschäftigung mit dem Todestrieb uns deprimieren und krank und kraftlos machen würde, kann eine ausschließliche Beschäftigung mit dem Sexual- oder Lebenstrieb nur zu einem seichten narzißtischen Dasein führen, weil es der Realität ausweicht und dem Leben das raubt, was jeden Augenblick einzigartig und bedeutsam macht – die Tatsache, daß er unser letzter sein könnte.« (Bd. IV, S. 124)

16 Siehe hierzu auch den vorzüglichen Beitrag von Anna-Katrin Oesterle-Stephan (1999) – welcher nach der Veröffentlichung dieses Essays verfaßt wurde –, in dem ich meine Reflexionen bestätigt finde. So bemerkt Oesterle-Stephan (1999, S. 2) u. a.: »Bettelheims Suizid verdeutlicht m. E., wie sehr er trotz aller Auszeichnungen und Erfolge, die er erlebte, ein schwer traumatisierter Mann blieb. Den zunehmenden Leiden des Alters und der Einsamkeit, die er verspürte, nachdem seine Frau verstorben war, wollte er nicht hilflos ausgeliefert sein. Nach zwei Schlaganfällen verließen ihn seine Kräfte immer mehr. Damit wurde er der ihm noch verbliebenen Möglichkeit beraubt, sich schreibend seiner Depressionen zu erwehren. Er wählte den Freitod, wie schon viele Holocaustopfer vor ihm (...)«.

17 Dieser Vortrag wurde auf einem Bettelheim-Kongreß in Bremen gehalten.

Kapitel 10: Zur Psychologie der Extremsituation: Das Trauma der Verfolgten

1 »Für mich waren es die deutschen Konzentrationslager, die mir auf eine sehr persönliche und unmittelbare Weise gezeigt haben, welche Erfahrungen uns entmenschlichen können. Ich hatte damals das Gefühl, Kräften ausgeliefert zu sein, die ich selbst offenbar nicht mehr beeinflussen konnte; auch hatte ich keine Ahnung, ob und wann diese Erfahrung zu Ende sein würde.« (Bd. I, S. 8)

2 So betont Ernst Federn in einem Leserbrief vom 19.2.1997 an den Spiegel: »Seine erste Arbeit über das Leben im KZ ist eine Pionierleistung ersten Ranges, deren Bedeutung erst heute voll erkannt wird« (Federn 1997d, veröffentlicht in Kaufhold 1999d). Vgl. auch meinen obigen vergleichenden Exkurs zur partiell divergierenden Verarbeitung ihrer Lager-Erlebnisse bei Federn und Bettelheim in meiner Federn-Studie sowie das Buch »Ernst Federn: Versuche zur Psychologie des Terrors« (Kaufhold 1999), in dem ich Bettelheims und Federns Beiträge zu einer Psychologie der Extremsituation bzw. einer Psychologie des Terrors diskutiere.

3 Vgl. Bd. II, S. 326 sowie meine vorhergehenden Studien über Ernst Federn.

4 Federn (1999b) differenziert bzgl. der Abwehrmechanismen zwischen der Regression, der Identifikation mit demjenigen, der die Leiden verursachte, sowie der Projektion.

5 Siehe auch Bd. I, S. 2, S. 6.

6 Bd. I, S. 7 f., 74, 84–90, 101 f., 509. Siehe auch meinen vorhergehenden »Exkurs: Das Überleben von Extremsituationen« in dem Federn-Kapitel, in dem ich dieses Thema, unter Einbeziehung der partiell differenten Position Ernst Federns, vertiefend diskutiert habe.

7 Siehe hierzu den Beitrag »Spätfolgen bei verfolgten Kindern« von Judith S. Kestenberg (1993), in dem ebenfalls auf die Gemeinsamkeiten in der Symptomatik von Kindern, die die deutschen Konzentrationslager überlebt haben, sowie den Opfern von Gefolterten hingewiesen wird.

8 Siehe meine beiden Beiträge »Ohne Haß keine Versöhnung. Das Trauma der Verfolgten: Die Erfahrungen des deutsch-chilenischen Psychotherapeuten David Becker« sowie »Traumatisierungsprozesse bei Verfolgten. Ein Gespräch mit David Becker (Santiago de Chile)«, in: psychosozial Nr. 58 (IV/1994), S. 105–129 (Kaufhold 1994b, c). Diese Beiträge sollten ursprünglich in die vorliegende Studie mit aufgenommen werden, mußten im Interesse eines begrenzten Buchumfangs jedoch weggelassen werden. Dennoch bilden sie ein unverzichtbares Element zum Verständnis der hier diskutierten Studien Bettelheims zur Psychologie der Extremsituation bzw. des Terrors.

9 So verwendet beispielsweise Grubrich-Simitis (1984) in ihrer Studie über eine psychoanalytische Arbeit mit Nachkommen der Holocaust-Generation diesen Begriff.

10 Siehe meine an Stork (1977, 1994) orientierten Anmerkungen zu den Paradoxien in der Begegnung mit autistischen Kindern in meiner vorhergehenden Diskussion von Bettelheims Autismus-Studie »Die Geburt des Selbst« (BI).

11 Siehe hierzu meine Einführung zu Federns grundlegender Studie »Versuch einer Psychologie des Terrors« (Kaufhold 1999b), in der ich diese grundlegende Schwierigkeit, dieses Paradoxon, vertiefend diskutiere.

12 Ich habe in dieser Studie verschiedentlich die Hypothese aufgestellt, daß Bettelheim durch die Konzentrationslagerhaft sehr viel stärker seelisch verletzt worden ist als Federn (vgl. auch Kaufhold 1999). Ich habe dies in den Zusammenhang von Federns entschlossenem und außergewöhnlich mutigem antifaschistischem Kampf gestellt, welcher ihm bereits vor seiner Verschleppung nach Dachau eine einjährige Inhaftierung in österreichischen Gefängnissen einbrachte.

Hierdurch trat er – in einem gewissen Gegensatz zu Bettelheim – quasi als »gelernter Häftling« in die Welt des KZ ein (vgl. Kuschey 1999, S. 113). Auch hat Federn stets auf sein familiär bedingtes gesundes »Urvertrauen« verwiesen, welches ihm dazu verhalf, auch die ärgsten Situationen durchzustehen. Wie Suttons (1996) Ausführungen nahelegen, verfügte Bettelheim nicht über ein solch stabiles psychisches Substrat. Federn führt hierzu aus: »Erst in Dachau erfuhr diese Zuversicht einen großen Schlag. Bis Dachau habe ich jeden Menschen, mit dem ich zu tun gehabt habe, auf meine Seite bekommen. Auch die Wiener Polizei, auch die Aufseher. Ich habe sie immer in kürzester Zeit gekriegt. Aber bei der SS war das aus! Eher konnte man mit einem Tiger reden als mit diesen Menschen. Das war der Schock meines Lebens. Da habe ich gewußt: Damit komme ich nicht durch, mit Schmäh kommst du nicht durch.« (Plänkers/Federn, 1994, S. 156)

Literaturverzeichnis

Literatur von Bruno Bettelheim

Zur Vereinfachung der Zitationen habe ich die wichtigsten Publikationen Bettelheims mittels einer Abkürzung gekennzeichnet. Um den Seitenumfang dieser Studie auf ein akzeptables Maß zu begrenzen mußten von mir zahlreiche Kürzungen in der Literaturliste vorgenommen werden. Die vollständige Literaturliste zu Bettelheim findet sich unter der im Vorwort genannten Internetanschrift sowie in Kaufhold (Hg. 1994): Annäherung an Bruno Bettelheim, Mainz (beim Autor für 22,- DM erhältlich).

Band I   Bettelheim, B. (1967; dt. 1977/1983): Die Geburt des Selbst. The Empty Fortress. Frankfurt/M. (The Empty Fortress. Infantile Autism and the Birth of the Self. New York).

Band II Bettelheim, B. (1960; dt. 1964/1989): Aufstand gegen die Masse. Die Chance des Individuums in der modernen Gesellschaft. Frankfurt/M. (The Informed Heart – Autonomy in a Mass Age. New York).

Band III Bettelheim, B. (1979; dt. 1980/1985): Erziehung zum Überleben. Zur Psychologie der Extremsituation. München. (Surviving and Other Essays, New York).

Band IV Bettelheim, B. (1982; dt. 1984/1986): Freud und die Seele des Menschen. München. (Freud and Man's Soul. New York).

Band V   Bettelheim, B. (1987; dt. 1987): Ein Leben für Kinder. Erziehung in unserer Zeit. Stuttgart. (A Good Enough Parent. New York).

Band VI Bettelheim, B. (1990; dt. 1990): Themen meines Lebens. Essays über Psychoanalyse, Kindererziehung und das Schicksal der Juden. Stuttgart. (Freud's Vienna and Other Essays. New York).

Band VII Bettelheim, B. (1976; dt. 1977/1980): Kinder brauchen Märchen. Stuttgart. (The Uses of Enchantment. New York).

Band VIII Bettelheim, B. (1974; dt. 1975/1989): Der Weg aus dem Labyrinth. Leben lernen als Therapie. Stuttgart. (A Home for the Heart. New York).

Band IX Bettelheim, B. (1950; dt. 1971): Liebe allein genügt nicht. Die Erziehung emotional gestörter Kinder. Stuttgart. (Love is Not Enough. New York).

Band X   Bettelheim, B. (1955; dt. 1973/1985): So können sie nicht leben. Die Rehabilitierung emotional gestörter Kinder. München. (Truants from Life. The Rehabilitation of Emotionally Disturbed Children. New York).

Band XI Bettelheim, B. (1954; dt. 1975): Die Symbolischen Wunden. Pubertätsriten und der Neid des Mannes. München. (Symbolic Wounds. New York).

Bd. XII	Bettelheim, B. (1969; dt. 1971/1973): Die Kinder der Zukunft. Gemeinschaftserziehung als Weg einer neuen Pädagogik. München. (The Children of the Dream. New York).
Bd. XIII	Bettelheim, B. (1962; dt. 1962): Gespräche mit Müttern. München. (Dialogues with Mothers. New York).
Bd. XIV	Bettelheim, B., & Karlin, D. (1975; dt. 1983/1984): Liebe als Therapie. Gespräche über das Seelenleben des Kindes. München. (Un autre regard sur la folie. Paris).
Bd. XV	Bettelheim, B., & Zelan, K. (1981; dt. 1982): Kinder brauchen Bücher. Lesen lernen durch Faszination. Stuttgart. (On Learning to Read. The Child's Fascination with Meaning. New York).
Bd. XVI	Bettelheim, B., & Rosenfeld, A. A. (1993; dt. 1993): Kinder brauchen Liebe. Gespräche über Psychotherapie. Stuttgart. (The Art of the Obvious. Developing Insight for Psychotherapy and Everyday Life. New York).
Bd. XVII	Bettelheim, B., & Janowitz, M. (1950): Dynamics of Prejudice: A Psychological and Sociological Study of Veterans. New York. (Wiederabgedruckt in Bettelheim & Janowitz (1964): Social Change and Prejudice. New York).
1937	Das Problem des Naturschönen und die moderne Ästhetik. Dissertation, Wien.
1942	Individual and Mass Behavior in Extreme Situations. In: Journal of Abnormal and Social Psychology, 38, October: S. 417–452. Deutsche Fassung: Individuelles und Massenverhalten in Extremsituationen. In: B III, S. 47–57.
1944	Behavior in Extreme Situations. In: Politics, 1, August, S. 199–209.
1945a	The Helpness and the Guilty. In: Common Sense, 14, July, S. 25–28.
1947a	The Concentration Camp as a Class State. In: Modern Review, 1, October, S. 628–637.
1947b	The Dynamism of Anti-Semitism in Gentile and Jew. In: Journal of Abnormal and Social Psychology, 42 (2), S. 153–168.
1947c	Bettelheim, B., & Sylvester, E.: Therapeutic Influence of the Group on the Individual. In: The American Journal of Orthopsychiatry, 17, S. 684–692.
1948	Closed Institutions for Children? In: Bulletin of the Menninger Clinic, 12: 135–142.
1948a	Exodus, 1947. In: Politics, 5, S. 16–18.
1948b	The Special School for Emotionally Disturbed Children. In: Henry, N. B. (Hg.): The 47th Yearbook of the National Society for the Study of Education: Juvenile Delinquency and the School. Chicago, S. 145–171.
1948c	The Social Studies Teacher and the Emotional Needs of Adolescents. In: School Review, 56: S. 585–592. Deutsche Fassung: Der Sozialkundelehrer und die emotionalen Bedürfnisse seiner Jugendlichen. In: Fürstenau, P. (Hg.) (1974): Der psychoanalytische Beitrag zur Erziehungswissenschaft. Darmstadt, S. 336–348.
1949a	Review of: Mitscherlich, A.: Doctors of Infamy – The Story of the Nazi Medical Crimes. New York. In: The American Journal of Sociology, 55, S. 214f.
1949b	Bettelheim, B., & Janowitz, M.: Reactions to Facist Propaganda. In: American Psychologist, 4 , S. 259 (abstract).

1949c	Bettelheim, B., & Sylvester, E.: »Milieu Therapy« – Indications and Illustrations. In: The Psychoanalytic Review, 36, S. 54–68.
1950a	Review of Eissler, K. R. (Hg.) : Searchlights on Delinquency – New Psychoanalytic Studies. In: The American Journal of Sociology, 56, S. 104–105.
1950b	Bettelheim, B., & Janowitz, M.: Reactions to Fascist Propaganda – a Pilot Study. In: The Public Opinion Quarterly, 14, S. 53–60.
1951	How Arm Our Children Against Anti-Semitism? A Psychologist's Advice to Jewish Parents. In: Commentary, 12, September, S. 209–218.
1951a	Helping Jewish Children to Face Prejudice. In: Jewish Affairs, October: 4–8.
1953	Securing Our Children Against Prejudice. In: The Jewish Center Worker, 14, January, S. 9–16.
1955	Individual Autonomy and Mass Controls. In: Adorno, T.W., & Dirks, W. (Hg.): Sociologica. Frankfurt/M., S. 245–262.
1956	Schizophrenia as a Reaction to Extreme Situations. In: The American Journal of Orthopsychiatry, 26, July, S. 507–518. Deutsche Fassung, gekürzt, mit einigen Ergänzungen und anderen redaktionellen Veränderungen: Schizophrenie als Reaktion auf Extremsituationen. In: Bettelheim, B.: Erziehung zum Überleben. Zur Psychologie der Extremsituation. Stuttgart (B III), S. 126–138.
1959	A Note on the Concentration Camps. Review of Frankl, Victor E.: From Death Camp to Existentialism: A Psychiatrist's Path to a New Theory. In: Chicago Review, 8 , S. 113–114.
1959a	Nakhes Fun Kinder. Review of Spiro, Melford: Children of the Kibbutz. In: Reconstructionist, 25, April, S. 20–24.
1960a	Emotional Blocks to Learning: A Problem Learner. In: Parents Magazine, May, S. 114–117.
1960b	Foreword to Nyiszlis, Miklos: Auschwitz: A Doctor's Eyewitness Account. New York , S. V–XVIII.
1964	Antwort an Richter Musmanno. In: Die Kontroverse Hannah Arendt, Eichmann und die Juden. München, S. 117–118.
1964a	Bettelheim, B., & Janowitz, M.: Social Change and Prejudice. (Including: Bettelheim & Janowitz (1950): Dynamics of Prejudice. Glencoe, Illinois).
1966	Review of Neubauer, P. D.(Hg.): Children in Collectives. Child-Rearing, Aims and Practices in the Kibbutz. In: The New York Review of Books, 7, October, S. 13–15.
1967a	Violence. In: Saturday Evening Post, February, S. 10–12.
1967b	Survival of the Jews. Review of Steiner, Jean-Francois: Treblinka. In: The New Republic, 160, July, S. 3–30.
1969a	Review of Lifton, Robert J.: Death in Life: Survivors of Hiroshima. In: Political Science Quarterly, 84, 1969, S. 145–147.
1969b	Children Must Learn To Fear. In: The New York Times Magazine, April, 1969, S. 125, 135–136, 140–145.
1969c	Psychoanalysis and Education. In: The School Review, 77 (2), S. 73–86.

1969d	On Campus Rebellion. A New and Potentielly Dangerous Rite of Manhood. In: Chicago Tribune Sunday Magazine, May 4, S. 78–81, 108–110.
1969e	The Anatomy of Academic Discontent. In: Change – In higher education, 1 (3), S. 18–26.
1970	The Importance of Fairy Tales. In: The Instructor, 86 (1), S. 79f.
1970a	Vorwort zu Bosch, G.: Der infantile Autismus. New York.
1970b	What Adoption Means to a Child. In: Ladies Home Journal, October, S. 18, 21.
1970c	What Psychoanalysis can do for Education. In: The Critic, 29, (5), S. 12–19.
1971a	About the Sexual Revolution. In: Sexual Latitude: For and Against. New York, S. 227–243.
1971b	The Anatomy of Academic Discontent. In: Hook, S. (Hg.) (1971): In Defense of Academic Freedom. New York, S. 61–74.
1973	Reading Problems and Dyslexia. In: Ladies Home Journal, January, S. 30, 32, 68.
1973a	What Can Such Fairytales As Hansel and Gretel and Little Red Riding Hood Teach Children About the Real World? In: Ladies Home Journal, November, S. 38–39, 51.
1978	Holocaust. Überlegungen, ein Menschenalter danach. In: Der Monat, Heft 2, S. 5–24.
1979a	Vorwort zu Jurgensen, G. (1979): Die Schule der Ungeliebten. Als Kindertherapeutin bei Bruno Bettelheim. München, S. 9–12.
1979b	Autismus und Psychoanalyse. In: Psychologie heute, 3 (2), S. 12–18.
1981a	Nachwort zu Vegh, C.: Ich habe ihnen nicht auf Wiedersehen gesagt. Gespräche mit Kindern von Deportierten, Hamburg: 219–248. Unter dem Titel »Kinder des Holocaust« in abweichender Übersetzung in: Bettelheim, B.: Themen meines Lebens, Stuttgart (B VI), S. 231–246.
1981b	Unsere Kinder, die kleinen Idioten. In: Betrifft Erziehung, 14, 10, S. 30–39.
1984	Foreword to Brachert, H., & Sander, V. (Hg.) (1984): Grimm, J., & Grimm, W. K.: German Fairy Tales.
1985a	Introduction to Lionni, Leo: Frederik's Fables: A Leo Lionni Treasury of Favorite Storys.
1985b	»...Wenn man so lebensmüde wird, das man nur noch leben will...« Reflexe eines Gesprächs mit Bruno Bettelheim über die Friedens- und Ökologiebewegungen. In: Tagesanzeiger Magazin (Zürich), Nr. 10, März, S. 18–27.
1985c	Zeugen des Jahrhunderts, Fernsehinterview von I. Hermann mit B. Bettelheim, ZDF-Manuskript, Prod. Nr. 6354/0974-5.
1987a	Hänsel und Gretel, mein Lieblingsmärchen. In: Stork, J. (Hg.) (1987): Das Märchen – ein Märchen? Psychoanalytische Betrachtungen zu Wesen, Deutung und Wirkung der Märchen. Stuttgart/Bad Cannstadt, S. 137–160.
1987b	Kinder brauchen Monster. Aus einem Gespräch mit dem Psychoanalytiker Bruno Bettelheim über das Leben heute. In: Frankfurter Rundschau, 13.10.1987, S. 9.
1987c	Ewige Ambivalenz der assimilierten Juden. Gespräch zwischen Adunka, E., Roth, E., und B. Bettelheim. In: Illustrierte Neue Welt, November, Dezember, S. 9.

1987d	Eltern müssen nicht perfekt sein. In: Psychologie heute, 14 (10), S. 28–32.
1988	Kulturtransfer von Österreich nach Amerika, illustriert am Beispiel der Psychoanalyse. In: Stadler, F. (Hg.) (1988): Vertriebene Vernunft II. Emigration und Exil österreichischer Wissenschaft 1930–1940. Wien, München, S. 216–220.
1989	Nachwort zu Wittgenstein, O. G.: Märchen, Träume, Schicksale. Frankfurt/M.
1994	Bettelheim, B. & Ekstein, R.: Grenzgänge zwischen den Kulturen. Das letzte Gespräch zwischen Bruno Bettelheim und Rudolf Ekstein. In: Kaufhold, R. (Hg.) (1994), S. 49–60.

Literatur von Rudolf Ekstein

Um den Seitenumfang dieser Studie auf ein akzeptables Maß zu begrenzen, mußten von mir zahlreiche Kürzungen in der Literaturliste vorgenommen werden. Die vollständige Literaturliste zu Ekstein findet sich unter der im Vorwort genannten Internetanschrift sowie in Oberläuter (1985) und Wiesse (1994).

1936	Zur Philosophie der Psychologie. Eine philosophische Untersuchung in Anschluß an Th. Ziehens »Die Grundlagen der Psychologie«. Dissertation, Wien.
1937	Sexualpolitik des Faschismus. In: Untergrundzeitschrift der Falken (private Unterlage, R. K.).
1939/94g	Demokratische und faschistische Erziehung aus der Sicht eines Lehrers und Flüchtlings – Oktober 1939. In: Wiesse, J. (Hg.) (1994): S. 138–151.
1948	Book Review: Dynamics of Learning, by Nathaniel Cantor, Bull. Of Menninger Clin., 12, S. 180.
1951	Book Review: The Psychoanalytic Study of the Child, Vol. 5, 1950, Bull. of Menninger Clin., 15, S. 152.
1952/94	Kindlicher Autismus – sein Prozeß, gesehen in einem viktorianischen Märchen. In: Wiesse (Hg.) (1994): S. 21–39.
1956a	Der Einfluß Freuds auf die amerikanische Psychiatrie. Die Heilkunst, 69, S. 158–161.
1956b	Die Zeitmaschine des Raumkindes. Ztschr. für Psychosomatische Medizin, 3, S. 13–23.
1957c	Book Review: Clinical Papers and Essays on Psychoanalysis, Vol. II, by K. Abraham. Bull. of Menninger Clin., 21, S. 77.
1961a	The Boundary Line Between Education and Psychotherapy. Reiss-Davis Clin. Bull. 1961, S. 14f.
1961b	Book Review: Identity and the Life Cycle, by E. Erikson. Int. J. Of Group Psychotherapy, 11, S. 106f.

1962	An Introduction zu S. Bernfeld (1962a): »On Psychoanalytic Training.« (Vortrag Bernfelds aus dem Jahre 1952). In: The Psychoanalytic Quarterly 31 (1962), Psa. Q., Bd. 31, S. 453–456. (Deutsche Übersetzung des Bernfeld-Beitrages in: Psyche 38 (1984), S. 437–459.
1963	Ekstein, R., & Motto, E. L.: Psychoanalyse und Erziehung – Vergangenheit und Zukunft. Praxis der Kinderpsychologie u. Kinderpsychiatrie, 12 (6), S. 213–233.
1963a	Ekstein, R., & Rangell, L.: Rekonstruktion und Theoriebildung. In: Psyche 7/1963, S. 414–425.
1964	The Boundary Line Between Education and psychotherapy. Reiss-Davis Clin. Bull., 1, (1), S. 26–28.
1964a	Ekstein, R., u. a.: Psychoanalysis and Education – The Emergence of a New Collaboration. Reiss-Davis Clin. Bull., 1 (1), S. 33–49.
1966	Children of Time and Space, of Action and Impulse: Clinical Studies on the Psychoanalytic Treatment of Severely Disturbed Children. N. Y.
1966a	Siegfried Bernfeld, 1892–1953. Sisyphos or the Boundaries of Education. In: Alexander, F., u. a. (Hg.) (1966): Psychoanalytic Pioniers. New York, London.
1967a	Ekstein, R., u. a: Introduction (to: Psychoanalysis and education). Reiss-Davis Clin. Bull., 4 (1), S. 2–5.
1967b	Lilli Peller's Psychoanalytic Contributions to Teaching. Reiss-Davis Clin. Bull., 4 (1), S. 6–9.
1967c	The Child, the Teacher and Learning. Young Children 22 (4), S. 195–205.
1968	Review of B. Bettelheim: The Empty Fortress. In: Psychoanalytic Quarterly, 37 (2), S. 296.
1968a	Willie Hoffer's Contribution to Teaching and Education. Reiss-Davis Clin. Bull., 5 (1), S. 4–10.
1968b	Psychoanalysis and Education: From Prevention of Emotional Disorders to Creative Learning and Teaching. Reiss-Davis Clin. Bull., 5 (1), S. 51–58.
1969	Ekstein, R., & Motto, R. L.: From learning of love to love of learning. New York.
1969a	The Full Fortress. Psychiatry and Social Science Review, 3 (8), S. 2–8.
1969b	Ekstein, R., & Caruth, E.: Der Arbeitspakt mit dem Ungeheuer. In: Biermann, G. (Hg.) (1969): Handbuch der Kinderpsychotherapie. München, S. 1107–1115.
1969c	Ekstein, R., & Friedman, S.: Über einige gebräuchliche Modelle in der psychoanalytischen Behandlung kindlicher Psychosen In: Biermann, G. (Hg.) (1969): Handbuch der Kinderpsychotherapie, Bd. II. München, S. 1094–1107.
1969d	Introduction: the Project on Childhood Psychosis; a Second Report. Reiss-Davis Clin. Bull., 6 (2), S. 58–62.
1969e	Ekstein, R., u. a.: Psychoanalytic Reflections on the Emergence of the Teacher's Professional Identity. Reiss-Davis Clin. Bull., 6 (2), S. 5–16.
1969f	Translation and Introduction: On Simple Male Adolescente, by S. Bernfeld. Seminars in Psychiatry, 1 (1), S. 113–126.
1969g	Book Review: Einführung in die Technik der Kinderanalyse, by A. Freud. Dynamische Psychiatrie, 2 (1/2), S. 194–206.

1969h Ekstein, R., & Motto: The Second Education of Teachers: An Experiment in Postgraduate Training. Reiss-Davis Clin. Bull., 6 (1), S. 46–54.

1970a Book Review: Dialogue with Sammy, by A. McDougall and S. Lebovici. Contemporary Psychology, 7, S. 463.

1970b Psychoanalysis and Education: Prevention or Progression. Reiss-Davis Clin. Bull., 7 (2), S. 119ff.

1970c The Trap: the Child's Emotional Illness as the External Organizer of the Family's Life. Reiss-Davis Clin. Bull., 7 (2), S. 74–85.

1971a Reflections on and Translation of »The Fatherless Society«, by Paul Federn. Reiss-Davis Clin. Bull., 8 (1), S. 2–33.

1971b The Influence of Psychoanalysis on Education and School. Reiss-Davis Clin. Bull., 8 (1), S. 46–62.

1971c The Challenge: Despair and Hope in the Conquest of Inner Space. New York.

1972 Introduction of the English Edition of »Society Without the Father« by A. Mitscherlich. NY.

1973 Grenzfallkinder. München.

1973a Ekstein, R., & Cooper, B.: Der Einfluß der Psychoanalyse auf Erziehung und Unterricht. In: Ammon, G. (Hg.) (1973): S. 35–55.

1973b Dialog über Sexualität: Distanz gegen Intimität . In: Ammon, G. (Hg.) (1973): S. 124–137.

1973c/94 Schizophrene Jugendliche im Kampf um Trennung und Individuation. In: Wiesse, J. (Hg.) (1994): S. 84–111.

1973d Book Review: A Home for the Heart by Bruno Bettelheim.

1973e Ekstein, R., & Ch. Bühler: Anthropologische Resultate aus biographischer Forschung In: Gadamer, H.-G., & Vogler, P.: Psychologische Anthropologie. Bd. 5. Stuttgart.

1974a Ekstein, R., & Cooper: Concerning Parental Vulnerability: Issues around Child and Infant Loss. Reiss-Davis Clin. Bull., 11 (2), S. 95–103.

1974b The Truth behind Fairy Tales. UCLA Educator, 16 (1), S. 26–27.

1975a Schizophrene Jugendliche im Kampf um Trennung und Individuation. Psyche 5/75, S. 445–469.

1975b Anna Freud: Twin Sister of Psychoanalysis. Austria Today, 51.

1975c Society Without the Father The Library of Psychoanalysis, 1 (4), S. 38ff.

1976 In Search of Love and Competence. New York.

1976a Die Bedeutung des Spiels in der Kinderpsychotherapie. In: Biermann, G. (Hg.) (1976): Ergänzungsband vom Handbuch für Kinderpsychotherapie. München.

1978a/94 Erwägungen über den Klärungs- und Deutungsprozeß. Ludwig Wittgenstein und Sigmund Freud. In: Wiesse, J. (Hg.) (1994), S. 112–137.

1978b »Ich brauch' diesen Kampf«. Ein Interview mit R. Ekstein. In: Sozialarbeit 6/78, S. 44f.

1979 Das Residualtrauma. In: Psyche 12/79, S. 1077–1098.

1981a   Die Sicherheit der Triade gegen die Intimität der Dyade. Handbuch der Kinderpsychotherapie. München.

18981b   Ekstein, R., & Nelson, T.: Die Geburt des psychotherapeutischen Dialogs. Vom autistischen Prolog und Monolog zum interpersonellen Dialog und Pluralog. In: Psyche 4/81, S. 319–337.

1982   Wie ich mich an sie erinnere: In memoriam Anna Freud (1895–1982). Sigmund Freud House Bulletin, Vol. 6, No 2, Winter 1982, S. 10–12.

1987   Die Vertreibung der Vernunft und ihre Rückkehr. In: Stadler, F. (Hg.) (1987): Vertriebene Vernunft I. Emigration und Exil österreichischer Wissenschaft 1930–40. München-Wien, S. 472–477.

1988   Ekstein, R., Fallend, K., & Reichmayr, J.: »Too late to start life afresh«. Siegfried Bernfeld auf dem Weg ins Exil. In: Stadler, F. (Hg.) (1988): Vertriebene Vernunft II. Emigration und Exil österreichischer Wissenschaft 1930–40. Wien-München, S. 230–241.

1988a   Es ist immer die Beziehung, die heilt. In: Information zur Bildung und Fortbildung für Erzieher und Sozialarbeiter, Heft 2, S. 1–8.

1989   Sigmund Freud und die Politik und ein Wiederbesuch Immanuel Kants: »Der Streit der Fakultäten«. In: Feuser, G., & Jantzen, W. (Hg.) (1989): Jahrbuch für Psychopathologie und Psychotherapie, IX, S. 33–43.

1989a   Grußwort anläßlich des 10jährigen Bestehens des Vereins für Psychoanalytische Sozialarbeit e.V., psychosozial 12, Heft 37, S. 13–17.

1990   Vorwort zu: Peter Heller: A child Analysis with Anna Freud. International Universities Press, S. IX–XV.

1991   Bruno Bettelheim (1903–1991). In: American Psychologist, 46, October, S. 1080.

1991a   Über den Lebenslauf der Beziehungen zwischen Kindern, Jugendlichen, Lehrern und Eltern. In: Kurz, R., & Simbruner, G. (Hg.) (1991): Das Kind. Ein natürlicher Dissident. Leykam, S. 156–161.

1992   Philosophiestudieren in den dreißiger Jahren. In: Fischer, K. R., & Wimmer, F. M. (Hg.) (1992): Der geistige Anschluß. Philosophie und Politik an der Universität Wien 1930–1950, Wien.

1994   Vorwort. Zu: Kaufhold (Hg.) (1994): S. 10–12.

1994a   Mein Freund Bruno (1903–1990). Wie ich mich an ihn erinnere. In: Kaufhold (Hg.) (1994): S. 87–94.

1994b   Ekstein, R., & Fisher, D. J.: Offener Brief an »Newsweek«. In: Kaufhold (Hg.) (1994): S. 300–302.

1994c   Lieber Jörg Wiesse – ein Brief von Rudolf Ekstein. In: Wiesse, J. (Hg.) (1994): S. 7–20.

1994d   Kindlicher Autismus – ein Prozeß, gesehen in einem viktorianischen Märchen. In: Wiesse, J. (Hg.) (1994), S. 40–59. (Zuerst erschienen: 1988).

1994e   Demokratische und faschistische Erziehung aus der Sicht eines Lehrers und Flüchtlings – Oktober 1939. In: Wiesse, J. (Hg.) (1994): S. 138–151. (Zuerst erschienen: 1939, vgl. Ekstein 1939).

Literatur von Ernst Federn

Um den Seitenumfang dieser Studie auf ein akzeptables Maß zu begrenzen mußten von mir zahlreiche Kürzungen in der Literaturliste vorgenommen werden. Die vollständige Literaturliste zu Federn findet sich unter der im Vorwort genannten Internetanschrift sowie in Plänkers/Federn (1994) und in Kaufhold (Hg., 1999): Ernst Federn – Versuche zur Psychologie des Terrors, Gießen.

1948	The Terror as a System: The Concentration Camp. Buchenwald as it was. In: Psychiatric Quarterly Supplement, Vol. 22, Utica New York.
1951	The Contribution of Psychoanalysis to Criminology as reflected in recent professional Literature. Unveröffentl. Diplomarbeit an der New York School of Social Work, Columbia University, New York.
1960)	Die therapeutische Persönlichkeit, erläutert am Beispiel von Paul Federn und August Aichhorn. Schweizerische Zeitschrift für Psychologie und ihre Anwendungen, 19, S. 117–131.
1962	Leserbrief an »Manchester Guardian Weekly« vom 7.3.1962, der dort wenig später auch veröffentlicht wurde; nachgedruckt in Federn (1990), S. 117f.
1971	Fünfunddreißig Jahre mit Freud. Zum 100. Geburtstag von Paul Federn am 13. Oktober 1971, Psyche, 25, S. 721–737.
1974	Marginalien zur Geschichte der psychoanalytischen Bewegung, Psyche, 28, S. 461–471.
1976	Marxismus und Psychoanalyse. In: Die Psychologie des 20. Jahrhunderts, Bd. II: Freud und die Folgen (1). Hg. Dieter Eicke. Zürich, S. 1037–1058.
1984	Federn, E. (Hg): Freud im Gespräch mit seinen Mitarbeitern. Aus den Protokollen der Wiener Psychoanalytischen Vereinigung. Frankfurt/M.
1985	Weitere Bemerkungen zum Problemkreis »Psychoanalyse und Politik«. In: Psyche 4/1985, S. 367–374.
1987a	Die Gegenübertragung in der psychoanalytischen Sozialarbeit mit psychotischen Kindern und Jugendlichen. In: psychosozial Heft 32, S. 63–69.
1987b	Psychoanalyse und Politik. Einige historische, theoretische und praktische Überlegungen. In: Kuschey, J. (Hg.) (1987): S. 117–131.
1988	Die Emigration von Sigmund und Anna Freud. Eine Fallstudie. In: Stadler, F. (Hg.): Vertriebene Vernunft II. Emigration und Exil Österreichischer Wissenschaft 1930–40. Wien-München, S. 247–250.
1988a	Einleitende Bemerkungen zu Paul Federns Aufsatz: »Zur Psychologie der Revolution. Die vaterlose Gesellschaft«. In: Luzifer-Amor 2/1988, S. 7–12.
1989	Todestrieb und Eros – Zur Geschichte und aktuellen klinischen Relevanz von Freuds »Jenseits des Lustprinzips«. In: psychosozial Heft 37, S. 18–21.
1990	Witnessing Psychoanalysis. From Vienna back to Vienna via Buchenwald and the USA. London (dt. Übersetzung vgl. Federn 1999).

1990a	Leserbrief an »Commentary« vom Dezember 1990 zum Artikel von Angres: »Who really was Bruno Bettelheim?«. Veröffentlicht in Kaufhold (1999a): S. 162f.
1991	Die Dauer der Behandlung psychotischer Patienten. In: Becker, S. (Hg.) (1991): Psychose und Grenze. Tübingen, S. 1–15.
1992	Federn, E., & Wittenberger, G. (Hg.): Aus dem Kreis um Sigmund Freud. Frankfurt/M.
1992a	Psychoanalyse und Nationalsozialismus. Bemerkungen eines Zeitzeugen. In: Luzifer-Amor: Hitlerdeutungen, Nr. 9, S. 43–47.
1993a	Zur Geschichte der Psychoanalytischen Pädagogik. In: Kaufhold (Hg.) (1993): S. 70–78.
1993b	Psychoanalytische Sozialarbeit. Kulturelle Perspektiven. In: Kaufhold (Hg.) (1993): S. 103–108.
1994	Bruno Bettelheim und das Überleben im Konzentrationslager. In: Kaufhold (Hg.) (1994): S. 125–127, sowie in Kaufhold (Hg.) (1999): S. 105–108.
1995	Federn, E., & Peglau, A.: Nackt/Wolf unter Wölfen? Interview mit Ernst Federn. In: ich. Die Psychozeitung, 1/1995, S. 3–5.
1995a	Einige Bemerkungen zur Bedeutung des Helfens. In: Becker, S. (Hg.) (1995): Helfen statt Heilen. Gießen, S. 23–26.
1995b	Die Psychoanalytische Pädagogik: Gestern, heute und morgen. In: Jahrbuch für Psychoanalytische Pädagogik 7. Mainz, S. 139–143.
1997a	Zur Psychoanalyse der Psychotherapien. Tübingen.
1997b	Der therapeutische Umgang mit Gewalt. In: Verein für psychoanalytische Sozialarbeit Rottenburg und Tübingen (Hg.) (1997): Vom Umgehen mit Aggressivität. Tübingen, S. 115–124.
1997c	Leserbrief an den »Spiegel« vom 19.2.1997, veröffentlicht in Kaufhold (1999d): S. 176f.
1999	Ein Leben mit der Psychoanalyse. Von Wien über Buchenwald und die USA zurück nach Wien. Gießen.
1999a	Vorwort. In: Kaufhold (Hg.) (1999): Ernst Federn – Versuche zur Psychologie des Terrors. Gießen, S. 7–8.
1999b	Versuch einer Psychologie des Terrors. In: Kaufhold (Hg.) (1999), S. 35–75.
1999c	Einige klinische Bemerkungen zur Psychopathologie des Völkermords. In: Kaufhold (Hg.) (1999): S. 76–88.
1999d	Mechanismen des Terrors. In: Kaufhold (Hg.) (1999): S. 89–92.
1999e	Fritz Grünbaums 60. Geburtstag im Konzentrationslager. In: Kaufhold (Hg.) (1999): S. 95–97.
1999f	Gemeinsam mit Robert Danneberg im KZ. In: Kaufhold (Hg.) (1999): S. 98–104.
1999g	Der Terror als System: Das Konzentrationslager (Juli 1945). In: Kaufhold (Hg.) (1999), S. 179–218.
2000	Die Paul Federn Study-Group. Jahrbuch der Psychoanalyse. Hg. F.-W. Eickhoff. Band 42, 2000, S. 118–122.

1919 Zur Psychologie der Revolution: Die vaterlose Gesellschaft. In: Der Österreichische Volkswirt, XI, S. 571–574 und S. 595–598. Nachgedruckt in: Luzifer Amor, Heft 2/1988, S. 13–33.
1952/78 Ich-Psychologie und die Psychosen. Frankfurt/M.
1926 Federn, P., & Meng, H. (Hg.): Das psychoanalytische Volksbuch. Bd. I: Seelenkunde und Hygiene, B. II: Krankheitskunde und Kulturkunde, Stuttgart, Bern.

Sekundärliteratur

Ackermann, K.-E. (1977): Liebe und Haß im Umgang mit schwer behinderten jungen Erwachsenen. In: Krumenacker, F.-J. (Hg.) (1997): Liebe und Haß in der Pädagogik. Freiburg, S. 70–74.
Adorno, T. W. (1969): Minima Moralia. Frankfurt/M.
Adorno, T. W. (1971): Erziehung zur Mündigkeit. Frankfurt/M.
Aichhorn, A. (1925/1977): Verwahrloste Jugend. Die Psychoanalyse in der Fürsorgeerziehung. Bern, Stuttgart, Wien.
Allerdings, I., & Staigle, J. (1999): Der Verein für Psychoanalytische Sozialarbeit. 20 Jahre Betreuung von jungen Menschen mit schweren seelischen Handicaps. Zu Gründung, Struktur und Arbeitsbereichen. In: Verein für Psychoanalytische Sozialarbeit (Hg.) (1999), S. 292–330.
Ammon, G. (Hg.) (1973): Psychoanalytische Pädagogik. Hamburg.
Arendt, H. (1951/1986): Elemente und Ursprünge totaler Herrschaft. München.
Bar-On, D., & Gilad, N. (1992): Auswirkungen des Holocaust auf drei Generationen. psychosozial Heft 51, S. 7–21.
Becker, D. (1992): Ohne Haß keine Versöhnung. Das Trauma der Verfolgten. Freiburg i. Br.
Becker, H., & Leber, A. (Hg.) (1989): Psychose und Extremtraumatisierung, Teil I und II. psychosozial Heft 37 und 39.
Becker, H., & Nedelmann, C. (1983): Psychoanalyse und Politik. Frankfurt/M.
Becker, H., & Nedelmann, C. (Hg.) (1987): Psychoanalytische Sozialarbeit mit psychotischen Kindern und Jugendlichen. psychosozial Heft 32.
Becker, S. (1993): Die Weiterentwicklung der Psychoanalytischen Pädagogik zur Psychoanalytischen Sozialarbeit. In: Kaufhold, R. (Hg.) (1993), S. 109–112.
Becker, S. (1994): Die Bedeutung Bruno Bettelheims für die psychoanalytische Sozialarbeit in Deutschland. In: Kaufhold (Hg.) (1994), S. 237–243.
Becker, U. (1995): Trennung und Übergang. Repräsentanzen früher Objektbeziehungen. Tübingen.
Berger, E., & Springer-Kremser, M. (1996): Rudolf Eksteins Beiträge zur Psychotherapie und Kinderpsychiatrie. Wiener klinische Wochenschrift (1996) 108/13, S. 407–413.

Bernfeld, S. (1921/1993): Kinderheim Baumgarten. Bericht über einen ernsthaften Versuch mit neuer Erziehung. In: Herrmann, U. (Hg.) (1983): Siegfried Bernfeld. Sämtliche Werke, Bd. 2. Weinheim und Basel.

Bernfeld, S. (1925/1973): Sisyphos oder die Grenzen der Erziehung. Frankfurt/M.

Bernfeld, S. (1929/1971): Der soziale Ort und seine Bedeutung für Neurose, Verwahrlosung und Pädagogik. In: Werder & Wolff (Hg.) (1969/1970): Antiautoritäre Erziehung und Psychoanalyse. Frankfurt/M.

Bernfeld, S. (1962): On Psychoanalytic Training. In: Psychoanalytic Quarterly, Bd. 31, S. 453–482.

Bernfeld, S. (1969/1970): Antiautoritäre Erziehung und Psychoanalyse. Ausgewählte Schriften. Bd. 1–3. Hg. von Werder, L., & Wolff, R. Darmstadt.

Bernfeld, S., & Bernfeld, S. C. (1988): Bausteine der Freud-Biographik. Frankfurt/M.

Biermann, G. (Hg.) (1997): Nelly Wolffheim und die Psychoanalytische Pädagogik. Gießen.

Bittner, G., & Rehm, W. (Hg.) (1964): Psychoanalyse und Erziehung: Ausgewählte Beiträge aus der Zeitschrift für psychoanalytische Pädagogik. Bern/Stuttgart.

Bittner, G. (1972): Psychoanalyse und soziale Erziehung. München.

Bittner, G. (1976): Märchen: Geschichten von Menschen-Monstern. Zu einem Buch von Bruno Bettelheim. In: Zeitschrift für Heilpädagogik, 24 (6), S. 953–956.

Bittner, G., & Ertle, C. (1979): Ist die Psychoanalytische Pädagogik verschwunden? Über das Verschwinden von Illusionen und deren Konsequenzen. Psyche, 33, S. 973–976.

Bittner, G., & Ertle, C. (Hg.) (1985): Pädagogik und Psychoanalyse. Würzburg.

Blos, P. (1978): Adoleszenz. Eine psychoanalytische Interpretation. Stuttgart.

Bornstein-Windholz, S. (1934): Mißverständnisse in der psychoanalytischen Pädagogik. In: Zeitschrift für Psychoanalytische Pädagogik, 11, S. 81–90. (Nachdruck in: Bittner & Rehm, 1964).

Bornstein-Windholz, S. (1937): Unbewußtes der Eltern in der Erziehung der Kinder. In: Zeitschrift für Psychoanalytische Pädagogik, 8, S. 353–362. (Nachdruck in: Bittner & Rehm, 1964).

Brainin, E., & Kaminer, I. J. (1982/1984): Psychoanalyse und Nationalsozialismus. In: Lohmann (Hg.) (1984): S. 86–112.

Buxbaum, E. (1966): Three Great Psychoanalytic Educators. In: The Reiss-Davis Clinic Bulletin, III (1), S. 7.

Buxbaum, E. (1973a): Die Rolle der Eltern bei der Ätiologie von Lernstörungen. In: Ammon, G. (Hg.) (1973): S. 204–237. (In abweichender Übersetzung auch in: Psyche 20, 1966, S. 161–187).

Buxbaum, E. (1936/1973d): Massenpsychologische Probleme in der Schulklasse. In: Meng (Hg.) (1973): S. 80ff.

Cleaver, L. (1997): Zur Aktualität Bruno Bettelheims – Ein persönlicher Bericht. In: Krumenacker, F.-J. (Hg.) (1997): Liebe und Haß in der Pädagogik. Freiburg, S. 19–42.

Clos, R. (1982): Delinquenz – Ein Zeichen von Hoffnung? Frankfurt/M.

Cremerius, J. (Hg.) (1971): Psychoanalyse und Erziehungspraxis. Frankfurt/M.

Cremerius, J. (1994): »Die Psychoanalyse gehört niemandem«. Als Wissenschaft vom Menschen darf sie nicht monopolisiert werden. In: Wiesse (Hg.) (1992): S. 34–50.

Dahmer, H. (1989): Psychoanalyse ohne Grenzen. Freiburg.

Datler, W. (1990): Pädagogik und/oder Psychoanalytische Pädagogik? In: Jahrbuch für Psychoanalytische Pädagogik 2, Mainz, S. 120f.

Dornes, M. (1993): Der kompetente Säugling. Frankfurt/M.

Eissler, K. R. (Hg.) (1949): Searching on Delinquency. New York.

Eissler, K. R. (1951/1977): Abriss einer Biographie August Aichhorns. In: Aichhorn, A. (1977): S. 201–206.

Eissler, K. R. (1963): Die Ermordung von wievielen seiner Kinder muß ein Mensch symptomfrei ertragen können, um eine normale Konstitution zu haben? Nachgedruckt in: Lohmann, H.-M. (Hg.) (1984): S. 159–209.

Elrod, N. (1987): Paul Federn, August Aichhorn und Ernst Federn: Vorläufer der Psychoanalyse im Rahmen der Demokratischen Psychiatrie. In: Institut für analytische Psychotherapie Zürich-Kreuzlingen (Hg.) (1987): Psychoanalyse im Rahmen der Demokratischen Psychiatrie, Bd. II, S. 353–379.

Erdheim, M. (1984): Die gesellschaftliche Produktion von Unbewußtheit. Frankfurt/M.

Erich, T. (1993): Siegfried Bernfeld: Ein früher Vertreter der Psychoanalytischen Pädagogik. In: Kaufhold (Hg.) (1993), S. 94–102.

Erikson, E. H. (1980): Identität und Lebenszyklus. Frankfurt/M.

Fallend, K., & Reichmayr, J. (Hg.) (1992): Siegfried Bernfeld Oder die Grenzen der Psychoanalyse. Materialien zu Leben und Werk. Frankfurt/M.

Fatke, R. (1984): Nachwort zu: Redl & Winemann: Kinder die hassen. München/Zürich, S. 257–264.

Fatke, R. (1985): »Krümel vom Tisch der Reichen«? Über das Verhältnis von Psychoanalyse und Pädagogik aus pädagogischer Sicht. In: Bittner, G., & Ertle, Ch. (Hg.) (1985): Pädagogik und Psychoanalyse. Würzburg.

Fatke, R., & Scarbath, H. (1995): Pioniere Psychoanalytischer Pädagogik. Frankfurt/M.

Figdor, H. (1989): »Pädagogisch angewandte Psychoanalyse« oder »Psychoanalytische Pädagogik«? In: Jahrbuch für Psychoanalytische Pädagogik 1. Mainz, S. 136–172.

Fisher, D. J. (1991): Psychoanalytic Cultur Criticism and the Soul. In: Fisher, D. J..: Cultural Theory and Psychoanalytic Tradition. New Brunswick/London, S. 139–157.

Fisher, D. J. (1993): Gespräch zwischen Bruno Bettelheim und David James Fisher. In: Kaufhold (Hg.) (1993), S. 34–44.

Fisher, D. J. (1994a): Hommage an Bettelheim (1903–1990). In: Kaufhold (Hg.) (1994), S. 95–98.

Fisher, D. J. (1994b): Der Selbstmord eines Überlebenden. Einige private Wahrnehmungen zu Bruno Bettelheims Freitod. In: Kinderanalyse 4/94, S. 447–460.

Frattaroli, E. J. (1994): Bruno Bettelheim's Unrecognized Contribution to Psychoanalytic Thought. In: Psychoanalytic Review 3/1994, S. 379ff.

Fremon, C. (1994): Liebe und Tod. Ein Gespräch zwischen Bruno Bettelheim und Celeste Fremon. In: Kaufhold (Hg.) (1994), S. 99–111.

Freud, A. (1935/1971): Psychoanalyse für Pädagogen. Eine Einführung. Bern, Stuttgart, Wien.
Freud, A. (1968): Wege und Irrwege in der Kinderentwicklung. Stuttgart.
Freud, A. (1984): Der Analytiker und seine Umwelt. In: Die Schriften der Anna Freud, Bd. IV. Frankfurt/M.
Freud, S. (1905): Drei Abhandlungen zur Sexualtheorie. GW V, S. 27–145.
Freud, S. (1909): Analyse der Phobie eines fünfjährigen Knaben. GW VII, S. 243–377.
Freud, S. (1913): Geleitwort zu »Die psychoanalytische Methode« von Dr. Oskar Pfister. GW X, S. 448–450.
Freud, S. (1914): Zur Geschichte der psychoanalytischen Bewegung. GW X, S. 43–113.
Freud, S. (1916): Trauer und Melancholie. GW X, S. 427–446.
Freud, S. (1917): Verlesungen zur Einführung in die Psychoanalyse. GW XI.
Freud, S. (1924): Der Realitätsverlust bei Neurose und Psychose. GW XIII, S. 361–368.
Freud, S. (1925): Geleitwort zu »Verwahrloste Jugend« von August Aichhorn. GW XIV, S. 565–567.
Freud, S. (1930/1972): Das Unbehagen in der Kultur. Frankfurt/M., S. 63–129.
Freud, S. (1963): Darstellung der Psychoanalyse. Frankfurt/M.
Füchtner, H. (1978): Psychoanalytische Pädagogik. Über das Verschwinden einer Wissenschaft und die Folgen. Psyche, 32, S. 193–210.
Füchtner, H. (1979): Erinnerung an die vierte Grenze der Erziehung. (Replik auf Bittner/Ertle, 1979.) Psyche, 33, S. 976–978.
Fürstenau, P. (Hg.) (1974): Der psychoanalytische Beitrag zur Erziehungswissenschaft. Darmstadt.
Fürstenau, P. (1974a): Zur Psychoanalyse der Schule als Institution. In: Das Argument 6/1964, S. 65–78, sowie in Fürstenau (1974).
Geissmann, C. (1993): Felicie und der Tod: Psychoanalyse eines autistischen Kindes. Kinderanalyse 1/1993, S. 1–11.
Gerspach, M. (1989): Einführung in die Heilpädagogik. 14 Vorlesungen, Frankfurt/M.
Gerspach, M. (1994): George, der Ausreißer. Bruno Bettelheims Anregungen für die Heilpädagogik. In: Kaufhold (Hg.) (1994), S. 244–256.
Gerspach, M., & Katzenbach, D. (1996): »...an der Szene teilnehmen und doch innere Distanz dazu gewinnen.« Aloys Leber zum 75. Geburtstag. Behindertenpädagogik 35, S. 354–372.
Göppel, R. (1991): Die Burlingham-Rosenfeldschule in Wien (1927–1932). In: Zeitschrift für Pädagogik 37, Heft 3, S. 413–424.
Grubrich-Simitis, I. (1979): Extremtraumatisierung als kumulatives Trauma. Psychoanalytische Studien über seelische Nachwirkungen der Konzentrationslagerhaft bei Überlebenden und ihren Kindern. In: Lohmann, H.-M. (Hg.) (1984), S. 210–236.
Grubrich-Simitis, I. (1988): Siegfried Bernfeld: Historiker der Psychoanalyse und Freud-Biograph. In: Bernfeld, S., & Bernfeld, S. C. (1988), S. 7–48.
Grüttner, T. (1991): Helfen bei Legasthenie. Verstehen und Üben. Frankfurt/M.

Habermas, J. (1973): Erkenntnis und Interesse. Frankfurt/M.
Haag, G. (1996): Psychoanalytischer Ansatz bei Autismus und kindlichen Psychosen. In: Kinderanalyse 2/96, S. 160–173.
Heinemann, E. (1996). »Ich habe nicht gedacht, daß Sie nicht da sind« – aus der psychoanalytischen Therapie mit einem autistischen jungen Mann. In: Zeitschrift für Heilpädagogik 11/1996, S. 455–462.
Heinsohn, G. (1994): Bruno Bettelheims Mütter und Kinder des Kibbutz. In: Kaufhold (Hg.) (1994), S. 175–183.
Hocke, R. (1994): Birger Sellin – eine leere Festung? Kinderanalyse 2/1994, S. 139–157.
Hoeppel, R. (1994): Kinder brauchen Märchen. In: Kaufhold (Hg.) (1994), S. 207–219.
Hoffer, H. (1955): Obituary. Siegfried Bernfeld. In: International Journal of Psychoanalysis 36, S. 66–71.
Hollós, I. (1928): Hinter der Gelben Mauer. Von der Befreiung der Irren, Stuttgart.
Hollós, I. (1984): Brief eines Entronnenen. István Hollós an Paul Federn (17.2.1946). Psyche 2/1984, S. 266–268.
Horn, K. (1965): Rezension von B. Bettelheim: Aufstand gegen die Masse. Die Chance des Individuums in der modernen Gesellschaft. Psyche 19, S. 819–823.
Horn, K. (1999): Zum Entstehen politischer Psychologie. Historische Hinweise aus der Perspektive der Kritischen Theorie des Subjekts. In: psychosozial, 22. Jg., Heft 75, S. 9–24.
Hugh-Hellmuth, H. (1921): Zur Technik der Kinderanalyse. Internationale Zeitschrift für Psychoanalyse, 7, S. 179–197.
Ignatieff, M. (1994): Die Einsamkeit der Überlebenden. In: Kaufhold (Hg.) (1994), S. 112–115.
Institutsgruppe Psychologie der Universität Salzburg (Hg.) (1985): Jenseits der Couch. Psychoanalyse und Sozialkritik. Frankfurt/M.
Jaccard, J. (1995): Doctor of the well varnished truth. (Buchbesprechung von Nina Sutton: Bruno Bettelheim). In: Le Monde, nachgedruckt in Guardian Weekly, 23.7.1995, S. 16.
Jacoby, R. (1990): Die Verdrängung der Psychoanalyse. Oder: Der Triumph des Konformismus. Frankfurt/M.
Jäger, S., & Scholz, G. (1994): Der Gorilla in der Trümmerstadt. Zur ersten Begegnung mit psychotischen Kindern in der psychologischen Untersuchung. In: Kinderanalyse 2/94, S. 249–262.
Janowitz, M. (1979): Bettelheim, Bruno. In: Biographical Supplement to the International Encyclopedia of the Social Sciences. New York, S. 59–63.
Juelich, D. (1995): Erlebtes und ererbtes Trauma – Von den psychischen Beschädigungen bei den Urhebern der Shoah. In: Schreier & Heyl (Hg.) (1995), S. 83–110.
Juelich, D. (1997): Geschichte als Trauma. Für Hans Keilson. Gießen.
Jurgensen, G. (1979): Die Schule der Ungeliebten. Als Kindertherapeutin bei Bruno Bettelheim. München.
Jurgensen, G. (1995): An einem Nachmittag im April. München.
Kaminer, I. J. (1997): Spätfolgen bei jüdischen KZ-Überlebenden. In: Juelich (Hg.) (1997), S. 19–34.

Karlin, D. (1994): Bruno Bettelheim über seine Arbeit, die Krise der Psychoanalyse, Alter und Selbstmord. Gespräch zwischen Daniel Karlin und Bruno Bettelheim. In: Kaufhold (Hg.) (1994), S. 67–70.

Kaufhold, R. (1988): Bruno Bettelheim und der »Mythos« der Schuldfrage. Zeitschrift für Heilpädagogik 12/1988, S. 720–726.

Kaufhold, R. (1988a): Heilende Umwelt aufbauen! In: päd. extra & demokratische erziehung 11/88, S. 30–32.

Kaufhold, R. (1989): Maud Mannoni: Der Diskurs des gestörten Kindes. In: päd. extra und demokratische erziehung 9/89, S. 34–37.

Kaufhold, R. (1990): Überlegungen zu einer psychoanalytisch fundierten Arbeit mit autistischen und psychotischen Kindern und Jugendlichen – nach Bruno Bettelheim, Maud Mannoni und Stephan Becker. In: Dzikowski/Arens (Hg.) (1990): Autismus heute. Bd. 2. S. 231–244.

Kaufhold, R. (1990a): »Ich muß in Deine Welt eintreten!« Zum Tod des Kinderanalytikers Bruno Bettelheim. In: päd. Extra & demokratische erziehung 4/1990, S. 18–21.

Kaufhold, R. (1990b): Bruno Bettelheim: Eine Verehrung des Kindes. In: Zwischenschritte 2/1990, S. 97–100.

Kaufhold, R. (1990c): Maud Mannoni: Das zurückgebliebene Kind und seine Mutter. In: arbeitshefte kinderpsychoanalyse, Heft 11/12–1990. Kassel, S. 225–232.

Kaufhold, R., & Rügemer, W. (1991): Bruno Bettelheim: Themen meines Lebens. In: die tageszeitung, 22.3.1991, S. 12.

Kaufhold, R., & Hofner (1992): Reader: Texte zum Leben und Werk von Ernst Federn. November 1992.

Kaufhold, R. (Hg.) (1993): Pioniere der Psychoanalytischen Pädagogik: Bruno Bettelheim, Rudolf Ekstein, Ernst Federn und Siegfried Bernfeld. psychosozial Heft 53 (I/1993), 16. Jg.

Kaufhold, R. (1993a): Zur Geschichte und Aktualität der Psychoanalytischen Pädagogik: Fragen an Rudolf Ekstein und Ernst Federn. In: Kaufhold 1993, S. 9–19.

Kaufhold, R. (1993b): Zeitzeuge der Psychoanalyse: Von Wien über Buchenwald und die USA zurück nach Wien. Die späten Schriften des psychoanalytischen Sozialtherapeuten Ernst Federn. In: Kaufhold (1993), S. 79–82.

Kaufhold, R., & Krumenacker (1993c): Bruno Bettelheims Sonia Shankman Orthogenic School: Vergangenheit und Gegenwart eines milieutherapeutischen Modellprojektes. In: Büttner/Elschenbroich/Ende (Hg.) (1993): Kinderbilder – Männerbilder. Wahrnehmung und Selbstwahrnehmung von Kindern und Jugendlichen. Jahrbuch der Kindheit Bd. 10, S. 22–39.

Kaufhold, R. (Hg.) (1994): Annäherung an Bruno Bettelheim. Mainz.

Kaufhold, R. (1994a): Material zur Geschichte der Psychoanalytischen Pädagogik: Zum Briefwechsel zwischen Bruno Bettelheim und Rudolf Ekstein. In: Kaufhold (1994).

Kaufhold, R. (1994b): Ohne Haß keine Versöhnung. Das Trauma der Verfolgten: Die Erfahrungen des deutsch-chilenischen Psychotherapeuten David Becker. In: psychosozial Nr. 58 (IV/94), S. 105–120.

Kaufhold, R. (1994c): Traumatisierungsprozesse bei Verfolgten. Ein Gespräch mit David Becker (Santiago de Chile). In: psychosozial Nr. 58 (IV/1994), S. 121–129.

Kaufhold, R. (1994d): Leben und Sterben von Bruno Bettelheim. Kinderanalyse 4/1994, S. 428–447.

Kaufhold, R. (1995): Psychoanalytiker, Sozialreformer, Historiker: Ein Interview mit Ernst Federn. Behindertenpädagogik 34, 2/1995, S. 157–170.

Kaufhold, R. (1996): Nina Sutton: Bruno Bettelheim: Auf dem Weg zur Seele des Kindes. Kinderanalyse 4/1996, S. 427–434.

Kaufhold, R. (1996a): Ein moralischer Anarchist. Der streitbare Schweizer Psychoanalytiker Paul Parin wird heute 80 Jahre alt. Frankfurter Rundschau, 20.9.1996, S. 7.

Kaufhold, R. (1997): Rezension von: Plänkers/Federn (1994): Vertreibung und Rückkehr. In: Psyche 1/1997 (51. Jg.), S. 80–83.

Kaufhold, R., & Roedel (1998a): Bonneuil oder: Das Drama des zurückgebliebenen Kindes. Zum Tod der Kinderanalytikerin Maud Mannoni (Ceylon, 22.10.1923 – Paris, 15.3.1998). In: psychosozial Nr. 72 (2/1998), S. 121–127.

Kaufhold, R. (1998c): Das zurückgebliebene Kind, die Psychoanalyse und die Institution – In Memoriam Maud Mannoni (Ceylon 1923 – Paris 1998). Behindertenpädagogik 4/1998, S. 423–429.

Kaufhold, R. (Hg.) (1999): Ernst Federn: Versuche zur Psychologie des Terrors. Material zum Leben und Werk von Ernst Federn. Gießen.

Kaufhold, R. (1999a): Material zur Geschichte der Psychoanalyse und der Psychoanalytischen Pädagogik: Zum Briefwechsel zwischen Bruno Bettelheim und Ernst Federn. In: Kaufhold (1999), S. 145–172.

Kaufhold, R. (1999b): Einleitung zu: Ernst Federn: Versuche zur Psychologie des Terrors. In: Kaufhold (1999), S. 9–31.

Kaufhold, R. (1999c): »Falsche Fabeln vom Guru?« Der »Spiegel« und sein Märchen vom bösen Juden Bruno Bettelheim. In: Behindertenpädagogik, 38. Jg., Heft 2/1999, S. 160–187.

Kaufhold, R. (2000): »Literatur ist das Gedächtnis der Menschheit«. Hans Keilson zum 90. Geburtstag. In: psychosozial Heft 79 (1/2000), S. 123–128.

Kaufhold, R., & Lieberz-Groß, T. (Hg.) (2001): Deutsch-israelische Begegnungen. Pädagogische, psychoanalytische und biografische Beiträge. psychosozial Heft 83 (1/2001).

Kaufhold, R. (2001a): Besprechung von: Ernst Federn: Ein Leben mit der Psychoanalyse. (Diese Besprechung erscheint demnächst in der »Psyche«).

Keilson, H. (1979): Sequentielle Traumatisierung bei Kindern. Stuttgart.

Keilson, H. (1998): Wohin die Sprache nicht reicht. Vorträge und Essays aus den Jahren 1936–1996. Gießen.

Keller, F. (1980): In den Gulag von Ost und West. Frankfurt/M.

Kestenberg, J. S.: (1974): Kinder von Überlebenden der Naziverfolgungen. In: Psyche, 28 (1974), S. 249–265.

Kestenberg, J. S., & Koorland, V. (1986): Als Eure Großeltern jung waren. Mit Kindern über den Holocaust sprechen (Bilderbuch). Hamburg.

Koelbl, H. (1989): Rudolf Ekstein. In: Koelbl, H. (1989): Jüdische Porträts. Frankfurt/M., S. 57–60.

Koelbl, H. (1994): Jüdische Porträts – Ein Gespräch mit Bruno Bettelheim. In: Kaufhold (Hg.) (1994), S. 61–66.

Körner, J. (1980): Über das Verhältnis von Psychoanalyse und Pädagogik. Psyche 34, 1980, S. 769–789.

Kogon, E. (1946): Der SS-Staat. 8. Aufl., 1991.

Kröger, M. (Hg.) (1997): Etta Federn. Revolutionär auf ihre Art. Von Angelica Balabanoff bis Madame Roland – 12 Skizzen unkonventioneller Frauen. Mit einem Vorwort von Ernst Federn. Gießen.

Krumenacker, F.-J. (Hg.) (1997): Liebe und Haß in der Pädagogik. Freiburg.

Kuschey, B. (1994): Überlebender des Terrors und Mittler zwischen den Generationen. Zum achtzigsten Geburtstag von Ernst Federn. In: Werkblatt Nr. 32, 1994, S. 74–86.

Kuschey, B. (1999): Das Leben Ernst Federns im absoluten Terror des nationalsozialistischen Lagersystems. In: Kaufhold (Hg.) (1999), S. 111–127.

Leber, A. (1972): Psychoanalytische Reflexion – ein Weg zur Selbstbestimmung in Pädagogik und Sozialarbeit. In: Leber, A., & Reiser, H. (Hg.) (1972): Sozialpädagogik, Psychoanalyse und Sozialkritik. Neuwied, Berlin.

Leber, A. (1984): Heilpädagogik. In: Eyfurth, H., u. a. (Hg.) (1984): Handbuch der Sozialarbeit/Sozialpädagogik. Neuwied, Darmstadt, S. 475–486.

Leber, A. (1985): Wie wird man psychoanalytischer Pädagoge? In: Bittner/Ertle (Hg.) (1985): Pädagogik und Psychoanalyse. Würzburg.

Leber, A., Trescher, H.-G., & Weiss-Zimmer (1989): Krisen im Kindergarten. Psychoanalytische Beratung in pädagogischen Institutionen. Frankfurt/M.

Leber, A., & Gerspach, M. (1996): Geschichte der Psychoanalytischen Pädagogik in Frankfurt am Main. In: Plänkers, T., u. a. (Hg.) (1996): Psychoanalyse in Frankfurt am Main. Tübingen, S. 489–541.

Lehmann, N. (1994): Paul – aus der Behandlung eines autistischen Jungen. In: Kinderanalyse 2/1994, S. 263–283.

Lempp, R. (1984): Kinderpsychiatrie und Psychoanalyse – therapeutische Kooperation und institutioneller Wandel. In: Psychoanalyse Heft 4/1984, Felbach.

Levi, P. (1990): Die Untergegangenen und die Geretteten. München, Wien.

Lichtenberg, J. (1991): Psychoanalyse und Säuglingsforschung. Berlin.

Löffelholz, M. (1997): Meine Erinnerung an Bruno Bettelheim. Veröffentlicht in Kaufhold (1999c).

Lohmann, H.-M. (Hg.) (1984): Psychoanalyse und Nationalsozialismus. Beiträge zur Bearbeitung eines unbewältigten Traumas. Frankfurt/M.

Lorenzer, A. (1974): Die Wahrheit der psychoanalytischen Erkenntnis. Frankfurt/M.

Mahler, M. S. (1972): Symbiose und Individuation. Bd. I: Psychosen im frühen Kindesalter. Stuttgart.

Mannoni, M. (1972): Das zurückgebliebene Kind und seine Mutter. Frankfurt/M.
Mannoni, M. (1978): Ein Ort zum Leben. Die Kinder von Bonneuil. Frankfurt/M.
Mannoni, M. (1994): Diese Kinder, die Autisten genannt werden. In: Kaufhold (Hg.) (1994), S. 184–206.
Mauthe-Schonig, D., Schonig, B., & Speichert, M. (1993a): Mit Kindern lesen im ersten Schuljahr. Anfangsunterricht mit den Geschichten von der kleinen weißen Ente (Lehrerhandbuch). Weinheim und Basel, 3. Aufl.
Mauthe-Schonig, D., Schonig, B., & Speichert, M. (1993b): Mit Kindern lesen im zweiten Schuljahr. Lehrerhandbuch mit den Gulli-Geschichten. Weinheim und Basel.
Mauthe-Schonig, D. (1996a): Wenn Kinder in der Schule träumen... Übergangsphänomene am Anfang des Latenzalters. In: Kinderanalyse 3/1996, S. 307–325.
Mauthe-Schonig, D. (1996b): »Die kleine weiße Ente hat einen Traum...« Psychoanalytische Anmerkungen zu einem Grundschulunterricht, in dem regelmäßig Geschichten erzählt werden. In: Jahrbuch für Psychoanalytische Pädagogik 7, Mainz.
Mehlhausen, J. (1990): Gedenken an Bruno Bettelheim. In: Zeitschrift für Pädagogik, 36 (6), S. 793–803.
Meng, H. (1951/1977): Nachwort (zu: A. Aichhorn: Verwahrloste Jugend). In: Aichhorn, A. (1977), S. 206–206.
Meng, H. (Hg.) (1973): Psychoanalytische Pädagogik des Schulkindes. München/Basel.
Mitscherlich, A. (1969): Die Unfähigkeit zu Trauern. München.
Morrison, P. (1990): Last days of Bruno Bettelheim. Los Angeles Times, Di., 3. April 1990.
Müller, B. (1989): Psychoanalytische Pädagogik und Sozialarbeit. In: Jahrbuch für Psychoanalytische Pädagogik 1. Mainz, S. 120–135.
Müller, P. W. (1993): Kinderseele zwischen Analyse und Erziehung. Weinheim.
Nitzschke, B. (1992): »... im Interesse unserer psychoanalytischen Sache in Deutschland«. In: Wiesse (Hg.) (1992), S. 76–131.
Nunberg, H., & Federn, E. (Hg.) (1967 – 1975): Protokolle der Wiener Psychoanalytischen Vereinigung, Bd. I – IV. Frankfurt/M.
Oberläuter, D. (1985): Rudolf Ekstein – Leben und Werk. Kontinuität und Wandel in der Lebensgeschichte eines Psychoanalytikers. Wien-Salzburg.
Oesterle-Stephan, A.-K. (1999): Erfahrungen einer Extremtraumatisierung und deren Folgen. Gedanken zum Leben und Werk Bruno Bettelheims. Vortragsmanuskript.
Parin, P. (1985/1993): Zu viele Teufel im Land. Aufzeichnungen eines Afrikareisenden. Hamburg.
Parin, P. (1990): Vorwort zu J. Reichmayr (1990): Spurensuche in der Geschichte der Psychoanalyse.
Parin, P. (1990a): Noch ein Leben. Freiburg.
Parin, P. (1991/1998): Es ist Krieg und wir gehen hin. Bei den jugoslawischen Partisanen. Berlin.
Parin, P. (1992): Vorwort. In: D. Becker (1992), S. 9–15.
Parin, P. (1993): Karakul. Erzählungen, Hamburg.

Peglau, A. (1995): »Nackt/Wolf unter Wölfen?« Interview mit Ernst Federn. In: ich – die Psychozeitung, S. 3–5.
Pelinka, P. (1985): Ein Leben mit Marx und Freud. Vom österreichischen Falken-Bezirksobmann zu einem der führenden Psychoanalytiker der USA. Arbeiterzeitung, Mo., 24.6.1985, S. 4.
Pelinka, P. (1992): Der rote Rudi. In: Falter, 27/1992, S. 10f.
Peller, L. (1929): Die Grundsätze der Montessori-Erziehung. Zeitschrift für psychoanalytische Pädagogik 3/1929, S. 316ff.
Perner, A. (1991): Psychoanalyse und Pädagogik. In: arbeitshefte kinderpsychoanalyse Nr. 14, Kassel.
Plänkers, T., & Federn, E. (1994): Vertreibung und Rückkehr. Zur Geschichte der Psychoanalyse und Ernst Federns. Tübingen.
Plänkers, T. (1995): »Ihr G'schau geht mir durch und durch!« Ernst Federn zum 80. Geburtstag. In: Jahrbuch für Psychoanalytische Pädagogik 7. Mainz, S. 122–138.
Pletscher, M. (1996): Mit Fuchs und Katz auf Reisen, zum achtzigsten Geburtstag von Paul Parin. Filmportrait von Goldy Parin-Matthèy und Paul Parin. Schweizer Fernsehen: 22.9.1996, 3-Sat: 17.10.1996.
Plucinski, R. (1969): Introduction of Dr. Bettelheim's testimony into the Congressional Record – Extensions of Remarks, March 27, 1969, E2473-E2477. Washington, DC, U.S. Government Printing Office.
Prager, R. (1994): Die Trotzkisten in Buchenwald. Inprekorr Nr. 284 (1994), S. 32–35.
Redl, F. (1932): Erziehungsberatung, Erziehungshilfe, Erziehungsbehandlung. In: Zeitschrift für psychoanalytische Pädagogik 6, 1932, S. 523–543.
Redl, F., & Wineman, D. (1984): Kinder, die hassen. München, Zürich.
Reich, K. (1993): Zur Psychologie extremer Situationen bei Bettelheim und Federn. In: Kaufhold (Hg.) (1993), S. 83–93.
Reich, K. (1994a): Bettelheims Psychologie der Extremsituation. In: Kaufhold (Hg.) (1994), S. 134–155.
Reich, K. (1994b): Symbolische Wunden. Bruno Bettelheims Relativierung des Ödipuskomplexes. In: Kaufhold (Hg.) (1994), S. 156–174.
Reichmayr, J. (1988): Einleitung zur Psychoanalyse. In: Stadler, F. (Hg.) (1988): Vertriebene Vernunft II. Emigration und Exil österreichischer Wissenschaft 1930–40. Wien-München, S. 212–215.
Reichmayr, J. (1990): Spurensuche in der Geschichte der Psychoanalyse. Frankfurt/M.
Reichmayr, J., & Mühlleitner, E. (Hg.) (1998): Otto Fenichel 119 Rundbriefe, Bd. I (Europa) und II (Amerika). Frankfurt/M.
Reiser, H., & Trescher, H.-G. (Hg.) (1987): Wer braucht Erziehung? Impulse der Psychoanalytischen Pädagogik. Mainz.
Richter, H.-E. (1963): Eltern, Kind und Neurose. Die Rolle des Kindes in der Familie. Reinbek bei Hamburg.
Richter, H.-E. (1972): Patient Familie. Entstehung, Struktur und Therapie von Konflikten in Ehe und Familie. Reinbek bei Hamburg.

Richter, H.-E. (1995): Bedenken gegen Anpassung. Psychoanalyse und Politik. Hamburg.

Roark, A. C. (1991): Hitting our Heroes When They're Dead. In: San Jose Mercury News, 9. März, S. 20f.

Roedel, J. (1986): Das heilpädagogische Experiment Bonneuil und die Psychoanalyse in Frankreich. Frankfurt/M.

Rodel, J., & Wagner, W. (1994): Diese Kinder, die Autisten genannt werden. In: Kaufhold (Hg.) (1994), S. 184f.

Rodel, J., & Kaufhold, R. (1998): Bonneuil oder: Das Drama des zurückgebliebenen Kindes. In: psychosozial Heft 72 (II/1998), 21. Jg., S. 121–127.

Rödler, P. (1983): Bruno Bettelheim: Der gemeinsame Weg aus der leeren Festung. In: Rödler (1983): Diagnose Autismus – Ein Problem der Sonderpädagogik. Frankfurt/M., S. 58–68.

Rösing, W. (1992): Überleben im Terror – Ernst Federn Geschichte. Dokumentarfilm 1992, 95 Minuten, Farbe 16 mm. (Die im Text wiedergegebenen Zitate beziehen sich auf das 18seitige Filmmanuskript).

Rösing, W. (1999): Einführende Gedanken zu Ernst Federns Bericht über das Konzentrationslager Buchenwald vom Juli 1945. In: Kaufhold (Hg.) (1999), S. 175–178.

Rösing, W., & Barthel-Rösing, M. (1999): Überleben im Terror – Ernst Federn Geschichte. Zur Entstehung des Filmes mit Ernst Federn und Hilde Federn. In: Kaufhold (Hg.) (1999), S. 128–144.

Rosenthal, G. (1987): Der Holocaust im Leben von drei Generationen. Gießen.

Seevak-Sanders, J. (1988): A Greenhouse for the Mind. Chicago/London.

Seevak-Sanders, J. (1993): Bruno Bettelheim und sein Vermächtnis: Die Orthogenic School in den neunziger Jahren – Vortrag auf dem Ehemaligentreffen der Universität von Chicago zu Ehren Bruno Bettelheims in Los Angeles. In: Kaufhold (Hg.) (1993), S. 29–33.

Schäfer, G. E. (1991): Erziehung an den Grenzen – Bruno Bettelheim. In: Neue Praxis (3), S. 187–200.

Schmauch, U. (1977): Ist Autismus heilbar? Zur Psychoanalyse des frühkindlichen Autismus. Frankfurt/M.

Schmauch, U. (1994): Das Gefühl der Hölle. Sprache und Methode bei Bruno Bettelheim. In: Kaufhold (Hg.) (1994), S. 128–133.

Schmidt, W. (1923): Psychoanalytische Kindererziehung in Sowjetrußland. Bericht über das Kinderheim-Laboratorium in Moskau. Leipzig, Wien, Zürich.

Scholz-Strasser, I. (1992): Interview mit Rudolf Ekstein. Unveröffentlichtes Manuskript. Sigmund Freud Gesellschaft, Wien.

Schreier/Heyl (Hg.) (1994): Das Echo des Holocaust. Pädagogische Aspekte des Erinnerns. Hamburg.

Schreier/Heyl (Hg.) (1995): »Daß Auschwitz nicht noch einmal sei...« Zur Erziehung nach Auschwitz. Hamburg.

Shavit, U. (2000): The »children of the dream« revisited. In: Ha'aretz-magazine, 22. September 2000, S. 31–37.

Staigle, J. (1997): Vom Umgehen mit Aggressivität. Sackgassen und Auswege in der Bewältigung und Bearbeitung psychotischer Angst, Depression und agierter Aggression in Übertragung und Gegenübertragung. In: Verein für Psychoanalytische Sozialarbeit Rottenburg und Tübingen (Hg.) (1996), S. 9–22.

Steinhardt, K. (1994): Supervision im Rahmen des Pädagogikstudiums. Zur Bedeutung der Reflexion universitärer Bedingungen als konstitutives Element von Ausbildung. In: Jahrbuch für Psychoanalytische Pädagogik 6, S. 25–54.

Sterba, R. (1932): Zur Theorie der Erziehungsmittel. Imago, 18, 1932, S. 110–116.

Sterba, R. (1985): Erinnerungen eines Wiener Psychoanalytikers. Frankfurt/M.

Stork, J. (1977): Wenn es ein Paradoxon gibt. Vorwort zu B. Bettelheim: Die Geburt des Selbst. München, S. IX–XV.

Stork, J. (Hg.) (1977a.): Das Märchen – ein Märchen? Psychoanalytische Betrachtungen zu Wesen, Deutung und Wirkung der Märchen. Stuttgart/Bad Cannstadt.

Stork, J. (1994): Zur Entstehung der Psychosen im Kindesalter. In: Kinderanalyse 2/1994, S. 208–248.

Stork, J. (1994a): Über autistische und psychotische Kinder – Versuch einer Einführung in das Thema. In: Kinderanalyse 2/1994, S. 125–137.

Stork, J., & Thaler, A. L. (1996): Gibt es einen Weg aus der psychotischen Verklebung mit der Mutter? Die Geschichte einer Pseudodebilität. In: Kinderanalyse 2/1996, S. 216–229.

Stork, J. (1997): Kommentar zur Arbeit von Donald W. Winnicott: Haß in der Gegenübertragung. In: Kinderanalyse 1/1997, S. 47–59.

Sutton, N. (1996): Bruno Bettelheim. Auf dem Weg zur Seele des Kindes, Hamburg.

Teuns, S. (1991): In memoriam Bruno Bettelheim (Wien 1903 – Silverspring/Washington 1990). In: arbeitshefte kinderpsychoanalyse 13, 1991, S. 85–93.

Trescher, H.-G. (1985): Theorie und Praxis der Psychoanalytischen Pädagogik. Frankfurt/M.

Tustin, F. (1988): Autistische Barrieren bei Neurotikern. Frankfurt/M.

Verein für psychoanalytische Sozialarbeit Rottenburg und Tübingen (Hg.) (1997): Vom Umgehen mit Aggressivität. Zur Bewältigung von psychotischer Angst, Depression und agierender Aggression. Dokumentation der 8. Fachtagung. Tübingen.

Wangh, M. (1995): »Heilen und Erziehen« im post-holocaust Kontext. In: Schreier/Heyl (Hg.) (1995), S. 173–184.

Werder, von L., & Wolff, R. (Hg.) (1969/1970): Antiautoritäre Erziehung und Psychoanalyse. Ausgewählte Schriften. Bd. 1–3, neu aufgelegt 1974, Frankfurt/M.

Wiesse, J. (1993): Die Bedeutung der Gegenübertragung in der Arbeit mit psychotischen Kindern in der Arbeit von Rudolf Ekstein. In: Kaufhold (Hg.) (1993), S. 54–56.

Wiesse, J. (Hg.) (1994): Rudolf Ekstein und die Psychoanalyse. Göttingen.

Winnicott, D. W. (1976): Von der Kinderheilkunde zur Psychoanalyse. München.

Winnicott, D. W. (1976a): Psychosen und Kinderpflege. In: Winnicott (1976).

Winnicott (1984): Das benachteiligte Kind und wie man es für den Verlust an Familienleben entschädigen kann.

Winnicott, D. W. (1997): Haß in der Gegenübertragung. In: Kinderanalyse 1/1997, S. 35–46.
Wirth, H.-J. (1989): »Voll auf Haß« – Zur Psychoanalyse des Ressentiments am Beispiel der Skinheads. In: psychosozial Heft 40, 12. Jg., S. 80–92.
Wirth, H.-J. (Hg.) (1997): Geschichte ist ein Teil von uns. In: psychosozial Heft 67 (I/1997).
Wirth, H.-J. (1997a): Von der Unfähigkeit zu trauern zur Wehrmachtsausstellung. Stationen der Auseinandersetzung mit der nationalsozialistischen Vergangenheit. In: Wirth (Hg.) (1997), S. 7–26.
Wirth, H.-J. (1998): Psychoanalyse, Politik und soziales Engagement. Erinnerungen und Assoziationen aus gemeinsamen Jahren mit Horst-Eberhard Richter. In: Haland-Wirth/Spangenberg/Wirth (Hg.) (1998): Unbequem und engagiert. Horst-Eberhard Richter zum 75. Geburtstag. Gießen, S. 533–550.
Wolff, R. (1991): Wiederentdeckung und Aktualität Siegfried Bernfelds. In: Jahrbuch für Psychoanalytische Pädagogik 3, S. 107.
Wolffheim, N. (1930/1966): Psychoanalyse und Kindergarten und andere Arbeiten zur Kinderpsychologie. München, Basel.
Wolffheim, N. (1952): Von den Anfängen der Kinderanalyse und der Psychoanalytischen Pädagogik. Psyche 6, 1952, S. 310–315.
Wollenberger, J. (1997): Die »roten Kapos«: Hitler's unwilling executors? Vom Opfer zum Täter. Eine neue Sicht auf die KZ-Funktionshäftlinge. In: Neue Sammlung 1/1997, S. 71–94.
Wunsch, R. (1997): Das Konzept der höheren Integration. Eine pädagogische Studie über den Zusammenhang von Gesellschaft, Psychopathologie und Erziehungsinstitution in den Schriften Bruno Bettelheims. Münster.
Young-Bruehl, E. (1995): Anna Freud. Eine Einführung. Band 1 und 2, Wien.
Zimmerman, D. P. (1991): The Clinical Thought of Bruno Bettelheim: A Critical Historical Review. In: Psychoanalysis and Contemporary Thought: A Quarterly of Integrative and Interdisciplinary Studies, 14 (4), S. 685–721.

Psychosozial-Verlag

E. James Lieberman
Otto Rank
Leben und Werk

2. Auflage 2014 · 636 Seiten ·Broschur
ISBN 978-3-8379-2362-9

»Lieberman ist es glänzend gelungen, die Evolution von Ranks Gedanken in Verbindung mit seinem Leben und dem Milieu, in dem er sich bewegte, klar aufzuzeigen – was keine leichte Aufgabe ist. Denn Ranks Ideen waren so tiefgreifend, so unbeschreiblich, seiner Zeit so weit voraus.«
New York Times Book Review

Otto Rank war in den Anfängen der Psychoanalyse der erste, der die Bedeutung der Mutterbeziehung für die analytische Situation und die Entstehung der Neurosen in ihrer vollen Tragweite erkannte und sie in ihrer theoretischen Dimension als Objektbeziehungspsychologie und in ihrer klinischen Anwendung formulierte.

In seiner grundlegenden Biografie über Otto Rank zeigt James Lieberman Ranks Verdienst als einer der großen analytischen Pioniere des 20. Jahrhunderts auf, der nicht nur Psychologen, Psychiater und andere Praktiker beeinflusste, sondern auch Künstler und Schriftsteller wie Anaïs Nin, Henry Miller, Paul Goodman und Max Lerner. Dabei unterschlägt der Autor auch die lange ablehnende Rezeption Ranks nicht. Dem Leser wird anschaulich dargelegt, welche Chancen eine Neuentdeckung Ranks für die heutige Psychoanalyse, die humanistische Psychotherapie und die Kulturwissenschaften bietet.

Walltorstr. 10 · 35390 Gießen · Tel. 0641-96 99 78-18 · Fax 0641-96 99 78-19
bestellung@psychosozial-verlag.de · www.psychosozial-verlag.de

Sándor Ferenczi
Das klinische Tagebuch

2013 · 299 Seiten · Broschur
ISBN 978-3-8379-2310-0

Sándor Ferenczis klinisches Tagebuch hat ein bewegtes Schicksal hinter sich: Niedergeschrieben im Jahr 1932 – ein Jahr vor seinem Tod, über den viel gerätselt worden ist, und ein Jahr vor der Machtergreifung der Nationalsozialisten –, wurde es mehr als 50 Jahre später zunächst in französischer Sprache veröffentlicht. Die erste Ausgabe in der deutschen Originalsprache erschien erst Ende der 1980er Jahre.

Das *klinische Tagebuch* enthält Überlegungen zu wichtigen Aspekten der Behandlungstechnik, zur Beziehung mit Freud und zahllose Notizen und Gedankensplitter über Ferenczis eigene therapeutische Praxis. Insofern ist es ein zentrales, jedoch zugleich auch wenig erschlossenes Dokument der Geschichte der Psychoanalyse, das so mancher Legendenbildung über das Verhältnis zwischen Freud und seinem bedeutenden Schüler den Boden entzieht.

Ein zugleich intimes und historisch bedeutsames Dokument mit einem bewegten Schicksal – anlässlich des 140. Geburtstags und des 80. Todestags des ungarischen Pioniers der Psychoanalyse legt der Psychosozial-Verlag dieses Schlüsseldokument wieder auf!

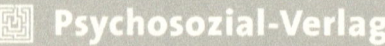
Psychosozial-Verlag

Joachim Heilmann, Annelinde Eggert-Schmid Noerr, Ursula Pforr (Hg.)
Neue Störungsbilder – Mythos oder Realität?
Psychoanalytisch-pädagogische Diskussionen zu ADHS, Asperger-Autismus und anderen Diagnosen

Oktober 2015 · 304 Seiten · Broschur
ISBN 978-3-8379-2485-5

Was ist das Neue an neuen Störungsbildern – die Formen oder bloß die Bezeichnungen?

Immer mehr PädagogInnen und SozialarbeiterInnen sehen sich in ihren jeweiligen Arbeitsfeldern vermehrt mit verhaltensauffälligen Kindern und Jugendlichen konfrontiert und geraten dabei an ihre Handlungsgrenzen.

Auch die öffentlichen Medien zeichnen ein negatives Bild heutiger Jugendlicher: Scheinbar kommt es immer häufiger zu Regelverletzungen, Konflikten und Gewaltausbrüchen. Die Häufung von Diagnosen wie ADHS, Asperger-Syndrom, Bipolare Störung oder der Stimmungsstörung Disruptive Mood Dysregulation Disorder (DMDD) verstärken diesen Eindruck.

Doch haben psychische Störungen wirklich zugenommen? Oder hat sich nicht vielmehr die Sensibilität gegenüber diesen Auffälligkeiten verändert? Im vorliegenden Band untersuchen die BeiträgerInnen den Trend zunehmender psychopathologischer Differenzierung und Medizinalisierung von auffälligem und störendem Verhalten. Ausgehend von den Grundannahmen der Psychoanalytischen Pädagogik werden die ambivalenten Folgen dieser Entwicklung auf den pädagogischen Diskurs und die pädagogischen Praxisfelder aufgezeigt, veränderte Sozialisationsbedingungen hinterfragt und Handlungshinweise für einen angemessenen Umgang gegeben.

Mit Beiträgen von B. Bardé, A. Eggert-Schmid Noerr, F. J. Escher, M. Gerspach, R. Göppel, J. Heilmann, M. Leuzinger-Bohleber, H. von Lüpke, U. Pforr, A. Plass, M. Rauwald, I. Seiffge-Krenke, C. Tomandl, J. Wettig, S. Wiegand-Grefe und B. Wieland

Walltorstr. 10 · 35390 Gießen · Tel. 0641-969978-18 · Fax 0641-969978-19
bestellung@psychosozial-verlag.de · www.psychosozial-verlag.de

www.ingramcontent.com/pod-product-compliance
Lightning Source LLC
Chambersburg PA
CBHW020056020526
44112CB00031B/197